国家出版基金项目
NATIONAL PUBLICATION FOUNDATION

国家出版基金资助项目
“十二五”国家重点图书出版规划项目

中华佛教史

中国佛教东传日本史卷

杨曾文　著

总主编
季羡林
汤一介

山西出版传媒集团　山西教育出版社

图书在版编目（CIP）数据

中华佛教史. 中国佛教东传日本史卷 / 季羡林, 汤一介主编；杨曾文著. -- 太原：山西教育出版社，2013.7

ISBN 978-7-5440-5901-5

Ⅰ. ①中… Ⅱ. ①季… ②汤… ③杨… Ⅲ. ①佛教史—中国 Ⅳ. ①B949.2

中国版本图书馆CIP数据核字(2013)第063061号

书　　名 / 中华佛教史 · 中国佛教东传日本史卷

作　　者 / 杨曾文

出 版 人：荆作栋
总体设计：崔元和
编辑主持：雷俊林　刘立平　郭志强
责任编辑：杨　文　唐　锋
复　　审：郭志强
终　　审：刘立平
装帧设计：薛　菲　李虓岳
印装监制：郭　勋　贾永胜
出版发行：山西出版传媒集团 · 山西教育出版社
（地址：太原市水西门街馒头巷7号　电话：0351-4729801　邮编：030002）
印　　装：北京图文天地制版印刷有限公司
版　　次：2013年7月第1版　2013年7月第1次印刷
开　　本：787×1092　1/16
印　　张：23
字　　数：393千字
印　　数：1—5000册
书　　号：ISBN 978-7-5440-5901-5
定　　价：66.00元

《中华佛教史》总序

◎季羡林

此丛书名曰《中华佛教史》，为什么我们不按老规矩，称此书为《中国佛教史》呢？用意其实简单明了，就是想纠正一个偏颇。我们惯于说中国什么史，实际往往就是汉族什么史。现在改用“中华”这个词，意思是不止汉族一家之言，而是全国许多个有佛教信仰的民族大家之言。

谈到中华佛教史，我们必须首先提到汤用彤先生的《汉魏两晋南北朝佛教史》，此书取材丰富，分析细致，确是扛鼎之作，已成为不朽的名著。但是，人类社会总是在不停地前进，学术也是日新月异，与时俱进。到了今天，古代西域（今新疆一带）考古发掘随时有新的考古材料出土，比如，吐火罗语就是在新疆发现的，过去任何书上都没有这种语言的记载。所以我们感觉到，现在有必要再写一部书。

在中国古代佛教的著述中，有几种实际上带有佛教史的性质，比如《佛祖历代通载》等。佛教以及其他学科而冠以史之名称（如文学史之类），是晚近才出现的，其中恐怕有一些外来的影响。

近代以来，颇有几种佛教史的著作，这些书为时代所限，各有短长，我在这里不一一加以评论。

我们现在有胆量写这一套中华佛教史，就是为了赶上学术前进的步伐。

总而言之，归纳起来我们这套书有几个特点：第一，就是我们不只说汉族的事情，也介绍我国其他有关的少数民族的情况；第二，我们对古代西域佛教史的发展有比较详细的论述；第三，现在写这部书不仅有学术意义，而且还有现实意义。佛教发源于印度，传入中国后，经过两千多年的演变，最终已成为中华文化的一部分。在现实生活中，佛教仍然是一个有生命的团体。中国人民不管信佛教与不信佛教的，都必须了解佛教的真相，这会大大地促进社会主义和谐社会的发展。

在另一方面，也有利于世界各国对中国人民精神生活的了解。我们现在所需要的正是中外互相了解，全世界都互相了解。

我是不信任何宗教的，但是，对世界上所有的堂堂正正的宗教，我都有真挚的敬意。因为这些宗教，不管它的教义是什么，也不管它是如何发展起来的，这些宗教总是教人们做好事，不做恶事，它们在道德上都有一些好的作用。因此，现代世界上，宗教的存在有它的必要性。专就佛教与中国而论，佛教的原生地印度和尼泊尔，现在佛教已经几乎绝迹，但在我们中国，佛教得到了很大的发展。原因是中华民族几千年来，大度包容。中华民族文化之所以达到今天这样如火如荼的程度，就是因为我们民族有这种特点。从当前世界来看，我们最近提出了和谐世界的概念，这就希望全世界各个国家各个民族之间互相了解，互相促进，共同达到人类社会更高的层次。

所以，我们研究佛教写佛教史，不但有其学术意义，还有更深刻的现实意义。

目 录

自　序

1999 年 6 月 15 日，在北京香山饭店举行了以季羡林教授、汤一介教授为主编的《中华佛教史》编委会首次会议，对全书指导思想、分卷、章节、进度计划及编写中可能遇到的问题等进行了讨论，初步达成共识。我承担全书的“中国佛教外传卷”的日本国部分。此后三四年间编委会又举行过三次会议，决定将我承担的部分作为单独一卷，名之为《中国佛教东传日本史》。

然而笔者因为手头尚有已承担的国家社科基金项目《宋元禅宗史》的撰写任务及其他工作，一直没能集中时间和精力撰写此卷。笔者在 2001 年初从中国社会科学院世界宗教研究所退休，但撰写《宋元禅宗史》的工作却一直没有停止，直到 2005 年 12 月笔者刚刚过完六十六岁生日方将此书写完，此后才有较多时间投入撰写《中国佛教东传日本史》。感谢中国社会科学院设立老年科研基金资助研究课题，2003 年 12 月笔者有幸将《中国佛教东传日本史》申请立项并得到资助。在这期间，主编汤一介教授、山西教育出版社皆曾来电询问本书进展情况，这实际是对笔者的一种催促。笔者心中虽然负疚着急，然而一不能赶进度仓促从事，二又兼有其他日常繁杂事务必须处理，于是断断续续，直到 2008 年 4 月才告完成。

日本佛教是中国佛教的移植和发展。6 世纪中期日本从朝鲜半岛的百济传入佛教，此后大量日本僧人到中国学习佛法，回国后将汉译佛经和富有中国民族特色的佛教宗派传入日本，同时有越来越多的中国僧人到日本传法。日本奈良时代（710—794）六个佛教宗派，平安时代（794—1192）天台、真言二宗，皆是从中国直接传入的，而进入镰仓时代（1192—1333）以后在吸收和继承中国佛教的基础上形成带有日本民族特色的宗派——净土宗、真宗、时宗、日莲宗。这些佛教宗派的创始人是参照并发挥汉译佛典和中国佛教著述建立教义理论和宗派的，是中日佛教文化交流的特殊形态。在这个时期也从宋元传入禅宗临济宗、曹洞宗。中国佛教在传入并经历日本民族化的过程中，对中国文化在日本的传播和日本社会的发展起过重大推动作用。

本书旨在阐明中国佛教东传日本的过程、中日佛教的源流关系。全书共 30 万字，分以下六章：

一、日本古代的社会和佛教传入日本

佛教传入前的日本社会和公元 6 世纪（一般认为在 538 年）中国佛教通过朝鲜半岛传入日本的情况。

二、隋代中日佛教文化交流和日本圣德太子“兴隆三宝”

日本推古天皇时期担任“摄政”的圣德太子派使者出使隋朝，正式建立两国邦交关系并派学僧数十人前来学习佛法，拉开两国正式佛教文化交流的序幕。此后佛教在日本迅速传播，促使社会上层对中国文化的全面吸收，推动日本政治、文教制度的革新。

三、唐代中日佛教交流及中国佛教在日本的传播（上）

中国佛教概况及其在日本早期传播，奈良时期盛行佛教六宗：三论宗、成实宗、法相宗、俱舍宗、华严宗、律宗，为以后佛教在日本的发展奠定了基础。鉴真东渡的动人事迹及其在日本佛教文化史的贡献。

四、唐代中日佛教交流及中国佛教在日本的传播（下）

中国天台宗、密宗的创立及教理体系。最澄、空海入唐求法，回国后分别创立日本天台宗、真言宗。继最澄、空海之后，日本入唐求法僧圆仁、圆珍及常晓等人入唐求法概况。

五、宋元时期中日佛教文化交流和中国净土宗禅宗传入日本汉译佛教净土信仰的经典和中国的净土思想。佛教净土思想传入日本；平安后期净土信仰的兴起，源信所著《往生要集》及其影响；源空创立日本净土宗；亲鸾创立真宗。中国禅宗临济宗、曹洞宗的代表人物及禅法思想。宋元时期临济宗和曹洞宗传入日本，在幕府和武士阶层乃至朝廷权贵的支持下得到迅速传播。日本禅僧荣西、圆尔、道元及中国禅僧兰溪道隆、正念、祖元等人在日本传法情况。日莲创立日莲宗及其特色。

六、明清时代中日佛教文化交流和日本黄檗宗的创立

在明代日本以“进贡”名义与明朝开展的勘合贸易中，担任正使、副使入明的几乎全是禅僧，他们也顺便从事佛教交流活动。明清之际，临济宗高僧隐元隆琦（1592—1673）应请赴日传法，在临济、曹洞二宗之外创立了黄檗宗，同时也将明清文化介绍到日本。

其中第三、四、五章是全书的重点，约占全书的三分之二篇幅。

笔者过去已经撰写出版过《日本佛教史》，现在又按照《中华佛教史》编委会的规划撰写《中国佛教东传日本史》卷，那么应当如何取材，着重考察和撰写哪些方面的内容呢？笔者经过思考，归纳出以下五点：1. 以“中国佛教”作为主体，用主要篇幅考察介绍中国佛教及诸宗概况、中国佛教如何传入日本及在日本早期传播的情况，而对它在日本实现本土民族化演变为“日本佛教”的过程仅作概要介绍；2. 注意考察在中国佛教东传日本过程中两国僧人对中国佛教的着眼点、态度的差异及其传播的重点、所起的作用；3. 揭示中国佛教在日本佛教史的初期、中期和后期的不同地位与影响；4. 中国佛教在整体上对日本佛教乃至历史文化所产生的影响；5. 通过史实论述表彰为中日佛教文化交流作出贡献的两国重要人物。按照这种意图来写，虽然在一些重要内容的介绍中难免与笔者以往的《日本佛教史》的内容有交叉乃至相同之处，然而因为考察视角及论述重点有所不同，在学科建设上可以丰富“中国佛教”外传史的内容，充实以往中国佛教东传日本历史研究的薄弱环节，推进对中日古代佛教和文化交流史的研究，有助于中国读者加深对自古以来中日两国之间佛教和文化交流的了解，增进两国人民之间的理解和友谊。

相信本书的出版不仅对从事中日友好活动和两国文化交流工作、日本历史和思想文化的研究者有参考价值，而且对在大专院校开设日本语言、历史和文化的课程

及对日本宗教文化感兴趣的社会一般读者也有参考价值。

因为笔者在撰写此书期间没有机会到日本做专题研修或考察，对于20世纪90年代以后的日本研究著作了解不多，参考得较少，从而影响对最新的研究成果的吸收。并且由于自己的学识水平和写作能力的限制，在全书结构、内容和段落语句表达等方面肯定存在不少不妥乃至错误之处，谨望读者发现并不吝赐教。

第一章

日本古代的社会和佛教传入日本

日本是与中国隔海相望的邻国，古代社会文明虽然起步较晚，然而由于受到以中国为代表的大陆先进文化的影响，发展速度很快。在漫长的中日两国彼此交往和文化交流过程中，佛教曾起过重要的桥梁和纽带的作用。在6世纪中叶前后开始传入日本的佛教，曾长期对日本社会政治和文化发挥重大作用，成为日本古代最有影响的宗教。同时，中国的儒家学说对于日本的政治、文化教育、宗教和日本民族道德伦理的形成与发展也产生多方面的影响。

为论述方便，笔者首先根据中国史书和中日两国学者的研究成果对佛教传入以前的日本社会和宗教文化情况作概要介绍，然后对佛教传入日本进行介绍。

第一节　佛教传入前的日本社会及其宗教文化

一、日本自然环境和早期历史概况

日本是个岛国，由本州、北海道、九州、四国四个大岛和近四千个小岛组成。

西隔东海、黄海、朝鲜海峡，与中国、韩国、俄罗斯为邻，东临浩瀚的太平洋。早在几万年以前，日本原与亚洲大陆连接在一起，大约在一万多年以前，由于地质和自然气候的巨变，才逐渐形成与大陆隔离的日本列岛。

日本国拥有很长的海岸线，港湾很多。境内多山，山地约占国土面积的百分之八十，大小火山数量达二百多座，最高山峰是海拔3776米的圆锥形活火山富士山。河谷交错，河流湍急，水量充沛。日本的气候属温和湿润的海洋季风性气候，除本州北部和北海道冬季比较寒冷外，其他大部分地区四季常青。耕地较少，但宜于种植水稻等农作物，森林和渔业资源丰富。

早在两万多年以前，当日本土地尚未完全从亚洲大陆分离的时候，日本人的祖先已开始在这里栖息生活。从公元前1万年至公元前2世纪前后，人们主要靠采集、狩猎和捕鱼为生。因为所使用的陶器带有绳纹，史学界称这个历史时期为绳纹时期。

在日本的历史发展中，受到来自隔海相望的大陆国家中国、朝鲜的影响很大。随着日本与大陆国家交往的逐渐频繁，大陆的水稻种植技术传入日本，大约在公元1世纪又从大陆传入青铜器、铁器，并在此后日本民众学会制造和使用金属工具。日本史学界把从公元前3世纪至公元3世纪的历史时期称为弥生时期（因反映这一时代文化特征的陶器在东京弥生町发现，故以“弥生”命名）。在这一时期，日本开始进入阶级社会。

据中国史书记载，公元一二世纪以后日本出现一些部落和部落联盟国家。东汉班固（32—92）《汉书·地理志》说：“乐浪海中有倭人，分为百余国，以岁时来献见云。”所谓“乐浪海”① 即指日本的濒临日本海及东海一带；“倭”指日本。据此，汉时日本有百余国，并且有的已经与中国建立联系。东汉建武中元二年（57），倭奴国遣使自称大夫奉献，光武帝赐以印绶。此印1784年在九州福冈县志贺岛被发现，上书“汉委奴国王”。三国时约有三十余国与魏朝之间有使节往来，如西晋陈寿（233—297）《三国志·魏书·倭人传》所载：“旧百余国，汉时有朝见者，今使译所通三十国。”大约在进入二三世纪以后，相继在日本九州北部兴起邪马台

①据《汉书·地理志》，汉武帝时在朝鲜半岛北部设玄菟、乐浪二郡。乐浪郡治在今朝鲜平壤，所谓乐浪当指朝鲜半岛南部一带的海域。

国，在本州西南部（以今奈良为中心）兴起古大和国。①

考古证明，三四世纪在以畿内的奈良、大阪一带为中心的全国各地，陆续建造了以前方后圆为特征的高大古坟，埋葬着各地国王、部族首领的遗体和大量丰富奢侈的陪葬品。以此为标志，日本进入了古坟时期。在各个小国中，大和国最为强盛，通过对外兼并扩张，大约在公元4—7世纪逐渐统一了日本。

二、从邪马台国、大和国看早期日本社会

1. 邪马台国

在中国古代《汉书》《后汉书》《三国志》《晋书》及《宋书》《梁书》等史书中，对早期日本都有记述，然而记述最详细系统并且对后世史书相关记载影响较大的是《三国志》卷三十《魏书·乌丸鲜卑东夷传》中的《倭人传》。此传对二三世纪以邪马台国为中心的日本社会概貌及宗教文化作了言简意赅的介绍。

西汉武帝时在朝鲜半岛北部设立玄菟、乐浪二郡。乐浪郡治所在今朝鲜平壤，负责处理韩、倭事务。据《三国志·魏书·倭人传》，东汉末辽东太守公孙康分乐浪郡的屯有县置带方郡（治所在今朝鲜黄海北道沙里院南），此后韩、倭事务皆归带方郡负责。倭国不仅与带方郡府经常往来，而且在一般情况下入朝也须通过带方郡府。

邪马台国距设在朝鲜半岛的带方郡约一万两千里。如果沿着西侧海岸南行，经过分布于朝鲜半岛西南部、东南部及对马海峡、九州的约八个小国（有的是以岛为国），始到达邪马台国的国都。这些小国实际是些部落或部落联盟，大小不一，然而皆设官分职，有的仅有人口千余户，大者如奴国有两万余户，投马国有五万余户，邪马台国人口最多，有七万余户。此外，在邪马台国的周围还有二十一个小国。这些小国大部分皆统属于邪马台国，组成一个较大部落联盟性质的地域国家，中国史书称之为“倭国”。因为当时邪马台国的国王是位名卑弥呼的女性，因此中国史书也称邪马台国为“女王国”。

原来邪马台国也是以男子为国王，在公元2世纪后期倭国发生内乱，彼此攻

①关于邪马台国的地理位置是在九州还是在奈良的大和，邪马台国是否就是大和国，中日两国学者有不同的看法。请参考汪向荣、夏应元编的《中日关系史资料汇编》（中华书局1984年出版）第10页对“邪马台国”所作的注。赵健民、刘予苇主编《日本通史》（复旦大学出版社1989年出版）以邪马台与大和国为前后形成的不同地域国家，邪马台国在九州北部，笔者同意这种观点。

伐，历年没有国王，众人便将一位年长未嫁，善于“事鬼道，能惑众”的女子卑弥呼拥戴为王。① 卑弥呼身兼国王和祭司，除执政外，还“事鬼道”，即主持全国的宗教祭祀事务，居处有“宫室楼观”，戒备森严。女王让其弟辅佐她处理政事，下面设立行政官员四级，又在附属于邪马台国的伊奴国置相当汉朝刺史的“大率”一人，负责“检察诸国”和保护、监督过往的使节官员；又派称做“大倭”的官员，负责管理各国贸易。

按照日本历史分期，邪马台国形成于弥生时代后期，已进入贫富等级悬殊的阶级社会。史书记载，在邪马台国，“宗族尊卑，各有差序”，居民有“大人”、“下户”和“奴婢”的等级差别，民户要缴纳租赋。国有刑法，犯罪者要受严厉处罚，“轻者没其妻子，重者灭其门户”。卑弥呼女王死后，建造直径百余步的大墓安葬，殉葬奴婢多达百余人。这种情况可从在北九州考古发掘的弥生后期的一些巨大坟墓得到佐证。这些巨墓的陪葬品中有铜镜、铜剑、铜戈及玉器等，有的数量很大。

邪马台国在卑弥呼死后，又立男王，因为国人不服，发生内乱，互相残杀千余人，直到拥立十三岁的卑弥呼宗女壹与为国王，国内才安定下来。至于以后邪马台国情况，史书无载，据说是被在大和兴起的大和国攻灭了。②

邪马台国与魏朝有着密切往来。魏明帝景初三年（239）、魏齐王正始四年（243），卑弥呼女王先后两次派使者到洛阳朝廷奉献生口（奴隶）、锦帛等礼品，魏帝赐以“亲魏倭王”之号及大量贵重礼物，并授使者以“率善中郎将”等。带方郡守也曾奉诏到邪马台国拜女王以“假倭王”（暂署倭王）之称号。在壹与即位后，也曾派使者入魏奉献。可以想见，邪马台国在与中国的密切交往中是不断接触并吸收中国文化的。

2. 大和国

古大和国大约在3世纪以后于近畿地区（今奈良、大阪、京都等地）兴起，与在北九州的邪马台国一样是个较大部落联盟性质的地域国家，政治中心在大和（在

---

①中国史书对卑弥呼国王的记载虽详略不同，但内容大致相同，然而关于卑弥呼被立为国王的时间，《三国志·魏书·倭人传》没有记载，成书于南朝宋的范晔《后汉书·东夷传》却有明确记载，谓：后汉桓帝、灵帝之间（147—189），倭国大乱，历年无主，“有一女子名曰卑弥呼，年长不嫁，事鬼神道，能以妖惑众，于是被立为主”。

②赵健民、刘予苇主编：《日本通史》，复旦大学出版社1989年版，第一章第二节之二谓：4世纪末古大和国统一了东日本的群马县至神奈川一带，并西至九州，邪马台国灭亡。

今奈良南部)。大和国随着自身的强大，不断向外兼并扩张，到4世纪前半期不仅统一了北九州，而且扩展到本州的关东地区（今东京都及神奈川、崎玉、千叶、群马、枥木、茨城等县)。

大和国（也称“倭”、“倭国”）在统一北九州后，渡海侵入朝鲜半岛南部地区。当时朝鲜半岛北方有高句丽，南部有百济、新罗及任那、秦韩、慕韩等国。据现存中国吉林省集安市的高句丽国第十九代王“国冈上广开土境平安好太王”(391—412年在位）的墓碑，即《广开土王碑》或《好太王碑》的记载，大和国在391年渡海战败百济（碑称“百残”）和新罗，强迫这两国向它称臣进贡。此后，大和国占领了朝鲜半岛南端的任那（金官伽耶，今洛东江口一带）作为它在朝鲜扩张的基地，又联合百济与高句丽对抗。396年（丙申)，高句丽好太王率军队打败百济，逼它归服高句丽。然而在399年（已亥)，百济违约，联合大和国军队攻打新罗。新罗王派使者向高句丽求救，好太王派五万军队打败大和军队，收复新罗，并一度攻下任那城。404年（甲辰）大和国派兵北上进犯带方故地，遭到高句丽军队的重创而溃败。[①] 直到6世纪后期，大和国的军队才被赶出朝鲜半岛。[②]

大和国在进入5世纪以后与中国南朝的交往十分密切。在位主持与南朝使节往来的是著名的“倭五王”：赞、珍、济、兴、武，日本学者认为他们就是成书于8世纪的《日本书纪》中的仁德（或应神)、反正（或仁德)、允恭、安康、雄略五位天皇。他们先后十二次派使者到南朝奉表进贡，求封官爵，以巩固在日本的统治地位并谋求对朝鲜半岛南部诸国的控制权。例如赞王去世后，弟珍即位，在南朝宋文帝元嘉十五年（438）遣使贡献，自称“使持节都督倭、百济、新罗、任那、秦韩、慕韩六国诸军事、安东大将军、倭国王”，请求宋文帝正式任命，然而文帝仅诏除“安东将军、倭国王”，并同意授予他提名的其他十三人的将军封号。齐高帝建元元年（479）诏除倭王武（雄略天皇）以“使持节都督倭、新罗、任那、加罗、秦韩、慕韩六国诸军事、安东大将军”，梁武帝天监元年（502）即位，又进

①耿铁华：《好太王碑新考》，吉林人民出版社1994年版，从不同侧面对高句丽好太王碑作了详细考察和说明，可以参考。

②参见日本坂本太郎著，汪向荣、武寅、韩铁英译：《日本史概说》商务印书馆1992年版，第二章第三节。

封“东征大将军”。[1] 倭五王上表皆用汉文书写，南朝皇帝诏书自然是汉文，可见当时大和国朝廷对中国汉文、汉文化乃至政情是相当熟悉的。

从以上事实可以了解，统一日本后的大和国曾十分强盛。随着大和国在朝鲜半岛的活动以及与中国直接或间接交往的扩大，大陆先进的生产技术和文化不断传入日本，也有不少农民、手工业者和文化人迁徙日本，极大地促进了日本社会的进步。

大和国以农耕业为主，已普遍使用铁器，重视农田水利灌溉建设，冶炼技术也取得很大进步，能够铸造各类生产工具和精良华美的铜铎、铜镜等工艺品。20 世纪，考古工作者从四五世纪的古坟中挖掘出三百多枚三角缘神兽铜镜，镜内区铸有神像、龙虎等花纹，镜缘断面是三角形。据学者鉴定，这是由中国工匠在日本制作的。[2] 可见在当时的大和国有相当数量来自中国的手工业工人。

大和国王称大王，7 世纪后期因受中国唐朝高宗自称“天皇”[3] 的影响，才改称天皇。大王既掌握最高军政权力，又主持国家祭祀，与他周围的部落或氏族首领组成朝廷。大和朝廷通过氏姓制度来实施对全国的统治。

所谓氏、氏族是具有血缘关系的社会组织单位，占据最高地位的父系氏族长称“氏上”，负责统领全氏族的成员（氏人），主持氏族的共同祭祀活动，并代表氏族辅佐大王参与国政。大王根据各氏族与王族的亲近关系及军政功绩，授予氏族以象征不同地位的姓。授予与王族血缘较近并在朝廷担任高职的氏以臣、君、连、直等姓，例如授苏我氏、平群氏以臣姓，授大伴氏、物我氏以连姓，授久米氏以直姓等。此后又形成臣、连诸姓中最高的大臣、大连等姓。5 世纪以后，世袭主管军事、祭祀和财政的各氏，成为朝廷最为显贵的臣僚。大伴氏和物我氏掌管军事，中臣氏和忌部氏掌管祭祀，苏我氏掌管财政。大王授予地方豪族的姓有公、直、造、首等，任用他们担任地方上的国（比现在的县小）、县及邑里的长官，称为“国造”、“县主”及“稻直”等。

大和国的社会组织和经济生产组织形式是部民制。所谓“部”（也称“伴”）

---

①汪向荣、夏应元编：《中日关系史资料汇编》，商务印书馆 1980 年版，之四、五、六，并参考日本木宫泰彦著，胡锡年译：《日中文化交流史》之一第三章。

②王仲殊：《关于日本三角缘神兽镜的问题》，载《考古》1981 年第 4 期。

③《旧唐书·高宗纪》，唐高宗咸亨五年（674）诏“皇帝称天皇，皇后称天后”。弘道元年（683）唐高宗去世，谥曰“天皇上帝”。

是从事不同生产活动的社会共同体，由于所属土地及其他生产资料的主体不同，或隶属于王族，或隶属于各氏，各部的民众被称作“部民”或“部曲”，或从事农业，或从事手工业，或从事畜牧业、渔业等，负有向王族、各氏缴纳粮食、各类物品和服劳役的义务。这些部民虽有统辖他们的主人，然而一般皆有自己的家庭和少量生产工具，经营从领主那里分来的少量土地，身份比较自由，相当于早期的农奴。在社会生产队伍中属于奴隶身份的人比例很小。①

日本因为自古受到中国、朝鲜等大陆国家的先进社会制度和生产技术、文化的影响，才形成这种易于向封建制过渡的部民制，而没有形成如同欧洲那种发达的奴隶制。

3. 佛教传入日本前的文化和宗教信仰情况

根据上述日本建国早期的历史和与中国、朝鲜等大陆国家的密切交往的情况，对于5世纪中叶佛教传入日本前的文化和宗教，应当已有大体的了解。

现综合有关资料简单归纳以下几点：

（1）汉字和汉文化

日本在邪马台国及大和国建国初期，没有自己的文字，曾长期使用从中国输入的汉字。东汉光武帝建武中元二年（57）赐倭王以“汉委奴国王”之印，可以看作是汉字传入日本之始。此后，邪马台国多次派使者入魏奉献，魏带方郡长官也曾奉诏书出使邪马台国。期间卑弥呼女王受魏王诏书，受封“亲魏倭王”、“假倭王”，受金印紫绶，“倭王因使上表答谢恩诏”；使者难升米、掖邪狗先后受封“率善中郎将”，牛利受封“率善校尉”，受银印青绶。至于大和国的所谓“倭五王”——赞、珍、济、兴、武，与中国南朝特别是与宋朝之间，有着密切的关系，多次奉表进献并受封“安东大将军”、“倭国王”之号及赏赐物品。宋顺帝昇明二年（478）倭王武的上表最富文采，条理清晰，词语典雅。此外，从日本各地出土的3至5世纪的不少铜镜、刀剑等物品也刻有汉字铭文。

上述事实表明，在6世纪佛教传入日本之前，不仅在倭王周围有比较精通汉文和中国文化的臣僚或贵族子弟，而且即使在社会民间，汉字也并不罕见。据成书于

①关于大和国的氏姓和部民制度，参考日本坂本太郎著，汪向荣、武寅、韩铁英译：《日本史概说》商务印书馆1992年版，第二章第三节；赵健民、刘予苇主编：《日本通史》复旦大学出版社1989年版，第一章第三节。

8世纪的《日本书纪》卷十记载，应神天皇（或认为即倭五王之一的倭王赞）时，百济王派使者阿直岐到大和国献马，因为他会读经典，倭王让太子菟道稚郎子跟他学习。此后百济王仁又带回《论语》及《千字文》，太子又跟他学习。

因为日本在四五世纪没有自造文字，并且已经开始使用汉文，所以在以后传入中国儒家经典和佛经过程中，就没有翻译这道程序，而是直接流通于朝廷和社会。日本在奈良时代（710—794）所通行的“万叶假名”是借用汉字作音符来标日语发音，直到平安时代（794—1192）才逐渐利用汉字楷书偏旁造片假名，用汉字草书造平假名，辅助汉字撰文写书，然而同时，运用纯汉文的文书、典籍仍继续盛行。

（2）灵魂观念和宗教信仰概况

从现存少量文字记载和考古发现证明，在佛教传入日本以前，日本民族不仅早已拥有灵魂观念，并且在宗教信仰形态方面已经进到较高阶段。

所谓灵魂观念是认为人死后精神不灭，仍在自己生前所在的家族或居处周围活动，在冥冥的阴间保护乃至惩罚自己的亲族或其他人。日本在进入绳纹时代以后已经具有灵魂观念，此后万物有灵观念及祖先崇拜习俗、宗教祭祀活动，皆是由它发展而来。从绳纹时代的文化遗址中发现有屈葬（将死者遗体关节作屈折处理后再埋葬）、瓮棺葬，直到在九州及本州发现三四世纪的巨大坟墓，都是人们有灵魂观念的证明。崇拜日月山川，乃至认为鱼贝禽兽皆有灵魂，是人们相信万物有灵的表现。按日本考古分期，3至6世纪是古坟时期，在本州和九州等地发现不少建造于这个时期的前方后圆或前圆后方的巨大古坟，里面埋葬着各地国王、部族首领的遗体和大量陪葬品，反映了当时日本人的灵魂观念和祖先崇拜的习俗。人们认为，氏族、部落首领和国王生前是他们的主宰，死后灵魂是生活在另一世界的神，对他们祭祀可以求得保佑。考古发掘出来的铜剑、铜戈、铜矛以及铜铎等物，都是当时人用来祭祀的器具。

《三国志·魏书·倭人传》中也记载邪马台国人的鬼神观念和宗教习俗。人死后，须停丧十余日，丧主哭泣，其他人则可以饮酒歌舞，然后将死者以棺埋葬，建土坟；丧事结束，家人须沐浴洁身。卑弥呼女王死后，建造径长百余步的巨大坟墓安葬，殉葬奴婢达百余人。民间习俗，凡举行重要活动，盛行“灼骨而卜，以占吉凶”的做法。若有人乘船到中国，需安置一人“持衰”（相当于持斋），“不梳头，不去虮虱，衣服垢污，不食肉，不近妇人，如丧人”，若一路平安，便给此人财物、生口（奴隶）；如果乘船人发生疾病或遭遇灾害，便怪他“持衰不谨”，甚至会将他杀死。从这些例子可以看出，当时邪马台国人相信灵魂不灭，相信鬼神具有超自然的力量，因此他们怀着虔诚的心理以自古相传的礼节安葬死者，祭祀鬼神，而在平时通过占卜求鬼神预示吉凶。在这种环境中，他们崇敬从事祭祀占卜以沟通人与鬼神关系的巫觋、祭司，崇信并服从“事鬼道，能惑众”的卑弥呼女王。

在大和王朝，8世纪太安万侣编纂的《古事记》、舍人亲王监修的《日本书纪》皆有“神代卷”，讲述天地、日月，日本国的形成，天皇的祖先神及天皇周围豪族的祖先神的富有神话色彩的故事。虽然其中混杂大量编造成分，然而有很多内容是取自6世纪初的多种文献，最早当取自古代的神话传说、民间故事。后世神道教利用这些传说，进一步编造对天皇的神化和宗教崇拜的内容。①

以上日本古代社会和文化、宗教习俗是佛教传入后传播发展的社会环境和土壤。

第二节　佛教传入日本

如前所述，日本与中国之间至迟在西汉时已经建立联系。此后在三国、南北朝时期，中日两国之间联系更加频繁，经常有日本使者奉汉文书表到中国奉献，在日本使节身边还有相当数量的随从人员。可以想象，日本无论在与早已流行佛教的朝鲜半岛诸国的交往中，还是在与中国频繁的交往中，都有机会接触到佛教，对佛教有所了解。应当说，这对以后佛教传入日本是个有利的条件。

进入6世纪以后，日本与大陆的交流更加频繁，大陆的科技文化大量传入日本，相继有不少中国人和朝鲜人移住日本，极大地促进了日本社会的进步。在这个过程中，中国的佛教和儒家、道教思想也传入日本。经过7世纪圣德太子摄政施行新政和从孝德天皇开始的“革新”，积极引进中国隋唐的政治和经济制度，建立了古天皇制的中央集权和律令制度，使日本从一个带有氏族制残余的奴隶制社会，迅速进入封建制社会。

①详见杨曾文著：《日本佛教史》，浙江人民出版社1995年版，第一章第一节。

一、佛教传入日本

1. 中国佛教传入朝鲜，再传入日本

佛教发源于古印度，公元前后传入中国内地，经过汉魏及西晋时期的初传，到南北朝时期已经传遍大江南北城乡各地，隋唐时期形成富有鲜明民族特色的佛教宗派，标志着佛教民族化历程的基本完成。在古代中国与东亚各国的交往过程中，佛教也相继传到这些国家。

中国佛教在4世纪后期传入朝鲜半岛。当时正值高句丽、百济和新罗三国鼎立的时期。据高句丽僧一然《三国遗事》卷三记载，在高句丽小兽林王即位的第二年（372），前秦王苻坚派使者和僧顺道到高句丽，送佛经佛像，此后又有阿道等僧人陆续到高句丽传教。在百济枕流王即位之年（384），东晋的胡僧摩罗难陀到达百济，被迎入王宫传法，翌年在汉山建造佛寺，度僧十人，佛教得以迅速传播。佛教传入新罗的时间较晚，直到5世纪纳祇王在位时佛教才从高句丽传入。7世纪中叶，新罗在唐王朝的支援下统一了朝鲜半岛，佛教开始普及于全社会。

日本的佛教最早是从朝鲜百济正式传入的，然后通过海路与中国直接进行佛教文化交流，陆续将汉语系佛教系统地引进日本，对日本文化和社会的进步产生十分深远的影响。

百济位于朝鲜半岛西南马韩的故地，北有高句丽，东邻新罗，政治中心一再南移，474年迁都熊津（在今公州），538年迁都泗沘（今扶余）。百济通过航海与中国东晋南朝有频繁联系，四五世纪曾借助东晋和日本（倭、倭人）的势力与高句丽、新罗对抗。在文化上，百济受中国东晋南朝的影响较大，也重视儒家学说。百济圣王即位第十九年（541），派使臣渡海到南朝梁奉表进贡，请派教授《毛诗》的博士，并求请工匠、画师，请赐《大涅槃经》等经的义疏。当时梁武帝在位，答应了百济的要求。[①] 百济法王即位（599）后，兴建法兴寺，度僧三十人，使佛教得到进一步传播。

百济受中国南朝佛教的直接影响，盛行研习《中论》《十二门论》和《百论》

①韩国李能和：《朝鲜佛教通史》上编《百济》，汉城（今首尔）新文馆1918年出版，宝莲阁出版社1972年重刊。

的“三论”之学和研习《成实论》的成实之学。[①] 因为百济与日本关系比较密切，在与日本的交往中也将佛教传入日本。

2. 佛教传入日本的时间

各国的历史证明，一个国家从外国传入某种宗教乃至某种意识形态，在开始的时候一般并不引起人们普遍的注意，直到这种宗教或意识形态盛行之后才会引起人们的关注。当史学者要追溯并确定它们的传入年代时，往往根据不同的资料得出不同的看法。在确定佛教何时传入中国时碰到这个问题，在确定佛教何时传入日本时也碰到这个问题。

关于佛教传入日本，有两种说法：一种是所谓“私传”，即民间传入；一种是“公传”，即通过日本朝廷传入。日本学术界一般皆以公传的年代作为佛教传入日本之始。

第一，佛教通过民间传入的时间。

按照前述日本与中国、朝鲜交往的历史推断，不仅迁徙日本的中国人或朝鲜人中有的已熟悉乃至信仰佛教，而且不少日本人在与中国、朝鲜的交往中也已经对佛教有所了解。然而因为缺乏这方面早期的文字记载，无法判断最早在什么时候佛教通过民间传入。

现仅据12世纪皇圆《扶桑略记》引证9世纪延历寺（在今京都东北的比睿山）僧禅岑的《法华验记》的记载，在继体天皇十六年（壬寅，522），有位名“司马达止”（或作“司马达等”）[②] 的中国人（称“大唐汉人”）来到日本，在大和高市郡坂田原结庵安置佛像，皈依礼拜。这虽是后人的记载，然而从情节考虑，还是比较可信的。

司马达止后来成为“案部”（或作“鞍部”，当是以制马鞍为业的部民组织）的“村主”。他的儿子名多须奈，后来出家为僧名德齐法师；其女名岛，出家为比丘尼，称善信尼。

其实，类似情况可能还有，在4世纪以后相继移民日本的中国人和朝鲜人中有信奉佛教者是十分自然的。然而仅据这种情况还不能说佛教已经正式传入日本。

---

①参见杜继文主编：《佛教史》，中国社会科学出版社1991年版，第七章第一节。

②从中国人的起名习惯和语法来看，也许所谓“司马达止”是司马达到达的意思，司马达是人名；所谓“司马达等”，当是司马达等人的意思。然而因为日本史书将“司马达止”或“司马达等”当作是人名，笔者又没有别的资料旁证，故仍把“司马达止”或“司马达等”作为人名看待。

第二，佛教通过朝廷正式传入日本。

因为日本在佛教传入前后相当长一段时期内没有成文史书，后世陆续编撰的史书对日本天皇世系传承又有某些不同的说法，因而对佛教何时通过朝廷（“公传”）传入难免有不同的记载。现在最有影响的有公元552年和538年两种说法，然而学术界一般以后者作为佛教正式传入日本之始。

(1) 日本《日本书纪》卷十九记载，钦明天皇十三年（壬申，552）佛教正式传入日本。原文曰：

> 冬十月，百济圣明王遣西部姬氏达率怒唎斯致契等，献释迦佛金铜像一躯、幡盖若干、经论若干卷。别表赞流通礼拜功德云：是法于诸法中最为殊胜，难解难入，周公、孔子尚不能知。此法能生无量无边福德果报，乃至成办无上菩提，譬如人怀随意宝，逐所须用尽依情。此妙法宝亦复然，祈愿依情无所乏。且夫远自天竺，爰洎三韩，依教奉持，无不尊敬。由是百济王臣明谨遣陪臣怒唎斯致契，奉传帝国，流通畿内，果佛所记：我法东流。
>
> 是日，天皇闻已，欢喜踊跃。诏使者云：朕从昔来，未曾闻如是微妙之法，然朕不自决。
>
> 乃历问群臣曰：西蕃献佛相貌端严，全未曾看，可礼以不？
>
> 苏我大臣稻目宿祢奏曰：西蕃诸国一皆礼之，丰秋日本，岂独背也？
>
> 物部大连尾舆、中臣连镰子同奏曰：我国家之王天下者，恒以天地社稷百八十神春夏秋冬祭拜为事。方今改拜蕃神，恐致国神之怒。
>
> 天皇曰：宜付情愿人稻目宿祢，试令礼拜。
>
> 大臣跪受而忻悦，安置小恳田家，勤修出世业为因；净舍向原家为寺。

按照这个记载，日本佛教是由百济圣明王派使者传入日本的。使者进献佛像、幡盖及佛经等，并携有圣明王赞颂佛教功德的奏表，说信奉佛教将给人带来无量无边的福德果报。钦明天皇虽看到佛像庄严，感到佛法微妙，却没有立即决定奉佛，询问大臣是否应当礼佛奉法。主持朝廷财政事务的苏我稻目说西方诸国皆信奉佛教，日本也应当奉佛。然而主持军事及刑狱事务的物部尾舆和主持祭祀的中臣连镰子表示反对，说日本自古以来的传统是祭祀天地社稷众多的“国神”，而称佛是“蕃神”，说如果奉佛“蕃神”必将招致国神震怒，受到惩罚。在这种情况下，钦明天皇将佛像、佛经等授予愿意奉佛的苏我稻目，让他奉佛礼拜，以看效果。苏我稻目便将佛像安置在小恳田的房舍，并且将向原的房屋改为佛寺，修持佛法以求功德。

据日本学者考证，《日本书纪》所载百济圣明王希望佛教在日本传播的奏文及天皇的诏书是后人伪造的。其中所谓“是法于诸法中最为殊胜，难解难入”，“逐所须用尽依情”，“朕从昔来，未曾闻如是微妙之法”等是取自中国唐代义净翻译的《金光明最胜王经》及其他文献，只是在字句上稍作改动。① 义净翻译《金光明最胜王经》的时间是唐武周长安三年（703），是在所说佛教传入日本的钦明天皇十三年（552）151 年之后，怎么能够使人相信百济圣明王的奏文和天皇诏书中会使用这些字句呢？

可以认为，后人在把佛教传入的口头传说写成文字时，为了赞美佛教传入日本和美化日本历史便把义净所译《金光明最胜王经》及其他文献的个别字句稍作修改加到所编造的百济王奏文和天皇诏书中去。

尽管如此，对于钦明天皇在位期间传入佛教和苏我氏奉佛的事实却没有理由完全否定。

（2）据 8 世纪成书的《上宫圣德法王帝说》记载，佛教是在钦明天皇在位的戊午年（538）传入日本的。原文曰：

> 志癸岛天皇（按：钦明天皇）御世戊午年十月十二日，百济国主明王始奉度佛像经教并僧等，敕授苏我稻目宿祢大臣，令兴隆也。

很明显，《上宫圣德法王帝说》关于佛教传入日本的记载是利用与《日本书纪》所据不同的资料写成的。如果按照《日本书纪》，钦明天皇是在继安闲、宣化二位天皇之后（539 年）即位的，据此这里所说戊午年相当于宣化天皇三年。然而有的日本学者认为，在继体天皇死（继体二十五年，531 年）后尚存在钦明天皇与安闲、宣化二天皇并立的局面。按照这种说法，钦明天皇是在继体天皇死（531）后即位的，与《上宫圣德法王帝说》所说“志癸岛天皇治天下四十一（年）”（531—571）也相符合，则戊午应是钦明天皇七年。②

---

①日本大野达之助：《新稿日本佛教史》第一章第一节，吉川弘文馆 1973 年版，1981 年第 5 次印刷；家永三郎监修：《日本佛教史Ⅰ·古代篇》第二章之一，法藏馆 1967 年版，1982 年第 8 次印刷。

②大野达之助：《新稿日本佛教史》第一章第一节；家永三郎监修：《日本佛教史Ⅰ·古代篇》第二章之一。

另外，同样成书于8世纪的《元兴寺伽蓝缘起》则记载：

> 大倭国佛法，创自斯归岛宫治天下天国案春岐广庭天皇（按：钦明天皇）御世，苏我大臣稻目宿祢仕奉时，治天下七年岁次戊午十二月度来，百济国圣明王时，太子像并灌佛之器一具及佛起书卷一箧度而言……

这里明确记载佛教是在钦明天皇在位七年戊午岁（538）传入日本的，然而月份与《上宫圣德法王帝说》所载不同。

据前所述，《上宫圣德法王帝说》《元兴寺伽蓝缘起》虽与《日本书纪》所记载的佛教传入日本的时间不同，情节也有较大差异，然而皆说佛教是在钦明天皇治世由百济圣明王派使者传入的。

现在，日本学术界一般采取钦明天皇七年戊午，即公元538年佛教传入日本的说法，同时，对于天皇命苏我稻目奉佛的说法也认为可信。

二、排佛与兴佛之争——佛教在日本的初传

佛教在传入日本之后，在朝廷曾有过短暂的排佛与兴佛之争，最后是以兴佛派的胜利而告终。

1. 第一次排佛——“庚寅法难”

钦明天皇将百济圣明王使者进献的佛像转赠负责朝廷财政的苏我稻目“试令礼拜”。苏我氏将佛像安奉在小恳田的房舍，此后又在向原建寺。据载，后来国内流行疫病，不少民众死亡。反对奉佛的物部尾舆、中臣镰子便借此向天皇上奏，说因为奉佛才招致国神发怒降此灾害，请求下诏将佛像“投弃”。天皇准奏，于是官府便把寺焚毁，将佛像投到难波（今大阪）的崛江之中。

关于这次排佛的时间，据《日本书纪》卷十九是在钦明天皇十三年壬申（552），与百济王遣使者进献佛像在同一年。然而在《上宫圣德法王帝说》中则记载：“庚寅年，烧灭佛殿佛像，流却于难波掘（按：崛）江。”此年为钦明天皇三十一年（570），日本佛教史书称这次灭佛为“庚寅法难”。

苏我稻目于此年三月去世。钦明天皇在翌年四月去世，其二子敏达天皇继位，以物部尾舆之子物部守屋为大连，苏我稻目之子苏我马子为大臣。二人在朝廷皆掌大权。

按照《上宫圣德法王帝说》所载佛教传入日本的年代计算，佛教传入日本已经

有三十多年。日本朝野已经有很多人信奉佛教，尽管朝廷有灭佛之举，然而绝不能彻底制止佛教在社会上的传播。

2. 第二次排佛——“乙巳法难”

敏达天皇“不信佛法而爱文史”（《日本书纪》卷二十《敏达天皇纪》），然而佛教仍在传播。敏达天皇六年（577）百济使者进献佛教经论和律师、禅师、比丘尼、造佛工、造寺工等；七年（578）高句丽遣使进献佛像。

苏我稻目之子大臣苏我马子在朝廷仍拥有很大权势，一直没有停止奉佛。敏达天皇十三年（584），百济人进献弥勒石像、佛像，苏我马子在宅东建佛殿安置。苏我马子让鞍部村主司马达等从播磨国请来已还俗的高句丽僧惠便，拜他为师，让他度司马达等之女岛出家，名善信尼。善信尼的两位弟子也跟她受度出家：一位是汉人夜菩之女丰女，法名禅藏尼；一位是锦织壶之女石女，法名惠善尼。苏我马子请这三位比丘尼在佛殿设斋供佛。又在石川己宅建造佛殿，在大野丘北建塔供奉舍利。据载，苏我马子“深信佛法，修行不怠”。

十四年乙巳（585）苏我马子有病，依占卜者之言，在奏请天皇允准后奉诏“祭祀父神”（此指当年其父祭祀的佛），礼拜弥勒石像，以“乞延寿命”。

不久全国流行疫病，民死者众。于是，大连物部守屋与中臣胜海上奏天皇，说疠疫之灾乃因苏我马子奉佛而起。天皇下诏“宜断佛法”。物部守屋与中臣胜海带人到苏我氏建造的佛殿，焚毁佛殿佛像，毁坏佛塔，又将焚烧残余的佛像丢弃到难波的崛江之中。他们还当面呵责苏我马子及其随从者，拘禁并辱打三位比丘尼。此即日本佛教史书所说的“乙巳法难”。从此，大臣苏我马子与大连物部守屋之间矛盾加深。

然而疫病并未停止流行，民众生恶疮死亡者相继，不少人认为是烧毁佛像的报应。在这种情况下，经苏我马子的请求，天皇仍允许他“独行佛法”，将三位僧尼放还。[①] 此年八月，敏达天皇去世，其异母弟用明天皇即位。

用明天皇实是大臣苏我马子的外甥，《日本书纪》卷二十一《用明天皇纪》说他“信佛法，尊神道”。即位第二年（587）四月，天皇病，诏群臣说：“朕思欲归三宝（按：佛法僧，即佛教），卿等议之。”物部守屋与中臣胜海二人表示反对，说：“何背国神敬他神也？”苏我马子对天皇奉佛表示坚决支持，以奉诏为由，联合

①以上主要据《日本书纪》卷二十《敏达天皇纪》。

皇弟、皇子迎请丰国法师入宫传法。在用明天皇病重之际，司马达等之子为祈愿天皇病愈而出家，又造佛像、佛寺。用明天皇随即去世。

此后，朝廷围绕皇位和兴佛问题发生激烈斗争。587 年八月，苏我马子联合诸皇子率兵讨灭物部守屋，拥立崇峻天皇即位。在战争进行当中，厩户皇子（后为圣德太子）祈祷四天王保佑，愿胜利后建造四天王寺。苏我马子发誓说："凡诸天王、大神王等助卫于我，使获利益，愿当奉为诸天与大神王造立寺塔，流通三宝。"（《日本书纪》卷二十一《崇峻天皇纪》）战争结束后，厩户皇子按照誓愿在摄津造四天王寺，分出物部氏奴隶的一半充作"寺奴"，田宅作寺的田庄。苏我马子在飞鸟兴建法兴寺（也称"元兴寺"、"飞鸟寺"）。

从此以后，佛教在日本得到迅速传播。百济、高句丽常派使者赠送佛像，遣僧赴日传法，遣送寺工、炉盘工、瓦工、画工参与造寺。苏我马子派善信尼到百济学习戒律。她在三年后回国，举行盛大传戒法会，有多位妇女受戒出家，其中有的是来自中国、朝鲜移民的后裔。

佛教传入日本，是日本文化史和社会发展史上的一件大事。由于佛教的传入和此后中国、朝鲜与日本之间频繁的佛教文化交流，大陆的先进文化也以佛教为重要载体源源不断地传入日本，极大地推进了日本文化的发展和社会的进步。

第二章

隋代中日佛教文化交流和日本圣德太子“兴隆三宝”

隋唐是中国古代封建社会中的盛世，在政治上比较统一和稳定，在经济和文化上都达到前所未有的昌盛。从当时世界形势来看，隋唐时期的中国处于亚洲乃至世界先进国家的行列，不仅对亚洲邻国的发展产生较大影响，而且对世界人类文明的进步也作出较大贡献。①

隋唐时期，儒家在思想文化领域仍居正统的支配地位，但佛教和道教已拥有可与儒家鼎立抗衡的社会影响。佛教在经历长期与中国传统思想文化和宗教习俗的会通、结合之后，无论在教义理论、修持方法、礼仪戒规方面，还是在组织形式方面，都发生了巨大的变化，陆续形成一些带有鲜明民族特色的佛教宗派。这些佛教宗派包括天台宗、三论宗、法相宗、律宗、净土宗、华严宗、禅宗、密宗，构成中国民族佛教的基本格局。

中国隋唐时期（581—907）相当于日本的飞鸟、奈良和平安前期；宋元时期（960—1368）相当于日本的平安后期、镰仓和室町初期。在这将近8个世纪的漫长时期，中日两国之间的文化交流几乎没有中断。

①《日本书纪》卷二十二《推古天皇纪》及卷二十一《用明天皇纪》。

从中日文化交流的历史来看，隋唐、宋元时期先后涌现两国文化交流的两次高潮。在这两次文化交流的高潮中，佛教发挥了极其重要的纽带和桥梁作用：隋唐佛教宗派陆续传入日本，成为以后日本民族佛教形成和发展的基础，并且佛教作为一种重要的文化载体将大陆先进文化源源不断地输入日本，对日本圣德太子推行新政及以后几代天皇实施政治体制“革新”，推进日本社会进步的历史进程，起到直接推动的作用；宋元时期中国禅宗传入日本，同时也将“宋学”——理学进一步传入日本，对日本思想文化产生极为深远的影响。

这里首先介绍隋朝佛教概况，然后对当时中日佛教文化交流和圣德太子兴隆佛教的情况进行介绍。

第一节　隋朝佛教概况

南北朝时期佛教已广泛普及到中国社会各个阶层。在北方地区，佛教盛行，出家为僧尼的人很多。北魏正光（520—525）之后，北方有僧尼达二百万人，佛寺一万余所（《魏书·释老志》)。僧尼人数已占北方人口的十六分之一。魏分裂之后，佛教又有发展，至北周、北齐时北方共有佛寺四万所，僧尼三百万人，约占北方总人口（据《通典》卷七载北齐、北周人口合计为 29 016 484 人）的十分之一。北周武帝为了维护儒家名教的正统地位和完成统一大业，在北周建德三年（574）下诏禁断佛、道二教，经像皆毁，令沙门、道士还俗。建德六年（577），北周灭北齐，又在齐地推行灭佛政策，致使僧尼被迫还俗，大部分寺塔扫地以尽。朝廷仅设通道观一所，选取一百二十人为学士，令讲习《老子》《庄子》《周易》，会通三教，但强调以儒教为正统。一些虔诚的僧人或逃匿山林，或混迹民间，然而仍私下信奉佛教，也有的僧人逃到南方。

北周宣政元年（578）武帝去世，宣帝即位，开始恢复佛教。静帝即位（579)，下诏允许官民信奉佛教，陆续恢复佛像和道教的天尊像。北周大象二年（580）杨坚任左大丞相，总揽朝廷大权，下令恢复佛、道二教。

开皇元年（581)，杨坚（隋文帝）废北周建立隋朝，开皇九年（589）灭南朝陈，结束长达一百六十多年的南北分裂局面而实现全国的统一。隋文帝在政治上改革官制，加强中央集权，在经济上实行均田制和轻徭薄赋政策，同时重视文教事业，提倡儒家纲常名教，并且对佛教采取扶持的政策，佛教得到迅速恢复和发展。

隋文帝开皇元年（581）下诏允许民人出家，并命百姓按人口出钱营造佛像（《隋书·经籍志》）；采纳沙门昙延的主张，度僧一千余人（《续高僧传·昙延传》）；又敕在五岳之下各置僧寺一所；命人在京师及并州、相州、洛州等地由官府组织写《一切经》（后称《大藏经》），放置寺内，又另写一部置于秘阁保存。这样一来，全国官民效仿竞写佛经，致使“民间佛经，多于六经数十百倍”（《隋书·经籍志》）。同年又下诏在其父杨忠作战过的地方襄阳、隋郡、江陵、晋阳各建寺一所，树碑颂德。开皇三年（583）下诏修复北周所废的所有佛寺。文帝在灭陈的第二年，即开皇十年（590），下诏听任官民自由出家，并承认以前私度出家的僧尼合法，新度僧尼达五十万人（《续高僧传》卷十《靖嵩传》、卷十八《昙迁传》）。开皇十一年（591），下诏在全国州县各立僧尼二寺。文帝在他即位之前经过的四十五州皆建“大兴国寺”，其中有的是旧寺改建或改名。

隋文帝在长安建大兴善寺，作为安置从全国招请来的高僧修行传法和翻译佛经的中心。在大兴善寺从事译经的著名外来僧有印度人达摩阇那、毗尼多流支、那连提黎耶舍、阇那崛多等，有中国著名学僧慧远、昙迁、灵裕等六十多人。在大兴善寺的高僧中，有的担任僧官，如僧猛曾任隋国大统、昙迁任昭玄大统、昙延任昭玄统等等，在佛教界发挥了重要作用。

隋文帝从仁寿元年（601）到仁寿四年（604），先后三次派多位沙门、官员向全国 111 个州（隋有 190 个州）送去舍利，命各州在规定的期限内建立供奉舍利的塔，共建塔 111 座；塔建成后在同一时间由州县官员组织官民举行供养佛舍利的盛大法会，并为皇帝、百官和国民祈福，以此来加强全国臣民的统一意识。

隋炀帝杨广即位（604）后继续扶持佛教传播。他以洛阳为东都，下敕在洛水以南的上林园置翻经馆，集僧译经。从此，上林园翻经馆与长安大兴善寺成为隋王朝的两大译经中心。

隋朝存在三十七年，共有佛寺 3 985 所，僧尼 236 200 人。据道宣《大唐内典录》卷五，隋前后度僧尼三十万人，修建佛寺五千所，所译经典（实包括部分著述在内）有九十部五百一十五卷。

隋朝的官制基本沿袭北朝，僧官制度也大致沿袭北朝。中央设昭玄寺为僧官最高机构，设大统、统和都维那，在朝廷的鸿胪寺崇玄署统领下管理全国僧尼；在地方上，州（炀帝时改州为郡）设沙门曹，设州僧统、州僧都等职位管理地方僧尼事务。

隋朝实现大一统，使原来分隔南北的佛教学僧能相聚在一起讨论佛学义理，共同译经，举办各种宗教活动。文帝和炀帝及王公大臣在长安、洛阳建寺，招请各地高僧入住，东西两京不仅是政治中心，也是佛学中心。文帝提倡佛学，在京城设立“五众”、“二十五众”的佛学团体。“众”即“僧”、“僧伽”。“五众”即五个佛学团体，“二十五众”即二十五个佛学团体。文帝选任具有深厚佛学造诣的高僧分别担任各佛学团体的“众主”，研究和讲授《十地经论》《大智度论》《大涅槃经》等佛教经论及《四分律》等戒律，培养弟子。

隋朝佛教界最流行的经典是探究觉悟内在依据的心性问题的《大涅槃经》和《摄大乘论》，此外还有作为大乘佛教的重要理论来源的《般若经》《法华经》《华严经》以及《中论》《十二门论》《百论》《大智度论》等。

中国与亚洲邻国一直保持比较密切的关系。朝鲜半岛诸国、日本对隋朝的政情、振兴佛教的信息的了解是十分及时的，也相继派来留学的学问僧。

隋朝设有负责外交和接待外国使臣官员的官署鸿胪寺，长官是鸿胪卿，其下设典客署、司仪署和崇玄署，长官称令。典客署，隋炀帝时改称“典蕃署”，负责接待外国使臣，设掌客十人；司仪署掌礼仪，设掌仪十人；崇玄署负责管理全国僧尼事务，设令一人。隋炀帝时设置四方馆——东方曰东夷使者，南方曰南蛮使者，西方曰西戎使者，北方曰北狄使者，统属于鸿胪寺，设官员一人，负责接待周边少数民族及各国使节，处理彼此交往和互市商贸事务。从史书（《隋书》卷二十八《百官志》）相关记载来看，鸿胪寺属下的四方馆负责接待外国留学僧、学问僧，处理相关事务。据唐道宣《续高僧传》记载，大业四年（608）净业“召入鸿胪寺，教授蕃僧”（卷十二）；大业九年（613）静藏“召入鸿胪，教授东蕃、三国僧义”（卷十三）；大业十年（614）灵润“被召入鸿胪，教授三韩”（卷十五）。[①] 可以想象，他们向外国留学僧讲学的地方不可能在鸿胪寺官衙之内，而应是某些寺院（例如安置五众、二十五众的寺院），具体事务由四方馆官署负责。因此史书也将他们讲学的地方笼统地称为“四方馆”。为向外国僧众讲学，四方馆还刊印佛典，例如

①以上三则分别载《大正藏》卷五十，第517页下、第523页中、第546页上。

《续高僧传》卷二十记载，僧无碍在大业二年（606）“召入洛阳，于四方馆刊定佛法”①。有的高僧因善于讲经也可受封，例如《续高僧传》卷二十四记载，慧乘在大业六年（610）奉敕于四方馆讲《仁王般若经》，受封为“大讲主”。②

下面将要介绍日本在推古天皇朝担任摄政的圣德太子派使节、留学僧和学问僧入隋，负责接待的官员就是鸿胪寺长官鸿胪卿，奉诏送他回国的官员就是在鸿胪寺典蕃署中负责掌客的文林郎裴世清。日本留学僧、学问僧自然要由鸿胪寺管辖下的四方馆安置，或送往隶属国子监的四门学学习儒学，或送往某些寺院学习佛法。

第二节　圣德太子的新政和遣使赴隋沟通中日邦交

日本从6世纪中叶佛教传入到645年实行大化革新，在日本文化史上称“飞鸟时期”。这个时期日本政治中心在大和的飞鸟（在今奈良县西北部的橿原市、高市郡一带），以推古天皇在位期间圣德太子主持实施新政最为有名。

日本在进入六七世纪之后，各种社会矛盾日益激化。一是中央朝廷内部掌握军政大权的大氏姓贵族之间矛盾激化，突出的表现是以兴佛还是排佛为导火线，587年主张兴佛并引进大陆先进文化的苏我马子联合皇室势力一举攻灭主张排佛守旧的物部守屋及其同党，拥立崇峻天皇即位。二是天皇与掌握朝廷实权的大氏姓贵族之间的矛盾激化，表现之一是崇峻天皇即位之后对苏我马子的专权和蛮横极为嫉恨，592年苏我马子派人将他杀害，另立钦明天皇之女、自己的外甥女为推古天皇。然而以上两种矛盾并未因此得到解决，苏我氏与其他大氏姓贵族之间，天皇、皇室与苏我氏及其他大氏姓贵族之间的矛盾依然存在。三是地方豪族与中央朝廷之间的矛盾激化。四是贵族与广大部民之间的矛盾激化。这些皆与日本当时的社会制度与政治体制有着密切的关系。

这种客观形势，把加强中央集权、改革社会政治经济体制的任务历史地提到最

①《大正藏》卷五十，第599页中。

②《大正藏》卷五十，第633页下。以上参考日本山崎宏：《隋唐佛教史的研究》第八章，法藏馆1967年版，1980年第3次印刷。

高统治者的日程上，必须迅速作出抉择以引进以中国为代表的先进的大陆文化和政治、文教制度，才有可能缓和各种社会矛盾，将日本社会推向新的发展阶段。这一历史使命是由圣德太子实施新政和以后经历几代天皇推行的“革新”逐步完成的。

由于当时日本特殊的社会环境，佛教和中日佛教文化交流在这一过程中发挥了十分重要的历史作用。

一、圣德太子的新政

圣德太子（574—622），用明天皇第二子，名厩户，后称上宫厩户丰聪八耳皇子、大法王皇太子，死后谥“圣德太子”。因为推古天皇原是敏达天皇之后，又是用明天皇之妹，所以在辈分上推古天皇既是圣德太子的叔母，又是他的姑母，而苏我马子实际是他的舅祖父。

在崇峻天皇五年（592）十一月，苏我马子派人刺杀天皇，接着拥推古天皇即位，翌年四月立圣德太子为皇太子，“仍录摄政，以万机悉委焉”；或谓圣德太子“总摄万机，行天皇事”。[①] 这说明，虽然苏我马子在朝廷专权，然而对圣德太子却是信任的，让他总摄推古天皇朝的军政大权。这为圣德太子在位期间实施新政提供了最基本的条件。

圣德太子自幼信奉佛教并接受儒家教育，如《日本书纪》卷二十二《推古天皇纪》所载，他“习内典（按：佛书）于高丽（高句丽）僧惠慈，学外典（按：主要指儒家经典）于博士觉哿”。担任摄政后，首先按战时许愿在难波建造四天王寺。推古天皇二年（594）春，圣德太子和大臣苏我马子奉诏“兴隆三宝”。圣德太子以高丽（高句丽）僧惠慈为师，让他及后来到日本的高丽（高句丽）僧惠聪在兴隆佛教中发挥“栋梁”作用。于是，朝廷诸大姓氏贵族竞相为君亲建造佛寺，全国掀起兴佛之风。

圣德太子在担任摄政主持朝政过程中，积极引进和借鉴大陆先进文化，在政治上采取措施加强中央集权，提倡效忠天皇、“以和为贵”和“以礼为本”的伦理规范，将佛教置于施政施教的指导地位，大力扶持佛教传播，并派遣使者沟通与隋王朝的正式邦交。

1．以制定冠位十二阶的措施来加强中央集权，削弱大氏姓世代相袭的门阀制

①《日本书纪》卷二十二《推古天皇纪》及卷二十一《用明天皇纪》。

度，加强中央集权

据《日本书纪》卷二十二《推古天皇纪》，推古天皇十一年（603）下令实施冠位十二阶制度，即由天皇根据朝臣的才能和功绩授予代表不同级别的十二种颜色的冠，以此打破由姓氏门阀决定职位的惯例。冠位十二阶的名称取自中国儒家伦理的“德”及“仁、礼、信、义、智”（五常）的名目，然后再细分为“大小”十二级，即大德、小德、大仁、小仁、大礼、小礼、大信、小信、大义、小义、大智、小智。10世纪藤原兼辅所撰《圣德太子传历》卷上以仁、礼、信、义、智为“五行之位”，以德总摄五行，故为冠位之首。不同等级的冠用不同颜色的丝绸缝制，由天皇授予臣僚。

2. 推古天皇十二年（604）制定并通过朝廷向全国颁布“宪法十七条”，提倡效忠天皇和“以和为贵”、“以礼为本”的伦理规范和施政方针

这里所谓的“宪法”不具有近代国家根本法的意义，除有的条款含有国家施政理念的意蕴外，主要是规定在朝廷任职的贵族、群臣及各级地方官员应当遵守的道德准则和行为规范。

据《日本书纪》卷二十二《推古天皇纪》，并参考《圣德太子传历》所载“宪法十七条”，可以十分明显地看到，在内容上贯彻了中国儒、佛二教的思想。据日本学者考察，在这十七条中所引用的词语和思想源自于《诗经》《尚书》《礼记》《孝经》《论语》《孟子》等儒家经书及《左传》《史记》《汉书》等史书，以及《管子》《墨子》《庄子》《韩非子》等诸子书及《文选》。从中不仅可以了解圣德太子拥有深厚的汉文化修养，而且也可窥测7世纪中国文化典籍在日本流传的情况。

现仅简要介绍其中四点：

（1）要求举国上下“以和为贵，无忤为宗”，上下和睦，谐于论事，批评“不顺君父”、“违于邻里”的现象（第一条）；提倡众臣“背私向公”，尽臣之道（第十五条）；“绝忿弃嗔，不怒人违”，应当彼此理解和宽容（第十条）；“群臣百僚，无有嫉妒”，如果彼此嫉妒，互相排斥，则无益于治国（第十四条）。

从当时形势来看，强调这些内容是为了缓和朝廷诸君臣之间、大氏姓之间及朝野豪族之间的矛盾和冲突。因为当时围绕皇位继承、奉佛及各种利益分配问题，经常发生争论和冲突，这对维护以天皇为首的统治阶层整体的利益和社会稳定是极为不利的。

（2）将佛教作为治国施教之本，要求全国臣民皆应“笃敬三宝”。第二条说：“三宝者，佛法僧也，则四生（按：佛教所说一切众生，包括胎生、卵生、湿生、化生）之终归，万国之极宗。何世何人，非贵是法？人鲜尤恶，能教从之。其不归三宝，何以直枉？”

意思十分明确：既然佛教是一切众生的最终归宿（“终归”）、一切国家的最高原则（“极宗”），受到普遍的尊崇，除极少恶人外皆可从中受教，那么日本也应将佛教奉为治国施教之本，否则怎能纠正世上的邪恶呢？

这里所宣示的实际是圣德太子治国施政的一个重要理念，不仅直接推动了佛教的迅速传播，而且对以后日本朝廷重视佛教在治国施教中的作用也有重要影响。

（3）要求全国上下忠于天皇，执行皇命，所谓“承诏必谨，君则天之，臣则地之，天覆地载，四时顺行……君言臣承，上行下效”（第三条）。地方官员“国司、国造”，应尊奉以天皇为首的中央集权，承认“国非二君，民无两主，率土兆民，以王为主，所任官司，皆是王臣”，不要私自“赋敛百姓”（第十二条）。

在7世纪推行“大化革新”之前，天皇的权力既受到朝廷大氏姓贵族的左右，也受到来自把持地方行政的各地豪族的挑战，他们背着朝廷私自敛取民众的钱财。“宪法十七条”将天皇权力提到至高无上的地位，要求所有臣民“承诏必谨”，“君言臣承，上行下效”，既对当时增强以天皇为首的中央集权有利，也为以后实施革新，确立以天皇为首的中央集权政治体制作了思想上的动员和准备。

（4）提出实行礼治，要求“群卿百僚，以礼为本”，称“治民之本，要在乎礼。上不礼而下非齐，下无礼以必有罪。是以君臣有礼，位次不乱；百姓有礼，国家自治”（第四条）。这显然是取自中国儒家关于礼的学说，目的是实行以明确上下尊卑等级秩序为前提的礼教、礼治，以维护皇权和社会稳定。

此外，“宪法十七条”还提出明辨诉讼、惩恶劝善、忠于职守、知人善任、使民以时等，目的是要营造一个良好清明的政治秩序，维护社会安定。

据《圣德太子传历》记载，圣德太子将自己制定的“宪法十七条”呈推古天皇审阅，“天皇大悦，群臣各写一本，读诵天下”。可以想见，这在当时情况下对日本是有很大影响的。全国臣民既可从中了解圣德太子的新政，又可加深对中国儒、佛二教文化的认识，并且有助于他们理解和支持以后朝廷推行革新，建立新的政治体制。

3. 派使者到隋朝恢复中日两国邦交并派遣留学僧、学问僧据现存史料，中日两国虽早在汉代已建立邦交关系，然而此后时续时断，在三国和此后南朝宋、齐、梁时日本遣使来华相当频繁，然而此后也许由于两国内部政治的原因（中国在南北朝后期长年战争，日本曾发生政治动乱），邦交曾经中断。然而可以肯定的是，即使在两国官方邦交中断之时，民间直接或间接的往来也不可能完全停止。因此，日本对中国的政治形势和动态大致是了解的。

在推古天皇地位稳固之后，圣德太子以天皇名义推行新政，先后颁布冠位十二阶和“宪法十七条”，此时正当中国隋朝进入空前昌盛时期、炀帝即位前后。圣德太子抓住有利时机，派遣使节到隋朝恢复两国邦交，以便直接从中国输入佛教和先进文化。

据唐魏征等编撰《隋书》卷八十一《倭国传》记载，在隋文帝开皇二十年（相当日本推古天皇八年，600 年），日本天皇“多利思比孤”（姓阿每，号阿辈弥）曾遣使入隋。文帝令所司官员向使节了解日本风俗，提到日本“内宫有十二等，一曰大德，次小德，次大仁，次小仁……”这显然是指圣德太子所制冠位十二阶。

然而关于这次遣使在日本史书中没有任何记载，所提到的天皇姓名当是对日本天皇的泛称，从时间看是指推古天皇①；所谓内宫十二等，据日本史书是在此后三年（603）制定，应是后世中国史书编纂者的误记。然而从整体上来看，《隋书·倭国传》对于这次日本遣使记载的真实性还是不容否定的。其中原据日本使者口述记载的日本政情、民俗和文化，是了解六七世纪的日本的宝贵资料。对日本佛教和民间信仰情况作了这样的介绍：“无文字，唯刻木结绳。敬佛法，于百济求得佛经，始有文字。知卜筮，尤信巫觋。”

关于隋朝中日正式恢复邦交，在两国史书有明确的记载。《隋书·倭国传》记载：

> 大业三年（按：607 年），其王多利思比孤遣使朝贡。使者曰：闻海西菩萨天子重兴佛法，故遣朝拜，兼沙门数十人来学佛法。其国书曰：日出处天子致书日没处天子无恙，云云。
>
> 帝览之不悦，谓鸿胪卿曰：蛮夷书有无礼者，勿复以闻。

①汪向荣、夏应元编：《中日关系史资料汇编》之七《隋书·倭国传》的相关注释，中华书局 1984 年版。后面所记大业三年（607）向隋遣使的天皇也称“多利思比孤”，可作为有力的佐证。

《日本书纪》卷二十二《推古天皇纪》记载较略，说：

> 十五年（按：607 年）……秋七月戊申朔庚戌，大礼小野臣妹子遣于大唐（按：进入唐代以后日本常称中国为唐，此实指隋），以鞍作福利为通事（按：翻译）。

据此，日本圣德太子对隋朝继北周灭佛之后致力于恢复和振兴佛教的情况已经了解，在向隋朝派使者恢复日中两国邦交的同时，竟派遣“沙门数十人”来中国学习佛法。在当时交通条件极为落后的情况下，数十人绝不是小数。由此也可以看到兴隆佛法在圣德太子实施新政中的优先地位。

日本使者小野妹子（中国称之为“苏因高”）拥有冠位十二阶中最高的“大礼”职位，圣德太子派他出使隋朝表明对沟通与中国邦交的重视。中国皇帝一向以天下唯一“天子”自居，称其他国为“蛮夷”之国。所以隋炀帝看到日本国书中天皇自称“日出处天子”，而称他是“日没处天子”之时，便表示反感，告诉主管祭祀礼仪及接待外国使节事务的鸿胪卿，今后再有这样“无礼”的事可以不必奏闻。

然而隋炀帝还是同意与日本恢复邦交。翌年，即大业四年（608），隋炀帝派文林郎（从八品，掌撰录文史）裴世清随小野妹子出使日本。对此，中日史书都有记载。《隋书·倭国传》记载：

> 明年（按：608 年），上遣文林郎裴世清①使于倭国。……倭王遣小德阿辈台，从数百人，设仪仗，鸣鼓角来迎。后十日，又遣大礼哥多毗，从二百余骑郊劳。既至彼都，其王与清相见，大悦，曰：我闻海西有大隋，礼义之国，故遣朝贡。我夷人僻在海隅，不闻礼义，是以稽留境内，不即相见。今故清道饰馆，以待大使，冀闻大国惟新之化。
>
> 清答曰：皇帝德并二仪，泽流四海，以王慕化，故遣行人来此宣谕。既而引清就馆。其后，清遣人谓其王曰：朝命既达，请即戒途。于是设宴享以遣清，复令使者随清来贡方物。

裴世清随小野妹子出使日本的航线是途经百济，渡过对马海峡，在九州筑紫

①原作“裴清”，据唐李延寿编《北史·倭国传》及《日本书纪》卷二十二记事补。

（在今福冈县）登岸，被迎接住入难波的新馆，然后被迎入京城。然而对于从中国通往百济的航线，是从登州（治今山东牟平县）出航横渡渤海湾直达百济，还是沿着渤海湾西岸经辽东湾转经朝鲜半岛西侧到达百济呢？从现有记载难以断定。

对于隋朝派裴世清以专使身份赴日，推古天皇、圣德太子十分重视，特地派人前往迎接，给予十分隆重的接待。天皇接见裴世清的致词中，对没能及时接见表示歉意，说中国是“礼义之国”，表示希望了解中国“惟新之化”。这里的“惟”与“维”相通，“惟新之化”当指隋朝统一中国后实施的包括振兴佛教在内的新政和文教事业。裴世清答语是以中央王朝使节的身份，带有向所谓“夷狄”之国宣谕皇帝仁德恩泽的意思。

对此，《日本书纪·推古天皇纪》记载较详，现摘录主要内容如下：

> 十六年（按：608年）夏四月，小野臣妹子至自大唐（按：此指中国）。唐国号妹子臣曰苏因高。即大唐使人裴世清下客十二人，从妹子臣至于筑紫，遣难波吉士雄成召大唐客裴世清等。为唐客更造新馆于难波高丽馆之上。
>
> 六月……壬子，召唐客于朝廷（按：原书作“庭”），令奏使旨。……其书曰：皇帝问倭皇，使人长吏大礼苏因高等至，具怀。朕钦承宝命，临仰区宇，思弘德化，覃被含灵，爱育之情，无隔遐迩。知皇介居海表，抚宁民庶，境内安乐，风俗融和，深气至诚，远修朝贡，丹款之美，朕有嘉焉。稍暄比如常也。故遣鸿胪寺掌客裴世清等，稍宣往意，并送物如别。时阿倍臣出庭以受其书而进行，大伴啮连迎出承书，置于大门前机上而奏之，事毕而退焉。是时，皇子、诸王、诸臣悉以金髻华著头，亦衣服皆用锦紫绣织及五色绫罗。

从主要内容来看，《日本书纪》与《隋书》所载一致，并且可互为补充。《日本书纪》载有《隋书》缺载的隋朝国书；在《隋书》是概述，却有《日本书纪》没有的日本天皇接见隋使时的谈话。从日本天皇隆重接待隋使，皇室、群臣百官盛装出席隋使觐见天皇的情景，可以看到日本最高执政者对建立日中两国邦交的高度重视和热情期待。

《日本书纪》还载有一个情节，说小野妹子回国后上奏天皇，归国时曾带隋帝（原书称“唐帝”）致天皇之书，然而经过百济时被百济人“掠取”。群臣廷议，上奏治以流刑，然而天皇赦其罪而不论。从情理推测，在隋朝使者同行的情况下，百济未必会有人强行掠取隋朝皇帝致日本天皇之书，也许因为炀帝书信中有以中央帝国"天子"语气称呼和训示日本天皇的内容，被小野妹子看作是对日本天皇的"不敬"，便将此信秘而不宣，对外宣称被百济人掠走。

当年九月，裴世清回国。日本朝廷派小野妹子为大使，吉士雄成为小使，福明担任翻译，伴随裴世清同时入隋。国书以推古天皇的名义，以两国对等的语气致隋炀帝，称：

> 东天皇敬白西皇帝：使人鸿胪寺掌客裴世清等至，久忆方解。季秋薄冷，尊候何如？想清悆，此即如常。今遣大礼苏因高、大礼乎那利（按：雄成的音译）等往。谨白不具。

随他们同时到中国的有八位留学生及学问僧。他们是留学生倭汉直福因、奈罗（奈良）译语惠明、高向汉人玄理、新汉人大国，学问僧新汉人旻①、南渊汉人清安（或作"请安"）、志贺汉人惠隐、新汉人广齐。他们名字前所冠的"倭"（日本或大和）、"奈罗"（奈良）、"高向"、"南渊"、"志贺"当是地名；所谓"汉"、"新汉人"是指他们是中国移民或其后裔；担任翻译的福明估计也是汉人。圣德太子之所以派他们到中国留学，自然是考虑他们懂得汉语，便于在中国生活和学习，易于理解和接受中国文化。

翌年九月，小野妹子一行回国，然而担任翻译的鞍部福明留在中国未归。此后，在推古天皇二十二年（隋大业十年，614）六月，又派犬上君御田锹、矢田部造（缺名）出使隋朝，于翌年回国。这是日本最后一次向隋朝遣使。此后不久，进入隋末战乱时期，直到唐贞观（627—949）初期，日本才再次遣使访问中国。

小野妹子第一次出使隋朝曾带来专学佛法然而没有留下名字的"沙门数十人"。他们后来的情况如何，不得而知。据日本学者木宫泰彦统计，日本在隋朝派到中国的留学生、学问僧中留下姓名的有十三人②，其中学问僧有八人，约占全部人数的62%。可以说，在推古朝派到隋朝留学的人是以学习佛法为主，同时兼学中国政教文化。他们在中国留学长达十五年、二十四年乃至三十年以上，不仅留学生对中国儒学、政法典章和文教有较系统的了解，即使学问僧在获得深厚佛学造诣的同时，也对中国儒学和政教有比较深入的了解。

---

①旻，原作"日文"，参考《日本书纪·舒明天皇纪》四年（632）记事作"僧旻"。

②木宫泰彦著，胡锡年译：《日中文化交流史》（之二第一章之五），商务印书馆1980年版。

然而在这些留学生、学问僧回到日本之时，圣德太子已经去世，不久朝廷政情发生变化，长期垄断朝政的苏我氏灭亡，朝廷开始实施以变革社会政治体制为主旨的“大化革新”。留学生，学问僧不仅在兴隆佛法中发挥重大作用，有的还受命担当顾问或教育弟子，乃至直接从政，将隋唐政教和典章制度介绍给执政者乃至社会各阶层，为实施“大化革新”，推进社会进步，发挥了重大作用。例如在诛灭苏我氏的政变和实施“大化革新”中担任重要角色的中大兄皇子和中臣镰足曾“学周孔之教”于学问僧南渊清安（《日本书纪》卷二十四《皇极天皇纪》）；留学生高向玄理、学问僧僧旻二人皆出任“国博士”，在革新社会政治体制中担当顾问提供咨询，贡献很大。

二、兴隆佛法，建寺造像

圣德太子将兴隆佛法作为自己实施新政的重要内容，积极引进和重用佛教人才从事弘法，兴建佛寺和营造佛像，使佛教在日本得到迅速传播。他本人奉佛虔诚，努力学习佛法，撰写阐释佛法的著作，对日本统治者和社会上层人士有很大影响。

1. 积极接纳和任用外来学问僧担当兴隆佛教的“栋梁”

在圣德太子派往中国的留学生、学问僧回到日本之前，中国汉语系佛教长期主要通过朝鲜半岛诸国间接地传入日本。推古天皇三年（595），高丽（高句丽）僧惠慈（或作慧慈）、百济僧慧聪先后到达日本。二人皆“弘涉内外，尤深释义”，受到圣德太子的欢迎。圣德太子拜他们二人为师，深入研习佛法，传说他能做到“闻一知十，闻十知百”（《圣德太子传历》）。圣德太子在全国兴隆佛法，便依靠他们为“栋梁”。

《上宫圣德法王帝说》记载，圣德太子从惠慈学大乘经典《大涅槃经》《法华经》及《维摩诘经》，对《大涅槃经》中的佛性之理、《法华经》中的“三车”（以羊车、鹿车、牛车比喻声闻、缘觉和菩萨三乘之教）及“权实”（称三乘之教是佛的权宜方便之教，以宣说众生皆可成佛的佛乘为真实之教）的教理以及《维摩诘经》中所说烦恼与菩提、世与出世相即不二的宗旨，皆能理解和掌握；并且对小乘佛教经量部与说一切有部（萨婆多部）的理论及它们彼此之间的分歧，也能知悉；还对中国儒家经典、三玄（《周易》《老子》《庄子》），乃至天文地理的知识也有了解。[1] 看似夸张，然而从圣德太子勤于学习，在惠慈旅居日本二十一年间以他为师广读各种经典来考虑，他对佛教及儒道等知识有较高的造诣是可能的。

圣德太子在惠慈等学问僧的辅助之下，对《胜鬘经》《维摩诘经》《法华经》三经有深入的研究，并常按僧人讲经的仪式升座为推古天皇、群臣讲《胜鬘经》《法华经》等，从推古天皇十七年至二十三年（609—615）前后六年间，参考已传入日本的佛教著述对此三经进行注释，最后编撰《三经义疏》七卷（现存作十一卷），统称“上宫御制疏”。

在推古天皇朝，外来学问僧到日本不仅弘传佛教，而且也将大陆各种文化知识、生产技术等带到日本。例如，推古天皇十年（602），百济僧观勒到达日本，进献历书、天文及地理图书，甚至还有遁甲方术之类的图书。圣德太子派人向他学习历法、天文、遁甲、方术等。推古天皇十七年（609），百济僧道钦、惠弥等十人，俗众七十五人，原计划乘船到中国，因吴地（此指中国江南）“有乱”而不得登岸，遭遇暴风漂流到九州西部的肥后（今熊本县）海岸。日本朝廷派人送他们回百济国，然而在送俗众至对马岛时，道钦、惠弥等僧众提出愿意留在日本。圣德太子便将他们安置于兴隆佛法的中心元兴寺。翌年，高丽（高句丽）王遣送昙徽、法定二人到日本。昙徽通五经，并会制作颜色和纸墨，还会制造加工米谷的碾硙。由此可见在佛教传入的早期，僧众对日本社会进步所作的多种贡献。

2. 兴建佛寺，营造佛像

圣德太子在参与苏我马子讨伐物部守屋的战争中，曾向佛菩萨发愿在胜利后建造四天王寺。圣德太子执政之后，此寺在推古天皇五年（597）于摄津（在今大阪）建成。苏我马子建造的飞鸟寺（也称“法兴寺”、“元兴寺”）在推古天皇四年（596）建成，成为日本兴隆佛法的中心。内设寺司，由苏我马子之子善德臣掌管相关事务。高丽（高句丽）僧惠慈、慧聪被安置住于此寺，协助圣德太子兴隆佛法。

推古天皇十三年（605）诏圣德太子、大臣苏我马子及诸王群臣，共同发愿建造铜制及绣造丈六佛像各一躯，命民间最早奉佛的汉人司马达等之孙鞍作鸟负责制作佛像。翌年四月佛像造成，被奉于飞鸟元兴寺，自此在每年四月八日佛诞节、七

---

[1]《上宫圣德法王帝说》原文：“上宫王师高丽慧慈法师。王命（按：圣德太子尊称）能悟《涅槃》常住五种佛性之理；明开《法华》三车、权实二智之趣；通达《维摩》不思议解脱之宗。且知经部、萨婆多两家之辨，亦知三玄、五经之旨，并照天文地理之道。”

月十五日盂兰盆节设斋，举行盛大供养法会。天皇为奖励鞍作鸟造像之功，授予他大仁冠位，并赐以近江国坂田郡水田二十町（1 町合 99.15 亩）。鞍作鸟在此为天皇建造金刚寺，后来成为南渊坂田尼寺。

据《上宫圣德法王帝说》《上宫圣德太子补阙记》及《元亨释书》卷十五的记载，圣德太子共主持建造佛寺七所，包括四天王寺、法隆寺（斑鸠寺）、中宫寺、橘寺、蜂丘寺（广隆寺）、池后寺、葛木寺，另有元兴寺、日向寺是在他摄政期间建造的。

自此以后，佛教在日本得以顺利传播和发展，并且逐渐融入日本社会，成为日本宗教文化的重要组成部分。

三、圣德太子的《三经义疏》及其思想

圣德太子在执政之暇，长年钻研佛教经典，对《胜鬘经》《维摩诘经》《法华经》作了深入的研究和思考，在其师高丽学问僧惠慈等人的帮助之下，先后撰写出《胜鬘经义疏》一卷、《维摩经义疏》五卷、《法华义疏》四卷。

对此三部经疏是圣德太子真撰，还是别人伪托之著，日本学者有不同看法，然而肯定是圣德太子真撰的说法比较流行。笔者亦采取圣德太子真撰之说。① 这里仅简要介绍两点。

1. 三经内容及圣德太子注疏引用经典

《胜鬘经》《维摩诘经》《法华经》是印度大乘佛教中三部比较重要的经典，在传入中国被翻译成汉文以后比较流行。

《胜鬘经》，全称是《胜鬘师子吼一乘大方便方广经》，南朝宋求那跋陀罗译，一卷。此经以胜鬘夫人“承佛威神”的名义，劝人摄受正法，信奉大乘佛法，说一切众生皆具有如来藏。所谓“如来藏”是处在世俗世界烦恼之中的佛的法身（佛的本体，实指佛法本质或至高原则，相当于真如、实相，也称“法性”），实即相当于《大涅槃经》所说的佛性。说世人皆有如来藏，皆有自性清净心，也就意味着人人皆有成佛的可能性。此经是圣德太子应推古天皇之请最先向她讲的佛经。可能

---

①大野达之助：《新稿日本思想佛教史》第一章第二节，日本吉川弘文馆 1973 年版，1981 年第 5 次印刷。关于《三经义疏》真伪撰的观点，末木文美士著《日本佛教史》第一章有简要介绍，可以参考（新潮社 1992 年版）。

是因为“承佛威神”说法的胜鬘夫人是女性，而且说人人皆有如来藏、自性清净心，对于敬仰和信奉佛法的推古女皇更具有兴趣和吸引力。圣德太子在《胜鬘经义疏》中提到或引用的佛经有《法鼓经》《优婆塞戒经》《涅槃经》《波若经》（即《般若经》）等。

《维摩诘经》，全称《维摩诘所说经》，虽在中国三国时吴支谦已经译出，然而后世最流行的是后秦鸠摩罗什的译本，三卷。维摩诘是位居住在毗耶离（吠舍离）城的居士，精通大乘佛法，通过他与佛弟子及文殊菩萨等人的交往谈论佛法，宣述大乘佛教的般若空理和中道思想，提倡真与俗、入世与出世的“不二法门”和普度众生的菩萨之道。圣德太子在《维摩经义疏》中提到或引用过的佛典有《无量寿经》《乳光经》龙树《释论》（《大智度论》）等。

《法华经》，全称“妙法莲华经”，西晋竺法护所翻译的称《正法华经》，后秦鸠摩罗什所译名“妙法莲华经”，七卷，是后世的通行本。主张会通大小乘佛法，宣称声闻乘、缘觉乘、菩萨乘，“三乘”的说法①，只是佛根据众生根机（素质）的浅深不同而作的权宜“方便”之教，并非是“真实”之教，未能表达佛誓愿度脱一切众生成佛的本怀。真正表达佛的本怀的教法只有讲人人可以成佛的“佛乘”，也称为“一乘”。因此说，“三乘方便”，“一乘真实”，主张会通三乘而为一乘，此即“会三归一”。圣德太子在《法华义疏》中引证或提到的佛经有《优婆塞经》《涅槃》及《波若》（即《般若》）及南朝梁法云的《法华义记》等。

圣德太子在注释这三部佛经的过程中也引用了儒道著作《尚书》《论语》《老子》《左传》等，说明他对儒道学说也有造诣。

2. 圣德太子在《三经义疏》中表达的佛学思想

圣德太子通过对《胜鬘经》《维摩诘经》《法华经》三经的注释，表述了他对佛教的理解和主张。主要有以下三点：

（1）提倡大乘佛教，特别推崇人人皆可成佛的思想

中国佛教在进入南北朝时期以后，由于佛教学者对大小乘佛教经典的深入比较

---

①大乘与小乘是公元1世纪以后大乘佛教兴起以后的说法。乘，意为乘载物。大乘意为宽大的乘载物，小乘为狭小的乘载物。大乘自称能超度更多众生达到解脱，而贬称以往原始佛教和部派佛教为小乘，意为只能超度少量众生解脱。所谓声闻，原意是直接听闻佛陀宣说四谛之理而达到觉悟者；缘觉，是通过独自观想十二因缘之理而达到觉悟者。声闻乘与缘觉缘皆属于小乘佛法，相当于佛教史上的原始佛教与部派佛教。菩萨，意为以上求觉悟、下化众生为宗旨的修行者。菩萨乘属于大乘佛法。

研究，对全部佛法进行分类和评判，将标榜自利利他、普度一切众生为宗旨的大乘佛法置于佛法体系中的最高地位，而将包括原始佛教、部派佛教在内的小乘佛教置于最低层次。前述《胜鬘经》《维摩诘经》《法华经》三经皆属于大乘佛教经典，特别受到人们的重视。尤其是其中的《法华经》，因为主张“会三归一”、人人可以成佛，与另一部宣述一切众生皆有佛性的大乘佛经《大涅槃经》广泛流行于大江南北，研究、注疏的人很多。这种情况反映了中国佛教已经确定以大乘为主体的局面。

这种情况也自然影响到直接流通中国汉译佛典和佛教著述的朝鲜和日本同样尊崇大乘佛教，流行大乘佛典。

圣德太子对《法华经》所宣述的声闻、缘觉和菩萨“三乘教”是佛权宜之教，而讲一切人皆可成佛的“佛乘”才是佛真实之教，主张“会三归一”的思想，十分赞赏。他在《法华义疏》卷一说：

> 《法华》正言无二无三，会同归一。此经直明万善成佛……以万善成佛为宗。……六道（按：天、人、阿修罗、畜生、饿鬼、地狱）有善皆得成佛。
>
> 教则虽复本无三教，随语为求，亦可得三。然理则今昔虽异，只是一理，更无异相。①

他认为，作为世界万物本体的实相之理、佛的法身，虽然可以有不同的表述，然而实际上只有一个，因而最高的佛法也只有宣述人人皆可成佛的“佛乘”，其他所谓大小“二乘”、“三乘”、“五乘”（在“三乘”前加上讲五戒的人乘、讲十善的天乘），都是佛为了引导不同素质的众生的应机说法，从终极的意义来说“无二无三，会同归一”，而《法华经》正是以宣说修持一切善德皆能最后成佛为宗旨的经典。

因此，圣德太子特别赞扬大乘、佛乘（一乘）教法，同时贬抑小乘、三乘之教。他在《维摩经义疏》卷一引述此经的思想时说“教之所兴，抑小扬大为宗”，对小乘（包括声闻、缘觉二乘）重视自我觉悟（“自度”）而不重视普度众生（“化他”）提出批评，说他们尚未达到最高精神境界。

大乘佛教的一个重要理论是大小品《般若经》和《中论》等佛典所阐释的一

①《大正藏》卷五十六，第66页中、71页中。

切皆空和空有、生灭相即不二的“中观”或“中道”的思想。根据这种理论，世俗的人不懂得万物皆在一定条件下聚散、生灭，一切皆变化无常的缘起之理，反而认为世界上一切现象是真实存在的，于是贪恋世间，不能摆脱生死苦恼。大乘佛教称关于“有”的见解为“俗谛”（俗人的真理），而认为“圣贤”（佛、菩萨）能够超越俗谛，透过现象看到本质，认识世界万有皆变化无常、空寂虚幻，从而能断除情欲烦恼而超越世俗达到解脱。因此称“空”为“真谛”。在不少场合，空、实相、真谛、解脱、出世、彼岸等被看作是同等系列的概念，而有或色、假名、俗谛、烦恼、世间等属于同等系列。据称，从这种空观立场再提升一步，则是超越空、有等对立的双方，体认空与有、真与俗、世与出世、烦恼与菩提（觉悟）等皆彼此会通，是相即不二的，由此达到“真空”的认识境界。

从《三经义疏》来看，圣德太子对上述般若中观思想已经接受，并有所发挥。他在《维摩经义疏》卷下之二表示：

> 二乘观者，心存空有，故舍有证空，但求自度，不在化他。是故虽名观空，更成相观。菩萨观者，在有不失空，在空成万化，空即有，有即空，不偏有无，等会不二，故名为真空观。①

可见，圣德太子所发挥的正是大乘般若中观学说。他说菩萨在看到世界万有虚幻空寂的同时，又认识到空离不开有，空体现在万有之中，所谓“在有不失空，在空成万化，空即有，有即空，不偏有无，等会不二”，从而达到“真空观”的认识境界。认为具有这种空有、真俗相即不二观点的菩萨便能像《维摩诘经》中的主人公维摩诘居士那样自由地出入现实的世俗世界，实践菩萨之道，化度一切众生。他批评小乘（二乘）对空的认识是有局限的，将“空”与“有”等两方绝对地对立起来，然后通过修行舍弃对“有”的执著而追求“空”的认识，而没能认识空与有、真与俗是相即不二的，于是只顾自度超离世间，而不愿留在世间普度一切众生。

（2）众生皆有“如来藏”、自性清净心，皆可达到觉悟

在大乘佛教经典中，《胜鬘经》是早期宣述一切众生皆有觉悟的基因——如来藏或自性清净心的经典，此与《大涅槃经》所说的“佛性”、“一切众生悉有佛性”

---

①《大正藏》卷五十六，第20页上、59页下。

思想在实质上是一致的。如来藏、自性清净心是指处在世俗世界、烦恼众生之中的佛的法身，虽然与所谓佛性、真如在名称上有别，然而含义是基本相同的。既然世人皆有如来藏，皆有自性清净心，也就意味着人人皆有觉悟成佛的可能性。

圣德太子在《胜鬘经义疏》中说：

> 今明隐为如来藏，显为法身。隐显虽殊，即是一体，更无异体地。就中又分为三：第一明如来藏与法身即是一体，第二举智证一体，第三明如来藏非二乘境界也。①

他认为如来藏的教理属于最高的“佛乘”之法，而不是属于小乘的声闻、缘觉二乘的教法。所谓如来藏与佛的法身，虽然隐、显有别，然而实体为一；在众生达到觉悟解脱之时，他们依如来藏引发的智慧与修证的佛果便汇为一体。

此外，圣德太子还说：

> 生死即是颠倒，如来藏即是真实。今明一切众生皆有真实之性，若无此性，则一化便尽（按：指一生结束）与草木不殊。由有此性，故相续不断，终得大明（按：觉悟成佛）。故云：生死依如来藏。此中如来藏，若以理为正因，皆以理为如来藏；若以神明（按：相当灵魂）为正因，皆以当果事（按：导致成佛之因）为如来藏。
>
> 此如来藏自性清净，虽在惑（按：烦恼）中，不为生死所染。
>
> 五种藏：一如来藏，蕴在惑内故名藏，亦含当果故名藏；二法界藏，谓佛果含照法界，又云是常住法性；三法身藏，谓法身含万德故名藏；四出世间上上藏；五自性清净藏。前一后一，就隐时为称；中三，就显时为称。②

圣德太子在对“生死依如来藏”的解释中认为一切众生虽然尚未摆脱生死烦恼，然而皆生来秉有“真实之性”——如来藏。这种清净的真实之性，既是众生之所以区别于草木的生命依据，又是达到觉悟解脱（“大明”）的内在基因。如果认为清净之理（佛性）是导致人达到觉悟的“正因”，那么此“理”便是如来藏；若以主宰生命的灵魂——“神明”为入悟“正因”，那么实际它的能使人觉悟的功能（“当果事”）为如来藏。如来藏在不同场合可以有不同的名称，所谓法界、法性、

①《大正藏》卷五十六，第16页中。

②分别载《大正藏》卷五十六，第18页上、中。

法身、佛、自性清净心等，在实质上是一回事，只有隐、显两种状态的差别。在它被众生的情欲烦恼隐覆之时为如来藏和自性清净心，而在它显现（从因成果）之时则为法界、法身和佛（“出世间上上藏”）。

由此必然得出：佛与众生没有根本差别，一切众生皆可达到觉悟解脱。这正是大乘佛教的一个重要的理论主张。

（3）提倡以“慈悲为本”，普度众生的菩萨行

大乘佛教认为以往的小乘佛教只注重自我觉悟（自度或自行），不重视超度众生（外化、利他），而自以实践自利利他、普度一切众生的“菩萨行”为标榜。所谓菩萨行，也称菩萨之道，应以“六度”——布施、持戒、忍辱、精进、禅定、智慧为实践目标。对此，《法华经》及《华严经》等大乘经典都有介绍。

圣德太子信奉大乘，也推崇大乘菩萨之道。他在《法华义疏》卷四对此经《安乐行品》的解释中说：

> 四安乐行者：一身善行、二口善行、三意善行、四慈悲行。所以通名安乐行者，今此四行，皆能离危得安，远感乐果，故通称安乐行也。然万行皆可用为劝，何意只就此四行为劝者？今此四行，前三行即是自行，后一慈悲行则是外化行。菩萨之道，将欲正他先正己身，正己之要莫如三行，正他之要慈悲为本。天下万行虽罗（按：意为众多），要必在此二行。菩萨若能修此四行，上则为诸佛所称叹，中则为诸天所护念，下则为诸人所供敬。①

圣德太子对《法华经·安乐行品》中所说的四种修行十分赞赏，一个人如果在身、口、意三个方面皆有善的行为或表现，只是属于“自行”，还要更进一步，即实践以慈悲（给人安乐为慈，脱人苦难为悲）为本的菩萨之道，以普度众生（“外化”）为己任。

他对《维摩诘经》中貌同世俗居士而以各种方式从事弘法、利益民众的维摩诘菩萨十分钦敬，在《维摩经义疏》卷上说：

> 大悲（按：此指维摩诘菩萨）无息，随机施化，则众生所在，无所不至。故云：众生之类是菩萨佛土也。
>
> 如来本无己土，唯取所化众生以为佛土。众生则通在净、秽二土，如来即同

①《大正藏》卷五十六，第117页下至118页上。

应施化。……诸佛菩萨本其无土，唯取所化众生之类以为佛土者，即应直答言：十方世界皆是菩萨佛土。①

这是说，大乘佛教的修行者应当取法于维摩诘居士，以大慈大悲的菩萨精神深入世俗社会的普通民众之中，根据场合和民众的素质进行教化；菩萨所追求的净土不在超离世间的彼岸，而就在众生生活的现实社会，离开众生所在世间也就没有佛国净土。

应当说，大乘佛教中的这种积极面向社会的现实主义精神对圣德太子是有一定影响的，他在主持推古天皇时期的朝政过程中，一边学习佛法，一边实施旨在推进日本社会进步的新政。他在“十七条宪法”中规定“人鲜尤恶，能救从之”，反映的是面向一切民众积极实施教化的思想。

圣德太子于推古天皇三十年（622）正月二十二日去世②，享年四十九岁。

圣德太子在摄政时期积极学习并吸收大陆先进文化，采取措施加强中央集权，派使节到隋朝恢复两国邦交，陆续派众多留学僧和学问僧到中国学习，大力兴隆佛教，并且通过撰写《三经义疏》提倡大乘佛教，赞颂以“慈悲为本”的菩萨之道，皆对当时和以后的日本社会产生很大的影响。仅从日本佛教史来说，从圣德太子以后，日本佛教进入一个新的时期，此后佛教得到顺利而迅速的传播，并将中日佛教文化交流从通过朝鲜半岛间接进行推向中日两国之间直接进行的新时期。

①《大正藏》卷五十六，第 26 页上。

②圣德太子去世时间，《日本书纪》作推古天皇二十九年（辛巳，621 年）。此据《上宫圣德》。

第三章
唐代中日佛教交流及中国佛教在日本的传播（上）

唐代是中国封建社会的盛世，政治经济和文化都十分发达，居于亚洲乃至世界先进国家的行列。唐朝的国都长安、洛阳成为亚洲政治经济和文化交流的重要中心。在中国与亚洲各国的文化交流中，佛教起着十分重要的桥梁和纽带作用。

唐代（618—907）相当于日本的奈良和平安的前期。日本经历“大化革新”，建立了奉天皇为最高统治者的封建社会政治体制，经济文化取得迅速进步。在此期间，日本与中国之间的佛教文化交流十分频繁，先后有很多日本僧人到中国求法留学，也有中国僧人到日本传法，这些对促进日本佛教的普及和发展，乃至对日本历史文化都产生较大的影响。

这里先对唐代佛教进行概述，然后结合日本社会形势介绍中日两国的佛教文化交流和中国佛教进入日本后的传播与发展情况。

第一节 唐代的社会和佛教

唐高祖李渊（566—635）在隋大业十三年（617）起兵反隋，十一月攻入长安，第二年（618）废隋建唐，即位称帝，改元“武德”。此后陆续平定各地反隋义军和武装割据集团，统一了全国。

唐朝是中国古代国力强盛、疆域辽阔的统一王朝之一。唐朝在政治体制上继承隋朝，并有所发展。前期实行均田制和租庸调法，按丁口授田和负担租税徭役。唐太宗李世民（599—649）励精图治，发展农业生产和社会文教事业，在较短时间内形成了社会安定、富庶的局面。此后经高宗、武则天（一度改唐为周）、中宗、睿宗，直到玄宗，从整体上看，唐朝国势强大，政治经济和文化高度发达。然而经历“安史之乱”（755—762）以后，唐朝国势日衰，朝廷有宦官专权，各地有执掌军政大权的藩镇割据。在唐僖宗乾符元年（874）爆发了纵横全国的王仙芝、黄巢领导的农民起义，历经十年，一度攻占洛阳、长安。后来虽黄巢战败自杀，但唐朝已名存实亡。唐哀帝天祐四年（907），朱温废唐，建梁称帝，中国进入五代时期。

唐朝在文化思想方面，儒家学说仍占据正统地位。朝廷在京城置国子学、大学、四门学，在地方置郡学、县学，主要教授儒家经典。唐太宗设弘文学馆，选文儒之士以本官兼署学士，又召三品官以上子孙为弘文馆学生；征召天下儒士担任学官，扩增国学、太学等的生员；对通经者或授博士，或授官位；诏颜师古考定《五经》，国子祭酒孔颖达等人撰《五经正义》，令全国学人传习。自高宗以后，儒学稍衰，尤重文吏。在宗教方面，因皇室尊奉老子为祖先，故特别尊崇道教。然而在实际上佛教受到除武宗以外历代皇帝的崇信，在社会上影响很大。

从唐高祖开始，几乎历代都有较大佛寺的建置。高祖在京城建会昌、胜业等七寺，在并州建义兴寺；太宗为母建慈德、宠福二寺，在曾经征战过的地方建造七寺；高宗为母建大慈恩寺，为太子造西明寺，封禅后诏各州置寺观各一所。这些寺院都是官寺，即由国家直接支付一切费用，或施给田地和农仆等以供维持寺院的经营。

唐高宗之后，武周在天授元年（690）诏诸州设大云寺，命寺僧讲《大云经》；唐中宗复位，称唐中兴，神龙元年（705）命天下诸州置“大唐中兴”佛寺、道观各一所，后因有人认为唐非中兴，不宜以“中兴”为名，改为“龙兴寺（观）”；玄宗开元二十六年（738）命天下的“形胜”（规模较壮伟者）寺观改名“开元寺（观）”。自然这些佛寺、道观也属国家经营的寺观。此外在宫廷还设有“内道场”（宫廷寺院）。

唐朝京城和各州的国家寺院（道教的道、观相同）的创置及功能，都带有明显的政治色彩。或为皇帝即位而建，或为重大政治变动而建（如大云寺、龙兴寺），或为安抚死难将士而建（如战地七寺），也有的是为了追荐皇族祖先亡灵而建。这些寺院的重要职能不外乎为皇帝和皇室祈福延寿，为帝室祖先祈求冥福，祈祷国泰民安、五谷丰登。至于向一般民众讲经说法和做各种法事，则为最日常的功能。

唐朝有比较完备系统的政治体制。在这一政治体制中，包括对佛、道教的管理制度和僧官制度。唐初基本上延续隋炀帝时的佛教管理做法。唐高祖武德二年（619）任命保恭、吉藏、明赡、智藏、法侃、慧因、海藏等十位高僧为“十大德”，负责“检校”（检查核实）僧尼。在各寺设有三纲之职：上座、寺主、维那，并任命一名直属鸿胪寺的“监寺”（当为俗人）。唐太宗时停止在各寺置监寺的做法。鸿胪寺是中央机构之一，高宗时一度改称“同文寺”，武则天时改为司宾寺，中宗改回原称，“掌宾客及凶仪之事”，负责接待邻国及各少数民族“君长朝见者”，经办朝廷丧葬仪式。其下所属的崇玄署即统摄僧尼、道士女冠事务。武则天为提高佛教的地位，命一向执掌祭天祠祖和天文医药诸务的礼部的祠部掌管僧尼事务。唐玄宗开元年间（713—741），鸿胪寺改属宗正寺，只是掌管道士、女冠簿籍斋醮之事（《通典》卷二十五）；开元二十四年（736）一度下诏僧尼仍由鸿胪寺掌管，但后来又改由祠部掌管僧尼事务（《唐会要》卷四十九）。玄宗后期，设有负责朝廷造寺、造像及筹办佛教法会等崇佛事务的“功德使”的官职，经肃宗和代宗朝，此职管辖范围有所发展，逐渐掌管僧尼事务，至宪宗元和二年（807）下诏明确规定僧尼事务改归功德使统摄，祠部只掌僧尼簿籍和发放度牒。

随着佛教的广泛传播，加入僧尼队伍的人员也越来越复杂，不仅在各种场合违背佛教轻重戒条的现象时有发生，而且也有不少公然违犯社会秩序和世俗法规的现象发生。在这种情况下，仅靠佛教团体依据戒律约束和处罚僧尼的做法已经难以奏效。唐朝继承前代参考佛教戒律而由政府制定僧尼法规的做法，加强对佛教和僧尼的管理。

唐朝在充实和完善中央集权体制的过程中，十分重视法制建设，先后制定了包括律、令、格、式在内的十分完备的法规法律文件。唐李林甫等奉敕撰《唐六典》，其卷六说：“凡文法之名有四：一曰律、二曰令、三曰格、四曰式。……凡律以正刑定罪，令以设范立制，格以禁违正邪，式以轨物程事。”[1] 对律、令、格、式的

①唐李林甫等撰、陈仲夫点校：《唐六典》第180～185页，中华书局1992年版。

适用范围和法律功能作了概括解释。这四种法律形式所包含的内容不仅有刑事、民事、经济、诉讼方面的法律规定，还包括关于佛、道二教的法规。现在虽然仅存唐高宗永徽三年（652）长孙无忌奉敕编撰的《唐律疏议》（原称“永徽律疏”），其他唐令、格、式已经散失，然而仍可从《唐六典》《唐律疏议》《唐会要》及敦煌文献、日本平安时代惟宗直本注释养老二年至五年（718—721）制定的《养老令》的《令集解》中搜寻到唐令、格、式的部分条文内容。关于唐朝为加强对道士、女冠和僧尼管理而制定的《道僧格》，也可从这些文献中得到比较多的了解，甚至可以大体复原。

如前所述，唐代负责管理佛、道二教的中央机构虽有变迁，然而长期是由属于礼部的祠部负责。[①] 据《唐六典》卷六、《唐会要》卷三十九的记载，唐格是以尚书省六部所辖二十四司的司名为篇名，因而在《祠部格》中应有关于道、佛二教法规条款。据郑显文《唐代律令制研究》，所谓《道僧格》是源自开元二十五年（737）所编《格式律令事类》中的《祠部格》有关僧、道的法规的合编。[②]

唐朝《僧道格》源自唐太宗贞观年间制定的《条制》。据道宣《广弘明集》卷二十八所载《唐太宗度僧于天下诏》，唐太宗对当时佛教界出现“多有僧徒溺于流俗，或假托神通，妄传妖怪；或谬称医筮，左道求财；或造诣官曹，嘱致赃贿；或钻肤焚指，骇俗惊愚”的现象十分不满，命有司“依附内律，参以金科（按：法律条文），具为条制，务使法门清整，所在官司，宜加检察”[③]。这一《条制》就是唐代最早的《僧格》，当是以后《道僧格》的基础。

郑显文据《唐律疏议》《唐六典》《唐大诏令集》《唐会要》及日本平安时期惟宗直本所撰《令集解》等中外文献和研究成果，对唐朝《道僧格》条文作了复原尝试，共复原二十五条。[④]

据此可以看出，唐朝《道僧格》对道教的男女道士和佛教僧尼行为制约和惩戒的内容中，有的本是佛教大小乘戒律条文制止的，例如“杀人奸盗及诈称得圣道”，

①《唐六典》卷四：“祠部郎中、员外郎掌祠祀享祭、天文漏刻、国忌庙讳、卜筮医药、道佛之事。”

②以上关于唐代律令，参考郑显文著的《唐代律令制研究》（北京大学出版社 2004 年版）。关于《道僧格》，见该书第六章第四节《唐代道僧格及其复原之研究》。作者此前曾发表《唐代〈道僧格〉研究》，载《历史研究》2004 年第 4 期。

③《大正藏》卷五十二，第 329 页中。

④详见郑显文《唐代律令制研究》第六章第四节“唐代道僧格及其复原之研究”。

"毁骂三纲、凌突长宿"，"妄说罪福，及殴击长宿者"，"饮酒、食肉、设食五辛"等，是违犯了戒律中的不杀、不淫、不盗、不妄语、不饮酒、不敬师友、不食肉、不食葱蒜等"五辛"和不谤毁等禁戒的，其中有的情节恶劣，影响范围已经超出佛教团体；有的是出于控制出家人数和维护社会安宁稳定，防止各种奸佞不逞之徒利用佛教作出蒙骗民众危害社会的事，例如"妄说吉凶，妖惑百姓，并习读兵书"，"卜相吉凶，及左道、巫术"，"以三宝物饷馈官僚、勾合朋党"，"非在寺观，别立道场，聚众教化，并妄说罪福"，"酒醉与人斗打"，"非是官度，而私入道"（私度）等，皆危害社会公共秩序，违反治安法规。对于僧道的这些行为，皆严加管束制止，对违犯者由官府协同僧官按照情节和法规量刑加以惩罚。

唐武宗崇道教，厌恶佛教，在会昌五年（845）七月下令灭佛之际，诏命礼部的主客（礼部四曹之一）管僧尼事务。武宗于第二年死，宣宗即位，又命左、右街功德使掌管僧尼，而不隶属主客，仍由祠部给出家僧尼发放度牒。

唐朝是中国古代佛教鼎盛时期，也是佛经翻译鼎盛时期。从东汉初至唐德宗贞元十六年（800）为止，前后有僧俗译经者一百八十七人，共译出大小乘佛典及"圣贤集传"（包括部分译者不明的佛典）两千四百四十六部七千三百九十九卷，其中仅唐译经典就达四百三十五部两千四百七十六卷，按卷数计算占全部译籍的33.4%。在唐代的译经僧中以汉僧玄奘（600—664）、义净（635—713）和印度僧不空（705—774）最有名，其中玄奘译经七十五部一千三百三十五卷，义净译经六十八部二百八十九卷，二人所译经典占全部唐译佛籍的百分之六十四。此外从事译经的还有波罗、实叉难陀、菩提流志及善无畏、金刚智等人。①

玄奘翻译的大乘般若中观类经典，包括著名的六百卷《大般若经》在内有六部六百一十五卷，占他全部译出经典的百分之四十六；其次是大乘瑜伽唯识类经典，有二十一部二百零一卷，占百分之十五，其中重要的有《解深密经》《瑜伽师地论》《显扬圣教论》《成唯识论》等，是法相宗依据的主要经典。玄奘弟子窥基所撰《成唯识论述记》最有名。

义净所译佛典中除般若中观、瑜伽唯识经典外，著名的有《金光明最胜王经》（与北凉昙无谶译《金光明经》属同本异译），其他多是小乘说一切有部的戒律书。

至于其他人的译经，实叉难陀所译《华严经》八十卷，是东晋佛陀跋陀罗所译

①关于唐代译经情况，详见唐智升《开元释教录》卷八、圆照《贞元释教录》卷十一。

六十卷《华严经》的异译；菩提流志译编《大宝积经》一百二十卷；善无畏、金刚智和不空是印度密教高僧，翻译的主要是密教经典，影响较大的有善无畏译的《金刚经》、不空译的《金刚顶经》等，皆是密宗依据的重要经典。

唐代继隋以后，在经录编纂方面也取得新的成绩，重要的有道宣《大唐内典录》、智升《开元释教录》、圆照《贞元释教录》。后二录的《入藏录》成为宋以后编印大藏经的重要依据。

唐代学问僧继承中国重史书编纂的传统，相继编撰出各类史书：传记体史书有道宣的《续高僧传》；别传或行状著作有彦琮《法琳别传》、慧立《大慈恩寺三藏法师传》（玄奘传）、崔知远《法藏和尚传》、李华《善无畏行状》、赵迁《不空行状》等；西行求法传记有义净《西域求法高僧传》《南海寄归内法传》等，此外还有诸宗史书、感应传记及文编等。

唐代除继续流行隋代形成的天台宗、三论宗外，又相继产生新的佛教宗派法相宗、律宗、华严宗、净土宗、禅宗和密宗。

在中日佛教交流中，唐代佛教建寺度僧及管理制度、译经、史书、佛教宗派等，皆陆续被不同程度地介绍到或传入日本。

第二节　“大化革新”以后的日本佛教

一、“大化革新”

日本在圣德太子死后六年，推古天皇去世，经历舒明天皇、皇极天皇二朝，大臣苏我氏控制朝政大权，加剧了皇室与苏我氏、贵族与贵族之间的矛盾。原来由落后的带有奴隶制性质的氏姓制和部民制带来的社会危机也日益严重。在这种形势下，皇极天皇四年（645），舒明天皇之子中大兄联合掌管祭祀神祇的中臣镰足等人发动政变，诛灭苏我马子之孙大臣苏我入鹿，并迫使其父苏我虾夷自杀。随即拥立中大兄的舅父轻皇子即位，是为孝德天皇。立中大兄为皇太子，任命中臣镰足（后改姓藤原）为内大臣并居“宰臣”之位，任命阿倍内麻吕为左大臣，苏我仓山、田石川麻吕为右大臣，同时任命分别在隋唐留学长达二十五年、三十二年的学问僧僧旻、留学僧高向玄理为“国博士”，共同策划政治革新（日文称“改新”）事宜。

接着，仿照中国历代王朝设置帝纪年号的做法，建元“大化”。大化二年（646）孝德天皇发布革新诏书，开始实施推动日本进步的各种改革措施。

实际上，革新经历的时间很长，孝德天皇之后，又经历齐明、天智（中大兄即位）、天武诸朝，长达五十多年。在这一过程中，长期留学隋唐的留学僧、学问僧在引进中国先进政治、经济制度和文教典章、做法等方面作出重大贡献，其中突出的有“国博士”僧旻、高向玄理，还有曾向中大兄皇子和中臣镰足讲授“周孔之教”的南渊清安等人。

经过改革，日本中央朝廷大体仿照唐朝设置宰相（中书、门下、尚书三省长官）及尚书省下的六部（吏、户、礼、兵、刑、工）及专司监察职责的御史台制度，确立了以天皇为最高首脑，下设二官、八省、一台的政治体制。所谓二官是执掌全国祭祀的神祇官和最高行政长官太政官（有左右大臣，相当唐朝宰相之职位）；八省是中务省（执掌侍从、诏敕、传奏等），式部省（任免文职官员、学校等），治部省（执掌姓氏、礼仪、外交及僧尼管理），民部省（户籍、民政等），兵部省，刑部省，大藏省（财政），宫内省（宫中庶务、官田、官宫手工业）；一台是弹劾官员的弹正台（相当于唐朝的御史台）。各省之下统摄职、寮、司等办事机构。在地方上设置国、郡及里等行政单位，委命国司、郡司和里长等治理。

在社会经济制度方面，宣布废除土地、部民的私有制，将土地收归国有，实施类似于隋唐均田制的班田制，规定对六岁以上的男女分配给不同份额的口分田，每六年进行一次调配；在赋税制度上模仿隋唐也实行租庸调制，规定每年按口分田数量向政府缴纳田租，按户口缴纳一定数量的绢或布（调），并服劳役，如免劳役则需缴纳实物以代替（庸）。同时还以所谓位田、职田、公廨田等名目授予贵族和各级官员一定数量的田地，还有供奉神社、寺院的神田和寺田。①

实施“大化革新”，废除带有奴隶制性质的氏姓制和部民制，建立了新型的封建制社会的生产关系，促进了社会生产力和社会文化的进步。在改革后期，朝廷通过立法的形式将改革的成果巩固下来：天智天皇时制定《近江令》（668）；天武、持统天皇二朝制定《净御原朝廷之令》（689 年施行）；文武天皇大宝元年（701）制定《大宝令》。此《大宝令》已佚，然而作为其修改补充本的《养老令》尚存。

①关于日本“大化革新”，详见坂本太郎著、汪向荣等译《日本史概说》第三章第二节，商务印书馆 1992 年版。

《养老令》是元正天皇养老二年至养老五年（718—721）在《大宝令》的基础上并参照唐朝《永徽令》编纂的。这些律令的制定和实施，对完善和巩固日本新形成的封建社会制度，推进社会经济和文化的发展起到了积极的作用。

二、佛教概况

1. 任命十师教导众僧，盛行建寺造像

日本在实施“大化革新”过程中，一直将兴隆佛法置于重要地位。孝德天皇即位不久，颁布诏书回顾了佛教传入日本的过程，然后表示：

> 朕更复思崇正教，光启大猷。故以沙门狛大①，法师福亮、惠云、常安、灵云、惠至，寺主僧旻、道登、惠邻、惠妙（惠隐），而为十师，别以惠妙为百济寺寺主。此十师等，宜能教导众僧，修行释教，要使如法。(《日本书纪》卷二十五)

任命十师，显然是效仿唐朝高祖武德二年（619）任命保恭、吉藏、明赡等十位高僧为“十大德”检校僧尼的做法。在这十僧之中，僧旻、惠云、常安、灵云等人都曾到中国长期留学。僧旻是在圣德太子摄政时期随遣隋使小野妹子第二次入隋时留学的，在中国学习长达二十五年，直到唐初才经过新罗回国，在“大化革新”中与遣隋留学僧高向玄理同被任命为“国博士”，为引进隋唐政治制度，建立新的政教体制作出了重要贡献。天皇任命这十师的目的，是让他们负责在全国进一步兴隆佛教（“崇正教”），教导众僧，并且以身作则遵照佛法修行。

由于有天皇的提倡和支持，各地兴起建寺造像之风。当时信奉佛教的主要是天皇、皇族和贵族。在他们看来，信奉佛法和供养佛菩萨可以护国安家、避灾免祸，并且能为他们带来吉祥和幸福，因此特别注重通过建造佛寺、佛像，诵经和举办法会等活动来积累功德，以求得到善的报应。天智天皇建造崇福寺，天武天皇建药师寺，苏我兴志建山田寺，藤原镰足（原姓中臣）造山阶寺（后为著名的兴福寺）。此外，还建有川原寺（弘福寺）、近江国益须寺等。这些寺院地位很高，都具有官寺的性质。

建寺的同时，也就意味着不断增加僧众。推古天皇三十二年（624），曾派人调

①据日本辻善之助：《日本佛教史》第二章第一节，此人即推古天皇三十三年到日本的高丽僧慧灌，岩波书店 1982 年第 4 次印刷。

查寺院及僧尼数字，当时有寺院四十六所，僧八百一十六人，尼五百六十九人，共一千三百八十五人。实施革新后，孝德天皇白雉二年（651）于味经宫请僧尼两千一百多人诵经，翌年请僧惠隐入宫讲《无量寿经》，以僧一千人为听众；持统天皇朱鸟六年（692），寺院增至五百四十五所，虽不知僧尼人数，但在此前二年（690），仅京师七寺的僧人已达三千三百六十三人，可以想象当时全国僧尼人数已是一个不小的数字。①

当时营造的佛像数量也很多，例如孝德天皇诏造丈六佛绣像、胁侍菩萨像以及天龙八部像等四十六尊②。在各地寺院中常见的造像与中国大致相同，主要有释迦牟尼佛像、弥勒像、药师像、观音像、阿弥陀佛像等。当时建造佛寺和营造佛像的动机是为祈祷天皇、皇室及贵族健康，为死者追荐冥福等。在寺院或宫廷经常讲诵的佛经有《金光明经》《仁王般若经》及《法华经》《维摩诘经》《无量寿经》等，同时也举行各种法事活动。

2. 设置僧官，“统领僧尼”

随着佛教的广泛传播、僧人的增加，如何管理佛教事务和统摄僧尼便提上日程。日本仿照隋唐管理佛教和僧尼的做法，也设置僧官。

早在推古天皇三十二年（624），就发生一起僧人用斧子殴击祖父的事件。天皇听说，认为不仅此僧有罪必须加以惩治，而且对其他僧尼也应治罪。百济僧观勒上表说，佛教传入日本还不到百年，僧尼因为不熟悉戒律，因此容易犯罪，建议“除恶逆者以外僧尼，悉赦而勿罪”。天皇表示同意，决定设置僧正、僧都，以检查约束僧尼。于是，任命观勒为僧正，鞍部德积为僧都，又任命在俗的官员阿昙连为法头。③

孝德天皇大化元年（645），任命福亮、惠云、惠至、僧旻等十僧为“十师”，并命在各寺设寺司、寺主，同时任命在俗的来目臣、三轮色夫君、额田部连甥三人为法头。十师的主要职责是教导众僧“如法修行”。寺司由俗人担任，掌管寺院的经营、修缮。寺主是一寺之主。在唐朝，寺主与上座、都维那一起称佛寺“三纲”，是统领全寺僧尼的僧官。在隋唐长期留学后回国的僧旻就担任寺主，同时也是“十

①以上据《日本书纪》卷二十二、卷二十五，皇圆《扶桑略记》卷五，《日本书纪》卷三十的相关记载。

②《日本书纪》卷二十二。

③《日本书纪》卷二十二。

师”之一，与高向玄理同受任“国博士”，为改革维新提供咨询。法头由在俗官员担任，负责巡察各地寺院，检查核实僧尼和奴婢、田亩的数字，然后报告朝廷。[①]

日本的僧官制度在革新过程中不断得到完善和加强。天武天皇二年（674）在僧正、僧都之下设小僧都（后称少僧都），再下设两名佐官；十二年任命僧正、僧都、律师，负责“统领僧尼”。[②] 此后，还设置过大僧都之位。僧正、僧都、律师等属于中央僧官，称“僧纲”，上属八省之一治部省的玄蕃寮。玄蕃寮掌管全国寺务、僧尼名籍，检查并禁止私度僧尼。僧尼名籍每六年一造。在京城和地方上的寺院，由各寺三纲负责统领，受中央的僧纲和地方上的国司、郡司监督。

中国在南北朝时，北魏、北齐设立昭玄寺，设置最高僧官大统（沙门大统或昭玄大统）、统（沙门统或昭玄统、国统）、都维那（国都）各一人；南方一般设置僧正、僧主等僧官。隋朝僧官制度大体继承北齐，然而规定管理全国僧尼事务的最高机构是属于鸿胪寺的崇玄署，任命在俗的官员负责。唐代废除最高僧官，开始委命鸿胪寺管理僧尼事务，后改由恢复的崇玄署执掌，唐中期以后改归礼部的祠部。将中日僧官稍加对比就可发现，日本的僧官制度是直接效仿中国的僧官制度建立起来的，而设在治部省的蕃玄寮是效仿隋朝鸿胪寺的崇玄署[③]、唐代礼部的祠部建立起来的。

3．建造东大寺、国分寺，祈祷佛菩萨护国佑民

日本在奈良时期以前经常迁移国都，直到元明天皇和铜三年（710）迁都到奈良（平城京），国都才基本固定下来。从710年迁都奈良到794年迁都平安，史称“奈良时代”。

日本在奈良时代，因为已经建立以天皇为首的中央集权的封建制度，朝廷对于如何通过文化思想巩固革新体制十分关心。除继续重视兴隆佛教之外，也仿照中国的文教制度发展儒学教育。在京城设大学寮，在地方设国学，开设本科（后称“明经科”）讲授《论语》《孝经》、“五经”等儒学课程，还开设算道、书道等，以提高贵族子弟的儒学修养，并为各级政府培养官吏。然而因为日本朝廷规定官位达到五品以上的可以世袭，学生学习成绩与做官没有直接关系，所以大学寮和国学逐渐

---

①《日本书纪》卷二十五。

②《日本书纪》卷二十九。

③详见宋赞宁《大宋僧史略·管属僧尼》，并参考宋志磐《佛祖统纪》中相关记载。

失去活力。在相当长的时间内，在思想文化领域佛教显得更有生气更有影响。日本佛教直接使用汉译经典，讲经传法须依据汉译佛经和参考汉人著作。因此，有较深佛学造诣的学僧一般都具备较高的汉学修养，甚至精通儒、道学说。

在迁都奈良之际，原有官寺中的元兴寺、兴福寺、大安寺、药师寺等也移建到新都。在奈良时代，朝廷因受隋唐朝廷在京都和各州县建造官寺（或塔）为皇帝及国家祈祷的影响，也在京城和地方兴建大的寺院，最著名的是在奈良建造东大寺及所奉金铜大佛，在各地（国）建造国分寺。

东大寺及所奉卢舍那金铜大佛是由圣武天皇在天平十二年（740）发愿，经三年时间建成的。他在发愿建寺造像的诏书中表示“诚欲赖三宝之灵威，乾坤相泰；修万代之福业，动植咸荣”，于是发菩萨大愿，建造卢舍那金铜大佛，为使世界一切众生皆受利益，同达觉悟。他以君临天下的最高统治者的口气说：

> 夫有天下之富者朕也，有天下之势者朕也。以此富势造此尊像，事也易成，心也难至。但恐徒有劳人，无能感圣，或生诽谤，反堕罪辜。是故预知识者恳发至诚，各招介福，宜每日三拜卢舍那佛，自当存念各造卢舍那佛也。如更有人情愿持一枝草、一把土助造像者，恣听之。国郡守司莫因此事侵扰百姓，强令收敛。布告遐迩，知朕意矣。（《续日本纪》卷十五）

卢舍那佛，唐代新译作毗卢舍那（意为光明遍照）佛，是大乘佛教所说的莲华藏世界（或简称“华藏世界”或“净土”）的教主。是报身佛还是法身佛，在天台宗、华严宗和密宗有不同的说法，是《华严经》中的主佛，诸菩萨承其“威神”宣说法界缘起重重无尽之法。从上引圣武天皇的诏书来看，他发愿建造东大寺及大佛的目的是祈求佛菩萨保佑天下太平，国家富饶繁盛，并号召普通民众自愿予以支持。

东大寺是在奈良金钟寺的旧址重新兴建的。三年后寺院及金铜大佛建造完成，翌年举行盛大的开光供养法会。建造寺院和金铜大佛花费巨大，据统计，仅造大佛就用熟铜 739 560 斤、白银 12 618 斤、炼金 10 446 两、水银 58 620 两、炭 18 656 石。①

①辻善之助著：《日本佛教史》第一卷第三章第三节，据《扶桑略记》《东大寺大佛记》《朝野群载》等书统计，岩波书店 1982 年第 4 次印刷。

东大寺地位很高，属于国家寺院，称“大倭国分金光明寺”，与在各地兴建的“国分寺”相对，称“总国分寺”。国分寺，在各国（日本古代的国，比现在县略小）的国都建立，有比丘居住的“金光明四天王护国之寺”，简称“国分僧寺”；有比丘尼居住的“法华灭罪之寺”，简称“国分尼寺”。国分寺是圣武天皇在天平十三年（741）降诏命各国兴建，此后又下诏督促，直到光仁天皇宝龟元年（770）才基本完成。

在全国各地建造国分寺的一个重要目的是安置僧尼读诵《金光明最胜王经》，祈祷四天王前来护国佑民、降灾增福。《金光明最胜王经》十卷，唐义净译。此前有北凉昙无谶，北周阇那崛多、陈真谛的译本，隋代有宝贵的合编本，然而唐以后最流行的是义净的译本。四天王是指东方持国天王、南方增长天王、西方广目天王、北方多闻天王，是佛教的护法善神。《金光明最胜王经·灭业障品》说：

> 若有国士讲宣读诵此妙经王，是诸国主，我等四王常来拥护，行住共俱。其王若有一切灾障及诸怨敌，我等四王皆使消殄；忧愁疾疫亦令除差，增益寿命，感应祯祥，所愿遂心，恒生欢喜；我等亦能令其国中所有军兵悉皆勇健。①

据此可以了解，圣武天皇正是为了得到四天王善神的“拥护”和保佑，使“一切灾障及诸怨敌……皆使消殄；忧愁疾疫亦令除差，增益寿命，感应祯祥……国中所有军兵悉皆勇健”，即为了求得皇室安康，社会稳定，风调雨顺，五谷丰登，国富兵强，才建造国分寺的。

圣武天皇在诏书中规定，国分寺中应建七重塔，并写《金光明最胜王经》《法华经》各十部，在塔中安置金字《金光明最胜王经》一部；凡僧寺，置二十人，尼寺置十人，共受教戒，每月八日须读诵《金光明最胜王经》，每半月须集体诵戒（布萨）；各寺皆分给水田十町（《类聚三代格》卷三）。国分寺的建造和维护是国家的事业。在地方上，国分寺在国司、国师的监督之下由寺中的“三纲”（寺主、上座、都维那）执掌日常事务。国分寺的土地在以后还有增加，日常活动除靠土地收入经营外，还靠来自政府的资助、各地贵族和普通民众的施舍。国分寺的主要活动是供养、读诵和宣讲被看作是“护国经典”的《金光明最胜王经》《法华经》以及《仁王般若经》等，祈祷佛、菩萨和护法善神护国佑民。

---

①《大正藏》卷十六，第417页中。

日本在各地兴建国分寺实际是效仿中国的做法。中国隋朝在全国111州建寺和舍利塔，在每年特定日期为皇帝、皇室和国民忏罪祈福；唐朝在京都、各州县建立官寺，题额“大云”、“龙兴”、“开元”等，安置僧尼为皇帝、国民祈福。日本在从中国输入佛教的同时，也引进在京城和各地兴建为国祈福的官寺的做法，可以说是十分自然的。应当指出的是，建立东大寺与国分寺，安置僧尼读诵佛经为皇室及国民祈祷的意义，在当时历史背景下已经超越于宗教本身，具有增强民众彼此的认同亲和感与统一国家意识的作用。

奈良时代的寺院分为国家大寺、国分寺及属于私人的“定额寺”、普通私寺。国家大寺也称“官的大寺”，是按照历代天皇和皇室成员的“敕愿”建造的，也称“御愿寺”，如在奈良的东大寺、兴福寺、元兴寺、大安寺、药师寺、西大寺、法隆寺，统称“南都七大寺”①；如果再加上弘福、四天王、崇福三寺，则为“十大寺”。“定额寺”是在特定限额内得到朝廷承认的由官吏或贵族建造的大寺。这些寺院经常得到来自天皇、政府和贵族的施舍，包括田地，封户（需将自己原应上缴给政府的租额一半乃至全部及庸、调的全额上缴给受封者），奴婢及各种财物等。寺院还凭借政府给予的优待条件开垦大量土地，也通过买地及其他手段兼并土地。

三、《僧尼令》内容略析

日本从“大化革新”到8世纪初，随着朝廷和地方行政体制的变革，也依照中国隋唐的政法律令制定了一系列的律令。如前述的《近江令》《净御原朝廷之令》《大宝令》及至今尚存的《养老令》。这些律令在内容上前后相袭，并相继为适应日本国情作了一些修改，条例越来越细密。鉴于佛教在日本社会日益普及和发展，也将对佛教僧尼的管理纳入律令制的国家体制之内，参照唐朝律令制体系中管理道教男女道士、佛教僧尼的《道僧格》（日本称之为“本格”），制定了《僧尼令》②，借助行政法制力量加强对佛教僧尼的控制和管理。

据《日本书纪》记载，早在天武天皇大宝元年（701）制定的《大宝令》之中已经有《僧尼令》，然而早已不存。现存者是养老二年至养老五年（718—721）由藤原不比等担任总裁撰定的《养老令》中编在《神祇令》之后的《僧尼令》，共27

①南都是奈良，相对于平安时代的京城平安是南部，故称。

②据日本后妙华寺殿《令闻书》，《僧尼令》据唐《道僧格》而创制。

条。平安时代由明法博士惟宗直本编撰的《令集解》四十卷，引用多种令的注释书和学说对包括《僧尼令》在内的《养老令》进行注释。学术界现通用的《僧尼令》就是从中析出的。①

下面仅引述《僧尼令》的部分重要内容并略作评析。

1. 严禁僧尼擅离寺院聚众教化，利用占卜巫术等手法蛊惑人心，危害社会民众

《僧尼令》第一条规定："凡僧尼，上观玄象，假说灾祥，语及国家，妖惑百姓，并习读兵书，杀人奸盗及诈称得圣道，并依法律付官司科罪。"第二条："凡僧尼卜相吉凶，及小道、巫术疗病者，皆还俗。"

《僧尼令》所举的这些行为皆违背僧尼持戒修行的本分。僧尼不学修佛法而以占星、占卜、看相、巫术等外道方术来占卜吉凶，或妄谈灾害祥瑞，影射政治，蛊惑人心，又习学兵书，皆有图谋不轨、制造动乱的嫌疑；如果做出杀人、偷盗和奸淫之事，不仅违背佛教戒律，也严重触犯国家刑律，造成的危害已超出僧团。对此，必须根据情节予以严惩，或强令还俗，或送官府判刑。

第三条："凡僧尼，非在寺院，别立道场，聚众教化，并妄说罪福，及殴击长宿者，皆还俗。国郡官司知而不禁者，依律科罪。其有乞食者，三纲连署，经国郡司，勘知精进练行，判许。京内仍经玄蕃知。并须午前捧钵告乞，不得因此更乞余物。"

第十三条："凡僧尼，有禅行修道，意乐寂静，不交于俗，欲求山居服饵者，三纲连署。在京者，僧纲经玄署；在外者，三纲经国郡，勘实并录申官。判下山居所隶国郡，每知在山，不得别向他处。"

佛寺无论是官寺还是私寺，皆在政府管辖之下。如有人擅离寺院另立新的道场（隋代曾称寺为道场）聚徒传教，并妄说罪福以诱惑或煽动民众，甚至殴打出来干涉的长老比丘，皆须强令还俗。如果地方上的国、郡官府听任不管，要依律给予处罚。如果僧尼要出外乞食及离寺到山中修行者，必须得到寺中三纲（寺主、上座、都维那）签署表示同意的文书，并上报国、郡官府得到同意。如在京城，必须经过

①笔者所据《僧尼令》是辻善之助著，1944年版《日本佛教史》第一卷第二章第三节所载录的《僧尼令》全文，并参考崛一郎著、京都临川书店1975年版《上代日本佛教文化史》第四章所摘录的《僧尼令》条文。

玄蕃寮的批准。凡是离寺捧钵乞食，只许在上午进行，并且不得向民众索要食物以外的东西。

以上条文基本内容是取自中国《道僧格》。原来虽是依据中国佛教情况制定的，然而日本朝廷看到佛教在日本深入传播后也出现类似问题，便将《道僧格》的条文词句直接应用到《僧尼令》之中。

仅举一例，《续日本纪》卷七记载，元正天皇养老元年（717）四月诏曰："方今小僧行基等并弟子等，零叠街衢，妄说罪福，合构朋党，焚剥指臂，历门假说，强乞余物，诈称圣道，妖惑百姓，道俗扰乱，四民弃业，进违释教，退犯法令……"可见，上引《僧尼令》中所列的现象在日本现实已经存在，制定相关法规是有针对性的。顺便提到，天皇诏书中斥责的行基是法相宗僧人，在稍后圣武天皇发起建造奈良东大寺过程中曾作出很大贡献。

2. 僧尼必须洁身自好，严守戒律，不得追求奢侈生活

第七条："凡僧尼饮酒、食肉、服五辛者，卅日苦使。若为疾病药分所须，三纲给其日限。若饮酒醉乱，及与人斗打者，各还俗。"

按照大小乘戒律和应当持守的"十善"（不杀生、不偷盗、不邪淫、不妄语、不两舌、不恶口、不绮语、不贪、不嗔、不痴），僧尼不许杀生、饮酒、吃葱蒜等"五辛"① 食物，更不许与民众打架斗殴。否则，将受到还俗处分。如果因治病用药所需，可以破例，然而寺中三纲必须规定期限。

第十条："凡僧尼，听着木兰、青、碧、皂、荆黄及坏色等衣。余色及绫、罗、锦、绮，并不得服用，违者各十日苦使；辄着俗衣者，百日苦使。"

第九条："凡僧尼作音乐及博戏者，百日苦使，棋琴不在制限。"

第十八条："凡僧尼不得私畜园宅、财物及兴贩出息。"

第二十六条："凡斋会不得以奴婢牛马及兵器充布施，其僧尼不得辄受。"

何谓"苦使"？此语源自中国，意为做苦的差使，是对犯有过错僧尼的惩罚方式之一，比强令还俗要轻，被罚做苦使的僧尼须在寺院做杂务劳动。据日本《令集解》卷八"修营"条引唐代《道僧格》的词句："有犯苦使者，三纲立锁闭，放一空院内，令其写经，日课五纸，日满检纸，数足放出。若不解书者，遣执土木作修

①《梵网经》卷下，以大蒜、革葱、慈葱、兰葱、兴渠五种为五辛。

营功德等使也。其老小临时量耳，不合赎也。”①意为寺院三纲（寺主、上座、都维那）应对受罚做苦使的僧尼作封闭看管，对于有能力读经写字者，可令每天抄写规定数量的经；对不能写经者，可令做各种杂活，例如可让他参加土木建筑劳动。

佛教戒律对于僧尼所穿衣服的颜色有明确规定。佛教传入中国后，僧尼虽遵照戒律规定的颜色制作衣服，然而后来也有若干改变。按照《四分律》卷十六、《十诵律》卷十五等的规定，僧尼需用“若青、若黑、若木兰”，或“若青、若泥、若茜”三种坏色（不正色、如法色）。中国汉魏时僧尼多穿赤色衣，后又流行黑色（缁衣）、青衣、褐衣。唐宋以后，朝廷常赐著名僧尼以紫衣、绯衣。《僧尼令》所列僧尼服色，是按照佛教戒律规定的，目的是要僧尼在穿着方面保持出家人清静朴素的本色。对于穿着其他颜色衣服和穿绫罗绸缎衣服者，处罚做十天苦使。也不许僧尼随时穿着俗服，否则罚做苦使百日。佛教戒律中有十戒，既是沙弥、沙弥尼必须遵守之戒，也是僧尼共守之戒。其中有“不歌舞观听”和“不坐高广大床”、“不蓄金银宝物”；《僧尼令》规定僧尼不许溺好音乐及做赌博游戏，然而可以弹琴和下棋；不许私蓄田园财物；虽可参加斋会，然而不可接受包括奴婢牛马及兵器在内的布施。

此外，还禁止男女僧尼同宿，“凡僧不得辄入尼寺，尼不得辄入僧寺”，但可以一起参加做功德的法会，到对方寺院看望师父、病人及听法等。如因故僧寺停留妇女、尼寺停留男人，皆不许超过一宿，否则将予以处罚。这是为了防止发生僧尼破不淫戒，发生伤风败俗之事。

以上大部分内容在佛教戒律中皆有相关的戒条。唐朝在制定“条制”或《道僧格》时曾参考过佛教戒律，也将部分内容写进法规。日本朝廷之所以将这些规定写进《僧尼令》中，目的是借助政府律令的方式强制僧尼严格地以戒规约束自己的行为，这样既有利于维护佛教团体的统一和尊严，也有利于维护社会秩序的稳定。

3. 任用僧官必须选择德行兼优、道俗敬仰者

第十四条：“凡任僧纲（谓律师以上），必须用德行能伏徒众，道俗钦仰，纲维法务者。所举徒众，皆连署牒官。若有阿党朋扇，浪举无德者，百日苦使。一任以后，不得辄换。若有过罚及老病不任者，即依上法简换。”

日本在“大化革新”后，中央僧纲设有僧正、僧都、律师，在治部省玄蕃寮统

①引自郑显文：《唐代律令制研究》，第 304 页。

摄下负责管理全国僧尼事务；各寺设寺主、上座、都维那三纲，在中央玄蕃寮、僧纲或国、郡官府监督下管理各寺僧尼。《僧尼令》规定任用僧纲，必须选择“德行能伏徒众，道俗钦仰，纲维法务者”，并且规定推举者需连署报官。如果发现是出于朋党私利推举无德之人，推举者将受到处以做百日苦使的惩罚。为保持僧官的稳定，一旦任命，便不再更换，除非因为僧官受到处罚或年老的原因，才考虑选换之事。僧官必须严格执行《僧尼令》的各条规定，如果对僧尼严重违犯戒律和违犯法规而放任不管者，规定给以程度不同的处罚。

此条也源自唐朝律令。《唐六典》卷十八“鸿胪寺”条：“凡天下寺观三纲及京都大德，皆取其道德高妙，为众所推者补充，上尚书祠部。”卷四“祠部郎中”条：“凡道士、女道士、僧尼……以三宝物饷馈官寮、勾合朋党者，皆还俗。”①

4. 严禁僧尼私度和冒名顶替

第二十二条：“凡有私度及冒名相代，并已判还俗，仍披法服者，依律科断。师主、三纲及同房人知情者各还俗。虽非同房，知情容止，经一宿以上，皆百日苦使。即僧尼知情，居止浮逃人，经一宿以上者，亦百日苦使。本罪重者，依律论。”

中国唐代为维护社会劳动力的稳定，控制出家僧尼的数量，规定凡出家者必须通过考试并得到政府发的度牒才算合法出家（礼部的祠部长期负责此事），严禁私度。日本制定的《僧尼令》也有此规定。对于私度或是冒名顶替者，一律予以还俗处理。如果已经还俗，还穿着僧服，则按触犯刑律论罪。如果三纲或僧尼知情不报，或留居逃亡之人，皆将受到惩罚。

此外还规定，凡僧尼死亡、还俗，在京寺院的三纲必须上报中央僧纲，地方寺院的三纲经国郡官府，最后上报玄蕃寮除名。对于僧尼委派俗人“历门教化”，僧尼私自将度牒转让别人，以及僧尼辱骂三纲、越过正常程序告状等行为，乃至僧尼“焚身舍身”的做法，律令皆严加制止。

制定这些条款，是为了防止僧尼过多过滥，维护僧尼团体的神圣和尊严，也是为了维护律令体制下的僧尼管理秩序。

5. 规定对违法僧尼的惩罚条例

第二十一条：“凡僧尼有犯，准格律，合徒年以上者，还俗，许以告牒当徒一年。若有余罪，自依律科断。如犯百杖以下，每杖十，令苦使十日；若罪不至还

①郑显文：《唐代律令制研究》，第 304 页。

俗，及虽应还俗，未判讫，并散禁。如苦使条制外复犯罪不至还俗者，令三纲依佛法量事科罚，其还俗并被罚之人，不得告本寺三纲及众事，若谋大逆、谋叛及妖言惑众者，不在此例。”

引文中的“告牒”，也就是度牒，在有的场合称为“公验”①，是由政府主管佛教僧尼的部门发给的证明出家合法的文书。这些不同的名称皆来自中国。据日本惟宗直本注释《僧尼令》的著作《令集解》卷八《准格律》的注释：“告牒者，僧尼得度之公验也。依律：杂犯死罪者除名。即知，僧尼犯死罪者，亦先还俗，然后处死；其流罪者，比徒四年，以告牒当徒一年，其余三年，役身也……案《道僧格》，此条除一篇之内，称依律科罪，或还俗、或苦使之外，为杂犯立例……不得告众事者，谓众僧之事也。”②

据以上引文，日本政府对违法犯罪僧尼，根据情节轻重判刑主要有三种情况：一是罚做“苦使”，强制犯者在寺院内做各种杂务劳动。“苦使”及这一惩罚做法也源自中国唐朝律令；二是剥夺僧尼资格，强制还俗；三是对严重触犯刑律者先令还俗，然后由政府依法处治，或处杖刑（杖打），或处强制犯人劳役的徒刑，或判流刑（流放到边远地区），对罪行最重者则处于死刑。

然而由于僧尼拥有优于普通民众的特殊身份和权利，在量刑过程中会受到某些减刑优待。据上引条文所说，僧尼如果犯有按律令应判以一年徒刑以上者，先令其还俗，允许以其持有的公验（度牒）抵消一年的徒刑，其他徒刑，再按律另判。如果被判流刑，可以折合成徒刑四年，在这四年中，以公验抵消一年徒刑，其他三年服劳役。若僧尼因罪判百杖以下的杖刑，可以将杖刑折合成苦使（在寺院从事杂务劳动），每十天抵十杖。另，按罪过不管能否判还俗，在尚未宣判之前，犯者可不戴刑具，只需拘禁在室内。如果僧尼除犯有相当苦使的过错以外，尚未达到判处还俗的程度，则由寺中三纲按照佛教戒律处治，不必移交官府。对于被判处还俗及其他刑罚的僧尼，不许控告本寺三纲及其他僧尼，但告发谋反及妖言惑众的事件除外。

---

①公验源自中国，意为盖有官府印章的文书。度牒是公验的一种，僧尼出外所持由官府盖印的证明也叫公验。此外，军政往来也有种种公验。在日本，度牒、戒牒（也盖有官府印）及受任僧官时由官府发的证书，皆称“公验”。

②郑显文：《唐代律令制研究》，第305页。作者所据《令集解》是黑板胜美主编新订增补国史大系《令集解》第一，吉川弘文馆1995年版。

日本学者考证，从僧尼享有可以用告牒减免一年徒刑来看，他们的社会地位相当于六位以下八位以上的官员。因为这些官员的位勋可以为自己或亲人所犯的流刑以下的罪行减刑一等。①

日本通过实施革新改制，借鉴隋唐政治和文教制度建立了以天皇为首的中央集权体制，制定一系列的律令，有力地促进了日本经济、政治和文化的进步。在这个过程中，通过引进儒学和教育制度与方法，提高了贵族子弟的文化素质，培养了治理国家的人才。日本朝廷借鉴唐朝的《祠令》《道僧格》分别制定了《神祇令》和《僧尼令》，改善和加强对神道教和佛教的管理，以发挥神道教和佛教在维系人心、推进道德教化和维护社会稳定中的独特作用。

按照《僧尼令》的要求，僧尼应安分地在京城和地方各类寺院中如法修行，读诵护国经典，为“镇护国家”、“禳灾招福”进行祈祷，并致力于研究佛学，培养弟子。

第三节　中日佛教交流和日本奈良六宗

从佛教在日本古代传播和发展的历史来看，大体可以划分为前后两大时期：

一是佛教初传时期，自6世纪佛教传入日本至平安时代（794—1192）结束。在这个时期，佛教在经受短暂挫折之后，受到以天皇为首的最高统治阶层和贵族的崇信，并被看作是大陆先进文化的代表和载体而置于施政施教的重要地位。中日两国之间的佛教文化交流先是通过朝鲜半岛，后直接通过海路日益频繁。在中国是经历隋唐，在日本是经历飞鸟、奈良至平安时代，中国佛教宗派或学派相继传入日本。奈良时期盛行的佛教六宗之学，称“奈良六宗”，为以后佛教在日本的发展奠定了基础。进入平安时代，中国的天台宗、真言宗（密宗）先后传入，进一步推动了佛教向社会各阶层和广大城乡地区的普及，促进了日本民族文化的发展。

二是日本民族佛教的形成和持续发展时期，从镰仓时代（1192—1333）开始，中经室町、战国直至江户时期（1603—1867）。佛教在传入日本后经过长达五百多

①辻善之助：《日本佛教史》第一卷第二章第三节；速水侑：《日本佛教史·古代》之三·Ⅰ，吉川弘文馆1986年版。

年的民族化过程，已经与日本传统文化和宗教习俗密切结合，在进入这一时期以后相继形成许多带有日本民族特色的宗派——日本净土宗、真宗、时宗、日莲宗，旧有的天台宗、真言宗也形成自己的民族特色。新从宋元传入的禅宗临济宗、曹洞宗在后来的传播过程中也逐渐实现民族化。

一、唐代中日两国的佛教文化交流

唐代是中国古代的盛世，在中外文化交流史上也占有重要地位。在这期间，中国与亚洲各国的文化交流，包括与日本的文化交流，皆可以说盛况空前。其中在中日文化交流中，佛教仍发挥着十分重要的桥梁和纽带作用。随着带有鲜明中华民族特色的佛教宗派传入日本并迅速传播，不仅极大地促进了日本佛教日益深入地融入日本社会和实现民族化，而且对日本民族文化的丰富和发展也发挥了积极的作用。

日本从舒明天皇二年（630）至宇多天皇宽平六年（894），先后向唐朝派出遣唐使十九次，除三次未能成行，实有十六次。派遣唐使的目的除进行政治交往外，主要是学习和输入唐朝先进文化。日本每次派遣唐使来华，几乎皆同时派遣大量留学生、留学僧到中国学习儒学经史和佛教。据不完全统计，在这期间来唐朝的留学生、留学僧（包括随行僧）约有一百三十八人，其中留学僧一百零五人，占百分之七十六。[①] 可见留学僧的人数远远超过留学生的人数，既反映日本朝廷对派遣留学僧到中国学习佛法的重视程度，也反映佛教在当时日本社会中占据的重要地位。随着航海技术的进步，除官方的遣唐使船往来于中日之间外，还有中国商船和少量的新罗、日本商船。日本僧人也搭乘商船往来于中日两国进行佛教文化交流。在日本废止遣唐使之后，这些商船成为日本僧人往来日中两国之间的主要交通工具。

日本在奈良时代（710—794）盛行的佛教六宗：三论宗、成实宗、法相宗、俱舍宗、华严宗、律宗，都是直接或间接通过朝鲜半岛从中国传入的。

日本进入平安时代（794—1192）以后，有不少僧人入唐学习天台宗和刚刚兴起的密宗。最澄（767—822）与空海（744—835）同时随遣唐使入唐求法，回国分别创立日本天台宗和真言宗（密宗）。这两个宗派成为平安时代影响日本社会和文化的最大的佛教宗派。

①据日本木宫泰彦著、胡锡年译：《日中文化交流史》第四章之一的表格所载内容统计，商务印书馆1980年版。

此后，日本天台宗僧圆仁、圆珍相继入唐学天台宗和真言宗；真言宗的常晓、圆行、惠运、宗睿，皆入唐学真言宗。真如法亲王原是平城天皇之子，出家后曾从空海学真言宗（密教），唐咸通三年（862）乘商船来中国，辗转到长安青龙寺求法学密宗，不久出发经丝绸之路到印度求法，据传最后死在印度。

二、日本朝廷支持佛学研究

日本以天皇为首的朝廷，对佛教在日本社会的传播和发展十分重视。为了从整体上提高日本僧尼的素质和佛学水平，不仅优待和重用来自朝鲜和中国的僧人，也经常派遣留学僧到中国学习佛法。同时，还通过中央的僧官——僧纲（僧正、僧都和律师），提倡和支持全国僧人认真研究佛学，从中选拔学德兼优的人才予以重用。养老二年（718）十月，太政官告僧纲曰：

> 智鉴冠时，众所推让，可为法门之师范者，宜举其人显表高德。又有请益无倦，继踵于师，材堪后进之领袖者，亦录名腊（按：姓名和接受具足戒之后的年数），举而牒之。五宗①之学，三藏（按：经、律、论）之教，讨论有异，辨谈不同，自能该达宗义，最称宗师，每宗举人并录。次德根有性分，业亦粗细，宜随性分，皆令就学。凡诸僧徒，勿使浮游，或讲论众理，学习诸义；或唱诵经文，修道禅行，各令分业，皆得其道。（《续日本纪》卷八）

这是指示全国最高僧官——僧纲，向朝廷推荐智德兼优的僧人予以表彰；举荐勤于学法并且富有才干者以便担任僧官；选拔各宗中精于佛法、本宗义理的学僧担任各宗宗师；应根据僧众的素质、水平，组织他们学习；应当督导所有僧尼不要浮躁、游惰，引导他们或学习讲论佛教义理，或唱诵经文，进行禅修，使他们各有所为，皆有长进。不难想象，这对于鼓励僧尼读诵经典，深入钻研佛教义理，安心修行，促进日本佛教界整体佛学水平的提高具有重大意义。

日本朝廷还提供经费资助各大寺院的佛学研究，设立写经所将从朝鲜、中国传入的佛教典籍广为抄写流通，为学僧从事佛学研究提供佛经章疏。与中国古代朝廷设置译场大规模译经不同，日本在佛教传入后没有翻译佛经这一环节，一直把抄写

---

①当时中国的律宗、华严宗尚未传入，此五宗当指三论宗、成实宗、涅槃宗、毗昙宗、摄论宗，皆属学派性质。

汉译佛典和中国佛教著述作为兴隆佛教的一项重要事业。

在这种情况下，日本佛教界兴起研究和弘扬佛学之风。8 世纪中叶，日本出现以研究一部或几部佛典为中心的佛学团体，好像隋朝佛教界的“五众”或“二十五众”那样，也称之为“众”。现存《元兴寺伽蓝缘起并流记资财账》《大安寺伽蓝缘起并流记资财账》及《法隆寺伽蓝缘起并流记资财账》等之中，记载有三论众、摄论众、成实众、修多罗众、律众、唯识众、别三论众等学僧团体的名称，并且还记载提供给这些团体的钱数，例如“律众十九贯八百卅文，三论众卅贯，唯识众卅六贯九百六十八文”等等。虽然现在对这些团体的详细情况还不清楚，然而从这些名称可以推测，它们是以“三论”（《中论》《十二门论》《百论》）、《摄大乘论》《成实论》及包括《般若经》在内的大乘佛经（修多罗是梵文的音译，意为经、佛经，此当指大乘经典）、戒律、《成唯识论》等作为研究重点的。①

三、奈良佛教六宗

随着中国佛教汉译经典和宗派著作不断传入日本、日本佛教学者研究的深入，以京城奈良为中心逐渐形成佛教六宗，即三论宗、成实宗、法相宗、俱舍宗、华严宗、律宗。日本佛教史书统称之为“奈良六宗”，相对于平安时代的京城（今京都，在北）来说，也称之为“南都六宗”。在中国，成实、俱舍二宗原本不是独立宗派，是分别附属于三论宗和法相宗的。实际上，从当时奈良六宗整体来看，无论在教理的论证方面还是在组织方面，它们皆构不成宗派，基本属于学派的性质。

日本律宗是由“过海大师”唐僧鉴真和尚创立的，将设专节介绍。这里先介绍其他五宗。

1. 三论宗和成实宗

三论宗以研习印度大乘中观学派的论书“三论”得名。所谓“三论”是指古印度中观学派创始人龙树著的《中论》《十二门论》及其弟子提婆著的《百论》，由中国后秦时的著名翻译家鸠摩罗什（344—413）翻译成汉文。此后，鸠摩罗什与弟子僧肇、僧睿、道融、昙影、道生、僧导等研习讲论，受到更多学者重视。南北朝时，历经宋、齐、梁，三论学说得到很大发展，成为继涅槃学、成实学之后最盛行的学派，著名学者有南朝梁时于摄山（今南京栖霞山）传法的僧朗、僧诠，陈代

①参见日本大野达之助《新稿日本佛教思想史》第二章第一节。

的法朗（507—581）。法朗的弟子吉藏正式创立三论宗。

吉藏（549—623），俗姓安，安息国移民后裔，生于金陵（今南京），七岁在法朗门下出家，十九岁之后逐渐有名。后至会稽嘉祥寺，前来问学者很多，被人尊称“嘉祥大师”。隋开皇（581—600）末年应晋王杨广（后即位为炀帝）之招请，入江都慧日道场，后入长安日严寺，以博学善辩闻名于京城。当时长安重视《法华经》，吉藏也讲《法华经》，并讲“三论”及《大品般若经》《大智度论》《华严经》《维摩诘经》等。唐武德二年（619）“置十大德，纲维法务”，吉藏以其名声被推举作为十大德之一（《续高僧传》卷十一）。吉藏一生广引佛教经论对“三论”思想作了系统的阐释和发挥，撰有《中观论疏》《十二门论疏》《百论疏》《三论玄义》《大乘玄论》及《二谛义》等。

据“三论”和吉藏的著作，可将中国三论宗的基本教理归纳为“八不”中道论和真俗二谛论。

（1）“八不”中道论

《中论》的开头第一首偈就是：“不生亦不灭，不常亦不断，不一亦不异，不来亦不出。”①

用此“八不”来批驳外道的认为世界万物是从“自在天”生，或认为世界存在“无因有果”、“有因无果”、“无因无果”等现象的观点。

三论宗将批驳论敌的观点称之为“破”、“破斥”。上述“八不”是建立在大乘佛教般若学说的“因缘性空”的基础上的。既然世界一切有生灭的现象必须借助因缘才生，故皆没有真实自性，本质为空，如此生则不生、灭则非灭。关键是“无性”（没有实有的自性、规定性）和不生，在此前提下，无所谓灭，又哪里还谈得上常与断、一与异、来与出呢！进而，按照大乘中观学说，“不生”属“空”，“不灭”属“有”，因为一切没有真实自性，故空非真空、有非真有，空有不二，此即为不偏离任何一方的“中道”。三论宗正是依据“八不”来论证其“八不中道”的。

吉藏《大乘玄论》卷二说：“八不者，盖是诸佛之中心，众圣之行处也。”②《中观论疏》卷二也说：“八不者，盖是正观之旨归，方等（按：大乘经典）之心

①《大正藏》卷三十，第1页中。

②《大正藏》卷四十五，第25页上。

骨，定佛法之偏正，示得失之根源。”① 这是把“八不”中道置于佛法的很高地位，说它是大乘佛法的中心和总原则，是衡量佛法正与邪的标准，佛与菩萨遵照它从事教化，是修行者觉悟成佛的依据。这样便把“八不”与佛教奉为终极真理的佛性、实相等同，甚至说“中道佛性，不生不灭，不常不断，即是八不”，“八不即是中道佛性”。

（2）真俗二谛论

二谛是俗谛与真谛（也称“第一义谛”）。《中论·观四谛品》说：

> 诸佛依二谛，为众生说法，一以世俗谛，二第一义谛。若人不能知，分别于二谛，则于深佛法，不知真实义。②

“谛”意为真理。二谛可解释为二类真理。吉藏《二谛义》卷上解释说：“世俗谛者，一切诸法性空，而世间颠倒谓有，于世间是实，名为世谛；诸贤圣（按：佛、菩萨）真知颠倒性空，于圣人是实，名第一义谛。”世界本来是客观存在的，然而按照般若中观的一切皆空的理论，世界一切事物和现象是空幻不实的，称这种认识是真谛，而把一般人认为世界真实存在的见解称为颠倒不可信的俗谛。

应当指出，即使在大乘佛教内部，对于真、俗二谛也有各种不同的看法。吉藏依据《中论》来论述二谛，对其他关于二谛的看法提出批评。他从三个层次论述二谛。

第一，他把二谛置于“佛法根本”的重要地位，说“二谛是佛法根本，如来（按：佛的称号之一）自行化他，皆由二谛”（《三论玄义》），指出《中论》一书就是“用二谛为宗”的，如果要领悟二谛就应当依据此书。

第二，他在《大乘玄论》卷一相对于其他学派的二谛说，从四个层面提出自己的二谛说，以显示自己的二谛说超越于前者。此即为“四重二谛”，大意为：

相对于小乘说一切有部的论书《毗昙》的事、理二谛，提出自己的空、有二谛；

相对于小乘《成实论》的空、有二谛，提出以“空有二谛”为俗谛，以“非空非有”为真谛；

①《大正藏》卷四十二，第20页中。

②《大正藏》卷三十，第32页下。

相对于“大乘论师”（此当为研习《摄大乘论》的学者）的以唯识学说中的“三自性”（详后法相宗部分）的依他、分别二性为俗谛，以依他性的“无生”、分别性的“无相”相即不二的“真实性”为真谛，提出自己的二谛，所谓“若二若不二，皆是我家俗谛；非二非不二，方是真谛”，是以前者的二谛皆归为自己的俗谛，而将以否定方式表述前者的二谛作为自己的真谛。

同时，“大乘论师”还以“三性”（三自性）作为“俗谛”，而以唯识学说的“三无性”（详后法相宗部分）非施设（“非安立谛”）为真谛。对此，吉藏进而提出：无论是三自性，还是“非二非不二”的“三无性”，皆属于自己的俗谛，只有“言忘虑绝，方是真谛”。何谓“言忘虑绝”？实际即为与“毕竟空”、“实相”相契合的“无所得”的认识境界，是根据《般若经》提出来的。这种真谛就是吉藏在《三论玄义》上讲的“正理”：“内外相冥，大小俱寂。”

第三，他认为对于二谛，既不能执著俗谛，也不能执著真谛，而应当领悟真、俗二谛相即不二的中道，此即为“二谛中道”。吉藏《大乘玄论》卷四说：

> 真（按：真谛）故无有，虽无而有，即是不动真际（按：真如、实相）而建立诸法；俗（按：俗谛）故无无，虽有而无，即是不坏假名（按：现象之有、假有）而说实相。以不坏假名而说实相，虽曰假名，宛然实相；不动真际建立诸法，虽曰真际，宛然诸法。以真际宛然诸法，故不滞于无；诸法宛然实相，即不累于有。不累于有，故不常；不滞于无，故非断，即中道也。①

这不外乎是说，真谛与俗谛是互不妨碍，相即不二的。从所包含的宗教社会意义来说，世间与出世间、在家与出家、世俗文化与佛教教理、生死烦恼与涅槃解脱……是彼此会通、相即圆融的，所谓“俗不定俗，俗名真俗；真不定真，真名俗真”（《二谛义》卷下）。由此可以让人得出人间即佛国净土，众生即是佛，“贪俗即是道”的结论。这也是在努力缩小世间与出世间、现实与彼岸的距离，使人加强对觉悟解脱的信心，以利于佛教在社会上广泛传播。

印度大乘中观学派继龙树之后，以6世纪的清辨比较有名。清辨认为心外有由极微积集成的境，主张辩论应按因明格式自立比量（推理根据、理由），舍弃自龙树以来的只破不立的归谬论证方法。后世将清辨的这一派称作“中观自立量派”、

①《大正藏》卷四十五，第55页中。

"自立论证派"或"自续派"。著作有阐释《中论》的《般若灯论》《中观心论》及《大乘掌珍论》等。唐初，中印度僧波罗颇迦罗蜜多罗来到中国，贞观四年（630）在长安译出清辨《般若灯论》。贞观十九年（645）玄奘从印度求法回归，带回清辨的《大乘掌珍论》于贞观二十三年（649）译出。

三论宗在中国盛行时间较短，在吉藏去世后逐渐衰微。中国三论宗以阐释龙树及其弟子提婆"三论"为代表的印度早期中观学说为主，对于印度清辨《般若灯论》等为代表的中期中观学说没有引起注意。然而日本学者经过考察认为，日本三论宗不仅祖述吉藏的三论宗，而且也曾对清辨的中观学说发生兴趣。①

中国三论宗在日本飞鸟时代（600—710）已开始传入日本，602 年到日本的百济僧观勒虽是三论学者，然而他没有弘传三论。按照日本镰仓时代学者凝然（1240—1321）的《三国佛法流通缘起》的说法，此后经过慧灌、智藏和道慈三传，三论宗才在日本流传开来。然而关于日本三论宗一、二传的现存资料甚少，仅能作十分笼统的介绍。

慧灌，高丽僧，据《三国佛法流通缘起》，他曾到中国从吉藏学习过三论之学，推古天皇三十三年（625）到日本，敕住元兴寺，然而开始未宣讲三论之学，直到 645 年孝德天皇即位之后，他才应请在元兴寺讲三论，后受任僧正。此为日本三论宗的第一传。

慧灌向福亮讲授三论之学，福亮又传授智藏。据镰仓时期虎炼《元亨释书》卷十六记载，福亮原籍中国吴地，智藏是他在俗时之子。智藏后来入唐重学三论②，回日本后住法隆寺，"盛唱空宗"，为日本三论宗第二传，在天武天皇白凤元年（673）任僧正。智藏弟子中以道慈、智光和礼光最有名。

日本三论宗第三传是道慈。道慈（？—744），俗姓额田，曾从智藏学习三论，在文武天皇大宝元年（701）入唐求法，被安置住于著名的长安西明寺。当时正值武周后期。道慈在中国学习长达 18 年，经武周、唐中宗、睿宗和玄宗四朝。道慈在唐期间，中国盛行法相宗、华严宗和密教。吉藏早已去世，三论宗趋于衰微。印度密教高僧善无畏在开元四年（716）到长安，先后被安置住兴福寺、西明寺，译

①末木文美士：《奈良时代佛教的传日》，载杨曾文、源了圆主编《中日文化交流大系 4 · 宗教卷》第二章，浙江人民出版社 1996 年版。

②《元亨释书》卷一《智藏传》谓智藏"谒嘉祥受三论微旨"。吉藏于 623 年去世，从时间上看他不可能从吉藏受学。

出《虚空藏求闻持法》，至开元十四年（726）与一行译出《大日经》（宋赞宁《宋高僧传》卷二《善无畏传》）。据《三国佛法流通缘起》记载，道慈在唐以学三论为主，然而同时学习法相宗，并曾随善无畏学习真言宗（密教），从受《虚空藏求闻持法》。在他回国之前，善无畏尚未着手翻译《大日经》。

道慈于唐玄宗开元六年（日本元正天皇养老二年，718）归国。他在唐期间看到长安西明寺建筑宏伟庄严，便将寺院图样加以绘制，归国时带回。后来奉诏将原在旧京的大安寺迁建到奈良时，他即据西明寺建造。元正天皇因此赐封五十户及左右侍童，诏书曰："法师远涉苍波，核异闻于绝域。遐游赤县，研妙机于硕师。参迹象龙，振英秦汉，戒珠如满月，慧水似巨瀛。"（《元亨释书》卷二）对他渡海到中国求法，师事名师、学德俱优的表现予以高度赞扬。

道慈以大安寺为中心，以弘传三论宗为主，同时还传授法相宗、真言宗。圣武天皇天平九年（737）四月初八佛诞日，他上奏天皇在大安寺转读《大般若经》，以护寺镇国，得到允准，此后成为恒例。他曾任律师，著《愚志》批评当时的僧风。

道慈被日本三论宗奉为三祖。弟子中著名的有善议。善议传法于安澄、勤操。安澄（763—814）著有《中论疏记》八卷，对中国东晋般若学"六家七宗"多有评述，至今仍不失为研究晋代般若学的宝贵参考资料。安澄有弟子实敏，居西大寺盛传三论，从而使西大寺也成为三论宗传法中心之一。勤操有弟子空海后入唐求法，回国创立日本真言宗。

智光、礼光从智藏受传三论宗，皆在元兴寺居住传法，除弘传三论宗外，还虔奉阿弥陀佛西方净土信仰。在礼光去世后，智光命图工精制阿弥陀佛西方极乐世界之图，后世称之为"智光曼荼罗"。[①] 智光是奈良时代著名般若三论学者之一，著有《般若心经述义》《净名玄论略述》《中论疏记》《初学三论标字义》《大般若经疏》及《无量寿经论释》《观无量寿经疏》等。弟子灵睿对后世三论宗影响较大。

成实宗，中国佛教学派之一，从所依据和研习的古印度僧诃梨跋摩《成实论》而得名。诃梨跋摩是说一切有部的学僧，因受大众部思想的影响，特著此论批评说一切有部的理论。《成实论》在论证"苦、集、灭、道"四谛的框架内提出自己观点，认为有情众生的苦因是烦恼的"业"（思想言行），要从苦中解脱出来必须灭

①此图现存，见日本元兴寺佛教民俗资料刊行会编，学术书出版会 1969 年版《智光曼荼罗》。

除作为一切烦恼和业的本源的“无明”（痴），而要灭除“无明”就要彻底破除对作为“假名”的我、法及空的执著。此即所谓“灭三心”——灭除假名心、法心和空心。认为人是由色、受、想、行、识这五阴和合而成的，是假名而非实有；即使是五阴诸法，若从第一义谛来看也是空无所有的；如果通过修证达到断灭一切心理活动的“灭尽定”（无心定）和“无余涅槃”的境界时，则与“空”相应的观念也不复存在。总之，《成实论》主张人、法两空，接近于大乘“诸法性空”的思想。

中国后秦鸠摩罗什译出《成实论》之后，他的弟子南朝僧导、北魏僧嵩对此展开研究并撰注疏，此后研习日盛。南朝梁时研习弘传此论的著名学僧有被称为“三大法师”的建康开善寺智藏、庄严寺僧旻和光宅寺法云。他们同时也是研究《大涅槃经》的学者。此后，隋朝三论宗创始人吉藏在自己的著作中批评《成实论》未能认识色、空不二和真、俗二谛相即不二的“中道”，判它仍属于小乘，从此便衰微下去。

在中国三论宗传入日本的过程中，成实宗附于三论宗同时传入，从未成为独立的佛教宗派。日本早期的三论学者高丽惠慈、慧灌及百济慧聪、观勒等人，同时也是研究《成实论》的学者。

中国南朝成实师光宅法云（467—530）曾援引《成实论》之义讲《法华经》，所著《法华义记》传到日本。圣德太子在撰写《三经义疏》之一的《法华义疏》四卷的过程中曾吸收了法云的思想。凝然《三国佛法流通缘起》卷中说：“圣德太子作《三经义疏》，以《成实论》为法相门，依光宅义以立义门。光宅法师是成实师，正弘大乘，而以《成实》判法性相。”又说圣德太子以慧慈、慧聪等人为师学习佛法，“即是三论宗、成实宗义而已”。

在天武天皇（673—686 年在位）时，百济僧道藏赴日讲《成实论》，并撰写《成实论疏》十六卷，成为后世讲习《成实论》者常用参考之书。此外，还有作者不明的《成实义章》二十三卷、《成实义林》二卷，也很流行。

据《三国佛法流通缘起》，在奈良时代一些讲习三论宗的寺院，如元兴寺、大安寺、西大寺、法隆寺等，皆兼习《成实论》。

日本三论宗传法世系表

（名字前有○者为中国人）

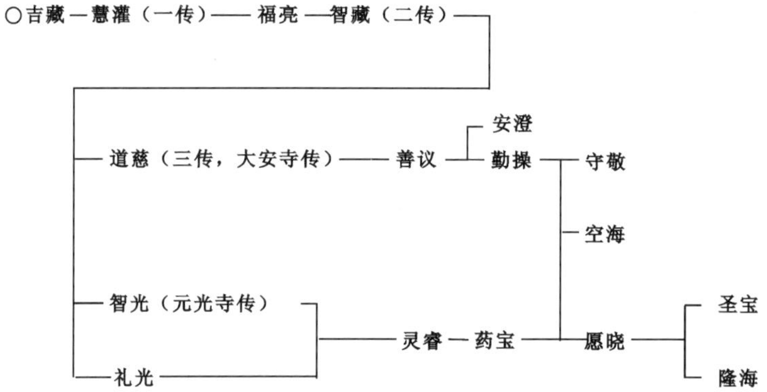

2. 法相宗和俱舍宗

玄奘（600—664）从唐太宗贞观元年（627）出发到印度求法，在那烂陀寺师事戒贤法师，学《瑜伽师地论》（《十七地论》）等唯识学派的经典，并且广学因明（逻辑和认识论）、声明（语言文字、音韵、方法）、医学等，贞观十九年（645）在亲历110国，经受千辛万苦之后回到长安，先后受到唐太宗、高宗的优遇，在他们的支持下先后在弘福寺、大慈恩寺、玉华宫等处从事译经，共译出佛经七十五部一千三百三十五卷。玄奘译经水平较高，佛经翻译从此进入新时期，称以前的译经为“旧译”，此后为“新译”。弟子达千人之多，其中著名的有窥基、圆测（新罗人）、普光、法宝、神泰、靖迈、慧立、玄悰、神昉等人。

法相宗就是由玄奘及其弟子窥基（632—682）依据并发挥印度大乘瑜伽唯识学说创立的，所依经典主要有所谓“六经十一论”。实际上，其中有二经一论并没有传入中国，所以只有四经十论，最重要的是《解深密经》《瑜伽师地论》《摄大乘论》以及《成唯识论》。《成唯识论》是解释《唯识三十颂》的，是玄奘以印度唯识学者护法的观点为主，杂糅印度十位唯识学者的观点集编并翻译的，虽在此十论之外，然而在诠释法相唯识教理方面具有特殊重要的地位。围绕对《成唯识论》的阐释和发挥，窥基撰写的《成唯识论述记》《成唯识论掌中枢要》，窥基弟子淄州慧沼（651—714）著有《成唯识论了义灯》，慧沼弟子濮阳智周（677—723）著有《成唯识论演秘》《成唯识论了义灯记》《成唯识论枢要记》等，皆是法相宗依据的重要著作。其中，窥基的《成唯识论掌中枢要》与慧沼《成唯识论了义灯》、智周

《成唯识论演秘》总称“唯识三疏”，对圆测、道证等人的唯识异说有所批评。

窥基参照《解深密经》中的内容，提出“三时”判教说：第一时，释迦牟尼佛说《阿含经》，只讲“我空”，小乘人仍迷于“法有”；第二时，佛讲《般若经》等，讲我、法二空，于是有人便奉二空为“无上理”，对空执著；第三时，佛为破除前述执有、执空的“迷谬”，便说一切皆唯识所变，此为“中道”之教。为什么说此为中道之教呢？据称：

> 心外法无，破初有执；非无内识，遣执皆空。离有无边，正处中道。（《成唯识论述记》卷一）①

意为心识之外，没有真实的事物，以此破除对“有”的执著。然而并非没有内在的心识，以此清除对一切皆空的执著。离开对有、空两种片面见解的执著，就达到中道的认识。这种中道就是“唯识”——“心外法无”、“非无内识”。这里所说的中道与般若中观学派的中道是大相径庭的。

由此不难看出，法相宗是以“第三时教”——中道之教自许，是以“唯识为宗”的。这里仅介绍其阿赖耶识和种子说、三自性和三无性说。

（1）阿赖耶识和种子说

法相宗是印度唯识学派在中国的移植，以细密的精神分析著称。它在佛教传统的六识之外增加二识——末那识、阿赖耶识，成八识，称此八识具有变现“外境”（包括主体的“我”、万事万物的“法”）的功能，所以称之为“能变识”。又进而将此八识分为三类：一是“异熟识”，指第八阿赖耶识；二是“思量识”，指第七末那识；三是“了别境识”，指眼耳鼻舌身意六识。

何谓阿赖耶识？它被描绘为人的精神主宰，《成唯识论》卷二说：“有情（按：主要指人）执为自我。”佛教认为人的灵魂不灭，死后灵魂承载着生前的善恶业因在六道轮回。在法相宗那里，阿赖耶识也指承担业报轮回的灵魂。

法相宗用“三相”来解释阿赖耶识的特性：一是“自相”，称之为阿赖耶识。“阿赖耶”意为藏，藏东西的场所，例如仓库，此为藏精神性种子的地方。就“藏”来说，具有“能藏”、“所藏”和“执藏”三个含义。“能藏”与“所藏”是指它摄藏一切善、恶、无记（非善非恶）的精神种子（能、所不二）；“执藏”是

①《大正藏》卷四十三，第229页下。

指第七末那识常把它执为“自我”。二是“果相”，名为“异熟（按：果报）识”，说它藏有的善恶“业种”（行为造成的报应之因）能够招致善恶业报，轮回生死。三是“因相”，称“一切种”，说阿赖耶识摄藏的一切种子是万事万物生成的原因。阿赖耶识所摄藏的精神种子能够变为“器”，即“器世间”，指三界有情众生居住的环境；“有根身”，即众生的器官及整个身体。其他七识不仅是阿赖耶识的产物，而且皆以阿赖耶识作为“根本依”才能活动。可见，阿赖耶识在法相唯识学说中具有精神主体、灵魂和世界本原等多种含义。

第七识是“末那识”，也译作“染污识”、“阿陀那识”，虽然意译也作“意识”，然而为了与第六识“意识”相区别特地音译为“末那识”。唯识学说认为，末那识是依阿赖耶识而生起，并且依托阿赖耶识而“恒审思量”，它将阿赖耶识当作“自我”，“从无始来与四烦恼恒俱生灭，谓我见、我爱及我慢、我痴”（《成唯识论》卷五）。[①] 所谓“我见、我爱及我慢、我痴”指的是因为持有“我”（生命主体）而产生的思想（种种与自我相关联的见解）、贪爱、傲慢与无知（不明“我空”之理）。可见，“末那识”不仅具有现代人所说的自我意识或主体意识的含义，而且还含有能够分别主体与客体、是与非、好与恶等的抽象思维能力的意思。唯识学派主张一切是唯识所变，认为存在“我见”便可导致产生种种邪业，所以称具有自我意识的末那识为“染污识”。第六意识要依托第七、八二识，前五识要依托第六、七、八识才能运转，进行认识活动。

因为法相宗以“实无外境，唯有内识”（《成唯识论》卷一）[②] 为理论原则，所以它讲的诸识的认识活动实际只是以自己的心识为外境，从根本上否认外部真实世界。它说八识的每一个识都有自己的“见分”和“相分”。前者相当于心识的可以“缘境”（接触境）、“了别”（感受、分辨）的部分，后者是心识变现出来与“见分”对应的可缘（被接触）的境。又认为，心识的“见分”的了别活动须由作为“识体”的“自证分”来加以确证，还有所谓“证自证分”对“自证分”进行证明。实际上，这“四分”不过是心识各种功能的不同说法。

法相宗讲的阿赖耶识中摄藏的种子是所谓“亲生自果功能差别”，实际上是想象中的世界万有的精神性本原。说种子有两类：

---

①《大正藏》卷三十一，第 24 页下。

②《大正藏》卷三十一，第 1 页中。

一类为“本有”种子，所谓“无始来异熟识中，法尔（按：自然、本来）有生蕴、界、处功能差别”。“蕴”是五蕴，包括色、受、想、识、行；“界”是十八界，包括能够产生认识活动的六种功能（眼、耳、鼻、舌、身、意六根）、作为感觉认识对象的六境（色、声、香、味、触、法），以及由此形成的六种感觉或认识（眼、耳、鼻、舌、身、意六识）；处是十二处，即前面十八界中的六根和六境。蕴、界、处三者，可概括为世界和众生。这段话是说“本有”种子是久远以来阿赖耶识中藏有的能够产生世界与众生的各类精神功能。

另一类是“始有”种子，说是由前七识的“现行”运转而产生的种子，也称此为“熏习而有”的种子。还说种子可以再生种子。（以上见《成唯识论》卷二）①根据法相宗的修行理论，人们的修行过程就是不断熏习阿赖耶识所藏种子中的“无漏（按：清净的没被烦恼染污）善种”，增加善的种子，而彻底断除“有漏恶种”，最后达到解脱。

（2）“三自性”和“三无性”

“三自性”和“三无性”是法相宗用来对世界所作的总体说明。

“三自性”是指依他起性、遍计所执性和圆成识性。什么是依他起性呢？是指因缘及一切从因缘而生起的现象。法相宗认为一切皆唯识所变，所以所谓因缘无非是八识和精神种子。认为一切皆是“心、心所（按：心理作用、活动）及所变现，众缘生故，如幻事等，非有似有”。意为世界万有现象包括精神现象在内不过是心识在一定条件的变现，如同梦幻一样，虽无而好像是有，是“假有”。这是对现实客观世界真实性的否定。所谓遍计所执性是指将上述“假有”现象看作是真实的认识，实际是指世俗认识。唯识学说有时称此种认识为“妄”、“妄执”。圆成识性是要求修行者应当追求达到的最高精神境界。《成唯识论》卷八说：

> 此即于彼依他起上，常远离前遍计所执，二空所显，真如为性。②

这是说应当对前述“依他起”心识显现的认识中，清除属于“遍计所执”的迷妄，体悟“二空”的道理，如此则可形成与真如相契合的认识，此种认识就是圆成识性。然而应当指出的是，真如、法性等概念虽然为大乘佛教各派共用，但具体

①《大正藏》卷三十一，第8页中。

②《大正藏》卷三十一，第46页中。

含义并不完全相同。法相宗唯识学说的“圆成识性”虽也被称为真如，然而实际不过是“唯识”教理的另一种说法，有时也被称为“唯识实性”。简言之，如果能够领悟世界万物皆是唯识所变现的道理，便达到了“圆成识性”的精神境界。

“三无性”是对上述“三自性”的进一步说明，是为了证明大乘佛教普遍承认的“一切法皆无自性”的道理。

“三无性”是依“遍计所执性”，立“相无性”，换言之，即名相概念、世俗认识本不可靠，如同“空花”；依“依他起性”，立“生无性”，即一切缘生现象虚幻无实；依“圆成识性”，立“胜义无性”。既然名相、世俗认识不真实，就不应执著；生由缘起，“此如幻事”，就不必看作真有；“圆成识性”虽也被称为“无性”，然而此为“假说无性，非性全无”，因为它超越于世俗的遍计、依他二性，所以称之为“胜义”。所谓“胜义”即“胜义谛”，与“真谛”同义。法相宗以“遍计”、“依他”二性为俗谛，以“圆成识性”为真谛。

法相宗在唐初曾在佛教界兴盛过一时，但毕竟因为名相繁杂，教理过于艰涩，不便于为儒者士大夫和社会普通民众理解，到唐中期智周去世以后，法相宗逐渐衰微下去，传承不明。

①日本法相宗第一传（元兴寺一传）——道昭

道昭（629—700），俗姓船，出家后住元兴寺，在孝德天皇白雉四年（653）奉敕随从遣唐使小山长丹入唐，同行者还有道严等僧俗十三人，到长安谒见玄奘。时值唐高宗永徽四年（653），玄奘从印度求法而归已九年，在所带回的唯识经典中已译出《解深密经》《瑜伽师地论》《显扬圣教论》《摄大乘论》《摄大乘论世亲释》《摄大乘论无性释》《唯识三十论》《大乘百法明门论》等，然而最集中论释唯识理论的《成唯识论》尚未译出，直到道昭归国去世前一年（699）才译出。

据《元亨释书》卷一《道昭传》记载，玄奘对道昭的到来表示欢迎，吩咐门下对他“勿以外域轻之”，亲自热心地加以教诲。道昭欣然受教，“早得悟解”。一日，玄奘告诉他说：“经论文博，劳多功少。我（按：此指我国、唐朝）有禅宗，其旨微妙，汝承此法，可传东徼。”道昭按照玄奘的建议，前往相州隆化寺谒见慧满禅师。

据唐道宣《续高僧传》卷十六《僧可传》的附传，慧满是僧那（那禅师）的弟子，上承菩提达摩—慧可的法系，经常修持“头陀”苦行，并奉四卷《楞伽经》为禅法要旨，隋末唐初先后在相州（今河南临漳西南邺镇）隆化寺及洛阳南部一带传法，七十岁去世。[①] 当时有同秉达摩—慧可法系的道信（580—651）、弘忍（601—674）前后以蕲州黄梅（在今湖北东南）双峰山和东山为传法中心传授达摩禅法，称“东山法门”，影响很大。在佛教史上，将秉承达摩—慧可法系的学派称“楞伽宗”，实际是后世禅宗之源。参考其他相关资料，在道昭入唐求法的时候，达摩—慧可的“楞伽宗”法系还是相当流行的。[②]

道昭从玄奘受法相宗、从慧满受禅法后，于唐高宗龙朔元年（日本齐明天皇七年，661）辞别玄奘归国，玄奘赠以佛舍利、佛教经论及法相宗章疏。道昭回国后住于京城飞鸟元兴寺，以此寺为中心向日本僧众传授法相宗。此为法相宗在日本的第一传。道昭弟子中著名的有行基等人。道昭在唐学过楞伽禅法，为修习坐禅和向日僧传授禅法，特在元兴寺东南建禅苑，“或三日一起，或七日一餐”，前来跟他学禅者很多。此外，道昭还到外地传法，并热心倡导兴办利于民众的社会事业，例如在路旁凿井、在渡口备船、创建大桥等。道昭在文武天皇四年（700）去世，享年七十二岁。弟子依其遗言举行火葬，此为日本火葬之始。

道昭从唐带回的经论章疏收藏在元兴寺旁边的禅苑之中。后来日本朝廷迁都奈良，元兴寺未迁，后在奈良建新元兴寺。道昭的弟子经奏请在新都建右京禅院，将原存于禅苑的经论章疏搬迁至此处收藏。[③]

②法相宗第二传（元兴寺二传）——智通、智达

齐明天皇四年（658），智通、智达奉敕乘新罗船入唐，礼玄奘为师学法相宗，回国后在元兴寺传法。此为日本法相宗第二传，也是元兴寺二传。

据《日本书纪》卷二十六记载，智通、智达二人从玄奘处受“无性众生义”。所谓“无性众生义”，当是法相宗的五性各别说。大意是说众生有五种：声闻种性、独觉（缘觉）种性、菩萨或如来种性、不定种性、无性种性，其中声闻、独觉及无性三种性皆无佛性种子，不能成佛，称之为“三无”；菩萨种性及不定种性中具有佛性

---

①《续高僧传·僧可传》载，慧满在“贞观十六年（按：642）于洛州南会善寺侧，宿柏墓中，遇雪深三尺，其旦入寺见昙旷法师……每说法云：诸佛说心，令知心相是虚妄法。今乃重加心相，深违佛意，又增论议，殊乖大理”。（《大正藏》卷五十，第552页下）他与其师那禅师“常赍四卷楞伽以为心要”。七十岁时于洛阳（或作“洛陶”）无疾而逝。玄奘提到他，说明他至少活到653年以后。

②关于达摩—慧可楞伽宗的传承，可看《续高僧传》卷二十五《法冲传》；参考杨曾文著：《唐五代禅宗史》第二章第一节之二，中国社会科学出版社1999年版。

③参考《元亨释书》卷一《道昭传》《三国佛法流通缘起》、大野达之助《新稿日本佛教思想史》第二章第三节。

种子者必定成佛，称为“二有”。这种观点与三论宗、华严宗、天台宗、禅宗依据《大涅槃经》等经典所主张的一切众生皆有佛性、皆可成佛的思想是大相径庭的。

以上二传在日本佛教史上称为“元兴寺传”，又称“南寺传”，因寺原在飞鸟，也称“飞鸟传”。

③法相宗第三传（兴福寺一传）——智凤、智鸾、智雄

文武天皇大宝三年（703），在日本的新罗僧智凤、智鸾、智雄三人奉敕渡海入唐，从窥基再传弟子“濮阳大师”智周学法相宗，归国后在兴福寺传法。此为日本法相宗的第三传。智凤应历任大纳言、右大臣的藤原不比等之请担任过“维摩会”的讲师，讲授《维摩诘经》，弟子中以义渊最有名。

义渊（？—749），俗姓阿，自幼被天智天皇收养，与皇子同住岗本宫，出家后师事智凤，学习法相宗唯识之学，在文武天皇大宝三年（703）受任僧正。在义渊的弟子中，有已从道昭学过法相宗的行基，还有玄昉、宣教、良敏、行达、隆尊、良辨、道镜等人。此外，弘传三论宗的道慈也从义渊学过法相宗。

④法相宗的第四传（兴福寺二传）——玄昉

元正天皇养老元年（唐玄宗开元五年，717）派遣多治比县守为遣唐使，命留学生（僧）吉备真备、阿倍仲麻吕和玄昉随从一起搭船入唐。吉备真备（693—775）和阿倍仲麻吕（在唐名阿衡，701—770）在唐学习儒学经典和历史、文学等，后来学有所成，蜚声文坛，是扬名于中日文化交流史上的著名人物。

玄昉投到智周门下学习法相唯识之学，在唐生活和学习前后共十九年。在唐开元二十三年（日本圣武天皇天平七年，735），玄昉与吉备真备一起随遣唐使多治比广成回国。据《元亨释书》卷十六《玄昉传》记载，玄昉曾从唐玄宗受赐紫衣，回国带回佛像及佛教经论达五千余卷，皆进献太政官（原文借唐职称“尚书省”）。从佛典卷数看，这也许就是据唐智升《开元释教录·入藏录》（经论集传共1076部5048卷）抄录的一部《大藏经》。这些经典后被送到兴福寺收藏，《南都高僧传》称这些经论“曾无纰缪错误”。

圣武天皇当时正致力于兴隆佛法，在天平八年（726）赐予玄昉封一百户、侍童八人，并在翌年任他为僧正，安置他住于内道场。然而玄昉后来由于联合吉备真备积极参政，受到以藤原氏为代表的旧贵族的反对，[1] 天平十七年（735）被贬到

①参见杨曾文《日本佛教史》第一章第四节之六。

九州筑紫（今福冈）监修观音寺，于第二年寺成之际去世。

据《三国佛法流通缘起》，以兴福寺为中心传承法相唯识之学者几乎皆是智凤、玄昉的“后裔门叶”。然而研习和弘传法相宗的寺院不仅有兴福寺、元兴寺，此外如药师寺、东大寺、西大寺、大安寺等寺也相继出了不少著名的法相宗学者。然而终奈良时期乃至进入平安早期，担当最高僧官的几乎全是出自兴福寺的法相宗僧人。

俱舍宗是中国佛教学派之一，因研习印度世亲的小乘论书《阿毗达摩俱舍论》（简称《俱舍论》）而得名。世亲原是印度说一切有部的论师，《俱舍论》是他参照说一切有部的综合性论书《大毗婆沙认论》并吸收经量部的思想编撰的，将世界上一切精神的和物质的现象按五蕴、十二处、十八界作“三科”分类，用五位（五大类，即色法、心法、心所法、心不相应行法、无为法）、七十五法（名相、概念）总括之，主张“我空”而“法有”（法指五蕴，称三世实有，法体恒有），认为通过坐禅观想四谛之理是最高的修行方法。中国南朝陈真谛最早将此论译成汉文，题目称《阿毗达摩俱舍释论》，弟子慧恺、法泰传习之。唐玄奘在永徽二年（651）重译，称《阿毗达摩俱舍论》，弟子普光撰《俱舍论记》，法宝、神泰二人各撰《俱舍论疏》，合称“俱舍三大部”。此后，圆晖著疏传释《俱舍论》之颂，十分盛行。在中国，俱舍宗作为学派仅附属于法相宗内部。

日本奈良时代的俱舍宗也是法相宗的附宗，随法相宗传入日本，其传承世系与法相宗一样，也分元兴寺传（南寺传）和兴福寺传（北寺传）。在学说方面，据《三国佛法流通缘起》的记载，元兴寺僧护命传承新罗僧智平的学说，认为有生灭变化的现象——“有为法”虽有生有灭，但它的“体”（法体）是没有生灭的。兴福寺等寺的法相宗学僧则主张与此相反的“法体生灭义”。此外，华严宗、三论宗学僧也研习俱舍宗。东大寺从奈良时代至平安时代标榜“八宗兼学”，也是弘传俱舍宗的中心之一。

研习《俱舍论》义理的学僧，也重视研究说一切有部的论书《阿毗达摩发智论》及作为它的“六足论”组成部分的《阿毗达摩品类足论》《阿毗达摩法蕴足论》《阿毗达摩集异门足论》等及《大毗婆沙认论》。因为《俱舍论》集中介绍和解释了佛教的基本知识和概念，即使对于一般的僧人、居士来说，也可把它当作佛教入门书来读。

日本法相宗传法世系表

（名字前有○者为中国人）

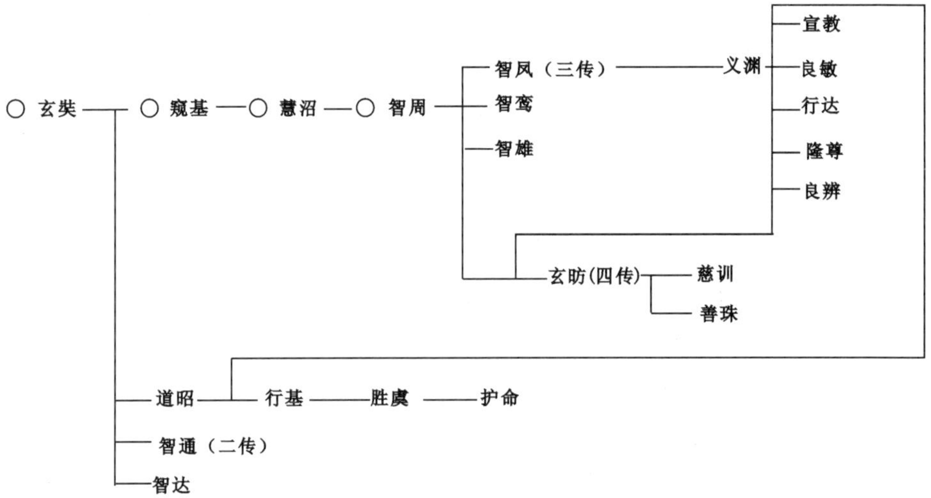

3．华严宗

华严宗以其依据的主要经典《华严经》立名，由唐代法藏（643—712）正式创立。

《华严经》有旧译、新译不同译本。旧译是东晋佛陀跋陀罗译，有六十卷，也称“晋译《华严经》”或“《六十华严》”。新译即唐译，有实叉难陀的译本八十卷，也称“《新译华严》”或“《八十华严》”；另有般若译《大方广佛华严经入不思议解脱境界普贤行愿品》四十卷，简称“《四十华严》”，只是经中《入法界品》的别译。

在法藏之前，杜顺、智俨都撰有注释和发挥晋译六十卷《华严经》经文、思想的著述，为法藏直接继承。杜顺的《华严法界观门》《五教止观》，智俨的《华严经搜玄记》《华严孔目章》《华严一乘十玄门》《华严五十要问答》等，受到华严宗的重视。法藏的《华严五教章》（全称《华严一乘教义分齐章》）《华严经探玄记》《华严经旨归》《修华严奥旨妄尽还源观》等，是华严宗的主要依据。华严宗虽为法藏创立，但奉杜顺为初祖，智俨为二祖，法藏为三祖。

法藏有弟子宏观、文超、智光、慧苑等。慧苑继法藏生前注释新译《华严经》而撰《华严经略疏》未竟之业，撰写《续华严经略疏刊定记》，虽祖述法藏的思想，然而在“判教”、“十玄门”等问题上提出异说①；又著《新译大方广佛华严经音义》（简称《慧苑音义》）对新译八十卷《华严经》中的难字生僻字作注音释义。

在法藏死后相当长一段时间，华严宗曾教势不振，至华严宗四祖澄观（738—839）和五祖宗密（780—841）时，华严宗得到新的发展，他们为阐释和宣传华严宗教义写了大量著作，并将禅宗的心性思想引入华严宗。澄观对唐译《华严经》作注疏，撰有《华严经疏》《华严经随疏演义钞》《华严经行愿品疏》《华严法界玄镜》《华严经策林》等。宗密著有《华严经行愿品疏钞》《注华严法界观门》《原人论》《圆觉经大疏》《圆觉经大疏释义钞》及《禅源诸诠集都序》四卷、《中华传心地禅门师资承袭图》（原名应为“裴休拾遗问”）等。

华严宗的教理主要由“五教十宗”的判教论和“法界缘起”理论组成。

（1）五教和十宗的判教论

据法藏《华严经探玄记》卷一，他将全部佛法分为五教十宗，认为以《华严经》为主要依据的华严宗最优越，称之为“圆教”和“圆明具德宗”，置于各种教说之上。

五教是小乘、大乘始教（般若中观和唯识之教）、大乘终教（《法华》《涅槃》等经，也包含天台宗教义）、大乘顿教（《维摩》《思益》诸经，后来澄观将禅宗也列入此教）、圆教（《华严经》和华严宗）。他批评大乘始教主张声闻、缘觉（二者为小乘）和“无性阐提”（断绝佛性的恶人）不能成佛，是“未尽大乘法理”。又说大乘始、终二教都属于渐教（修行要按程序阶次渐进），而大乘顿教“不依位次”，主张顿悟。至于圆教，即华严宗，超越于前四教，所主张的是法界缘起圆融无尽的教理，所谓“一位一切位”（任何一个修行阶位与其他阶位相即不二），“唯是无尽法界，性海（按：佛果、佛的境界、法身、真如、如来藏自性清净心等）圆融，缘起无碍，相即相入（按：彼此不二，互相包容），如因陀罗网（按：‘因陀罗’即帝释天，因陀罗网，是指装饰帝释天宫的宝珠网，光彩相互辉映，比喻事事物物之间圆融无碍），重重无际，微细相容，主伴无尽（按：主体与客体既彼此相

①将法藏原来的小乘、大乘始教、大乘终教、大乘顿教、圆教的“五教”判教，改为迷真异执、真一分半、真一分满、真具分满的“四教”判教；又将智俨、法藏两代相承的十玄门分为“十种德相”和“十种业用”两重，所谓“十种德相”是同时具足相应德、相即德、相在德、隐显德……“十种业用”是同时具足相应用、相即用、相在用、相入用……他的异说后来受到澄观的批评。

对存在，又互相融通无碍)”。①

十宗是就教理来分的，包括法我俱有宗、法有我无宗、法无去来宗、现通假实宗、俗妄真实宗、诸法但名宗、一切皆空宗、真德不空宗、相思俱绝宗、圆明具德宗。前六宗皆为小乘派别，后四宗相当于五教中的大乘始教、大乘终教、大乘顿教、大乘圆教。

这种判教理论在当时的社会宗教意义之一，是有意贬低唐初盛行的天台宗和法相宗，把它们分别置于大乘终教和大乘始教的地位，而把华严宗置于最高的圆教地位，为华严宗的创立和传播制造舆论。

(2) 法界缘起和四法界

华严宗的教理是以“法界缘起”为中心，如澄观《华严法界玄镜》卷一所说：“总以缘起法界不思议为宗。”

什么是法界呢？据法藏《华严经探玄记》卷十八，法界尽管有种种含义，但概括起来不过两大类：一是“理”，是作为最高精神性本体讲的，有法身、一心、如来藏自性清净心、真空、真如、自性清净圆明体等，实际它们的含义基本相同；二是“事”，包括世间万事万物，既有物质现象又有精神现象。此外，理事关系、事事关系也可以称为法界。

何谓缘起？“缘起”，即借助因缘聚散而发生诸种现象，所谓“此生则彼生，此灭则彼灭”。华严宗以真如（或称法性、一心、真心等）为世界万物的本体和本原，所以它所说的“法界缘起”，主要是指以真如为本体和本原的缘起。澄观《华严经行愿品疏》卷一将法界比做《老子》中的道，并明确地说法界即是“一心”，说“总该万有，即是一心”。其弟子宗密在《注华严法界观门》引这段话时说：“统唯一真法界，谓总该万有，即是一心。”都是说他们所说的缘起是以真如（或“一心”）为本体和本原的。

法藏对缘起得以成立的条件作了种种说明，其中谈到“缘起十义”，说在一个大的缘起环境中，诸缘要“诸缘各异”、“互遍相资”、“俱存无碍”、“异门相入”、“异体相即”、“体用双融”、“同体相入”、“同体相即”、“俱融无碍”、“同异圆备”等，才使缘起成为可能（《华严经探玄记》卷一）。他借用相对主义的思辨方法，得出一即一切、一切即一、一即十、十即一以及在时间上“或一念（按：短暂时

①《大正藏》卷三十五，第116页上。

刻）则无量劫（按：无量的长时），无量劫即一念”；在空间上，“如一尘处，一切尽虚空界，一一尘处，皆亦如是”（《华严经旨归》）。[1] 在《华严策林》还说：

> 小时正大，芥子纳于须弥；大时正小，海水纳于毛孔。[2]

在这里，完全取消了事物和概念的质的规定性，取消各种事物和概念之间的差别。

澄观继承杜顺《华严法界观门》的思想，在《华严法界玄镜》中提出“四法界”的理论，是要求华严宗修行者在禅观中依次从浅至深观想的内容。四法界是：

事法界：“事”包含的范围甚广，一切众生、五蕴、十二因缘、大小乘教法……从一草一木到恒河沙数（不胜数的数字）的大千世界，都可以看作是事。

理法界：“理”亦即真如，或称之为“实相”、“法性”、“一心”、“真空”等，认为一一事中，皆有理在，“理无形相，全在相中”。

理事无碍法界：认为真如之理随缘而成事，万事性空即现真理；在理即是事，事即是理，事外无理，或相反理外无事的场合，是互夺，是理事相害；在理即事，事即理的场合，是理事相即；在理非事，事非理的场合，是理事相非。形成理与事圆融无碍的关键是“理无形相，全在相中”，“无尽事法，同一法性”，既然事是依据理而成，事是理的体现，理是事的本体，自然理事无碍。

事事无碍法界：按照事的性质来说本来是事事互相有隔碍的，因为它们有大小等殊之别，然而华严宗认为一切事相皆是统一之理的体现，而理是空寂无相的，全部融解在事相之中，因而一事所含之理与其他一切事相之理完全相同，既然事与理是相即不二的，那么事与事之间也具有彼此融通无碍的关系。

按照四法界的理论，无限的世界上没有任何矛盾和斗争，到处充满和谐的气氛，一切都是圆融无碍的。

（3）十玄门和六相圆融

这都是进一步论证“事事无碍法界”的。

“十玄门”最早是由智俨提出的，法藏改动不大。包括：

①同时俱足相应门。一切教义（一切大小乘佛法）、理事、解行、因果、人法、

---

①《大正藏》卷四十五，第596页下。

②《大正藏》卷四十五，第597页下。

境位等等，共同组成一个大的缘起境界，诸法之间没有始终前后的差别，同时相应显现。

②一多相容不同门。任何事、理都含有其他各项的因果、理事等等，重重无尽。

③诸法相即自在门。一即一切，一切即一，相互俱足一切法门。从修行来说，“一念即得具足一切教义、理事、因果等如上一切法门”，并与无量一切众生“同时作佛”；一切修行境位，直到成佛，“同时遍成，无有前后”；一念与百千劫无碍。

④因陀罗网境界门。如同帝释天宫的因陀罗珠网的颗颗宝珠交相辉映那样，以上诸项也互相映现，互相隐显，重重无尽。在缘起法界，一一微尘之中都容有无数佛国、佛、菩萨和世界、众生。此表现法界（法性）的真实功能（实德），缘起法界是自然无穷的。

⑤微细相容安立门。以上各项内容在“一念”之中同时或非同时全部俱足，“一切法门，于一念中，炳然同时，齐头显现，无不明了”。

⑥秘密隐显俱成门。以上诸义或隐覆，或显了，同时成就，没有前后。自己的修行，即为其他人修行；其他人的修行，也就是自己的修行，如《华严经》所说“于此方入正受，他方三昧起”；“男子身中入正受，女子身中三昧起”。此隐彼显，正受（坐禅）与起定（结束禅观）可以同时“秘密”而成。

⑦诸藏纯杂具德门。“此上诸义（按，即诸藏），或纯或杂”，例如“人法”这一项，若单就“人”这一门来说，一切皆人，此则为纯；但在人这一门同时含有理事等一切法门，此则为杂。如此纯杂自在，无不俱足。

⑧十世隔法异成门。所谓“三世”是指过去、现在、未来，说它们各有三世，则为九世，此九世又同时相即相入，成一总体，与九世别体合为“十世”。以上诸义遍布在十世之中，同时显现，长时短时相即相入，互不相碍。如《华严经》所说，在一“微尘”之中可以同时普现三世一切佛刹、一切众生、一切佛事等等。

⑨唯心回转善成门。以上各义都是“如来藏自性清净心”的“自在作用”，是由它变现出来的。这就是“性起”。

⑩托事显法生解门。以上诸义通过列举事法，显示深妙的法门道理，包括三乘教理在内，“具足一切理事、教义及上诸法门，无不摄尽”（《华严五教章》）。

“六相圆融”包括总相（以房舍为喻，相当于整体、一般），别相（以椽瓦为喻，相当部分、个别），同相（一致性），异相（特殊性），成相（统一性），坏相（独立性）。法藏在《华严五教章》的最后以此“六相”进一步地论证法界缘起圆融无碍的道理。意为在法界缘起中，作为总体、一般的事物（真如、理）与作为部分、个体的事物（万法、事）是互为显现、互相作用，是相即相入、圆融无碍的。此即所谓“一乘圆教法界缘起，无尽圆融，自在相即，无碍熔融，乃至因陀罗无穷理事等”。

华严宗论述真如法界变现世界万物，理事无碍、事事无碍，实际是讲佛国净土即在世间，众生与佛本无根本差别，只要断除烦恼，可以“疾得成佛”。虽修行有渐有顿、有浅有深，但顿与渐、浅与深之间是圆融无碍的；证悟有先后，但先后相即。所谓“一断一切断（断惑），得九世十世惑灭；行德（按：修行功德）即一成一切成；理性即一显一切显，并普别具足，始终皆齐。初发心（按：大乘入教之初发誓定当达到觉悟）便成正觉”（《华严五教章》）。这种理论对于争取社会各个阶层的认同支持和吸引更多民众入教都是有利的。

日本奈良六宗中的华严宗主要依据的是新、旧译《华严经》和法藏、慧苑的《华严宗章疏》，至于《四十华严》及澄观、宗密的著作在奈良时代尚未传入日本。由于日本与新罗之间的佛教交流也很密切，奈良时代的华严宗也受到新罗义湘（625—702）、元晓（617—686）华严著作的影响。① 义湘曾入唐从智俨学华严教理，回国在太白山（今庆尚北道）创建浮石寺，著有《华严一乘法界图》《法界略疏》等。元晓曾与义湘结伴入唐求法，但半途折回，还俗以居士身份广研佛法，撰有《华严经疏》《大乘起信论疏》等。

鉴于日本戒律书不全而且没有符合戒律规定数量的授戒律师，圣武天皇天平五年（733）敕兴福寺僧荣睿、大安寺僧普照二人入唐留学并相机聘请律师赴日传授戒律和传戒。他们到达中国后，在洛阳逗留期间得知大福先寺僧道璇德学俱优，便礼请他东渡日本传法并授戒。

道璇（702—760），俗姓卫，许州（治今河南许昌）人，出家后曾从上承《四分律》相部宗创始人法砺—满意法系的定宾律师学习戒律，又师事禅宗北宗领袖、华严学僧普寂（651—739），学华严宗和禅法，对华严宗、禅宗、天台宗及律宗都

①参考日本末木文美士：《奈良时代佛教的传日》，载杨曾文、源了圆主编《中日文化交流史大系·宗教卷》第二章之（二），浙江人民出版社 1996 年版。

有较深的造诣。[①] 道璇在唐开元二十四年（日本天平八年，736）搭乘日本遣唐副使中臣名代之船到达日本，被安置于奈良大安寺西唐院。华严宗的章疏正是由道璇首先传到日本的，然而他并没有宣讲和弘传华严宗。

在日本最早发愿弘传华严宗的是良辨。良辨（689—773），近江国（今滋贺县）人，俗姓百济，自幼由元兴寺僧义渊抚养长大，先从义渊学法相宗，又从慈训学华严宗。慈训曾与审祥一起入唐从法藏学习过华严教理，在孝谦天皇天平胜宝四年（752）任僧都。经良辨奏请，圣武天皇天平五年（733）在奈良建绢索堂。此寺后称“金钟道场”（或称“金钟寺”），天平十五年（743）以后扩建为东大寺。良辨在建造东大寺的过程中贡献很大，长期在东大寺居住传法，后受任东大寺第一代别当（相当于寺主），天平宝字四年（760）任僧正。[②]

良辨先礼请元兴寺严智出来讲《华严经》，严智婉辞，推荐先留学新罗[③]后入唐从法藏学华严宗的大安寺审祥出来宣讲《华严经》。经上奏圣武天皇得到允准，在天平十二年（740）召集京城名僧，请审祥为“宗讲师”登台宣讲晋译六十卷《华严经》，同时请担当僧官的慈训、镜忍和圆证为“复师”，请十六位名僧为听众。审祥在宣讲中参照的是法藏的《华严经探玄记》，每年宣讲二十卷，前后三年讲完全经。在讲师每次开讲，“立理显旨，穷尽纲目”之后，复师要进行复述，“讲文立义，显扬庄严讲师所说”。在审祥死后，由复师接替继续宣讲。此后，担任讲师宣讲《华严经》的著名学僧有元兴寺严智、智璟等人。

唐译八十卷《华严经》先由玄昉带到日本，鉴真到日本时又带来此经。日本最早宣讲唐译《华严经》参考的是法藏弟子慧苑的《续华严经略疏刊定记》，在平安时代澄观《华严经疏》等注疏传到日本后，才以澄观注疏为依据。[④]

---

①《三国佛法传通缘起》说：“璇公是华严寺普寂和尚之弟子。普寂即华严宗法匠，随北宗神秀禅师传达摩禅法。璇公随普寂习华严及以禅法，亦明律宗，亦善天台，达菩萨戒。”《元亨释书》卷十六《道璇传》载，“璇善禅、律”，曾对从他受戒的行表说：“我有心法曰如来禅法。昔三藏菩提达摩自天竺来，付此法于慧可、僧璨、道信、弘忍、神秀，七传至我师普寂。我师始在嵩山传唱禅法，道誉闻帝扆，诏入东都居华严禅苑，故世曰华严尊者。我从华严得，以付汝。”

②《元亨释书》卷一《慈训传》、卷二《良辨传》。

③《三国佛法传通缘起》说审祥是“新罗学生”。据日本学者研究，他不是新罗人，而是曾到过新罗留学的日本僧。参见日本末木文美士《奈良时代佛教的传日》，载杨曾文、源了圆主编《中日文化交流史大系·宗教卷》第二章之（二）。

④以上主要据《三国佛法传通缘起》。

圣武天皇在日本佛教发展史上占有重要地位，他对华严宗特别尊崇。在审祥宣讲《华严经》之后，他与皇后盛加赏赐。《三国佛法传通缘起》说："由兹天皇即发大愿，于此一乘极为尊重，特诏隆为务，救济为心矣。"在天平十六年（744），即发愿建造东大寺的第二年，圣武天皇正式皈依三宝（佛、法、僧），诏朝中群臣供奉《华严经》，命每年讲《华严经》。奈良时代由国家兴办的最著名的佛教事业是建造东大寺和各地的国分寺。东大寺实际是总国分寺，所奉的大佛即《华严经》所说的教主卢舍那佛，其造型设计依据的便是华严宗的教理。

日本华严宗奉最初宣讲《华严经》的审祥为初祖，以劝请审祥讲经的良辨为二祖，弟子有实忠、安宽、镜忍、标琼、良兴、良慧、永兴、忠慧等人。另有寿灵据说也是良辨的弟子，著有《华严五教章指事记》，是对法藏《华严五教章》的注释书。①

日本华严宗自良辨、实忠之后，历代被奉为宗祖者还有等定、正进、长岁、道雄、基海、良绪、圆超、光智、松桥、延达、深幸、定耀、隆助等等。

在奈良乃至平安时代，东大寺是华严宗的中心道场。凝然《华严宗要义》说："日本华严宗，东大寺为本……虽学八宗，以华严宗为其本宗。自昔已来，亦弘三论。昔昌弘法相，浇季废不学。中古已来，华严、三论两宗，继踵习学甚昌，英哲间出，各提纲宗，学业成林，法绪连绵。"是说东大寺以弘传华严宗为主，兼传三论宗，学者辈出，而法相宗久衰不传。还说，东大寺南大门匾额上题"大华严寺"，在大佛殿二层匾额上题"恒说华严院"，自奈良时代天平十二年（740）至平安时代延历七年（788）近五十年，"每日讲说《华严经》及彼疏（按：初是法藏《华严经探玄记》，后是慧苑《刊定记》、澄观《华严经疏》）"。②

此外，大安寺、药师寺、西大寺、元兴寺等，也是研修华严宗的重要道场，出了不少华严宗学者。

---

①参见《三国佛法传通缘起》，并参考大野达之助《新稿日本佛教思想史》第二章第六节。

②以上参见凝然《华严宗要义》，载《大正藏》卷七十二，第197页上。

日本华严宗传法世系表

（名字前有○者为中国人）

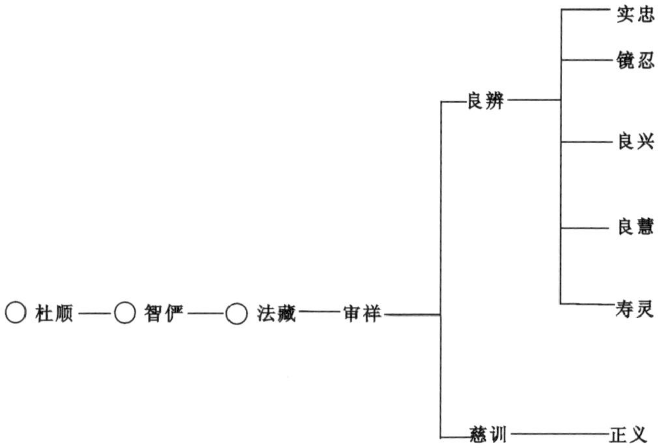

第四节　鉴真和尚东渡和日本律宗

日本奈良六宗中的律宗是由唐代大和尚鉴真东渡日本创立的。

隋唐时期有很多日本僧人相继到中国留学和求法，也有中国僧人到日本传法。他们在传播佛法的同时，也将中国先进的文化带到日本，为促进日本社会体制革新和文化进步作出了重大贡献。在这当中，唐代大和尚鉴真是最卓越的代表。他怀着到异域传法的热情，冒着丧身千里海涛的危险，前后经过六次东渡，五次失败，其间双目失明，最后终于到达日本，向日本僧众授戒传律，为日本佛教的发展及推进中日两国文化的交流作出了光照日月、流芳千古的功勋。

一、唐代律宗和道宣的南山律

1. 戒律和律宗

佛教典籍包括经、律、论三藏。经、论二藏涉及全部佛法，律藏则集中记载各种戒律。

佛陀在世时看到弟子中有人做了错事，便“随机设教”，制定相应的戒规，命弟子奉行，以“防非止恶”。戒条从少到多，从五戒、八戒、十戒到二百五十戒……又按僧俗不同身份制定出沙弥（含沙弥尼）戒、学法女戒、比丘戒、比丘尼戒及男女居士戒。佛陀逝世后，弟子对这些戒条进行整理，从口传到逐步写成文字。公元前三四世纪以后原始佛教发生分裂，产生上座部、大众部两大部派，此后辗转形成很多部派，其中较大的部派一般都有自己传承的戒律。大众部（摩诃僧祇部）有《摩诃僧祇律》；上座部的说一切有部（萨婆多部）有《十诵律》，化地部（弥沙塞部）有《五分律》，法藏部（昙无德部）有《四分律》，它们全部被传译到中国。此外，饮光部（迦叶遗部）有戒本《解脱戒经》传到中国。据传，犊子部（婆粗富罗部）也有律藏，但未传入中国。这些戒律皆属于小乘戒律。

中国在南北朝时戒律已基本传译齐备：小乘戒律有大众部的《摩诃僧祇律》盛行于关中一带（函谷关以西以长安为中心的地区），说一切有部的《十诵律》盛行于江南，化地部的《五分律》不很流行，法藏部的《四分律》盛行于黄河下游和淮河流域。大乘戒律中最盛行的是鸠摩罗什翻译的《梵网经》。从北魏慧光开始，研究《四分律》的学者渐多。隋朝洪遵（530—608）将此律推广到关中地区。唐朝《四分律》已经流行全国。智首（567—635）撰《五部区分钞》，提倡《四分律》，他的弟子中以道宣最有名。

律宗是中国佛教宗派之一。唐代围绕《四分律》的阐释分为三个派别：

一是由隋唐间的法砺创立的相部宗。法砺（569—635）从灵裕出家，后跟静洪学《四分律》，又从洪遵弟子洪渊学《四分律》的大义，此后开讲律学，从事著述，撰有《四分律疏》《羯摩疏》及《含忏轻重仪》等，因长期在安阳（相州治所，在今河南）传法，故其律学被称为“相部宗”。法砺的弟子有满意、怀素等。满意的弟子有大亮、义威、远智、定宾等多人。定宾著《饰宗义记》解释法砺律学思想，也十分有名。

二是道宣创立的南山律宗。道宣（596—667）撰有《四分律删繁补阙行事钞》《羯摩疏》《戒本疏》（统称“律宗三大部”）等，同时编撰《大唐内典录》《续高僧传》《广弘明集》等佛教史书。因道宣长期在西都长安之南的终南山修行和传法，其律学称南山律宗。道宣弟子中以文纲最有名，文纲有弟子弘景、道岸等。据记述鉴真事迹的日本真人元开所著《唐大和尚东征传》记载：“昔光州道岸律师命世挺生，天下四百余州以为受戒之主。”

三是由怀素创立的东塔宗。怀素（624—697）曾在邺郡法砺门下学《四分律》，认为师说未尽善而离去，自撰《四分律开宗记》，对法砺的律学提出不同见解，称《新疏》，又撰《新疏拾遗钞》等。因他所在的长安西太原寺有东塔，故其律学称“东塔宗”。怀素有弟子法慎。法慎弟子义宣著《折中记》六卷，释道宣《行事钞》之义。

这三个律宗派系皆围绕《四分律》对戒律进行系统的论释，对于戒、出家、授戒仪式、僧团组织和生活仪规等等作出深入细致的论述，是来自印度的佛教戒律在中国最后完成民族化的表现。然而到唐后期，道宣的南山律宗成为中国律学正统，其他二派逐渐衰微。

2. 道宣的南山律

道宣在自己的著作中强调中国佛教应当实行《四分律》，说它与大乘佛教是相适应的。他不仅对《四分律》中的戒条、仪规等详加注释，而且建立了以《四分律》为中心的律学体系。

（1）化教与行教

道宣以化教和行教（或称“制教”）来进行判教，把通过经、论二藏表述的大小乘教义统称为“化教”——教化之教，而把制约规范僧尼行为（侧重身、语二业）的教法，即戒律，称为“行教”。

道宣《行事钞》卷中之四，将化教分为从低到高三个层次：性空教（小乘教）、相空教（般若经、三论等）、唯识教（也称“圆教”），将自己推崇的法相唯识宗置于最高地位。为了以唯识学说论证戒体，道宣在《羯摩疏》卷三①还进而提出三宗的说法：实法宗（说一切有部，《十诵律》是其戒律）、假名宗（小乘空宗，据《成实论》立论，将《四分律》归于此宗）、圆教宗（唯识）。道宣正是运用唯识教的理论提出自己的戒体论的。道宣为证明《四分律》通于大乘，还提出假名宗虽属小乘，然而它也讲空，是“分通大乘”（部分与大乘相通）的，把它也归于三教中属于大乘的“相空教”之内。

（2）止持戒与作持戒

道宣主张止恶与行善并重，提出“止持”与“作持”的戒法理论。“止持”是遵守自己所受的戒条不犯，做到“止恶”。但仅此还不够，进而应当主动地积极地通过自己的身体、语言和心意三个方面去行善，此为“作持”。简言之，“诸恶莫

①原文汇入元照《四分律删补随机羯摩疏济缘记》卷三之五。

作”是“止持”；“诸善奉行”是“作持”。每一部戒律的前一部分所载的是关于比丘、比丘尼应当遵守的戒条，此属止持戒；后一部分（犍度法）所载的是关于僧众受戒、说戒、安居、穿、住及日常修行、生活应当遵循的仪规、规范，此为作持戒。

（3）以心识为“戒体”的戒体论

道宣将戒分为四科：戒法，佛制的戒律；戒体（详后）；戒行，指遵守戒规的行为、语言；戒相，是持戒的具体表现，也指各种戒条的具体内容，如五戒、十戒、具足戒等。

道宣对戒体的解释最具特色。道宣《羯摩疏》卷三对戒体规定说：“纳圣法（按：戒法）于心胸，即法是所纳之戒体。”即是指受戒人在受戒仪式过程中对所受的戒条心领神会，通过发誓终身守戒，在心中所形成的持戒意念和决心。

对于这样一种戒体，在道宣之前有两种最有影响的解释：一是按照实法宗——说一切有部的论书《杂部阿毗昙心论》《俱舍论》等的说法，以“色法”为戒体。据称这种“色法”虽也符合色的定义，但它在身内没有外现，是没有形体可见的，称之为“无表色”（或作“无作色”）；二是按照假名宗——法藏部《成实论》的观点，以“非色非心”为戒体。中国在东晋以后，江南盛行《成实论》，佛教学者多依据此论将戒体解释为“非色非心”，而北方则据说一切有部的论书把戒体解释为“无表色”。

道宣依据唐初盛行的法相宗（称之为“圆教宗”）的唯识理论来解释戒体。他以八识中的阿赖耶识所藏有“善种子”为戒体。《羯摩疏》卷三说：

> 作法受（按：受戒），还熏妄心于本识藏（按：阿赖耶识）成善种子，此戒体也。①

这是说受戒这一行为，通过诸识“熏习”阿赖耶识，便在此识之中形成善法种子。这种善的种子便是戒体。此后，“依体起用，防边缘非”，可使受戒者常记住和持守戒规，防范过错，又可反过来影响阿赖耶识，使妄情消失，以利于达到解脱。道宣首次用大乘理论来解释戒体，又把大乘佛教的重视心性修养的思想引入律学，在佛教史上具有重要历史意义。

①原文汇入元照《四分律删补随机羯摩疏济缘记》卷三之五。

道宣的南山律宗后来成为中国佛教律学的正统，并且传到朝鲜、日本，成为这些国家佛教界长期依用的律学。

二、鉴真东渡前的日本佛教和戒律

从佛教传入日本到鉴真东渡，佛教已在日本流传了二百多年，开始主要受到天皇和贵族的信奉，后来逐渐传播到平民之中。7 世纪末全日本有寺五百四十五所，僧尼也逐年增加，仅京城七大寺就有僧尼三千三百六十三人。[①]

日本自 710 年定都奈良，到 794 年迁都平安为止的八十多年时间，史称“奈良时代”。原在旧都飞鸟的大寺，在迁都过程中也相继移建奈良。此外，圣武天皇以举国的财力在奈良建造供奉卢舍那佛金铜造像的东大寺，在各地建造国分寺，皆安置一定数量的僧尼供奉、诵读“护国经典”《金光明经》《法华经》《仁王般若经》等，以祈祷佛菩萨、善神护国佑民。

随着日中两国佛教交流的发展，大量汉译佛教经典和中国僧人的著述相继传入日本，到 8 世纪出现以研究一部经典或几部经典为中心的佛学团体，开始形成具有学派性质的奈良六宗，即三论宗和成实宗、法相宗和俱舍宗、华严宗，最后是由“过海大和尚”鉴真创立的律宗。

在鉴真东渡之前，日本虽然从朝鲜、中国陆续传入一些戒律，然而佛教界长期以来一直在不具备符合戒律规定的条件下举行度僧授戒仪式。戒律规定，皈依佛教佛、法、僧“三宝”并受五戒成为居士，受十戒为沙弥或沙弥尼，受具足戒后才可成为正式僧尼。如果要举行授具足戒的仪式，必须具备“三师七证”的十师才行。所谓“三师”是：戒和尚，是正授戒律的和尚，需戒腊（受具足戒后的年数）十年以上，戒行清净的高僧；羯摩师，读羯摩文（授戒仪式宣告文），主持授戒仪式；教授师，向受戒者讲授威仪规则和做法。羯摩师、教授师皆需戒腊五年以上才能担当。“七证”是出席授戒仪式担任证师的七位和尚。在边远地区，如果具备“三师二证”也可以授具足戒。此外，还有种种程序规定。

然而，日本长期以来缺乏系统的律学理论和合格的律师，僧尼出家受戒是按大乘佛教经典《占察善恶业报经》《菩萨地持经》《瑜伽师地论·戒品》的说法，或

---

①有关寺僧数字，详见《日本书纪》卷二十二、卷二十五，皇圆《扶桑略记》卷五，《日本书纪》卷三十的相关记载。

是请受过戒的僧人授大乘三聚净戒（摄律仪、摄善法、饶益有情三戒），或是在佛、菩萨像前自己发誓受戒。

当时僧尼享有免除课役的特权，朝廷为保障财政收入和维持社会的稳定，必须制定措施控制僧尼出家的数量和加强对僧尼的管理。元正天皇养老元年（717）下诏，为防止百姓“规避课役”而出家，规定年龄“十六以下不输庸调者”才可出家为童（《续日本纪》卷八）。从养老二年至养老五年（718—721）由藤原不比等担任总裁撰定的《养老令》中《僧尼令》规定，对“私度”为僧尼者及冒名顶替者，皆令还俗。从养老四年（720）正月开始，对出家为僧者进行审核，然后发给公验（合法出家为僧的官方证明，后来特指戒牒）（《续日本纪》卷八）。这种公验由治部省负责下发。圣武天皇神龟元年（724）十月，经治部省在京城及各地勘查僧籍之后，发给1122位僧尼公验（《续日本纪》卷十一）。据日本学者介绍，在鉴真赴日授戒之前，凡出家为僧尼者，首先要得到治部省下发的度缘（相当中国的度牒），在受戒时将度缘缴回，得到治部省的公验，从而获取合法僧尼的身份。[①] 法相宗僧行基和尚名声很大，身边经常跟有很多男女居士。圣武天皇三年八月下诏，允许追随行基“如法修行”的“男年六十一以上，女年五十五以上”正式出家为僧尼，其他不许私度出家（《续日本纪》卷十一）。按照日本在“大化革新”中制定的租庸调法，租是按土地纳租税；庸是代劳役的实物，如布、粮、棉等；调是按田、户向政府缴纳棉、布等，规定男子二十一岁至六十岁为“正丁”，须担负全部调庸及杂役；十七岁至二十岁为“少丁”，负担正丁调庸的四分之一。由此可见，圣武天皇只允许行基身边六十一岁以上的男子出家，是有保护承担课役民户的意图的。

然而没有按照佛教戒律规定为出家僧尼授戒，是难以保证僧尼质量的，容易使品行不良之徒混入僧团，给佛教和社会带来不好影响。元正天皇养老六年（722）七月，太政官在奏言中批评僧纲管理僧尼不严，工作拖拉，建议以药师寺为僧纲固定办公场所，并对京城僧尼的不良表现进行批评，提议严加制止。他说：

> 近在京僧尼，以浅识轻智，巧说罪福之因果，不练戒律，诈诱都里之众庶。内黯圣教，外亏皇猷。遂令人之妻子剃发刻肤，动称佛法，辄离室家，无惩纲纪，

①井上光贞：《日本上古的国家和佛教》第三章第二节，岩波书店1971年版，1981年第8次印刷。

不顾亲夫；或负经捧钵，乞食于街衢之间；或伪诵邪教，寄落于村邑之中，聚宿为常，妖讹成群。初似修道，终挟奸乱。永言其弊，特须禁断。（《续日本纪》卷五）

奏言中反映两种情况：一是在京城中的有些僧尼行为不端，违背佛教戒律和朝廷律令（《僧尼令》），对民众进行诈骗，妄说因果，劝诱民人出家，随处乞食，宣传邪教蛊惑人心；二是当时确实存在私度僧尼的情况，其中有的是受到不良僧尼劝诱而私自出家的。对此奏言，天皇允准。

从唐留学归国弘传三论宗的道慈（？—744）曾著《愚志》一卷，对日本僧尼的素质和道风迥异于唐朝表示感慨，说："今察日本素缁（按：居士与僧尼）行佛法，轨模全异大唐道俗传圣教法则。若顺经典，能护国土；如违宪章，不利人民。一国佛法，万家修善，何用虚设，岂不慎乎？"（《续日本纪》卷十五）日本佛教界有不少像他一样的有识之士，真心希望能从唐朝既引进经典，又引进戒律，使佛教发挥"护国"与"利民"的功效，推进日本佛教的发展。他们是持续推进日本与中国进行佛教文化交流的重要力量。

在僧尼逐年增加的情况下，日本朝廷为加强对僧尼的管理和通过集中授戒控制僧尼数量，积极从唐朝输入戒律和律学著作，并且派使者聘请中国律僧东渡日本授戒传律。据《三国佛法传通缘起》记载，在天武天皇（673—686 年在位）时，"请僧二千四百余人大设斋会，僧尼虽多，未传戒律"。天皇于是特诏道光入唐学习戒律。道光回日本后撰写了《依四分律抄撰录文》一卷。道光虽带回道宣的《四分律删繁补阙行事钞》，然而尚未研读。此后，道融读了此书，并且向人宣讲。《三国佛法传通缘起》说："自尔以后，《事钞》之义，人多读传。"在圣武天皇天平年间（729—748），道融应金钟寺（东大寺前身）良辨之请，在僧众布萨（半月一次举行的说戒和忏悔仪式）的场合担任"说戒师"，向僧众宣讲大乘戒律《梵网经》。良辨还请智璟向众僧讲道宣的《四分律删繁补阙行事钞》。此后，日本学习戒律和宣讲戒律的人虽日渐增多，然而仍然没有条件按照戒律规定举行授具足戒的仪式。

据《东大寺要录》记载，元兴寺僧隆尊叹戒不足，请知太政官事的舍人亲王（天武天皇之子，676—735）转奏天皇派人入唐聘请律师到日本传授戒律。[①] 圣武

①日本家永三郎《日本佛教史》第一卷第三章之五《戒师招请》，据《七大寺年表》认为，天平五年（733）隆尊年仅二十八岁，由他出面请知太政官事的舍人亲王上奏聘请唐朝律师是不可能的。

天皇在天平五年（唐开元二十一年，733）敕兴福寺僧荣睿、大安寺僧普照二人搭乘遣唐使丹墀广成（或作“多治比广成”）的船入唐留学，并寻访聘请高僧到日本授戒传律。

荣睿、普照二人入唐之后，先随遣唐使到长安，从相部宗法砺的再传弟子定宾受具足戒，学习律学。然后到东都洛阳，在大福先寺认识道璇。道璇（702—760）曾师从禅宗北宗神秀弟子华严学僧普寂（651—739）学禅法和华严宗，对禅宗、华严宗和天台宗都有较高的造诣；在律学方面曾师事四分律学相部宗创始人法砺—满意法系的定宾律师，对律学也有研究。他们讲明来唐的用意，礼请道璇赴日传律。道璇应请，在唐开元二十四年（日本天平八年，736）搭乘遣唐使中臣名代之船到达日本，被安置住于大安寺。他随身带的佛书中有《华严宗章疏》和道宣《四分律删繁补阙行事钞》等律宗章疏。此后，他以大安寺为中心向日本僧人讲授道宣的《行事钞》，又讲大乘《梵网经》等，然而因为没有具备戒律规定的十师，仍不能立坛授具足戒。道璇在传授律学之外，还向日本僧众传授北宗禅。他的弟子中善俊以律学著称；行表年七十三从道璇“重受戒法”并受北宗禅，是以后平安时代日本天台宗创始人最澄之师。

将律宗正式传到日本，被日本律宗奉为“第一祖”的是天平胜宝六年（754）到达日本的唐大和尚鉴真。

三、鉴真大和尚简历

鉴真（688—763），在日本被尊为“唐大和尚”（“尚”或作“上”），死后谥“过海大师”。俗姓淳于，广陵江阳县（今江苏扬州）人。十四岁（或云十六岁）出家，唐中宗神龙元年（705）鉴真十八岁，他从道岸（654—717）律师受菩萨戒。景龙元年（707）鉴真二十岁，先到东都洛阳，后入西都长安，翌年三月于长安实际寺登坛由弘景（634—712）律师任戒和尚受具足戒。道岸、弘景都是唐代南山律宗创始人道宣的再传弟子，是当时精通佛教戒律的著名律师。弘景，在宋以后的史书中因避太祖之父赵弘殷的名讳改称恒景，曾从智𫖮弟子章安灌顶（561—632）受学，精通天台宗教义，长期住天台宗传法中心之一的荆州（治今湖北江陵）玉泉寺。鉴真从弘景受戒后还从他学习天台宗教义。此后，鉴真巡游两京，访

师求学，深入学习佛教经、律、论“三藏”，尤重律学。（主要据《东征传》[①] 并《宋高僧传》卷十四《鉴真传》）

鉴真在长安、洛阳先后从当时著名律学高僧学习南山宗和相部宗的律学。据日本镰仓时代凝然（1240—1321）《三国佛法传通缘起》卷下，鉴真除师事道岸、弘景之外，还从道宣的另一弟子融济学习道宣的《四分律行事钞》《羯摩疏》和《释门亡物轻重仪》等；随相部律宗法砺的再传弟子义威、远智、全修、慧策、大亮等学习法砺的《四分律疏》等。后来鉴真回到扬州，在大明寺传授戒律。

在唐玄宗开元二十一年（733）日本僧荣睿、普照二人奉敕入唐聘请律师之时，鉴真已经成为唐土著名律僧。如日本元开撰《唐大和尚东征传》（下简称“《东征传》”）所说：

> 昔光州道岸律师命世挺生，天下四百余州以为受戒之主。岸律师迁化之后，其弟子杭州义威律师响振四远，德流八纮，诸州亦以为受戒师。义威律师无常（按：去世）之后，开元二十一年时大和上年满四十六，准南江左净持戒者，唯大和上独秀无伦，道俗归心，仰为受戒之大师。凡前后讲大律并疏四十遍，讲《律钞》七十遍，讲《轻重仪》十遍，讲《羯摩疏》十遍。具修三学，博达五乘，外秉威仪，内求奥理。讲授之间，造立寺舍，供养十方众僧，造佛菩萨像其数无量，缝纳袈裟千领、布袈裟二千余领送五台山僧，设无遮大会、开悲田而救济贫病，设敬田而供养三宝，写《一切经》三部，各一万一千卷。
>
> 江淮之间，独为化主。（《东征传》）

引文中的“四百余州”是个概数。据《旧唐书·地理志》，开元二十八年（740）全国有郡府（相当州）328个，县1573个。道岸的律学上承道宣——文纲，义威也曾师事法砺弟子满意。“大律并疏”中的“大律”指《四分律》；“疏”指道宣的《四分律比丘含注戒本疏》（简称“《戒本疏》”）或法砺的《四分律疏》。《律钞》是道宣的《四分律删繁补阙行事钞》（简称“《行事钞》”）。《轻重仪》是道宣的《量处轻重仪》。《羯摩疏》全称《四分律删补随机羯摩》，也是道宣撰。所谓《一切经》即大藏经，据智升《开元释教录》的《入藏录》，大小乘三藏共一千零

①日本真人元开：《唐大和尚东征传》，载《大正藏》卷五十一，第988页至995页。现有汪向荣的校释本，中华书局1979年版，后附《大唐传戒师僧名记大和上鉴真传逸文》等，中华书局2000年版《中外交通史籍丛刊》，收入其第14册。以下凡引用此传，不再注明在《大正藏》中的页数。

七十六部五千零四十八卷。引文说鉴真写《一切经》三部，“各一万一千卷”，有误。其中“各”当为“共”字；“一千卷”应为“五千卷”。这段文字是说，鉴真是继道岸、义威之后在淮南江左最有权威最有影响的授戒律师。他德高望重，博通大小乘佛法，在东渡日本之前已经宣讲《四分律》及道宣《戒本疏》（或法砺《四分律疏》）40遍，讲道宣的《行事钞》70遍、《轻重仪》10遍、《羯摩疏》10遍，并且还从事造寺、造像、施舍、救济贫困及抄写佛典等多种弘法利生事业。

《东征传》还记载，鉴真前后度僧尼、授戒约有四万多人，其中的著名弟子有：

> 扬州崇福寺僧祥彦；润州天响寺僧道金；
> 西京安国寺僧璇光；润州栖霞寺僧希瑜；
> 扬州白塔寺僧法进；润州栖霞寺僧乾印；
> 汴州相国寺僧神邕；润州三昧寺僧法藏；
> 江州大林寺僧志恩；洛州福先寺僧灵祐；
> 扬州既济寺僧明烈；西京安国寺僧明债；
> 越州道树寺僧璇真；扬州兴云寺僧惠琮；
> 天台山国清寺僧法云等。

共35人，“并为翘楚，各在一方，弘法于世，导化众生”。

四、鉴真历尽艰辛的东渡历程（743—754）

唐玄宗天宝元年（742），日僧荣睿、普照在中国留学已经达十年之久，一直在寻访能够到日本传律的高僧。他们听说鉴真的盛名和学问，便特地到扬州大明寺邀请他东渡传法。他们到达大明寺时，正值鉴真在向弟子讲授律学。他们在向鉴真顶礼后，便诚心邀请他东渡传法，说：

> 佛法东流至日本国，虽有其法，而无传法人。本国昔有圣德太子曰：二百年后，圣教兴于日本。今钟此运，愿和尚东游兴化。（《东征传》）

鉴真听后，立即萌生东渡之意，向门下弟子讲，他过去听说日本国长屋王[1]崇敬佛法，曾派人到中国将所造千领袈裟施给僧众，袈裟边缘上绣有“山川异域，风

---

①日本天武天皇之孙，公元721年任右大臣，反对藤原不比等之女光明子为皇后，729年以谋反罪名被杀。

月同天，寄诸佛子，共结来缘”，可见日本必将“佛法兴隆”，便问弟子：

今我同法众中，谁有应此远请，向日本国传法者乎？（《东征传》）

从这段文字看，鉴真首先是想动员弟子应邀前往日本传法。然而弟子们对此没有响应。弟子祥彦对鉴真说，众人所以沉默没有应允，是因为担心“彼国太远，性命难存，沧海淼淼，百无一至”。他说的是事实，在当时条件下东渡日本确实是充满艰辛和危险的。鉴真听后便断然表示：

是为法事也，何惜身命！诸人不去，我即去耳！（《东征传》）

祥彦立即表示，既然和尚要去，他也愿意跟随前往。于是，弟子道兴、道航、神崇、法载、德清、思托、昙静及高丽僧如海等二十一人纷纷表示愿随鉴真同去。

自从鉴真决定赴日传法，到最后到达日本，前后东渡六次，其中五次失败，第六次才东渡成功。（现依据《东征传》及中日两国研究①，将鉴真六次东渡的艰辛历程作简单介绍。）

第一次东渡是在唐天宝二年（743），鉴真五十六岁。荣睿、普照在长安时已经得到宰相李林甫之兄李林宗写给扬州仓曹（主管漕运）李凑的书信，请他帮助造船备粮。鉴真对外假称要到天台山供养僧众，开始做出海的准备。当时因为有海贼吴令光侵扰江浙沿海，官府下令封锁海岸，禁止公私船只出海。鉴真弟子道航嫌高丽僧如海年轻，反对他随鉴真同往日本，这引起如海的憎恨，便到官府诬告道航私自造船入海，勾结海贼，并告有多人已备好干粮，有百贼入城。官府大惊，到各寺捉人。不久官府虽判清真情，但没收了船只，并将荣睿、普照等日本僧人拘禁达四个月。于是，第一次东渡便告失败。

同年九月后准备第二次东渡。鉴真从岭南采访使刘巨鳞处买到军船一只，雇船员十八人，备足干粮，并选择好准备带到日本的金字佛经《华严经》《大般若经》《大集经》《大涅槃经》及各种章疏、法物用品、袈裟、香料、药材等。跟随同往

---

①中国方面有汪向荣校注:《东征传》；汪向荣著:《鉴真》，吉林人民出版社 1979 年版；周一良著:《鉴真的东渡与中日文化交流》，载《中日文化关系史论》，江西人民出版社 1990 年版；杨曾文著:《日本佛教史》，浙江人民出版社 1995 年版。日本方面的重要研究成果有安藤更生著:《鉴真大和上传之研究》，平凡社 1960 年版。此外有石田瑞麿著:《鉴真的思想及其生涯》，大藏出版社 1958 年版；杉山二郎著:《鉴真》，三彩社 1977 年版。

日本者有弟子祥彦、道兴、德清、思托及日僧荣睿、普照等十七人，还有精于制作玉器、绘画、刻镂、铸写、刺绣、镌碑的能工巧匠八十五人。十二月正值严冬，鉴真一行举帆东下，但不幸遇上飓风船破，众人艰难地回到岸上。

第三次东渡在同年底或天宝三载（744）初。船修复后再次起航，出长江口向东南方航行，打算先到桑石山（今榭山），但风急浪高，在舟山北面不远之处船破，鉴真一行再次上岸。有人发现，告明州（今浙江宁波）刺史，便将他们安置在鄮县（今浙江鄞县南）阿育王寺。

第四次东渡虽做准备，但未能成行。天宝三载（744）鉴真应请为越州（今浙江绍兴）、杭州、湖州（今浙江湖州市南）、宣州（今安徽宣城）诸寺的僧众讲律授戒，并为东渡做准备，先派弟子法进等人到福州买船备粮。此后鉴真率弟子南下，先巡礼天台山国清寺，然后取道临海县（今浙江临海市）、永嘉郡（今浙江温州）往福州方向进发，某日进入禅林寺住宿。越州等地的僧众和鉴真的弟子扬州崇福寺灵祐等人担心鉴真东渡"死生莫测"，便告官府制止鉴真东渡。为此，荣睿、普照一度被官府拘捕。江东（江南东道，在今苏州）采访使传牒各州县，命见到鉴真一行务必将他们留住。鉴真一行在禅林寺被官差截住押送到采访使处，后被送回扬州住入崇福寺。

天宝七载（748），六十一岁的鉴真与荣睿、普照等让人造船，准备第五次东渡。与第二次东渡一样，造船，买香药，购置杂物。同行者有祥彦、神仑、德清、思托及荣睿、普照等僧俗十四人、水手十八人，还有愿意随从同往者，总共三十五人。他们于六月二十七日从扬州启航，进入东海后顺风前行，至越州界的三塔山（定海中的小洋山）停留一月，然后到暑风山（大概在舟山附近），又停留一月。十月十六日风起，再次起航，不久遭遇飓风，众人诵念观音，冒着风浪漂流过蛇海、飞鱼海、飞鸟海。人们每日吃少许生米充饥，然而苦于没有一滴水可以解渴。

鉴真一行在海上经过十七天，漂至振州（今海南省三亚市西北崖城）下船，受到州别驾冯崇债的欢迎和供养，被安置住入大云寺一年。此后北至万安州（今海南省万宁县北），受到"大首领"冯若芳的供养，北经崖州（当时应为珠崖郡，今海南省琼山县东南），渡过琼州海峡，登上雷州半岛北上，经今广东、广西、江西、江苏等省的许多地方，一路时停时行，所经之处受到官民的礼拜和盛情招待。鉴真经常应请向僧俗传法授戒，还主持造寺、造佛像等。

在这一充满曲折艰辛的行程中，行至端州（今广东高要县）时，日僧荣睿去世，鉴真哀痛悲切，为他送丧，然后起程。鉴真途经韶州（今广东韶关）时，曾到禅宗六祖慧能居住传法的曹溪法泉寺①参拜六祖遗像。天宝九载（750），日僧普照辞别鉴真先往岭北，鉴真拉着他的手不觉失声悲泣，说："为传戒律，发愿过海，遂不至日本国，本愿不遂。"（《东征传》）鉴真当时认为，他这一生已经没有希望到日本传法授戒了。此时鉴真已经六十三岁。炎热的气候，加上内心的忧伤，使他患上眼疾，又不幸诊治不当，致使双目失明。行至吉州（今江西吉安）时，追随他多年的弟子祥彦去世。鉴真途经江州（今江西九江）庐山时，参访东晋高僧慧远居住过的东林寺。此后参访江宁（在今江苏）瓦官寺、摄山（在今南京）栖霞寺等历史名寺，大约在天宝十载（751）才辗转回到扬州，住入龙兴寺。

天宝十二载（753），日本国遣唐大使藤原清河、副大使大伴宿祢胡麿（或作大伴古麻吕）、秘书监吉备真备晋见唐玄宗，在完成使命之后，携同在中国留学长达三十六年并在唐朝任秘书监兼卫尉卿的朝衡（阿倍仲麻吕），准备取道扬州回国。他们到达扬州后，十月十五日到延光寺拜谒鉴真，说：

> 弟子等早知和上五遍渡海向日本国，将欲传教。今亲奉颜色，顶礼欢喜。弟子等先录和上尊名，并持律弟子五僧，已奏闻主上，向日本传戒。主上要令将道士去。日本君王先不崇道士法，便奏留春桃原等四人，令住学道士法。为此，和上名亦奏退。愿和上自作方便。弟子等自有载国信物船四舶，行装具足，去亦无难。（《东征传》）

唐玄宗奉老子为皇室李姓之祖，崇尚道教，在看到日本大使请派鉴真等到日本传法的奏文后，便提出派道士到日本传教，然而因为日本不信奉道教，大使便以日本君主不信奉道教表示婉拒，然而碍于唐玄宗的面子，仍留下四人学习道教，同时收回了派鉴真赴日的请求。因此，日本大使在见到鉴真后，便提出请鉴真自己决定是否愿意东渡传法。鉴真当即表示同意，于是便开始准备第六次东渡。他先住进了扬州龙兴寺。

鉴真东渡的消息不胫而走，官府在寺院周围防护甚严，鉴真难以动身。鉴真弟子在江边准备好船只，等待鉴真随时到来。当年十月十九日，鉴真离开龙兴寺，在

---

①据《曹溪大师传》及《天圣广灯录》卷七《慧能章》，曹溪宝林寺在唐中宗时曾改名中兴寺，下敕重修后改称法泉寺，后改广果寺，玄宗时改名建兴寺，肃宗时改名国宁寺，宣宗时改名南华寺。

江边主持为特地赶来的二十四位沙弥授具足戒之后，便乘船驶向苏州港口黄泗浦，以便改乘日本使节的船只。随鉴真同行者有扬州白塔寺僧法进、泉州超功寺僧昙静、台州开元寺僧思托、扬州兴云寺僧义静、衢州灵耀寺僧法载、窦州开元寺僧法成等十四人，还有藤州通善寺尼智首等三人以及扬州居士潘仙童、胡人安如宝、昆仑国（泛指中印半岛南部及南洋诸岛）人军法力、瞻波国（占婆，在今越南中南部）人善听等，共二十四人。

鉴真一行所带往日本的物品中，一是佛、菩萨雕像绣像及佛舍利；二是佛经，有唐实叉难陀译《华严经》八十卷等；三是戒律《四分律》及其单行僧尼戒本、律论《律二十二明了论》；四是律宗三家的律学注疏，其中最多的是道宣南山宗的著作，有《四分律比丘含注戒本》《戒本疏》《羯摩疏》《行事钞》《关中创开戒坛图经》，法砺相部宗的著作有《四分律疏》，定宾《饰宗义记》《补释饰宗义记》《戒疏》，观音寺大亮《义记》，怀素东塔宗的著作有《戒本疏》，此外还有北魏慧光《四分律疏》、唐智周《菩萨戒疏》、灵溪释子《菩萨戒疏》、大觉律师《批记》、法铣《尼戒本》和《尼戒本疏》等；五是天台宗的著作，有隋智𫖮《摩诃止观》《法华玄义》《法华文句》《四教义》《释禅波罗蜜次第法门》《行法华忏法》《小止观》《六妙门》。此外还有梁宝唱《比丘尼传》、唐玄奘《大唐西域记》等；六是珍贵文物和工艺品，其中有东晋王羲之的真迹行书一帖，王献之真迹行书三帖及水晶、金银等制的佛具。按照以往东渡准备的物品推测，此次也可能带有香料、药物等。

当年十一月十五日，日本使船四艘同时从苏州黄泗浦起航东渡。鉴真与弟子搭乘的是大伴副大使的船。日僧普照也从明州赶到苏州，与秘书监吉备真备同船。十二月二十日，鉴真所乘的船冒着风浪到达日本萨摩国阿多郡秋妻屋浦（今鹿儿岛川边郡坊津町秋目）。鉴真一行被迎送到位于九州北部的太宰府（在今福冈）。此时是日本孝谦天皇天平胜宝五年十二月二十六日，即公元754年阳历1月23日。

五、鉴真和弟子在日本授戒传律情况

鉴真到达日本的时候，原来派荣睿、普照到唐聘请律师的圣武天皇已在五年前退位为太上天皇，由其女儿继位，此即孝谦天皇。天平胜宝六年（754）正月十一日，日本大伴副使将鉴真到达日本的消息上奏朝廷。在朝廷的安排下，鉴真一行在向京城奈良行进途中受到各地官员、僧众的欢迎和热情照料。二月四日，鉴真一行

到达奈良，安宿王奉敕在罗城门（正门）迎接，命东大寺别当、少僧都良辨将鉴真一行送到东大寺安置住下，律师唐僧道璇、僧正印度僧婆罗门菩提及内道场僧五十人，都前来拜谒、慰问。日本朝廷中以右大臣藤原丰成、大纳言藤原仲麿、式部卿藤原永手为首的百余名官员前来礼拜。①

官居正四位下吉备真备奉敕到鉴真住处宣读诏书：

> 大德和上远涉沧波，来投此国，诚副朕意，喜慰无喻。朕造此东大寺，经十余年，欲立戒坛，传授戒律，自有此心，日夜不忘。今诸大德，远来传戒，冥契朕心。自今以后，授戒传律，一任和上。（《东征传》）

从内容看，这是圣武上皇的诏书。正是圣武天皇在位之日，主持营造了东大寺，并且为政府统一主持按照佛教戒律授戒而派人入唐聘请律师。他在这封诏书中，将主持日本授戒传律的职权交给鉴真。不久，又敕授鉴真以“传灯大法师”位，这是日本国内的最高荣誉僧位。随鉴真同来的其他法师也得到不同僧位。

四月初，在东大寺卢舍那佛殿前建立戒坛，鉴真把原取自五台山的土加到戒坛中。戒坛建成后，鉴真为圣武上皇授菩萨戒②，光明皇太后、孝谦天皇、皇太子也登坛受戒。此后，鉴真主持为澄修等四百四十位沙弥授具足戒。

在鉴真到来之前不少在佛学上很有造诣的僧人，此时认识到自己当初受戒不符合戒律规定（“不如法”），属于“无戒”，并且也出于对鉴真的敬仰，愿意以鉴真为戒和尚重新受戒。然而也有相当多的僧人一时想不通，甚至有所质疑。据镰仓时代宗性所编《日本高僧传要文抄》卷三引思托撰《延历僧录·高僧沙门释普照传》记载：“鉴真、普照、思托一行刚到日本，合国不伏（服）无戒，不知传戒来由。僧数不足，先于维摩堂已具叙竟，从此以后伏（服）受戒，其中志忠、灵福、贤璟，引《占察经》许自誓受戒。便将《瑜伽论·决择分》第五十三卷，诘曰：‘诸戒容自誓受，唯声闻律仪不容自受。若容自者，如是律仪都无规范。’志忠、贤璟等杜口无对，备以衣钵受戒。”

---

①《东征传》，并参见汪向荣校《东征传》后附从各书辑录的思托撰《大唐传戒师僧名记大和上鉴真传》逸文。

②《东征传》载：“天皇初登坛受菩萨戒。”汪向荣《鉴真》据《东大寺要录》中“四月五日，太上天皇于卢舍那佛前请鉴真和上登坛受（授）菩萨戒”的记载，断定受戒天皇应是圣武上皇。另，日本丰安《戒律传来记》也讲：“太上天皇先请大和上亲对受菩萨之净戒也。”

以上是说，在鉴真即将遵照日本朝廷之命向日本僧授戒之际，有很多日本僧人不承认自己以往自誓所受的戒无效（未得戒），不愿意重受戒。因为人数不足，不能立即举行授戒仪式。于是普照在东大寺的维摩堂向他们进行解释。其中志忠、灵福、贤璟等人引证《占察善恶业报经》中的自誓受戒的经文进行辩护。普照便引证《瑜伽师地论》第五十三卷《决择分》中的经文反问和说服：诸大乘经虽允许自誓受戒，然而声闻（小乘）戒律并不允许自誓受戒，否则律仪便失去规范。这样一来，他们便无言以对，表示愿意从鉴真受戒。《东征传》记载，与灵福、贤璟、志忠一起舍弃旧戒，以鉴真为戒和尚重新受具足戒者，还有善顶、道缘、平德、忍基、善谢、行潜、行忍等，共八十余人。

鉴真此后被敕任为日本的僧官少僧都（《东大寺要录》）。天平胜宝七年（755），在东大寺大佛殿的西边，移圣武上皇受过戒的坛土，建立戒坛院，作为日本全国的中心戒坛。鉴真又在此院北边建造唐禅院，作为讲授戒律之所。翌年五月，鉴真与日僧良辨同时被敕任为大僧都，鉴真弟子法进被任为律师。此年，一向大力支持鉴真师徒的圣武上皇去世。天平宝字元年（757），孝谦天皇为了供给四方来京从鉴真学戒律的僧人的食宿，特地施给备前国（在今冈山县）水田百町，又赐给鉴真故一品新田部亲王的旧宅作为建造伽蓝之地。年已七十岁的鉴真在此地建立唐招提寺，与弟子法载、义静、如宝等人在此研究和传授戒律。淳仁天皇天平宝字二年（758），诏赐鉴真“大和上”之号，同时又说：“政事躁烦，不敢劳老，宜停僧纲（按：指僧官）之任。集诸寺僧尼，欲学戒律者，皆属令习。”（《续日本纪》卷二十一）从此鉴真不再担任僧官，集中力量在唐招提寺传授律学，培养人才，而将原在东大寺唐禅院和戒坛院的事务交给弟子法进负责。

鉴真师徒在日本传授戒律和授戒的开始阶段，确实有不少僧人对过去自誓受戒受到否定（“无戒”）表示不满，虽然经过解释愿意重新受戒，但是仍有一些守旧的僧人或是感到自己的既得利益受到影响者表示反对，对于普照邀请鉴真赴日传戒，“不以为德，反以为仇”①。然而从总的情况看，鉴真师徒不仅受到以天皇为首的朝廷的信任，也受到佛教界广大僧众的崇敬。他们所传授的律学和授戒仪规，很

①《日本高僧传要文抄》卷三引《延历僧录·高僧沙门释普照传》说：“将知合国僧徒身佩戒香，并是普照。僧僧身上四万二千福河，日夜恒流，皆由普照。戒光遍日本国界，皆清净开佛菩提门，出僧尼智慧，皆由普照。不以为德，反以为仇。普照不请得大唐僧来，合国僧尼身上无戒，不销信施，身坏命终，不生善道。”

快就受到佛教界的承认和接受。

经鉴真的奏请，日本朝廷在下野的药师寺和筑紫的观世音寺也相继建立了戒坛，它们与东大寺戒坛成为日本朝廷统一控制的为出家僧尼授戒的“天下三戒坛”。根据凝然《律宗纲要》卷下，新建的两所戒坛是按照“边国”的授戒仪式由五人授戒（三师二证）；东大寺戒坛按中国（此指中印度）方式由十人（三师七证）授戒。据日本慧坚《律苑僧宝传》卷十《鉴真传》记载，在唐招提寺也建有戒坛，孝谦天皇曾在此受菩萨戒，诏：“出家者先入招提受戒学律，而后学自宗。”

在鉴真到日本之前，僧尼出家受戒之后，由朝廷发给盖有治部省之印的公验，作为合法僧尼身份的证明。在鉴真到日本开创新的授戒制度之后，则以授戒十师连署的“戒牒”作为合法受戒证明，以代替原来的公验。然而实际上授戒是在政府的控制之下进行的，因为治部省既掌握着度僧之权，又负责管理僧尼的名簿。①

日本天平宝字七年，唐代宗广德元年（763）五月六日，鉴真结跏趺坐，面向西去世，享年七十六岁。遵照鉴真和尚的遗嘱，思托等弟子在东大寺戒坛院另立影堂。日本光仁天皇宝龟八年，唐代宗大历十二年（777），日本国使至唐通报鉴真去世的消息，扬州各寺僧众得知后皆穿丧服，举哀三天，聚集到龙兴寺举行盛大斋会。

六、鉴真在中日文化交流史和日本佛教史上的巨大贡献

鉴真和尚具有中华民族世代相传的优秀品质，具有坚强的意志和一往无前的精神。在《东征传》中有这样一段话，生动地概括了鉴真不惜身命六次艰辛东渡的经历和表现出来的非凡顽强的精神：

> 大和上从天宝二载始为传戒，五度装束，渡海艰辛。虽被漂回，本愿不退。至第六度过日本，卅六人总无常去（按：死亡），退心（按：退缩，改变初衷）道俗二百余人。只有大和上、学问僧普照、天台僧思托，始终六度，经逾十二年，遂果本愿，来传圣戒。方知济物慈悲，宿因深厚，不惜身命，所度极多。

日本凝然《律宗纲要》卷下所说：“四度造船，五回入海，十二年中辛苦无量，道俗逝化三十六人，永（按：荣）睿、祥彦等是也。退还之者二百八十人。”

---

①日本速水侑著：《论集日本佛教史》第二卷，雄山阁出版社1986年版。

可以作为上引文字的注释。

鉴真是古代中日文化交流史上的伟大且杰出的人物，为向日本弘传戒律，为传播中国文化，为促进中日两国人民之间的友谊，作出了不可磨灭的贡献。

1. 鉴真及其弟子到日本传律授戒，改变了日本以往不能按照佛教戒律规定授戒的局面。在鉴真师徒参与下建立的奈良东大寺戒坛、下野药师寺戒坛和筑紫观世音寺戒坛，成为日本政府直接管辖之下的为出家僧尼授戒的场所，从而为日本在一定时期控制僧尼人数，使佛教保持正常有序的发展创造了条件。

2. 鉴真师徒在东大寺、唐招提寺以及大安寺等地向日本学僧传授戒律，培养了很多掌握律学知识，能够如法授戒的人才。据《东征传》介绍，鉴真赴日之后，度僧近四万人，与弟子思托等人讲述《四分律》以及律宗南山宗道宣《行事钞》、相部宗法砺《四分律疏》、定宾《镇国道场饰宗义记》等多遍，培养出忍基、善俊、忠惠、常慰、惠新、真法等律学僧人，他们皆能讲授上述律学典籍和理论。因此，鉴真被奉为日本律宗之祖。

3. 鉴真在日本的弟子很多，其中著名的有法进、仁韩、法颗、昙静、思托、法载、义静、法成、智威、灵耀、怀谦、惠云、如宝、慧良、慧达、慧常、慧喜等，他们对日本佛教和社会文化都作出不同的贡献。

法进（709—778），俗姓王，原在中国扬州白塔寺，到日本后是鉴真讲授戒律和授戒的得力助手，并且是临坛的戒师之一，被日本律宗奉为仅次于鉴真的“第二和上”。在鉴真晚年退居唐招提寺之后，他接任经管东大寺唐禅院及戒坛院。他经常向僧众宣讲大小乘戒律和中国的律学章疏，其中有唐智首《梵网经疏》、道宣《戒本疏》《羯摩疏》《行事钞》《四分律拾毗尼义钞》和智首《四分律疏》（广疏）、法砺《四分律疏》（中疏）、北魏慧光《四分律疏》（略疏），合称“律五大部三要疏”。在光仁天皇宝龟五年（774）任大僧都。据日本江户时期师蛮《本朝高僧传》卷五十七所载，法进在讲授律学之外，还经常向日本学僧讲述天台宗教义，曾讲天台三大部（智𫖮《摩诃止观》《法华玄义》《法华文句》）四遍，深受欢迎。著作有《东大寺授戒方轨》《沙弥十戒威仪经疏》《梵网经注》等。

思托，俗姓王，赴日前是台州开元寺僧人。鉴真东渡六次，他都跟随在身边，对律学、天台宗都有很深的造诣，赴日后是鉴真的另一位得力助手，他与普照等人积极协助鉴真营造唐招提寺。思托在向僧众讲授律学之外，也讲授天台宗教义。日本真言宗创始人空海就是从他受的菩萨戒。在鉴真移住唐招提寺之际曾遭到“谤讟”，思托根据自己的见闻和经历撰写记述鉴真东渡传法事迹的《大唐传戒师僧名记大和上鉴真传》，并且请日本信徒淡海三船（也称“真人元开”）参考此传另行撰写《唐大和尚东征传》（《延历僧录·思托自叙》）[①]。思托善于撰述，著有日本最早的佛教史传《延历僧录》五卷。原书虽佚，但在《东大寺要录》《东大寺杂录》及镰仓时代宗性所编《日本高僧传要文抄》中保存不少逸文，是研究奈良时代佛教的珍贵资料。

如宝（约725—814），即《东征传》中的“胡国人安如宝”，随鉴真赴日时尚是个沙弥，到日本后受具足戒，在鉴真奏请建造下野药师寺后，曾负责主持该戒坛，后受鉴真之命主持唐招提寺。鉴真死前将唐招提寺托付给法载、义静和如宝三人。如宝后来扩建唐招提寺，在进入平安时代之后，曾为桓武天皇及后妃、皇太子授戒，自此名声更大，曾任少僧都。弟子有昌禅、丰安、寿延等人。丰安撰有《戒律传来记》三卷（现仅存上卷）。

日本律宗将唐南山律创始人道宣奉为高祖，奉鉴真为一祖，东大寺法进为二祖，药师寺如宝为三祖，元兴寺昌禅为四祖，唐招提寺丰安为五祖。继鉴真之后在唐招提寺的传承世系是法载、真璟、戒胜、寿高、增思等。[②]

4. 鉴真与其弟子除传授戒律、授戒，讲授天台宗教义之外，还参加佛典的校勘工作，并且在建造唐禅院及唐招提寺等寺院过程中，将中国先进的建筑技术、雕塑、美术等介绍到日本。鉴真还善医术并通晓医药学，《日本见在书目录》中载录有《鉴上人秘方》，可见他对日本医药学发展也作出了贡献。

日本律宗传法世系表

（名字前有○者为中国人）

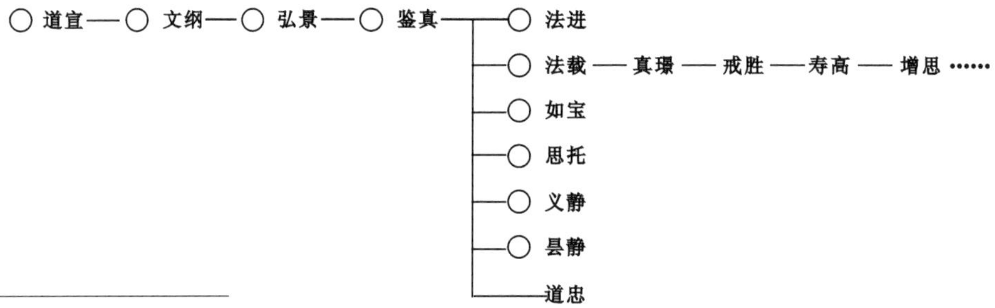

①载《日本高僧传要文抄》卷三。

②关于鉴真和日本律宗，还可以参考凝然《律宗纲要》（载《大正藏》卷七十四）、《八宗纲要》（载《大日本佛教全书》第101册）。

综合以上所述，可以说奈良佛教至少具有以下特点：

（1）佛教在国家直接管辖和控制之下，前往中国的留学僧和求法僧由朝廷委派，所谓“奉敕入唐”，往返一般搭乘遣唐使的船。

（2）在各宗最早传入者和学僧中，来自朝鲜半岛诸国和中国的僧人占有很大比例。

（3）佛教六宗传入不久，诸宗传承者之间没有严格界限，一寺一人兼传二宗以上的现象相当普遍。六宗中不仅俱舍宗、成实宗原本属于学派，其他四宗也带有学派的性质。

（4）奈良六宗是以后日本佛教的出发点，其中的法相宗、华严宗、三论宗得到继续发展，而六宗的僧人从中国输入的大量佛典也包含其他宗派的教典，例如有密教、天台宗的教典；三论宗的道慈还兼传密教，鉴真师徒“皆兼台宗”（天台宗），都直接地影响到平安时代创立的真言宗和天台宗。

第四章

唐代中日佛教交流及中国佛教在日本的传播（下）

日本桓武天皇延历三年（784）从奈良迁都长冈，延历十三年（794）又从长冈迁都平安（今京都）。自此，直到1192年东国武士集团首领源赖朝以征夷大将军的名义设立幕府实施对日本全国的统治为止，是日本历史上的平安时期。平安时期长达400年，相当于中国唐代后期、五代、北宋和南宋的前期。

第一节　平安时代的社会和佛教

一、平安时代的社会概况

日本在7世纪中叶实施的“大化革新”中仿照中国隋唐均田制、租庸调制实行的班田制和租庸调制，在进入奈良后期以来，随着皇族、贵族和佛寺、神社兼并土地的日益加剧及土地私有制的迅速发展，不断遭到破坏，到10世纪前后已经基本结束，逐渐形成以经营庄园为主要社会经济形式的领主土地所有制。皇族和有势力的贵族占有很多庄园，拥有不许政府官员入内的“不入权”和不向政府缴纳地租的

“不输权”。作为地方政府的国司也将原属国衙管理的公田变为私田，设立由代理人经营的庄园。各地一些弱小的领主为对抗国司和逃避课役，将自己的庄园以“寄进”的方式奉献给权门豪族乃至在朝廷中更大的官僚贵族（称“本所”），甘心以“庄官”的身份对庄园进行直接控制和管理。

在这种领主土地所有制之下，庄园与庄园之间、庄园与国司之间经常为争夺土地或因为各种利害关系而发生纠纷乃至争斗。在这种社会环境中，便出现了众多的以领主和庄官为中心的武装组织集团，国司为了应付这种局面也加强了地方武装。于是，在日本社会形成了新的武士阶层。佛教中的官寺、大寺也拥有自己的庄园，并且为了保卫庄园和与别的宗派对抗，组成了自己的武装——僧兵。在各地武士集团对抗和斗争过程中，到11世纪后期形成以出身皇族的关东源氏和关西伊势平氏为首的两大武士集团，左右了日本全国的政治局面。

在“大化革新”中确立的以天皇为首的中央集权制是以土地国有制和班田制、租庸调制为前提的，随着土地兼并和领主庄园制迅速发展而不断受到冲击和削弱。在奈良末年的光仁天皇和平安初期的桓仁天皇，先后针对日益严重的土地兼并和官吏腐败等情况提出对策进行治理，曾一度出现所谓“光仁、桓武之治”，然而终究未能遏制领主土地所有制急剧发展和天皇制中央集权削弱的总趋势。到9世纪末，天皇已经大权旁落，而由占有全国很多土地、庄园的藤原氏（中臣镰足后裔）外戚集团垄断了朝政，形成所谓“摄关政治”①。藤原氏为便于控制朝政，有意扶持年幼皇子即位，自己以外戚身份摄政，即使天皇成年执政后仍然加以控制。这种制度到藤原道长（866—1027）、藤原赖通（992—1074）父子之时达到极盛。

佛教兴盛之后，几乎历代天皇都信奉佛教，受到佛教极大的影响。奈良时代先后有元明、圣武、孝谦三位天皇出家。当然，对他们来说出家并不是放弃一切权力。此后，进入平安时代，特别进入藤原氏垄断朝政实行摄关政治以来，天皇让位出家的更多，先后达二十一位之多。有些天皇不甘心当藤原氏的傀儡，让位出家后以“上皇”或“法皇”名义设立“院厅”执政。他们联合对藤原氏专权不满的中小贵族和地方武士扩展自己的势力，以对抗藤原氏的摄关政治。此即为“院政”。

---

①“摄关”是摄政与“关白”的统称。所谓“关白”原是咨禀、打招呼的意思。天皇慑于藤原氏的权势，有什么想法先告诉藤原氏，然后才敢作出决定。宇多天皇曾说：“万机巨细，百官总已，皆关白于太政大臣，然后奏下。”后来，“摄关”用来指在藤原氏垄断朝政的职位，意为天皇年轻担任摄政；天皇成年后担任关白。此即所谓“摄关政治”。

其中以白河、鸟羽、后白河、后鸟羽天皇的院政最有名。关东源氏、关西平氏两大武士集团就是在这种政治形势中壮大起来的，平氏集团在后白河上皇支持下曾一度控制中央政权。

平安时代的日本文化受中国影响较大，汉文和汉诗、汉文章十分盛行。在历史著作方面，继奈良时代编纂正史《日本书纪》之后，先后有菅野真道《续日本纪》、藤原冬嗣《日本后纪》、藤原良房《续日本后纪》、藤原基经《文德天皇实录》、藤原时平《三代实录》（记清和、阳成、光孝三代天皇史事）等史书出世。汉诗有嵯峨天皇敕撰《凌云集》《文华秀丽集》《经国集》等。藤原佐世所编《日本国见在书目录》将从中国输入的汉籍编目，总数达一千五百七十九部一万六千七百九十卷。唐文化在传播中逐渐实现日本化，形成所谓“国风文化”。日本人将汉字简化、改造，创造假名文字，推动了日本文学的发展，相继产生很多优秀文学作品。

在宗教方面佛教最为盛行，甚至日本原有的神道信仰和神道教也不得不依附于佛教。奈良六宗中除法相宗比较有影响外，其他各宗日渐衰微。新从中国传入的天台宗和真言宗由于得到天皇朝廷特别的支持，在整个平安时期它们是最盛行最有影响的佛教宗派。

二、平安时期的佛教

随着佛教的迅速传播和发展，佛教不仅在社会生活中，乃至在政治上也产生较大的影响。在奈良时代后期，佛教六宗中的法相宗势力最大。法相宗僧玄昉、道镜前后参与并左右朝政，激化了统治者内部早已存在的矛盾，加深了社会危机。由于滥造寺院和佛像，僧尼人数迅速增加，天皇朝廷向僧尼大量施舍，导致国库空虚，民丁减少。因为政府和各级僧官对寺院僧尼管理松弛，僧尼违戒犯法的现象十分严重。

在这种情况之下，奈良后期的光仁天皇（770—781 在位）曾制定措施进行整顿，主要有：鼓励僧尼持戒潜修，允许僧尼进入山林修行；核实僧籍，严禁私度，加强对僧尼的控制和管理；要求僧纲（僧正、僧都、律师等）和各级僧职，以身作则，纠正僧风，引导僧尼“宜修护国之正法，以弘转祸之胜缘”（《续日本纪》卷三十六），发挥佛教维护国家安定的宗教功能。

进入平安时代以后，桓武天皇继续对佛教进行整顿。主要措施有：(1) 限制僧尼增加，严肃僧团法纪。命国司对国分寺僧尼进行清理，规定国分僧寺、尼寺的僧尼数量保持原来规模，若有死亡，只许从当地僧尼中选补。禁止僧尼借说善恶福祸报应或借占卜方术等，蛊惑、欺诈民众。(2) 禁止滥造寺院，限制兼并土地。不许寺院放高利息贷款，不得“专占山野”，并且禁止民众将土地出卖或施舍给寺院。(3) 改革度僧制度，鼓励佛学研究。规定每年定额出家者（年分度者）人数，在一般情况下不得超额，并且制定受度者必须通过考试——背诵《法华经》或《金光明最胜王经》一部，并通晓佛教礼仪，且是已经“净行”（居士修行）三年以上者。在延历十二年（793）下诏，“年分度者”必须会用汉语读诵佛经（《类聚国史》卷一八七）。此后规定在每年十二月之前由僧纲主持度僧考试，从佛教经论中选出“大义”（佛教义理）十条进行考问，能够回答五条以上者方可得度受戒为僧。显然，这是有意鼓励僧众深入研究佛学。

日本与中国之间的佛教文化交流直接影响到日本佛教的传播和发展。平安时代在佛教界最重要的事件是最澄、空海二人分别从中国传入天台宗和真言宗并且得到迅速传播。然而唐朝自从爆发“安史之乱”（755—762）后，国势日弱，中央朝廷由宦官专权，各地出现程度不同的藩镇割据，9 世纪末爆发王仙芝、黄巢大规模起义，唐朝濒临灭亡。从日本国内情况来看，进入 9 世纪后财政日益困难，难以继续支撑派遣唐使的庞大费用。在这种情况下，宇多天皇在宽平六年（894）采纳菅野道真的建议，决定停止派遣唐使。但日本与中国之间的佛教交流并没有自此完全中断，两国僧人仍可以搭乘中国商人的船往返于两国之间。

平安时代奈良仍是佛教中心，旧有六宗中法相宗最有影响，前后涌现很多著名学僧，其中有兴福寺（北寺传）的善珠、玄宾、行贺，元兴寺（南寺传）的护命、仲继等人。善珠（723—797）著有《成唯识论述记序释》《唯识义灯增明记》《唯识论分量决》等。行贺（720—803）曾入唐学法相、天台二宗，在天平宝字三年（759）归国，带回经疏五百余卷，天皇敕三十人从他受学，著有《唯识论佥记》等。护命（750—834）在嵯峨天皇弘仁七年（816）受任大僧都，后任僧正。当日本天台宗创始人最澄上奏朝廷希望在比睿山设立大乘戒坛时，护命站在南都佛教的立场上表示反对。奈良六宗中的三论宗等其他宗派日渐衰微。

第二节　最澄入唐求法和日本天台宗

中国隋唐时成立的佛教宗派中，以天台宗最早。天台宗是由隋代智顗（539—598）创立的，不仅继承以印度龙树为代表的大乘中观学说，也直接继承了南北朝时慧文、慧思的思想，建立了以止观学说为中心的庞大教义理论体系，无论在内容和论证方式上都超越了印度经论和中国以往的佛教撰述的模式。天台宗是隋唐时期盛行的佛教宗派之一。

日本平安初期最澄入唐求法，将天台宗传入日本，正式创立了日本天台宗。在日本佛教和文化发展史上，天台宗曾有较大影响，甚至被称为“日本文化之母”。在平安后期和镰仓时代（1192—1333）陆续形成的新佛教宗派中，融通念佛宗、净土宗、净土真宗、日莲宗的教祖以及从中国传入的禅宗临济宗、曹洞宗的日本教祖，原来都是日本天台宗的僧人。日本天台宗对日本历史和文化其他领域也有多方面的影响。

日本天台宗虽源自中国天台宗，基本教义与中国天台宗相同，但在传播和发展中也形成自己的某些特色。

一、隋代智顗和中国天台宗

天台宗是由隋智顗创立的，然而在名义上却奉印度龙树为初祖，以生活在北魏、北齐之际的慧文及其弟子慧思为二祖、三祖，智顗为四祖。

智顗，字德安，俗姓陈，出家后先后师事法绪、慧旷，学大乘经典，后到光州（今河南光山县）大苏山投到慧思门下，学习《法华经》《般若经》等，修习法华三昧等禅法，学修优异，受到慧思的赞赏，甚至让他代自己向徒众讲经。智顗有一次讲《摩诃般若经》至“一心具万行”时感到困惑。慧思告诉他这是未能摆脱《般若经》“次第意”的束缚，而应当从《法华经》实相圆顿（主要指大乘空义和中道不二论）思想来加以理解。这种观点对智顗后来创立天台宗教义体系有很大影响。智顗著作中的“中道”、“三谛圆融”、“一念三千”、“一心三观”等等，都贯穿着这种实相圆顿的精神。

智顗遵照慧思的建议到南朝陈的国都建康（今南京）传法，与法喜等二十七位僧人被安置到瓦官寺。智𫖮在此八年，向僧俗信众讲《法华经》《大智度论》等，并盛传禅法，受到陈朝左仆射徐陵、尚书令毛喜等权贵乃至陈宣帝的敬信与支持。南朝陈太建七年（575），智𫖮率弟子到天台山（今浙江省天台县），建造寺院修行和传教，受到陈朝政府的关照和支持。

隋开皇九年（589），晋王杨广（后即位为炀帝）率兵攻入建康，陈灭。杨广任扬州总管，坐镇江都（今江苏扬州），建立佛、道二教的四道场，其中慧日、法云二道场是佛寺，把江南一些著名的学僧招致自己的周围。如成实和涅槃学者智脱、法论、慧觉，三论学者法澄、道庄、智矩、吉藏等人，都被他请入慧日道场。智𫖮是杨广最为敬信的和尚，曾应请为他授菩萨戒和说法，撰写注释《维摩诘经》（又名《净名经》）的《净名义疏》。

智𫖮创立天台宗得以成功，首先靠的是南朝陈宣帝、后主的“外护”，其次是隋朝晋王杨广的大力支持。开皇十六年（596）智𫖮回到天台山，专心从事传法和著述，并规划扩建寺院事宜。隋开皇十七年十一月二十四日（已进入公元598年），智𫖮去世，年六十岁。

智𫖮精研大乘经典《法华经》《般若经》《中论》《大涅槃经》等，上承慧文、慧思的思想，著有《摩诃止观》《法华玄义》和《法华文句》（此为“天台三大部”）及《四教义》《法华三昧忏仪》《观心论》《释禅波罗蜜次第法门》《童蒙止观》（《小止观》）《六妙门》《维摩经文疏》《维摩经略疏》《观音玄义》《观音义疏》《金光明经玄义》等，建立了以止观学说为中心，包括判教论、中道实相论、心性论及修行解脱论在内的系统的教义体系。

1．五时八教的判教论

智𫖮虽对南北朝时的“南三北七”（江南有三种、北方有七种）的判教学说一一提出批评，但他的“五时八教”的判教论实际是在继承这些学说的基础上创立的。

智𫖮认为不同的经典是佛在不同的时期宣说的。据《法华玄义》卷十，所谓“五时”是佛在五个时期所讲说五类经典：一是华严时，谓佛成道后先向菩萨讲高深的《华严经》，小乘人虽在场也听不懂；二是鹿苑时，佛在鹿野苑向小乘人讲《阿含经》；三是方等时，佛开始讲《维摩诘经》等大乘佛法（“方等”指大乘经），引导小乘人向往大乘；四是般若时，讲各类《般若经》；五是法华涅槃时，佛在最后讲一切众生皆可成佛的《法华经》，入灭（去世）前讲众生皆有佛性的《大涅槃经》。

如果按经典的内容和形式来说，可分为“化法四教”和“化仪四教”，统称“八教”。

化法四教被比喻为“药味”，是从经典的内容来说的，包括三藏教（小乘三藏）、通教（大乘初期之教，指《般若经》等）、别教（专向大乘菩萨讲述的《华严经》）、圆教（以《法华经》为最圆满之教）。

化仪四教被比喻为“药方”，是从经典所载佛的说法形式讲的，包括顿教（不历阶次，顿悟成佛之教，如《华严经》等经中所说的顿悟教义部分）、渐教（通过修行达到觉悟是有浅深的渐进层次的，指大小乘多数经典）、秘密教（虽然同在听法，但因每人的素质所听到的不一样，彼此不知）、不定教（同听异闻，彼此相知，但理解不同）。据《四教义》，顿、渐二教涵盖面广，其他各教无不在其内，然而最终归结到“非顿非渐”的“佛乘”，即“法华涅槃时”的教法之中。

五时八教的说法并不是佛教史实的概括，只是智𫖮用来为天台宗的成立提供理论根据的。既然在一切经典中唯有《法华经》是最高最圆满的经典，那么以《法华经》为主要依据的天台宗自然是最优越的宗派。

2. 中道实相论——空、假、中三谛圆融

这是天台宗的宗教真理观，是修行者追求达到的最高认识。

“实相”或“诸法实相”指事物的真实面貌或本质，与大乘佛经中常见的“真如”、“实际”、“法性”、“性空”等大体同义。智𫖮特别指出它与“佛性”、“如来藏”、“中实理心”、“非有非无中道”等也同义。智𫖮在著作中强调的“实相”，是不偏颇空与有两边，会通空与有的“中道实相”。

印度龙树《中论》中有一偈曰：

> 因缘所生法，我说即是空
> 亦名为假名，亦名中道义。

相传当年慧文读到此偈，恍然大悟，立即晓悟一切事物无非是因缘所生，并且进而想到：既然是因缘所生，那么，“有不定有”（空）；“空不定空”（假有）；“空有不二，名为中道”（《佛祖统纪》卷六）。此空、假（谓世界万物皆不真实，只是些假名，属于假有）、中道（非空非假，亦空亦假，任何事物皆同时具有前两个对立的方面），被称为“三谛”（谛，审实不虚）。

智𫖮的“中道实相”即承此而来，然而又有所发展。他强调一切为心所造，说“只是无明（按：愚痴、烦恼）一念因缘所生法，即空，即假，即中，不思议三谛，一心三观”。三谛相即不二，彼此圆融。任何事物，既属空、假，又是中道实相。他又说“三谛具足，只在一心”（《摩诃止观》卷六）。因此可以说“中观观心，心即实相”（《法华玄义》卷二上）。真理实相，不离自心。既然心造万法（万物），那么可以说“心、佛、众生，三无差别”（原语出自《华严经》）。心即佛法，心即众生，由此推演开来，万事万物都是实相，所谓“一色一香，无非中道”。①

从这一理论的社会意义来说，人们的生产活动、日常生活，都与中道实相相通。人们在各个阶层，从事任何活动，都可以通过觉悟体现在眼前事物的实相而达到觉悟解脱。

3. 观心——所谓“一念三千”、“一心三观”

智𫖮在总结传统禅法的基础上提出了三种止观和四种三昧（三昧，即禅定的“定”，也可称为“禅定”）。他特别重视的是其中的“圆顿止观”（在禅定中观想理与事相即不二、一色一香无非中道）、“非行非坐三昧”（不拘形式，寓禅定于日常生活之中）。修行止观，尤重“观心”，即观察平常情况下的“意识”——“一念无明心”，也就是观察刹那间的思维活动。据称，人的一念之心即具有整个宇宙，称之为“三千诸法”，说：

> 夫一心具十法界，一法界又具十法界，百法界。一法界具三十种世间，百法界即具三千种世间。此三千在一念心。若无心而已，介尔有心，即具三千。（《摩诃止观》卷五上）②

十法界是指佛教所说的广义的众生：地狱、饿鬼、畜生、阿修罗、人、天（以上是六凡）；声闻、缘觉、菩萨、佛（此为四圣）。谓此十法界是一念心所具，故法界又互具，十法界成百法界。另，每一法界又各有五阴（色、受、想、行、识）世间、众生世间、国土世间，是分别就法界构成的要素、法界主体和所居住的环境讲的。每一法界又各具“十如是”，即《法华经·方便品》中的“如是相、如是性、如是体、如是力、如是作、如是因、如是缘、如是果、如是报、如是本末究竟

---

①以上所引的《佛祖统纪》，载《大正藏》卷四十九，《摩诃止观》载卷四十六，《法华玄义》载卷三十三。因为主要引证大意，一般不再注明页数。

②《大正藏》卷四十六，第54页上。

等”，是就观察事物不同侧面讲的。这样，十法界互具成百法界，各具三种世间、十如，成三千种法界或世间。这三千世间是个假设的说法，象征“无量法”。只要稍一动念，即具三千（想象中的宇宙）。这虽源于一种特定的禅的意境，然而在不少场合被赋予宇宙存在论的意义。

以一念所生的“三千”作为观想的对境，观察事物的空、假、中三谛，此为“一心三观”。通过体认三谛之间互相圆融的道理，达到灭惑（见思惑、尘沙惑及无明惑，概指一切世俗认识和烦恼）证智，觉悟解脱。

天台宗还主张“性具善恶”，说佛与众生都有善与恶的两种本性，因为恶人也有善性，所以在有的条件下可以改恶从善；佛虽有恶性，但因为通达恶性，能够不被恶性驱使，可以到三界六道中利用恶的法门（如刑杀）化度众生（智顗《观音玄义》等）。这种理论是为天台宗适应世俗社会争取不同阶层的信奉和支持提供依据的。

按照天台宗的佛法世系，智顗是继龙树、慧文、慧思之后的四祖（实为初祖），弟子章安灌顶（561—632）是五祖，然后六祖、七祖、八祖分别是法华智威、天台慧威、左溪玄朗，九祖是荆溪湛然（711—782）①。天台宗在灌顶死后长期不振，至湛然时才得以复兴。湛然将智顗的著作详加注释，著有《法华经玄义释签》《法华文句记》《止观辅行传弘决》《摩诃止观大意》等，并将华严宗的教理——真如缘起或法界缘起思想也引入天台宗，所著《金刚錍论》主张“无情有性”，意为山河大地、瓦砾、草木也有佛性，也有成佛可能。湛然晚年在天台山国清寺（也称“佛陇寺”）传法，弟子有苏州开元寺元浩、天台山国清寺的道邃和行满等人。

道邃，南宋志磐所撰天台宗史书《佛祖统纪》卷八称之为“兴道尊者”，将他奉为继湛然之后的天台宗第十代祖；称其弟子广修为“至行尊者”，奉为天台宗第十一代祖。

二、最澄和日本天台宗

1. 鉴真师徒和日本天台宗

日本天台宗是最澄传入中国天台宗而创立的，然而这不是说以前天台宗在日本

---

①按天台山历代祖师传承，以智顗为初祖，然后是二祖章安灌顶、三祖法华智威、四祖天台慧威、五祖左溪玄朗、六祖荆溪湛然。

没有人听闻过。前面提到，最早将天台宗主要著作带到日本的是鉴真师徒。据《东征传》记载，鉴真最后一次东渡，就随船带有天台宗的章疏，有智𫖮的《摩诃止观》（称《天台止观》）《法华玄义》《法华文句》《四教义》《释禅波罗蜜次第法门》（《次第法门》）《法华三昧忏仪》（《行法华忏法》）《修习止观坐禅法要》（也称《童蒙止观》《小止观》）《六妙门》，已经包括智𫖮的最重要的著作。镰仓时代学僧凝然在《三国佛法传通缘起》中说：

> 鉴真和尚赍天台宗章疏而来，谓《摩诃止观》《法华玄义》《法华文句》《小止观》《六妙门》等是也。和尚门人法进、昙静、思托、如宝等，并天台宗学者也。道璇律师亦学天台。
>
> 传教大师（按：最澄）作《天台付法缘起》（按：当即《内证佛法相承血脉谱》中的《天台法华宗相承师师血脉传》）三卷，其中列道璇、鉴真并其门人法进等为弘天台之匠。

鉴真弟子法进除向日本僧众讲授律学，还宣讲天台宗教义，据载曾讲天台三大部——《摩诃止观》《法华玄义》《法华文句》四遍，深受欢迎。思托在向僧众讲授律学之外，也讲过天台宗的教义。比他们早到日本的道璇通晓华严宗和天台宗，但是否宣讲过天台宗教义，没有相关记载。然而可以肯定地说，无论是道璇还是鉴真师徒，并没有专门弘传天台宗，也没有培养传承天台宗的日本僧人。因此，在他们去世之后，他们带到日本的天台宗章疏长期被置诸高阁，少有问津者。

日本最早虔诚信奉并致力研究、弘扬天台宗的是最澄。他在研读天台宗的主要章疏并开始向别人宣讲之后，经奏请朝廷同意得以入唐求法，专学天台宗，然后归国创立日本天台宗。

2. 最澄简历

最澄（767—822），死后追谥传教大师，后世尊称睿山大师、根本大师、山家大师，据传说远祖来自中国，俗姓三津首，滋贺人。十二岁时入近江国分寺，跟唐僧道璇的弟子行表出家，学习法相唯识章疏等，二十岁到奈良东大寺受具足戒，取得正式僧人资格。

此后，最澄决定遁身山林潜心修行，便到地处京都东北的比睿山下结庵修行，每日坐禅，精读佛经，所读佛经中有《法华经》《金光明经》和《般若经》等大乘经典。他曾自写“愿文”说：“悠悠三界，纯苦无安也。扰扰四生，唯欢不乐也。

牟尼（按：释迦牟尼佛）之日久隐，慈尊（按：弥勒佛）之月未照……”表示自己要刻苦修行，达到“六根相似位”（即六根清净位，相当菩萨修行阶位的成就信心、精进心、念心等十心的“十信”位），誓愿深入六道（地狱、饿鬼、畜生、阿修罗、人、天），“净佛国土，成就众生”。

最澄再次回到奈良时，读到唐华严宗祖法藏的《华严五教章》《大乘起信论义记》等抄本，后来又得以抄写和阅读原由鉴真一行带来的天台宗教典，智𫖮的《摩诃止观》《法华玄义》《法华文句》及《四教义》等，对天台宗产生虔诚的信仰，并致力于向僧俗信众宣讲天台宗教义。桓武天皇延历十六年（797）召请最澄为十位“内供奉”法师之一，并以“近江正税，充山供养”。最澄从此经常得到来自朝廷的支持。最澄为扩大天台宗教理在日本佛教界的影响，曾在比睿山寺、地处京都北边的高雄山寺向请自奈良六宗的学僧讲天台宗教义，在佛教界逐渐出名。他的传教活动得到有意扶持新兴佛教宗派在京都传播的桓武天皇和在朝廷担任祭酒、吏部侍郎的和气弘世的大力支持。（以上主要据《睿山大师传》）[①]

最澄为深入学习天台宗教义并得到完备的天台宗教典，表奏朝廷建议派留学僧、还学生（短期入唐请益学问，随遣唐使船往返）入唐学习天台宗并寻求天台教典。他所列的主要理由是当时日本收藏的天台宗教典已经“字谬行脱”，靠自己研读难以从中了解微妙之义，而最盛行的宗派三论宗、法相宗皆“以论为宗，不为经宗”。三论宗是据《中论》等三论立宗，法相宗主要依《成唯识论》等论立宗，然而天台宗是据《法华经》立宗。经是论之本，岂可“舍本随末”，希望朝廷派人入唐学习天台宗，“令运法华宝车（按：喻天台宗）于此间”。天皇允准，并决定派最澄以“入唐请益天台法华宗还学生”的身份随遣唐使入唐求法。最澄又上奏请弟子义真担当“译语”（翻译）随他一起入唐，也得到允准。（以上据《睿山大师传》）

3．最澄入唐求法

延历二十二年（803）四月，最澄与弟子义真随遣唐使藤原葛野麻吕从难波乘船入唐，但因遭遇飓风折回。第二年，即唐德宗贞元二十年（804）七月，遣唐使一行四只船从肥前国松浦郡田浦再次起航，遣唐使藤原葛野麻吕和留学僧空海等人乘坐第一船，判官菅野清公和最澄、义真乘坐第二船。途中四船因风离散，最澄乘

①《睿山大师传》，载《传教大师全集》卷五附文。

的船经过五十多天到达唐明州鄮县（今浙江宁波）登岸。最澄和义真与判官等人分手，往南向天台山进发。

当时中国天台宗正盛行六祖湛然（711—782）的著作，湛然比较系统地注释天台宗智𫖮所著《摩诃止观》《法华文句》等基本教典。湛然的著名弟子中，道邃担任天台山修禅寺座主（一座之主，经理一寺，亦即住持），行满担任佛陇寺座主。①

最澄与义真到达台州临海县（在今浙江）的时候，恰逢台州刺史陆淳迎请道邃座主来州府所在地临海县的龙兴寺宣讲《摩诃止观》等天台宗教义。经陆淳介绍，最澄礼请道邃讲授天台宗的“一心三观”等教理，回答关于天台宗教理的疑难问题，并受赠天台宗多种教典的抄本；又礼请道邃授包括摄律仪戒（奉持一切戒规）、摄善法戒（众善奉行）、摄众生戒（饶益一切众生）在内的大乘“三聚净戒”。现存《道邃和尚付法文》，是道邃亲自写给最澄作为付法证明的，最后有“开宗示奥，以法传心，化隔沧海，相见杳然，共持佛惠，同会龙华（按：意为未来弥勒菩萨出世在龙华树下成道，三度说法度众时，再共相会）”② 之语。

台州刺史陆淳也应最澄之请为他书写从道邃受法的证明，称之为《印记文》。全文曰：

> 最澄阇梨③，形虽异域，性实同源。时禀生知，触类悬解，远求天台妙旨，又遇龙象邃公，总万行于一心，了殊途于三观（按：后两句概述天台宗“一念三千”、“一心三观”的教理）。亲承秘密，理绝名言。犹虑他方学徒不能信受，所请当州印记，安可不任为凭。
>
> 贞元二十一年（按：805 年）二月二十日，朝仪大夫、使持节台州诸军事、守台州刺史、上柱国陆淳之书记。（《台州刺史陆淳之印记文》）④

陆淳（？—806），因避唐宪宗之讳改名陆质，《旧唐书》卷一八九之下有传，

---

①国清寺原称“佛陇寺”，建于南朝陈末，在天台山佛陇峰南麓，故名。隋初智𫖮入天台山，因梦有人相告：三国（北周、北齐、陈）合一，有大势力人将建成此寺，寺即“国清”，遂名国清寺。参考日本圆珍《在唐日录》、三善清行《圆珍传》、尊通《圆珍年谱》，修禅寺（后称“禅林寺”）、佛陇寺应为在所谓“银地”的同一寺院，为国清寺的一部分。如果道邃、行满为同一寺的座主，那么是同时任座主呢，还是异时担任座主呢？暂付阙疑。

②载日本名著普及会 1978 年重刊、佛书刊行会编纂《大日本佛教全书》第 24 册。

③阇梨，阿阇梨之略，意为师、导师、规范师，此处为法师尊称。

④载《大日本佛教全书》第 24 册。

曾任信州、台州二州刺史，顺宗时官至给事中、太子侍读，宪宗元和元年（806）卒，著有《集注春秋》等。最澄在台州从道邃受法之时，陆淳尚未改名，“陆淳之”中的“之”字，相当于助词“的”字。

最澄在得到道邃的《付法文》之后，又请台州刺史陆淳书写《印记文》证明，自然是为了回国后向朝廷证明自己确实得到天台宗的正传，为取得天台宗在日本立足并传播提供合法依据。他大概当时已经预料到，回国后在奈良佛教六宗外，特别在盛行的法相宗、三论宗之外另立天台宗一定会遭遇重重困难，而鉴于日本佛教源自中国，日本僧俗信众对中国佛教怀有的仰慕情感，如能取得中国佛教圣地传法高僧及所在地方官员的付法证明，容易得到朝廷和僧俗信众的信任，减少来自反对方面的压力。直到宋元时代，类似情况依然存在，来中国求法的日本禅僧归国时往往携带中国传法禅师的袈裟或顶相、禅宗传法世系图、语录、偈颂等，以作为在中国得到正法传授的证明。

最澄此后与义真登上天台山，在佛陇寺又跟行满座主受传天台宗教法。行满还以天台宗教典八十二卷相赠，其中有湛然的著作多种，并亲书嘱咐说：

> 原得大师（按：指天台大师智顗）以本念力，慈光远照。早达乡关，弘我教门，报我严训，生生世世，佛种不断，法门眷属，同一国土，成就菩提，龙华三会，共登初首（按：意为共同觉悟成佛）。（《睿山大师传》）

词语间蕴涵着对最澄的诚挚情谊和天台宗能在日本传播的期待。

最澄在台州临海州龙兴寺、天台山等地先后受赠和抄写佛书、天台教典共一百二十八部三百四十五卷。

在最澄入唐求法的时候，中国禅宗南宗开始盛行，六祖慧能再传弟子马祖道一、石头希迁之下第一世、二世的禅师正在今江西、湖南和江浙等地的传法中心弘传南宗顿教禅法，影响日大。兴起于润州（今南京）牛首山的牛头法融一派的禅法虽不属于南宗，但禅法接近南宗。此外，唐中期以来由印度僧善无畏、金刚智和不空等僧弘传的真言密教，此时仍在京城和南方一带地方传播。

最澄在天台山求法期间，在禅林寺遇到传承牛头宗的翛然禅师，从他受牛头禅法，并且还从国清寺惟象受密教的“大佛顶大曼荼罗法”。唐贞元二十一年（805）四月，最澄在与义真离开天台山到港口城市明州（今浙江宁波）准备回国期间，趁空到越州首府（今浙江绍兴）拜访龙兴寺和尚。顺晓是唐开元年间（713—741）

弘传密宗的著名印度高僧善无畏的弟子。最澄在此礼拜顺晓为师，从他受密教灌顶（密教传法仪式）和金刚界、胎藏界两部曼荼罗，并受赠密教经典、图像等。顺晓也给最澄写了《付法书》，说自己上承善无畏之法，现传付于“日本国供奉大德弟子僧最澄”，希望“佛法永永不绝”。最澄与义真在越州龙兴寺抄写密教经典、图像等一百零二部一百一十五卷。最澄从越州回到明州以后，还从江泌受密教普请坛、如意轮坛之法，从开元寺的灵光受军荼利菩萨坛法（密教所修“军荼利明王法”，为祈求息灾、降伏及增益而修的秘法），并受各种契像。①

这样，最澄在唐受传天台宗、密宗、禅宗和大乘戒法，此即所谓“四宗相承”。唐贞元二十一年（日本延历二十四年，805）五月，最澄在归国前夕在明州见到刺史郑审则时，又请他为自己入唐求法书写证明“执以为凭”（《传教大师将来越州录》）②。此后，最澄、义真乘坐遣唐使藤原葛野麻吕的船归国，共带回佛教经书章疏、图像等二百三十部四百六十卷。

同年七月，最澄上表桓武天皇，将从唐带回的佛典疏记进奉朝廷。现存《传教大师将来台州录》《传教大师将来越州录》分别记载最澄从台州和越州搜寻书写带回的佛教图书目录，其中除有天台大师智𫖮的《法华玄义》《法华文句》《摩诃止观》及《观音玄义》《观音义疏》《释禅波罗蜜次第法门》（《禅门修证》）《六妙门》《观心论》《童蒙止观》（《小止观》）《维摩经疏》《维摩经略疏》《四教义》等外，还带回以往没有传入日本的天台宗九祖湛然的著作，其中多数是他系统注释智𫖮的著作，主要有：

《法华玄义释签》十卷（现作二十卷）

《法华文句记》十卷（现作三十卷）

《摩诃止观辅行传弘决》十卷（现作四十卷）

《摩诃止观文句》二卷

《摩诃止观义例》二卷

《维摩经疏记》三卷（现作六卷）

《维摩经略疏》十卷

①据《传教大师全集》卷五所载《睿山大师传》、卷一所载《内证佛法相承血脉谱》及《大正藏》卷五十五所载《传教大师将来越州录》。

②载《大正藏》卷五十五，第1060页上。

《法华经科文》一卷

《法华经大意》一卷

《金刚錍》一卷

《大涅槃经疏》十五卷

此外，最澄还带回《金字妙法莲华经》《金字金刚般若经》《金字菩萨戒经》《金字观无量寿经》及密教经典《五佛顶转轮王经》《大轮金刚陀罗尼经》和《理趣品别译经》《无量寿如来瑜伽仪规》等，还有佛像、曼荼罗、念诵供养图。

在最澄带回的图书中，有十分珍贵的历史文献，数量最多的是天台宗代表人物的传记、遗文、碑铭等资料，例如《国清百录》《天台山智者大师别传》《天台山智者大师坟里碑》《天台山智者大师坟前左碑》《天台山智者大师坟前右碑》《天台山章安大师别传》《天台山六祖略传》《天台山第五祖左溪和尚传》《天台山第六祖荆溪和尚碑》，还有记载禅宗六祖慧能传记语录的《曹溪大师传》。

桓武天皇敕将最澄带回的天台教籍抄写七份，分送七大寺——奈良的东大寺、兴福寺、元兴寺、大安寺、药师寺、西大寺、法隆寺，另抄一份藏于皇宫，敕选原学三论宗、法相宗的学僧研习天台教籍，又命在京都北部的高雄山寺设置法坛，命学僧道证、修圆、勤操、正能、正秀、广圆等人礼拜最澄为师，让最澄为他们举行密教灌顶仪式，并且命石川、柽生二禅师代替桓武天皇受灌顶传法，跟随最澄受学天台宗，以“守护国家，利乐众生”（《睿山大师传》）。这样一来，最澄名声迅速远扬，为他在日本创立天台宗创造了良好的条件。

桓武天皇延历二十五年（806）正月，最澄上表，建议除给予原来六宗“年分度者”之外，再增加天台法华宗，也给予度僧名额。他的表奏得到朝廷的允准，天皇敕文中有“禳灾殖福，佛教尤胜，诱善利生，无如斯道……今欲兴隆佛法，利乐群生，凡此诸业，废一不可”，即按照最澄的建议给予诸宗度僧之数，即华严宗二人，天台法华宗二人，律宗二人，三论宗与成实宗三人，法相宗与俱舍宗三人，并提出各宗度僧须通过考试，规定分给天台宗的得度僧二人中，一人读《大毗卢遮那经》（《大日经》），一人读《摩诃止观》（《天台法华宗年分缘起》[①]）。这实际是采纳最澄的主张，意味让一人侧重修持密教，一人侧重修持天台宗。从此天台宗得以

①载《传教大师全集》卷一。

与其他六宗并行传布，标志着天台宗在日本正式成立。

最澄从此以比睿山为天台宗的传法中心积极开展传教活动，扩大天台宗在日本社会的影响。最澄于嵯峨天皇弘仁十三年（822）六月四日将后事托付弟子义真，于中道院去世，年五十六岁。翌年，嵯峨天皇赐比睿山寺以“延历寺”之号。自此，比睿山寺成为官寺，义真为比睿山延历寺第一代座主。四十四年后，清和天皇贞观八年（866）追赠最澄以“传教大师”的谥号。这是日本有大师号的开始。最澄的主要著作有《天台法华宗年分学生式》（六条式）《劝奖天台宗年分学生式》（八条式）《法华宗年分度者回小向大式》（四条式）及《依凭天台集》《照权实镜》《法华秀句》《守护国界章》《决权实论》《显戒论》《内证佛法相承血脉谱》等，然而其中以《显戒论》三卷、《守护国界章》三卷最为有名。

最澄弟子主要有义真、圆澄、光定、圆仁等人。圆仁与义真的弟子圆珍先后入唐求法，对推进日本天台宗进一步与密教结合，建立所谓“台密”有很大影响。继义真之后，圆澄、光定、圆仁、安慧、圆珍先后为比睿山延历寺第二代至第六代座主。

4. 最澄所创立的日本天台宗的思想特色

最澄创立的日本天台宗既然源自中国，自然尊奉中国天台宗的基本教义，但因为受到最澄个人对天台宗教义的理解、他的传教际遇和日本社会环境的影响，在传播和发展中形成了自己的一些特色。

最澄回国之际，日本佛教已经相当流行。然而奈良六宗情况并非一样，其中最有势力的是法相宗，其他宗派或为附宗，或已经衰微。全国最高僧官机构僧纲的职务——僧正、僧都、律师被出身法相宗和奈良诸大寺的高僧把持，有关佛教重大事务需事先征得他们的同意。

最澄创立天台宗虽得到天皇的支持，在手续上也得到僧纲同意，但在他从事传教的过程中，经常受到来自以法相宗为代表的奈良旧有佛教宗派的反对。最澄回国后在京城、九州、本州东部等地向僧俗信众宣述天台宗教理，其间经常与旧有宗派的学者发生争论。在这种情况下，如果最澄对于来自旧有宗派的质难、挑战不予以反驳，是难以使刚刚创立的天台宗在日本立足的。

从现存最澄的著作来看，他在当时的形势下特别强调以下四点：

第一，针对法相宗的论难，强调一切众生皆有佛性，皆能成佛。

最澄传教过程中遇到的阻力主要来自法相宗。法相宗与天台宗在教义上分歧虽然很大，但其中最重要的分歧是表现在成佛论上，即是一切众生都可以成佛，还是只有部分众生可以成佛。

天台宗以《法华经》为主要经典，以《大涅槃经》《大品般若经》《大智度论》等为辅助经典。《法华经》主张人人可以成佛，其中包括小乘的声闻（直接听闻佛的说法而得悟者）、缘觉（通过观想缘生的道理而得悟者）二乘和女人在内。《大涅槃经》说一切众生皆有佛性，皆可成佛，其中甚至包括被看成是善性灭绝的恶人（一阐提）。然而法相宗依据《解深密经》《入楞伽经》和唐窥基《大乘法苑义林章》《成唯识论掌中枢要》等，把一切众生分为五类，称“五性各别”：小乘中的声闻、缘觉二乘，生来必定成为这二乘，不可能成佛；大乘中的菩萨，既可以成为菩萨，又可以成佛；有一种“不定种性”者，既可以成为上述小乘中的二乘，又可以成为菩萨，或进而成佛；另有所谓“无性”众生，不能成为以上任何一种，更不能成佛。

当时出面向最澄质问、提出批评的是出身于奈良兴福寺的法相宗的学僧德一（也称得一），他著有《佛性抄》《中边义镜》《惠日羽足》《遮异见章》等，对最澄在传法中所讲述的上述思想进行论难和批评。为此，最澄写出《依凭天台集》《照权实镜》《守护国界章》《决权实论》《法华秀句》等，依据天台宗的教理对德一的批评进行反驳和说明。主要内容有：

（1）针对德一根据法相宗教理阐述的“五性各别”说，强调“一切众生，皆有佛性”的思想。他不否认有些佛经中确实有五种性的说法，但他依据《法华经》等，指出这些说法不过是佛为了适应不同素质的众生而作的权宜“方便”说教，并不能反映佛的真正本意，只有《法华经》中所说人人可以成佛的“一乘”（引导众生成佛之法）才是宣述佛的本怀的真实教法。他依据大乘佛教的佛性论来驳斥法相宗的“五性各别”和“无性”众生不能成佛的说法，而指出一切众生皆有佛性，皆能成佛，甚至连被认为是善性灭绝的恶人——“一阐提”也有佛性，也能成佛。

（2）引用《法华经》中的“唯有一乘法，无二亦无三”等经文，宣称天台宗属于主张人人可以成佛的“一乘”，是实教，而法相宗和奈良其他宗派皆属信奉二乘（小乘的声闻、缘觉二乘）、三乘（小乘二乘加上大乘的菩萨乘）的权教。他指出，佛为了引导根基浅的、对佛法未有深刻理解的人信奉佛法，提出从浅入深的声闻乘、缘觉乘、菩萨乘，其实真正的佛法只有宣说人人皆有佛性，皆能成佛的“一乘”（佛乘）。最澄《守护国界章》卷下之下说：

声闻、辟支佛（按：即缘觉，二者为小乘）皆入大乘。大乘者即是一乘，故三乘即是一乘……皆佛因故……二乘入于一乘者，二乘皆为佛因，当成佛故……一乘即第一义乘也，此说一乘为真实，二乘为非真实也。①

一乘者即是第一义乘者，显一乘是真实，非方便也。

这种说法是以一切众生皆能成佛的佛性论为前提的。最澄认为天台宗的教理贯彻了这一思想原则，是完全符合佛出世的本怀真意的，而所谓二乘、三乘的教法虽也存在，然而它们只是佛在“众生未熟，施教待机”时的权宜说教，所表达的不是佛的本意。因而他对德一说：“汝法相宗随宜三（按：三乘）故，是权非实；我法华宗究竟一（按：一乘——佛乘）故，是实非权也。”（《守护国界章》卷下之下）

最澄与法相宗学僧德一围绕“一、三权实”之争，实际是关于天台宗与包括法相宗在内的奈良六宗何者优越、天台宗为什么应当得到朝廷支持在日本流传的争论。最澄为了使刚在日本成立的天台宗顺利传播，对这场争论十分重视是可以理解的。

第二，主张教、戒一致，日本天台宗既然是大乘教法，就应只受大乘戒。

日本佛教通用来自中国的汉译戒律，受戒制度是在鉴真和尚到达日本之后完备起来的。僧尼受戒和僧团日常修行、运营等主要依据《四分律》和唐道宣的有关诠释著作。《四分律》是小乘法藏部的戒律。唐朝道宣在《四分律删繁补阙行事钞》等著作中依据大乘教理对《四分律》作了诠释和发挥，将《四分律》纳入大乘佛教的体系之中，建立了系统的会通大小乘戒法的律学体系。僧尼出家，先受十戒为沙弥、沙弥尼，到二十岁以后才可以受具足戒而正式成为僧尼。鉴真赴日传律授戒，主要依据道宣的律学理论。鉴真在世时，经日本朝廷批准在奈良东大寺建立戒坛院，又在下野（今栃木县）药师寺、筑丰（今福冈）观世音寺也设立戒坛，作为全国僧尼受具足戒之所。

然而长期以来，这些戒坛皆被以法相宗为首的奈良六宗的僧人把持。遵照朝廷的规定，凡是正式出家者必须到上述寺院受戒。天台宗成立之后，依照朝廷每年规定数额的得度新僧也必须下山到这些戒坛受具足戒，其间有不少人被法相宗等宗派的人劝诱改宗，使天台宗的僧团的稳定性受到威胁。从平城天皇大同二年（807）

①关于最澄与德一的争论，详见杨曾文《日本佛教史》第二章第一节相关部分，中国社会科学出版社1995年版。

至嵯峨天皇弘仁九年（818）的十二年间，最澄按朝廷给予的名额先后度僧二十四人，最后留在比睿山的仅有十人，在前往奈良受戒不归者当中竟有六人加入了法相宗。

为改变这种局面，最澄表示，既然天台宗是大乘“圆教”，那么此宗的得度者就不应下山受小乘《四分律》的戒，只受大乘戒（也称“菩萨戒”，依据《梵网经》）即可。他决定在比睿山设立大乘戒坛，今后得度为天台宗的新僧不必下山去受具足戒。最澄首先自己经过发誓舍弃以往据《四分律》受的具足戒。在嵯峨天皇弘仁九年（818），最澄向朝廷上奏《天台法华宗年分学生式》，正式提出天台宗的僧人只受大乘戒，成为“菩萨僧”，而不必再下山受小乘戒的要求。他说：

> 国宝何物？宝，道心也。有道心人，名为国宝。……释教之中，出家二类：一小乘类；二大乘类，道心佛子，即此斯类。今我东州，但有小像（按，指小乘），未有大类。大道未兴，大人难兴。诚愿先帝（按：此指平城天皇）御愿，天台年分（按：按照朝廷每年分配的数额入天台宗的出家者），永为大类，为菩萨僧。（载《传教大师全集》卷一）

最澄还建议朝廷给予天台宗出家受大乘戒的人以“佛子”的称号，请官府在其戒牒上盖印。此后，他又正式提出在比睿山设立大乘戒坛的请求。然而，最澄的奏请受到掌管僧纲事务的法相宗等奈良旧有宗派的反对，一直未获批准。在最澄为此而写的《显戒论》等著作中，值得注意的是他把受大乘戒与成佛论结合起来，宣称受大乘戒，“即入诸佛位”，就是“佛子”；另外，引用《梵网经》论证，任何人包括奴婢在内，只要受大乘戒为僧，在教团内的身份都是平等的。这对争取各个阶层的人支持和信奉天台宗是有利的。

然而，最澄在比睿山建立大乘戒坛的主张，在生前未能实现，直到他去世之后朝廷才允许比睿山设立大乘戒坛，以后天台宗僧只受大乘菩萨戒即可，不必下山受具足戒。

第三，主张天台宗和密教一致、合一。

最澄在唐朝跟天台宗的道邃、行满学习天台宗，又跟密宗顺晓学习密教，他将二宗教法和著作同时带回日本，并且同时向信众、弟子传授。朝廷每年分配给各宗一定数量的“得度”（出家）者。最澄规定入天台宗的得度者必须在十二年期间专心读经修学，或修学天台（止观业），读《法华经》《金光明经》《仁王般若经》

《守护国界主陀罗尼经》等“护国众经”和《摩诃止观》等天台宗教典；或修学密教（遮那业），读《大毗卢遮那经》《孔雀王经》《不空罥索陀罗尼经》《佛顶最胜陀罗尼经》等“护国真言”，学习密教的修法。他认为天台、密教是一致的，彼此没有优劣，所谓“圆密一致”，在他给空海的信中说“遮那宗与天台融通”（《传教大师全集》卷四下）。

最澄死后，经过弟子圆仁、圆珍、安然等人的发展，在比睿山形成与空海创立的日本真言宗以京都东寺为中心的“东密”相对应的“台密”（天台密教）。

第四，以“镇护国家”为日本天台宗的使命。

最澄在创立和传播天台宗的过程中，一直以“护国”作为自己的使命。他在《守护国界章》的结尾部分，认为自己已经把以德一为代表的奈良佛教各个宗派驳败，以充满自信的语调写道：

> 而今而后，国无谤法声，万民不减数，家有赞经颂，七难（按：《仁王般若经》中所说的日月失度、星变、火、水、风、旱、贼七种灾难）令退散，守护国界，盖谓其斯欤。愿国家大士，任意取舍耳。我今为护妙法城，造章述义救世倾……（载《传教大师全集》卷二）

最澄坚信，弘传天台宗能够保佑风调雨顺、国泰民安。他在上奏朝廷的《天台法华宗年分度者回小向大式》（所谓《四条式》，载《传教大师全集》卷一）中说：“弥天七难，非大乘经何以除？未然大灾，非菩萨僧（按：此特指受大乘戒的天台宗僧）岂得冥灭?”因此，他向朝廷申明，如果朝廷同意在比睿山设立大乘戒坛，允许天台宗僧只受大乘戒取得菩萨僧的资格，就可以对护国灭灾起到积极作用。最澄在《显戒论》中也向朝廷表示，如果在比睿山安置百部《般若经》，居住百名只受大乘戒的菩萨僧，就可以使他们发挥“国之城郭”、“国之良将”的作用；天台宗僧人将以修持天台、密教，“为国念诵”，“为国转经”，守护国家。

佛教传入日本以后，在引进大陆先进文化当中起过重要作用，它的宗教哲学思想、道德规范也在不知不觉中陶冶着人们的情操。然而同时，当时的以天皇为首的统治阶级确实也相信通过建寺、造佛像、写经和主办各种佛事活动可以得到佛、菩萨的保佑，使他们多福长寿，国家安定。奈良佛教以诵读“护国经典”、兴办各种以祈祷现实利益为目的的法会而得到天皇和贵族的崇信、优遇。最澄要使他创立的天台宗在日本存在和发展，就必须申明天台宗不仅可以护国，而且可以比旧有的奈良各宗发挥更好的护国作用。为此，他甚至不惜将奈良六宗统统贬为“小乘”，宣称只有天台宗才是大乘，它的“菩萨僧”能够有效地护国灭灾。在最澄之后，日本天台宗也经常举办以“镇护国家”、“积福灭灾”为标榜的种种祈祷、读经和秘密修法的法会。

以上四点有力地影响了日本天台宗的发展，对日本天台宗特色的形成起到直接的制约作用。后世日本天台宗的所谓“本觉”（人人先天具有佛性，皆可成佛）思想，就源于大乘经典的佛性论和中国天台宗强调的“一乘”思想；其他如只要求天台宗僧受大乘戒、天台与密教的结合、鲜明的护国思想，则构成与中国天台宗相异的民族特色。

第三节　空海入唐求法和日本真言宗

在隋唐时期成立的佛教宗派中，密宗出世最晚，是唐中期由所谓“开元三大士”——来自印度的善无畏和金刚智、不空传入成立的。日本密宗称“真言宗”，是由入唐求法僧空海从中国传入创立的。空海与最澄同时入唐求法，但比最澄晚一年归国。日本真言宗与天台宗是平安时代两个最盛行的佛教宗派。

一、唐朝“开元三大士”与密宗

密宗也称“真言宗”，一般称“密教”、“瑜伽密教”，发源于印度，是7世纪以后大乘佛教部分派别与印度教、民间信仰相结合的产物，主要经典有《大日经》《金刚顶经》《苏悉地经》。“密”，意为教旨深奥；“真言”即直接用梵文语音表述的咒语，本教在传法和修行中经常使用真言密咒。本教相传，大日如来法身佛授法于金刚萨埵，近千年后传龙猛（即龙树），数百年后龙猛传龙智，又数百年后龙智传金刚智和善无畏。

唐玄宗开元年间，印度密教高僧善无畏（637—735）和金刚智（669—741）及其弟子不空（705—774）来华，先后由善无畏译出《大日经》（全称《大毗卢遮那成佛神变加持经》)，金刚智与不空译出广、略二本《金刚顶经》[①] 等密教经典，善无畏的弟子一行（673—727）撰《大日经疏》，把源自印度的密教正式传入中国。他们受到皇帝和王公贵族的尊崇，在以长安、洛阳为中心的广大地区弘传密教，使密教盛极一时。善无畏、金刚智和不空，后世被统称为“开元三大士”（大士，意为菩萨），一般以他们作为中国密宗的创始人。

唐朝在“安史之乱”（755—763）后，由于藩镇割据和回纥、吐蕃、吐谷浑、党项等族的武装侵扰，社会连年动乱。唐肃宗、代宗二帝虔信密教修法祈祷能够息难灭灾，对不空特别尊崇，使其地位更加显赫。不空受唐代宗之命，为“福利苍生”、“助宁国土”而重译护国经典《仁王般若经》，受赠“特进鸿胪卿”，号“大广智不空三藏”。唐代宗大历九年（774）封不空“开府仪同三司、肃国公、食邑三千户”。当年不空死，唐代宗又追封他为司空。不空所译的密教经典中，以《金刚顶经》最流行，此外《般若理趣经》《大孔雀明王经》也比较有名。不空的主要嗣法弟子有五台山金阁寺含光、新罗慧超、长安大兴善寺慧朗、青龙寺昙贞和惠果、保寿寺元皎和觉超，而由慧朗继其后。在中日佛教交流史上影响较大者是长安青龙寺惠果和尚。[②]

惠果（746—806）[③]，俗姓马，京兆府万年县（今西安市）人，自幼出家，从不空弟子昙贞学习佛教经书，后礼拜不空为师，皈依密教，先从善无畏弟子玄超受密教胎藏界和苏悉地瑜伽密法，后从不空受金刚界密法以及真言密契等。此后惠果将金、胎两部密法加以会通，形成自己的“金、胎不二”的思想。唐代宗大历十年（775）在青龙寺设置毗卢遮那灌顶道场，惠果常奉敕为皇帝皇室修法祈福、举行祈雨仪式等，被奉为国师，曾先后为唐代宗、德宗、顺宗三帝和朝廷显贵臣僚主持过密宗灌顶（密宗授法）仪式。

惠果的弟子中著名的有长安大兴善寺惠应、惠则，成都惟尚，河北义圆，青龙

①译本的广、略二种：金刚智译《金刚顶瑜伽中略出念诵经》为略本，不空译《金刚顶一切如来真实摄大乘现证大教王经》为广本，后者最流行。

②参见唐圆照《贞元释教录》卷十五、十六（载《大正藏》卷五十五）及赵迁《不空三藏行状》、赞宁《宋高僧传》卷一《不空传》（载《大正藏》卷五十）、不空《大辨正广智三藏和上表制集》卷三《三藏和上遗书》（载《大正藏》卷五十二）、海云《两部大法相承师资付法记》（载《大正藏》卷五十一）。

③惠果生卒年月一般作746—805年，然而据《大唐青龙寺三朝供奉大德行状》，惠果卒于唐顺宗永贞元年十二月十五日，此时已进入公历806年。

寺义满、义明、义操等人。此外，惠果有外国弟子诃陵国（或谓在印度尼西亚的爪哇岛中部，或谓在今马来西亚的吉打）辨弘（或谓汴州人）、新罗国惠日和悟真等人。日本空海入唐也从惠果受法，回国创立日本真言宗。①

日本天台宗僧圆仁继最澄之后入唐求法，曾从惠则的弟子元政、义操的弟子法全受法；圆珍、圆载二人皆曾从法全受法，推动了日本天台宗的进一步密教化和“台密”的形成与发展。

唐朝继“开元三大士”等人之后，印度僧般若、莲华精进（音译“勿提提犀鱼”）、戒法（音译“尸罗达摩”）等人也陆续译出一些密教经典。

密宗教义可用《大日经》卷一所说“菩提心为因，悲为根本，方便为究竟”来加以概括。“菩提心”原意是誓愿成佛之心，密教常把它等同于佛性、真如，乃至大日如来（被认为是佛的法身）。“悲”指普度众生的慈悲心愿。“方便”指包括修持“三密”在内的各种修行方法，也包括普度众生的方法和行为。这句话即是说：应当怀有追求成佛的心愿，以慈悲之心用一切方法去修行和普度众生，最后就可以得到佛的智慧。

密宗认为世界万物、佛和众生，皆由法身佛大日如来所普现的地、水、火、风、空、识“六大”生成。称大日如来的理（佛性）德为“胎藏界”，与前述“六大”中的“地、水、火、风、空”的“色法”相应，而大日如来的智（智慧）德为“金刚界”，与“六大”中的“识”的“心法”相应，认为色心不二，金胎为一。“曼荼罗”原意为“坛场”，祭祠供养之所。密宗信奉者依据《大日经》原理绘制出“胎藏界曼荼罗”，据《金刚顶经》原理绘制出《金刚界曼荼罗》，作为供养和修行观想的对象。

唐中期的密宗有这样几个特点：（1）翻译来自印度的密教经典虽多，然而与其他宗派相比，中国人自己的相关注释或撰述却甚少。一行的《大日经疏》可以说是中国人对密教经典注释的代表作。（2）密宗主要在长安、洛阳两京地区以皇室、贵族为中心的上层社会传播，对一般民众影响较小。（3）密教在“安史之乱”以后由于得到皇帝、朝廷的支持而特别盛行，被用来修法祈求佛、菩萨和善神的保佑以降服敌人，国泰民安，并且为皇帝、皇室增福灭灾而修法祈祷。（4）密宗虽为唐朝

①主要依据《大唐青龙寺三朝供奉大德行状》（载《大正藏》卷五十）及海云《两部大法相承师资付法记》（载《大正藏》卷五十一）。

佛教宗派之一，然而与中国其他宗派一样，没有严密的组织系统，并且也不排斥其他宗派。

密教在经历唐武宗禁毁佛教及唐末的战乱之后，已趋于衰微，其念咒、供养仪规等部分逐渐融入其他各宗之中。进入宋代之后，虽然来自印度的密教高僧天息灾（宋太宗赐名法贤）、施护、法天、法护等人在朝廷组织下译出大量密教经典，然而因为这些经典以宣述乐空不二的"无上瑜伽"密法为主，与中国以儒家为正统的社会文化环境相抵触，没能在社会上广泛传播。此后在西藏地区，密教信仰迅速兴起，成为中国佛教的重要组成部分。①

二、空海入唐求法和回国创教经历

空海（774—835），号遍照金刚，俗姓佐伯，日本赞岐国（今香川县）人，出身当地豪族。自幼接受中国儒家文化熏陶，从十五岁开始跟担任伊豫亲王侍讲的外舅阿刀大足学习《论语》《孝经》等经典和史书，在十八岁时进入由朝廷设立的大学，学"明经道"，学习《毛诗》《尚书》及《左氏春秋》等，对中国经史乃至诗文书画皆有较深的造诣。

然而在佛教日益普及的社会环境中，他对佛教逐渐产生越来越浓厚的兴趣，经常阅读佛经，在奈良从一僧（或谓此即勤操）得到唐善无畏翻译的密教经典《虚空藏求闻持法》，相信经中所说"诵此真言一百万遍，即得一切教法文义暗记"。后来认为，自己学习的一切儒家经史知识，不过是"古人之糟粕"，便产生出家的念头。② 空海在其所著《三教指归》（又名《聋瞽指归》）三卷中对儒、释、道三教作了比较，认为三教虽然"浅深有隔"，然而皆为圣人所说；比较而言，只有宣述善恶因果报应和觉悟解脱之道的佛教最为优越，而在佛教中，又以主张众生可以成佛的大乘佛法最高。空海在尚未结业之时，就曾到阿波的大泷岳、土佐的室户崎等有深山密林的地方修苦行和佛教的忏悔之法。

在延历十二年（793），空海二十岁时到在大和（在今奈良县）的石渊寺投勤操和尚出家，受沙弥戒，受法名曰教海，后自称如空。勤操是三论宗学僧道慈的再

①以上详见杨曾文、日本源了圆编：《中日文化史交流大系·宗教卷》第三章之（二），浙江人民出版社 1996 年版。

②以上据《弘法大师全集》首卷所载真济记《空海僧都传》、藤原良房等奉敕撰《大僧都空海传》及镰仓时代宗性指导性撰《日本高僧传要文抄·弘法大师传》等。

传弟子。两年后，空海在奈良东大寺戒坛院受具足戒，得法名空海。此后，空海到处寻找佛经阅读，其间在大和高市郡久米道场访求到从唐朝传入的一行翻译的密教经典《大日经》，虽专心阅读一遍，然而对其中的很多梵字真言、印契等密教特有的表述方法和教理不能理解，向周围学僧请教也得不到解答，于是便有入唐求法的愿望。

日本延历二十三年（唐德宗贞元二十年，804）七月，空海奉敕与最澄、留学僧橘逸势搭乘遣唐使藤原葛野麻吕一行的船入唐。八月，空海与遣唐使藤原乘坐的第一只船在福州长溪县登岸，年底到达长安，被安置到西明寺，不久投到青龙寺惠果和尚的门下。

惠果和尚拥有尊贵的国师地位，名望很高。当时惠果已患重病，然而对渡海前来求法的空海表示热情欢迎。唐德宗贞元二十一年（805）六月至八月之间，惠果先后给空海举行隆重的授予胎藏界、金刚界两部曼荼罗大法的灌顶仪式，并传授其他密教教法和各种仪规，最后还举行授予空海"传法阿阇梨"（意为传法导师）之位的灌顶仪式。此后，惠果特请丹青高手绘制密教胎藏界和金刚界两部大曼荼罗图像十铺，安排经生（抄经者）抄写《金刚顶经》等大量密教经典，请工匠制作供养和修法的法器等，皆赠予空海。然后，惠果嘱咐空海说：

> 如今此土缘尽，不能久住。宜此两部大曼荼罗、一百余部金刚乘法及三藏转付之物，并供养具等，请归本乡，流转海内。才见汝来，恐命不足，今则授法有在，经像功毕，早归乡国，以奉国家，流布天下，增苍生福。然则四海泰，万人乐，是则报佛恩，报师德，为国忠也，于家孝也。义明供奉，此处而传，汝其行矣，传之东国，努力努力！（《御请来目录》）①

惠果殷切希望并勉励空海早日归国，将他在长安学到的密教大法带回日本广为传播，为国家、民众的平安福祉祈祷，营造"四海泰，万人乐"的盛世，以报佛恩和师德，为国尽忠。

三个多月之后，惠果去世，空海又跟般若等其他密教僧人学习。唐宪宗元和元年（日本平城天皇大同元年，806），空海与橘逸势同时搭乘遣唐使判官高阶远成的船回国，带回佛典注疏等共 216 部 461 卷，其中有新译佛经 142 部 247 卷，其中大

①《大正藏》卷五十五，第 1065 页中。

部分是不空翻译的密教经典；还有梵字真言赞等42部44卷；经论注疏等32部170卷，其中有史料价值很大的《大唐大兴善寺大辩正大广智三藏表答碑》六卷。此外，还有佛菩萨图像、曼荼罗和密教祖师像、道具及惠果赠送的佛舍利、佛祖师像和法器等。(《御请来目录》)

密教特别注重念诵真言密咒和举行种种祭祀、祈祷法会。空海回国后三年，嵯峨天皇接替平城天皇即位，朝廷发生密谋迎接平城天皇复位的事件。在朝廷平定这一事件之后，空海奏请在京城北部的高雄山寺按照密教的仪规修法诵经，为国祈祷摧灭灾难，调和国时，“护国护家，安己安他”(《遍照发挥性灵集》卷四)。空海的这一做法，引起嵯峨天皇对他的赏识，任命他为奈良东大寺的别当（相当于寺主，一般仍兼本职)。自此，空海以此寺为中心很快将真言宗传到奈良，并对其他各宗产生巨大影响和渗透作用。嵯峨天皇对空海在日本创立和传播真言宗给予很大的支持，在他的关照下，空海先后以纪伊的高野山（在今和歌山县，建有金刚峰寺)、京都的东寺作为传法基地与中心。因为空海的真言宗以京都东寺为中心，所以他的这一支密教也称“东密”。

空海善诗文、书画，经常应请入宫与嵯峨天皇谈论，很受天皇的赏识。他参照中国六朝、隋唐的诗论著作，撰写《文镜秘府论》，论述诗文的声韵格律。空海尤善草书，人称“草圣”，与嵯峨天皇、橘逸势被称为“日本三笔”。

空海在唐朝求法期间看到各个县乡、村落都办有学校，重视培养人才，很受感动。回国后在传法的同时，效仿唐朝设立面向民众的学校，名为“综艺种智院”，请僧俗学者前来讲授佛教和儒、道二教，普及教育。这是日本民间办学之始。

空海于仁明天皇承和二年（835）三月二十一日去世，年六十二岁。八十六年后，后醍醐天皇延喜二十一年追赐“弘法大师”谥号。

三、空海所创立的日本真言宗的教义思想

空海在创立日本真言宗的过程中，依据密宗主要经典《大日经》《金刚顶经》以及唐朝一行所撰《大日经疏》等典籍，并参照其师长安青龙寺惠果的传授，先后撰述了论述密宗教义的大量著作，主要有《辨显密二教论》二卷、《即身成佛义》《秘密曼荼罗十住心论》十卷（简称《十住心论》)、《秘藏宝钥》三卷，另有弟子真济集其所著编纂的《遍照发挥性灵集》十卷（前三卷已佚，有济暹所编《续性灵集补阙》三卷）等，为日本真言宗建立了教义思想的体系。

空海在著作中提出了独具特色的判教理论，对源自印度、传自中国的密教基本教理作了系统的介绍和论证。

1. 以显、密二教和“十住心”判释佛法，奉真言密宗为最高佛法

在空海归国前，日本佛教界流传的宗派有三论宗、法相宗、华严宗、律宗及由最澄新成立的天台宗。空海在传播真言宗的过程中，为向天皇、贵族、僧人、民众宣传和解释何为真言密宗，此宗有什么优越之处，陆续撰写了三部重要著作。空海首先写了《辨显密二教论》，在淳和天皇天长七年（830）又奉诏写出《秘密曼荼罗十住心论》（简称《十住心论》），此后又将此论加以简化，撰写了《秘藏宝钥》，提出系统的判教理论。他站在真言密教的立场，将全部佛法分为显、密二教，然后对不同教派详加评述，判别深浅高低，强调真言宗在教义上比其他宗派优越，能够引导众生达到最高觉悟的境界。

空海的判教论由两个层次组成：一是从横的方面将全部佛法分为显教与密教；二是从纵的方面，以自浅至深、自低至高的次第对全部佛法进行说明，旨在表明真言密宗最高最优越。对前者作论述的是《辨显密二教论》，对后者作说明的是《十住心论》和《秘藏宝钥》。

（1）显教和密教

在印度佛教史上，释迦牟尼佛创立佛教，提出四谛、八正道等佛法，主要经典存《阿含经》之中，此后一二百年形成部派佛教，论书大兴；公元前后形成大乘佛教，主张四面八方到处有佛，其数无量，大乘经典相继出世。大乘佛教对佛身提出种种说法，一般是说佛有三身：①法身，也称“自性受用身”，实际是佛法的最高象征，与真如、法性同义，被认为无所不在、无时不在，然而不能直接说法；②报身，也称“他受用身”，是对无数劫（难以计算的长时）往世修行的圆满报应之身，为进入较高阶位的菩萨说法；③化身，也称“变化身”、“应化身”，谓佛为教化众生而显现世间的佛身，认为释迦牟尼佛是化身佛之一。

空海的《辨显密二教论》列举大量经典对显教、密教进行论证。他说：

> 佛有三身，教有二种。应化开说名曰显教，言显略逗机；法佛谈话，谓之密藏，言秘奥实。
>
> 问：显密二教，其别如何？答：他受用、应化身随机之说，谓之显也。自受

用法性佛说内证智境，是名秘也。[1]

按照此论的说法，密教以外的佛经皆属于他受用身（报身）佛、应化身佛适应众生的根机而说，教义浅显、浅略，所以名之为显教；由自受用法性佛（法身）为自己眷属所说的亲自证知的智慧境界，教义深奥、秘密，难被一般人理解，称之为“密教”或“秘密教”、“真言秘密教”。这里所谓的自受用法性佛，也就是《大日经》中的大毗卢遮那佛，意译大日佛、大日如来，说他光明遍照，显现于宇宙一切场所，随时显现各种形象，通过各种声音向众生宣说深妙佛法。如《大日经》卷一所说：“毗卢遮那一切身业，一切语业，一切意业，一切处，一切时，于有情界宣说真言道句法。”[2] 密教最重要的内容是由身密、语密、意密组成的“三密”法门，经典有《大日经》《金刚顶经》等。

空海《十住心论》卷十对密教的传承世系作了如下说明：大日佛传金刚萨埵，然后金刚萨埵—龙猛菩萨—龙智菩萨—金刚智三藏—大广智（不空）三藏——青龙寺惠果阿阇梨（导师）。如此相承，空海自然是继惠果之后。

空海通过这一判教，将以往流传的其他佛教判为浅显的显教，密教是源自法身佛大日如来的深奥之教，从而从逻辑上让人得出他引进创立的日本真言宗是日本佛教中最优越的佛法。为此，他又按照自浅至深、自低到高的演进程序提出“十住心”的判教理论，进一步加以说明。

（2）以“十住心”判释佛教，将真言密教奉为最高佛法

空海《十住心论》中包括日本流传的各宗在内的全部佛法，分为十个层次，称“十住心”。“住心”二字取自《大日经·入真言门住心品》，原意是在接受“菩提心为因，悲为根本，方便为究竟”的前提下，契入相应的心地修行，以期最后通过真言法门达到解脱。空海既以“住心”二字表述密教修行者所应经历的次第和心境——“住心次第”，也用以表达“显、密二教差别”。这十个阶次是：异生羝羊心、愚童持斋心、婴童无畏心、唯蕴无我心、拔业因种心、他缘大乘心、觉心不生心、一道无为心、极无自性心、秘密庄严心。

①异生羝羊心，指不信奉任何宗教的人及其心境。

异生是凡夫，羝羊是公羊。《十住心论》所谓“凡夫不知善恶之迷心，愚者不

①《大正藏》卷七十七，第374页下、375页上。

②《大正藏》卷十八，第1页上中。

知因果之妄执。我、我所执，常怀胸臆；虚妄分别，镇蕴心意。逐阳焰而渴爱，拂华烛而烧身”。是说不信奉任何宗教、道德的众生，不知道善恶因果报应，经常怀着对自身及自己的一切的执著，不断地思虑着是非、美丑、得失等，不能正确分辨真假，好像在野地有人以为远处阳焰是河便去找水喝，飞蛾扑灯被烧身一样。他们不奉佛法，甚至连世俗社会遵守的儒家道德也不信守，“不忠不孝，无义无慈。五常（按：仁义礼智信）不能罗网，三乘不得牢笼，祖习邪师，依凭邪教”。经常偷盗、邪淫、诽谤、伤害生命，作种种罪恶。空海说这种众生只知吃饭，生育后代，像草原上的公羊“但念水草及淫欲事，余无所知”。①

他对佛教的十善（不杀生、不偷盗、不邪淫、不妄语、不两舌、不恶口、不绮语、不贪、不嗔、不痴）和善恶因果报应等基本教义作了介绍，强调生前作恶在死后将受恶报，或下地狱，或生为畜生等。空海还比较详细地对佛教的世界生成说、五趣（地狱、饿鬼、畜生、阿修罗、人）、外道等作了介绍。

空海写这一部分，有向尚未信奉佛教的人宣传佛教善恶因果报应的道理，引导他们接近佛教，进而信奉佛教的用意。

②愚童持斋心，指已经信奉佛教的人修持五戒、十善，相当佛教五乘中的“人乘”；也包括接受世间儒教伦理，奉行五常的人及其心境。

对此，《十住心论》概括说：“初信因果，渐诸罪福，孝于亲亲，竭忠国主。不及之善生，探汤之恶休。内外三归，从此而发。人天十善，因是修行。”空海在释文中对佛教的三皈依（皈依佛、法、僧，正式信奉佛教），五戒（不杀生、不偷盗、不邪淫、不妄语、不饮酒），八戒（五戒外加不坐高广大床、不观听伎乐和不穿薰香衣、过午不食），十善等作详细介绍。奉佛居士在特定日期奉行八戒，称“持八关斋戒”，简称“持斋”。释文最后还对国王如何以“正理”治理天下进行说明，引《金光明经》指出国王应做到：“一者，不放逸，亲近有德；二者，正信听受是经；三者，犯王法，正法治摈。”又对佛教传说中理想的君王——转轮圣王进行介绍。《秘藏宝钥》说：“王者及民，必行五戒十善，得生人中。未有弃此能得。前生修善，今生得人。此生不修，还堕三途（按：地狱、饿鬼、畜生）。”② 这是说修此五戒十善，来生可以得到好的报应，再生为人。可见，空海讲的第二心，相当

①引文见《大正藏》卷七十七，第304页上中。

②以上引文见《大正藏》卷七十七，第314页上、317页中、364页中。

于佛教“五乘”的“人乘”。

空海在这里又更深入一步地引导人们信奉佛法，修持五戒、十善，甚至有意以佛教传说中的理想君主的模式奉劝国主以“正法”治国。从中可窥见他蕴藏在文字中的现实用意。

③婴童无畏心，既指佛教五乘中的“天乘”，也指相信修持禅定可以生到天界的“外道”。

《十住心论》说：“至如护戒生天堂，修善脱地狱，恶下之心稍发，欣上之愿初起。于是求皈依彼天龙，尽虔诚此神鬼（按：此二者指外道），仰拔苦悲，祈与乐眄……三途苦果，毕前因出；四禅乐报，感今缘升。因果不可不信，罪福不可不慎。……婴童据初心得名，无畏约脱缚树称。”以上是说因相信修五戒十善死后可以免下地狱而生天堂，便产生厌离世间，愿生天界的想法，勤于修善持戒，后世可以避免轮回三恶途（地狱、饿鬼、畜生）的恶果；如果修四禅（四静虑）死后可以生有色天。劝人相信因果、罪福业报。以婴童比喻初发心皈依佛教者，而说相信死后可以生天便可感到无畏。

这里所说不仅指修持佛教，也包括外道。印度外道有数论外道、声论外道、胜论外道、时论外道等，如果相信天、大天、自在天等，于是皈依，供养和修持各种禅定，死后可以生到天界。空海在释文中对佛教所说的欲界、色界、无色界的诸天、印度的十六种外道以及各种禅定等，也作了介绍。《秘藏宝钥》特别强调这一心是就外道而说的，谓“婴童无畏心者，外道厌人凡夫，欣天之心也”。

空海在此说明以修善追求生天比修善生人间，更进一步。并且从论这一心开始，在释文的最后，从浅略、深秘两种意义上进行解释。所谓浅略义，即前面按显教之义所说，而深秘义，是按真言密教的意义进行解释。他对此心以梵字五字真言作说明。他说如果按照真言实义解释，“则若人若天若鬼畜等法门，皆是秘密佛乘”，据此修行可迅速解脱。①

④唯蕴无我心，五乘中的声闻乘，属于小乘佛教。

《十住心论》说，以上人乘、天乘和外道，因为没有断除对“人我”（或“生我”也简称“我”）的迷执，仍难免超脱生死。因此佛便向众生说此解脱之道：“遮生空于唯蕴，譬我倒于幻炎。二百五十戒防身口非，三十七菩提习身心善。告

①引文见《大正藏》卷七十七，第322页下、328页下、364页下。

时则三生六十，示果则四向四果。说识唯六种，摄法则五位。四谛四念莹其观，六通八解得其证。”大意是，引导人们认识组成人身心（人我、生我、我）的是五蕴（色、受、想、行、识），由于五蕴聚散无常，生命也无常，如同幻想中的火焰，从而断除我执，体认“我空”之理；制定二百五十戒（《四分律》规定的比丘的具足戒）以防非止恶，提出“三十七菩提分”①，引导修行；至于何时可以达到解脱，少则三生，多则六十劫；解脱的果位有所谓“四向四果”②；在说人的心识时，只提出六识，即包括人的感觉和思维的眼、耳、鼻、舌、身、意六识；在分析现象时提出五位法，包括色法、心法、心所法、不相应行法、无为法；禅观有观四谛观（观想苦、集、灭、道）和四念处（观想身、受、心、法，体认无常、苦、空、无我之理）；修行此乘可以得到六种神通和八解脱。空海在释文中说：“此唯蕴无我一句中，摄一切小乘法尽。”确实，空海对“唯蕴无我住心”的概括和他在释文中的详细解释，几乎涵盖了小乘的全部教义。

空海又站在真言密教的角度对此声闻乘进行解释，说在密教中有代表声闻乘的真言，它代表“法佛如来”（大日佛），如果有人由此“入道”修行，便可体悟“法界一门，法身一德”，从而领悟此乘即是“佛乘”。③

⑤拔业因种心，五乘中的缘觉乘，也属于小乘佛教。

“拔业”源自《大日经》卷一，原文是“拔业烦恼株杌”。株杌，原意是露在地面的树根。全句意为拔除产生烦恼的根源。缘觉，佛教所说的通过观想十二因缘的道理而达到觉悟者。因为是独自修行达到觉悟，也称独觉，或比喻为麟角。《十住心论》说：“观因缘于十二，厌生死于四五（按：四大、五蕴）。见彼华叶，觉四相（按：现象之生、住、异、灭）之无缘；住此林落，证三昧于无言。业烦恼株杌由此而拔，无明种子因之而断。”④ 所谓十二因缘是构成生命过程的十二个环节：无明—行—识—名色—六处—触—受—爱—取—有—生—老死，由无明（痴）为根本原因，导致生死轮回不已。在禅观中对此可以采取不同的观法，然而最重要的目

---

①旧译“三十七道品”，是原始佛教和部派佛教所遵循的三十七种修方法，意谓有助于达到菩提（觉悟）。包括：（1）四念处；（2）四正勤；（3）四神足；（4）五根；（5）五力；（6）七觉支；（7）八正道。

②包括须陀洹向（预流向）、须陀洹果（预流果）、斯陀含向（一来向）、斯陀含果（一来果）、阿那含向（不还向）、阿那含果（不还果）、阿罗汉向、阿罗汉果。

③以上引文见《大正藏》卷七十七，第329页中下、334页上。

④《大正藏》卷七十七，第334页上中。

的是认为人生的一切苦恼是始于“无明”，从而尊奉佛教修行，认识由四大（地、水、火、风）和五蕴组成的生命是无常的，苦的和空、无我的，不可执著。

空海按密教的秘密之义解释中，说也有代表此乘的真言，如果有人诵此真言，可以得入“法界胎藏”，即悟入佛性之理而解脱。

空海对声闻、缘觉二乘的介绍，是对佛教基本教义的宣传，有助于扩大佛教的影响。

⑥他缘大乘心，大乘佛教，特别指法相宗。

空海对“他缘大乘心”的解释是：“缘法界有情，故他缘；简声、独、羊、鹿，故大名，运自他乎圆性义，故曰乘。此乃君子之行业，菩萨之用心。”释文又说：“发平等大誓，为法界众生行菩萨道，乃至诸一阐提及二乘未入正位者，亦当以种种方便折伏摄受，普令同入是乘，约此无缘大悲，故名他缘乘。”综合起来是说，以菩萨道普度一切众生，甚至对恶人（“一阐提”）、小乘（声闻、缘觉，在《法华经》中被比喻为“三车”中的羊车、鹿车）的人也引导他们觉悟成佛，既然以众生为普度对象，故称此乘佛法为他缘（平等性空，也是无缘）乘。然而在对此乘的表述中，是以法相宗为重点的。

空海在释文中对法相宗主张的修行果位“五位”——资粮位、加行位、通达位、修习位、究竟位以及对唯识学说的基本主张、五重唯识等，都作了介绍。

空海在此段释文最后用秘密义进行解释，说此属于弥勒菩萨三摩地门，是所谓“大慈三昧”，也有真言梵字为代表，如果能够读诵此真言，可以“早证大慈三昧”，“同弥勒所行”，一生成佛。①

从这一心开始，空海对在中国、日本流传的主要佛教宗派进行分类介绍，排列它们的浅深次第，逐渐突出和抬高真言宗的地位。

⑦觉心不生心，是指三论宗。

空海在释文中说：“诚知一为百千之母，空即假有之根。假有非有而有有森罗，绝空非空而空空不住。色不异空，建诸法而宛然空；空不异色，泯诸相而宛然有。是故色即是空，空即是色。诸法亦尔，何物不然。似水、波之不离，同金、庄（按：金制装饰品）之不异，不一不二之号立，二谛四中之称显。观空性于无得，越戏论（按：不真无益之论）于八不。”这里说的正是般若中观学说，也就是三论

①本段引文见《大正藏》卷七十七，第337页上至346页下。

宗的教理。

空海从真言秘密义的角度解释说，此觉心不生心法门就是“文殊师利菩萨三摩地门”，也有它的代表真言，具有“大空”深义，若诵持此真言，“则证大空三昧，等同文殊菩萨”，得悟“八不”之理。[①]

⑧一道无为心，是指天台宗。

空海首先对《法华经》的大意作介绍，即所谓“会三归一”，是指此经将声闻、缘觉、菩萨三乘皆归于佛的权宜之说，唯有一佛乘才是真实之教，三乘会归佛乘，人人可以成佛；“指本遮末，成觉之久远”，说全经二十八品分本门、迹门，前十四品是迹门，后十四品是本门（此为《法华文句》的分法），通过此二门以“开权显实”，显示其《如来寿量品》的“久远实成”的法身释迦牟尼佛（或谓三身合一）的真实之教——“唯有一乘法，无二亦无三”，显扬佛乘；“十个如是，安止观之宫殿”，是指其《方便品》中的“诸法如是相，如是性，如是体，如是力，如是作，如是因，如是缘，如是果，如是报，如是本末究竟等”，被智顗《摩诃止观》选取作为构建“一念三千”实相论的“观心”法门的重要组成部分。

据空海的释文，所谓“一道”就是法身、真如、诸法实相、佛乘，称之为“一道无为之真理”。他对天台宗的观心法门——十乘观法以及“一念三千”的实相论、三谛论、一心三观等教理都有比较详细的介绍。

空海在本段最后对“一道无为住心”的真言密义解释中，说此法门就是“观自在菩萨三摩地门”，也有其真言梵字，受持读诵此真言密法，可以迅速达到解脱，“等同观音菩萨”。[②]

⑨极无自性心，华严宗。

日本奈良时代传入华严宗，是“奈良六宗”之一，以奈良东大寺为中心。空海在嵯峨天皇即位后，被任为东大寺别当（相当寺主），并在此建立真言宗道场，从此把真言宗扩展到奈良，东大寺成为真言宗传法中心之一。

“极无自性心”原出自《大日经》，是指真如、心，空寂无自性，既无自性，便随缘而生起。空海在释文中引善无畏的话说：“此极无自性心一句，悉摄华严教尽。”华严宗以华藏世界（莲华藏世界）为报身卢舍那佛的净土，主张以真如法界

①本段引文见《大正藏》卷七十七，第346页下至350页中。

②本段引文见《大正藏》卷七十七，第350至351页、352页上。

为本体的缘起重重无尽。这就是空海说的“苞华藏以为家，笼法界以为国”；“真如法界，不守自性，随缘之义”。华严宗又主张时间的长短、修行的前后、理与事、万有现象之间，彼此圆融无碍。此即空海所说：“摄九世于刹那，舒一念于多劫，一多相入，理事相融。”因此，从圆融门来说，“初发心便成正觉”。空海在释文中对华严宗的基本教理——五教、十玄门、六相圆融等等，结合法藏的《华严金师子章》作了概要介绍。

在本段后面以秘密之义作的解释中，说此心即“普贤菩萨所证三摩地门，亦是大毗卢遮那如来菩提心之一门”，也有真言表示，受持读诵此法门即同“普贤之门”，能得“佛境界庄严三昧自在之力”。[1]

⑩秘密庄严心，真言宗。

空海将真言密教称为“庄严秘密住心”。他在介绍中说：“庄严秘密住心者，即是究竟觉知自心之源底，如实证悟自身之数量，所谓胎藏海会曼荼罗、金刚界会曼荼罗、金刚顶十八会曼荼罗是也。如是曼荼罗，各各有四种曼荼罗、四智印等。言四种者：摩诃、三昧耶、达摩、羯摩是也。如是四种曼荼罗，其数无量，刹尘非喻，海滴何比。”

真言密教认为法身佛大日如来是以“六大”（地、水、火、风、空、识）为体的，表现为万事万物、一切众生。大日佛在宇宙万物中的表现有理德和智德两大方面，理德（真如、佛性、本觉）具足一切功德，称胎藏界；智德（智慧、果、始觉、自证）具有摧破烦恼的强有力的功能，称“金刚界”。从大日佛之体来说，“六大”中的地、水、火、风、空五大，属于胎藏界；识（心识）属于金刚界。从理事、色心彼此圆融来说，色心不二，金胎为一。至于空海所说的“金刚顶十八会曼荼罗”是指密教所传大本《金刚顶经》有十万偈十八会，现存不空译的《金刚顶经瑜伽十八会指归》[2] 有介绍。金、胎二界代表大日如来之心体，显现为宇宙万有，此为“相”。“相”有四大“集聚”，也就是四大类，称四大种类的曼荼罗，以手的动作（印契）表示为四种曼荼罗，则是所谓“四智印”。

以上所说都贯彻着一个思想：大日佛与世界、与众生是融通的，是息息相关

①本段引文见《大正藏》卷七十七，第353页中至359页上。

②会，指大日如来在天上人间不同场所说法之地，谓此经广本在十八个处所讲完。从经文说，会也相当于品、章。

的。据此提出修行的身、口、意“三密”法门，称“三密用大”。空海在《十住心论》《秘藏宝钥》的释文及所著《即身成佛义》等中，对此有详细论证。

这样，空海以判教这种形式将日本流行的佛教各宗排了一个顺序：真言宗第一，华严宗第二，天台宗第三，三论宗第四，法相宗第五。

（3）空海判教论的时代意义和历史特色

空海在日本平城天皇大同元年（806）回国，将密教传入日本，创立日本真言宗。历经平城、嵯峨、淳和、仁明天皇，在朝廷的支持下先后以京都东寺、纪伊的高野山为传法中心，又在奈良东大寺建立真言宗传法道场，使具有神秘特色的供养灌顶仪式和真言密咒的真言宗在皇室、贵族中产生了很大影响。然而奈良佛教中的三论宗、华严宗、法相宗仍是有相当大的影响的。其中法相宗最有势力，此外，最澄刚成立的日本天台宗也富有朝气，是与真言宗相抗衡的新宗派。空海要争取到天皇、贵族和社会其他阶层的理解、支持，使真言宗得到顺利传播，必须向人们进一步说明真言宗具有什么特色，与诸宗相比有什么优越之处。同样，在彼此竞争的形势下，其他宗派也以自己的传法和宗教活动，或通过与反对者的辩论，向社会表明自己存在的宗教价值。

淳和天皇天长七年（830）敕三论、法相、律、华严、天台、真言诸宗各撰本宗要旨上奏。空海为此撰写《十住心论》，此后又奉敕将此简化为《秘藏宝钥》。他在这两本著作中以较详细地介绍并比较各宗教义的判教方式，将真言宗置于第一地位，强调此宗是法身大日佛所说，比已有各宗深奥。表示如果信奉此宗，通过修持“三密”可以即身成佛。后来，真言宗在日本得到迅速传播，影响所及，甚至带动其他各宗也吸收密教的成分，以致出现密教化倾向。这不仅与空海及其弟子的出色活动能力有关，应当说与空海通过判教著作和其他著作的宣传也是有密切关系的。

空海的判教著作及其判教论，现在读起来还可以发现是具有鲜明的时代特色的。

其一，适应日本佛教尚未深入传播于社会的情况，将判教论写成涉及内容广泛的百科全书式的著作。中国隋唐时期佛教宗派的判教学说一般置于论释某一部经论的著作之中，例如天台宗的判教论主要载于智颢《法华玄义》卷一、卷十及《四教义》六卷之中；三论宗判教论载于吉藏《法华游意》卷一；法相宗的判教论载于窥基《成唯识论述记》卷一、《大乘法苑义林章》卷一等等，篇幅较短。然而《十住心论》长达十卷，按十门（十心）详细地对佛教的世界构成、人类社会的形成学说和大小乘佛教的各个主要流派的代表人物、著作、教义、特色作了介绍，对与佛教有关的外道也作了概要介绍。因此，可以把《十住心论》看作是一部全面介绍佛教的百科全书。从这里也可以看到空海对佛教具有广博的和深入系统的知识。

其二，日本佛教是中国佛教的移植并适应日本社会作了新的发展。空海到中国留学，传入真言密教。从他的判教著作中，可以看到他在对佛教某些概念和思想的描述与中国的佛教著述一样，也带有与儒家会通的痕迹。例如《十住心论》卷二论述“愚童持斋住心”的部分对五戒解释中说：

> 五戒同于外书，有五常之教，谓仁义礼智信。愍伤不杀曰仁，防害不淫曰义，故心禁酒曰礼，清察不盗曰智，非法不言曰信。此为五德，不可造次而亏，不可须臾而废。王者履之以治国，君子奉之以立身，用无暂替，故曰五常。在天为五纬，在地为五岳，在处为五方，在人为五脏，在物为五行。①

将五戒格义为五常，早在中国南北朝已经这样做了，例如伪经《提谓波利经》（实为中国人著作）将五戒比做五常、五行、五星、五方；② 北齐颜之推《颜氏家训》卷五《归心第十六》将五戒比为五常。空海的这种做法，对于佛教融入受到儒家影响的社会是十分有利的。

其三，自佛教传入日本至空海创立日本真言宗已经有近250年的历史。佛教在传播中也逐渐出现一些腐败现象，引起天皇和朝廷官员的注意。奈良后期的光仁天皇和平安初期的桓武天皇都曾下令对佛教进行整顿，禁止滥建寺院，限制僧尼增加，严肃戒律，奖励学问等，并取得成效。然而佛教中的混乱腐败现象仍然存在。这在空海《秘藏宝钥》中也有反映。此书卷中在论述“唯蕴无我心”中，插入一段篇幅很长的文字，自设宾主，记述“忧国公子”（代表儒者）和“玄关法师”（佛教代表，也可看作是空海自称）的交谈。“忧国公子”认为国家支持佛教传播本来是为了护国安民，然而佛教界的实际情况却于此无补。他说：

> 前来圣帝贤臣，广建伽蓝，安置僧人，割万户而鸣钟，开千顷而鼎食，凭仰非他，只在镇押国家，利济黎元。然今所在僧尼，剃头不剃欲，染衣不染心，戒

①《大正藏》卷七十七，第315页上。

②详见任继愈主编：《中国佛教史》卷三第四章第二节，中国社会科学出版社1988年版。

定智慧乏于麟角，非法滥行郁于龙鳞。日夜经营，叩头臣妾之履；朝夕苞苴，屈膝仆婕之足。释风因兹陵替，佛道由之毁废。旱涝洊至，疫疠年起，天下版荡，公私涂炭，职此之由也。不若一切停度绝供。若有罗汉得道者，屈身顶敬，倾国供给而已。①

日本在奈良时代出于“镇护国家”的目的，由圣武天皇发起，在奈良建立东大寺，各地建立国分寺，赐予土地，安置僧尼为国泰民安、五谷丰登而进行祈祷。②这就是引文中“忧国公子”所说圣帝贤臣广建佛寺，给予种种优待，期望“镇押国家，利济黎元”的事。然而佛教界道风衰落，僧尼腐败，不仅没有使社会得益，反而招致灾害。所以这位公子提出干脆禁止佛教流行，如果真有得道者出现，再个别供养。

对此，所谓“玄关法师”进行种种解释和反驳，指出即使儒者、官员、百姓之中，也多有寡廉鲜耻，不行仁义、忠孝、礼信的人。批评这位公子“不曾顾自己乖越法教，还谈毁他人违犯经法……何以释缁违犯，吹毛求疵（按：原作‘瑕’），儒素邪非，含弘不纠”？接着说，“夫诸寺封户不出一万，僧尼啜粒不过一钵。读经礼佛，报国家之恩，观念坐禅，答四恩（按：父母恩、众生恩、国王恩、三宝恩）之德”，而朝廷官员、儒者的待遇超过此多倍，却没有卓越功德可闻，对此为什么不加以检讨呢？③

今天读这段饶有趣味的儒佛辩论的文字，可以想到，空海在提出自己的判教论时，虽想论证真言宗优越，争取在已有佛教宗派之外为真言宗发展开辟新的空间，然而同时也意识到社会上的儒者、朝廷中某些官员对佛教迅速扩张及已经出现的弊病而产生的疑虑，所以在著作中顺便对此加以辩解，以期得到他们的理解，有利于佛教的传播。

其四，真言密宗自唐中期印度僧善无畏和金刚智、不空译出《大日经》《金刚顶经》等经典后，开始较广地传播，然而中国人自己撰述的密教著作不多，重要的

---

①《大正藏》卷七十七，第366页上。

②参考日本家永三郎等人监修：《日本佛教史·Ⅰ·古代篇》第三章之五“国分寺、东大寺的创造”，法藏馆1967年版；大野达之助著：《新稿日本佛教思想史》第二章第七节“国分寺、大佛的造立”；杨曾文著：《日本佛教史》第一章第四节之四“东大寺和国分寺”，浙江人民出版社1995年版。

③《大正藏》卷七十七，第366页至367页上。

有善无畏的弟子一行撰写的《大日经疏》，其中虽有带有判教意味的说法[①]，然而严格地说尚未提出系统的判教理论。空海师承的惠果在向空海传授密教的过程中，虽有可能将自己判释佛法的见解告诉空海，然而没有这方面的文字记载。因此，空海继承《大日经》和一行《大日经疏》中的思想，以密教的观点撰写《辨显密二教论》《十住心论》和《秘藏宝钥》，提出系统的判教论，不仅在日本佛教史上有重要意义，即使在北传汉语系佛教史上也有它独特的意义。

总之，空海的判教论不仅在日本，而且在东亚汉语系佛教中也有其独特的地位。空海是出于让日本朝廷、社会各阶层的人了解真言宗，支持真言宗传播而提出判教理论的。他虽判真言宗为最高最优越的宗派，但并未笼统地全部否定其他宗派，有意地将它们置于广义真言密教包容的范围内，予以一定的地位。

2. 从体、相、用三个方面论述真言宗教理

空海论证真言密教的教理的最重要的著作是《即身成佛义》[②]。此书依据和发挥《金刚顶经》《大日经》和印度龙猛《菩提心论》等的思想，核心思想是说大日如来在体、相、用三个方面与世界万有和一切众生息息相应，众生只要按照密教规定的程式修持“三密”就可以即身成佛。空海在一首偈颂中说：

> 六大无碍常瑜伽（体），四种曼荼各不离（相），
> 三密加持速疾显（用），重重帝网名即身（无碍）。

引文中括弧中的字是据空海自己的解释“初一句体，二相，三用，四无碍”而加，空海大体就是从体、相、用三个方面对日本真言宗的教理进行论证的。

体，即本体，大乘佛教一般用来表述法性、法身，在密教特指法身佛大日如来。空海依据《大日经》等密教经典的经文并进行发挥，认为大日如来既是世界万有的本体，也是一切佛、菩萨和众生所依据的本体。构成这种本体有六种因素，即地、水、火、风、空、识（心），称之为“六大体大”。空海在《即身成佛义》

---

①善无畏与弟子一行所译的《大日经》卷一《入真言门住心品》中有“无始生死愚童凡夫”、“愚童凡夫，类犹如羝羊”、“唯蕴无我”、“拔业烦恼株杌”、“无缘乘心”、“自心本不生”、“极无自性心”等说法。一行《大日经疏》卷一至卷三对此有所解释，卷三谓此经（实指密教）“横统一切佛教”，从横的方面说它包括大小乘诸教；此疏也以所谓“浅略、深密”两种方式解释经文。详见《大正藏》卷三十九，第579至616页。

②篇幅不长，载《大正藏》卷七十七，第381页中至384页上。以下所引不再注明页数。

中说：

> 如是六大能造一切佛及一切众生、器界等四种法身、三种世间。

四种法身是指自性身、受用身、变化身、等流身。前二者相当于法身与报身，后二者相当于应身（或化身）。三种世间是指众生、国土、五蕴（色、受、想、行、识）三世间，实际是指整个世界和一切众生。原始佛教与部派佛教乃至大乘佛教，经常用地、水、火、风四种物质元素及由这四种元素组成的东西表示五蕴中的“色”。“空”是指空间，常常用来指构成身体内部的空隙、空腔，也指广阔的虚空。“识”，心识，相当于心。空海在《即身成佛义》中举印度天亲（世亲）的“三界唯心”（此当出自《十地经论》），认为心与识“名异义通”。可见，六大当中的前五大——地、水、火、风、空，大体相当于色（物质），最后一大——识，是心（精神）。空海认为大日如来作为世界的本体，通过六大显现出万物，包括佛与菩萨、众生在内。这样，大日如来无时不在、无所不在。这是对大乘佛教法身概念的一种新的发展。大乘佛教一般偏重于用“空”、“毕竟空”或“空性”来解释法身，认为地、水、火、风及其所形成的事物只是法身虚幻的表现（假有）。

相，是形相或形象，是大日如来（六大）所外现出来的现象，包括山河大地、万物万象，其中也包括各种佛、菩萨和一切众生。密教用所谓“曼荼罗”（译为坛场，这里是“集聚”、“类”的意思）的术语表现，包括如下四种曼荼罗（四大类）：

大曼荼罗，一切佛、菩萨、众生的形象，也包括有关绘画；

三昧耶曼荼罗，“三昧耶”意为本誓，诸佛与菩萨解救众生的誓愿，通过各种标识——刀剑、轮宝、金刚、莲华等来表现，这种曼荼罗也包括对这些东西的绘画；

法曼荼罗，也称“种子曼荼罗”，代表诸佛、菩萨的真言符号，象征大日如来的“法”或“种子”的是梵文“阿”（A）字；

羯摩曼荼罗，“羯摩”是指诸佛、菩萨等的动作姿态、事业，也包括有关造像。

这四种曼荼罗（四大类现象）充满宇宙，彼此融通无碍，是大日如来自体的显现。

空海以上所说大日如来法身佛的“六大”之体是世界万有和众生的本源、本体，与众生融通无碍；法身佛的“四种曼荼罗”之相也与世界万有以及众生会通，如同帝释天（佛教所说的三十三天之主）宫殿的珠网上众多宝珠的光影彼此掩映，相融无碍。这至少在理论上可以推导出两个结论：第一，佛与众生具有共同的本体，在本质上并无根本的差别；第二，“六大”之中虽有色（前五大）、心之别，但彼此又是相即不二的，在世界万有融为一体的网络中，色即是心，心不异色，因为此心体现大日如来之悲、智，可以说佛的悲、智（佛法、理）也体现在万事万物和众生身上。这便为真言密教的即身成佛论提供了理论依据。

那么，应当如何修行才能与大日如来契合无间，达到成佛解脱呢？空海用构成“用”的所谓“三密”来加以解释。

用，是作用，是“六大法界”的作用。大日如来有三密，即身密、语密和心密（或意密），是指为了引导、佑助（加持）众生达到觉悟解脱而通过身体动作（常以手势）、语言（各种声音）、心意（悲、智、佛法道理）表现出来的启示、征象。《即身成佛义》谓：“法佛（按：大日如来）三密甚深微细，等觉（按：佛）、十地（按：正在十个阶位修行的菩萨）不能见闻，故曰密。”大日如来有三密，众生也有三密，可以与其相应。什么是众生的三密呢？就是按照密教的教义修持的三种密法，即手结印契（一些特定的手势）是身密，口诵真言密咒是语密，内心观想法界实相、大日如来是心密（意密）。据称，通过修持三密就能够与大日如来的三密相互契合。空海说：

> 三密相应加持故，早得大悉地（按：意为大成就、成佛）。（《即身成佛义》）

真言宗的主要修行方法就是三密，认为按照本宗规定的方法修持身密、语密和心密，就可能迅速达到觉悟，即身成佛。

3. 空海的“即身成佛”论

成佛是大乘佛教修行者的最高追求目标。然而，如何才能成佛，经过多长时间才有可能成佛，各个佛教派别有各自不同的看法。仅就成佛的时间来说，中国佛教宗派内部存在的分歧很大。天台宗、华严宗在理论上虽也主张即身可以成佛，但在其教义中并不特别强调；禅宗也主张即身可以成佛，但因为比较强调烦恼与菩提（觉悟）、众生与佛相即不二的关系，如六祖慧能所说：“自性迷，佛即是众生；自性悟，众生即是佛。”（敦煌本《六祖坛经》）从而使得这种说法在其教义体系中不很突出。法相宗等宗派则明确主张至少必须经过三阿僧祇劫（难以计算的无量长的时间）的修行才有可能成佛。与此相对，密教教义的一个最突出的特色是主张即身成佛。

对此，空海在《即身成佛义》的开头假借有人出来质疑，他作出回答。原文曰：

> 问曰：诸经论中皆说三劫成佛，今建立即身成佛义，有何凭据？
>
> 答：秘密藏（按：指密教经典）中，如来如是说。
>
> 问：彼经说云何？
>
> 答：《金刚顶经》说，修此三昧（按：密教的一种禅定）者，现证佛菩提。又云：若有众生遇此教，昼夜四时精进修，现世证得欢喜地（原是菩萨修行阶位十位中的初位。但此文却注曰：非显教所说初地，是则自宗佛乘之初地），后十六生成正觉（原为佛位。此原文注曰：指十六大菩萨生）。又云：若能依此胜义修，现世得成无上觉……《大日经》云：不舍于此身，逮得神境通，游步大空位（按：空寂无形的法身位），而成身秘密。又云：欲于此生入悉地（按：意为成就，即成佛），随其所应思念之，亲于尊所受明法，观察相应作成就……龙猛菩萨《菩提心论》说：真言法中即身成佛故，是说三摩地法（按：密教的三昧法门）于诸教（按：指所谓显教）中阙而不书。又云：若人求佛慧，通达菩提心，父母所生身，速证大觉（按：指佛）位……

据此，所谓“即身”的含义具有“现世”、“此身”、“此生”、“父母所生身”等义。因此可以说，所谓“即身成佛”就是此生现身成佛。

众生为什么可以即身成佛？既然众生与佛皆以“六大”——地、水、火、风、空、识（心）为体，那么众生在本质上与佛已无差别。空海在《即身成佛义》中强调“佛身即是众生身，众生身即是佛身”，正是根据这点提出的。另外，如前所述，“六大为法界体性”，既有形象——四种曼荼罗，又有作用——三密，它们之间彼此融通，相互交涉，佛与众生时时处处相互感应。空海表示：众生只要修持身密、语密和意密，便可与大日如来的三密密切相应，使“如来大悲与众生信心”相应。空海在解释“加持”二字时称：“佛日之影现众生心水，曰加；行者心水能感佛日，曰持。”正是由于这种相互感应，使众生生来具有的佛性（菩提心）得以显现，达到即身成佛，所谓“父母所生身，速证大觉位”。

空海在解释众生即身成佛义时所作的种种论证，不仅具有宗教修行解脱论的意义，而且也具有哲学思辨的意义。他在论述“六大”（体）、“四曼荼罗”（相）及它们的相互作用时，实际已经在一定程度上接触到了哲学当中的本质与现象、一般与个别的对立统一关系的重要问题。认为本质或一般表现为现象与个别，现象或个别当中包含着本质与一般；本质与现象、一般与个别之间存在着密切的互相依存、互相贯通、互相渗透和互相转化的关系。只不过空海是将所谓的法身佛大日如来作为本体（具有本质的含义）和一般，而将世界万物和众生作为现象与个别。可以认为，在古代的社会环境中，如果能够透过这些宗教方面的词语和表述，辨析其中包含的哲学意义，对于训练或提高人们的抽象思维能力还是有启迪意义的。

四、日本真言宗在后世的流派

空海的弟子中著名的有实慧、真济、真雅、真然等人。他们及其他们的法系虽然基本继承空海传入和阐释发挥的真言宗教理（教相）体系，然而在修行仪规、仪式等（事相）方面却有所发展，形成很多不同的门派。

在实慧的后继法系，10 世纪时宽朝（916—998）在嵯峨的广泽建遍照寺传法，因传授独特的事相，发展成日本真言宗的“广泽流”，后来发展为六个流派，称“广泽六流”。

在真雅的法系，11 世纪出了仁海（955—1046），在山城的小野建曼荼罗寺传法，因他传承的事相而形成所谓“小野流”，后发展为六个流派，称“小野六流”。

平安时代后期，属于广泽流的觉鑁（1095—1143），在鸟羽上皇的支持下在高野山建立大传法院和密严院，受鸟羽上皇敕命既任大传法院座主，同时兼任金刚峰寺座主。由此引起原高野山僧众的强烈反对，他们在京都东寺僧众声援和支持下对觉鑁发动袭击。觉鑁不得已带领门徒 700 余人逃离高野山，到根来（在今和歌山县那贺郡）择地建圆明寺居住和传法。觉鑁著有《密严诸秘释》《密严遗教录》《父母孝养集》等。他在《五轮九字明秘释》中用真言密教的教理和概念阐释西方阿弥陀佛净土法门，称大日如来与阿弥陀佛同体异名，西方极乐净土也就是大日如来的“密严净土”。在对真言密教“三密”之一的“语密”解释中，说净土念佛就是密教的“语密”，主张按照密教的修持方法来修净土念佛法门。

从此以后，以高野山与根来圆明寺为传法中心的真言宗僧众之间，经常发生冲突。进入镰仓时期以后，属于真言宗广泽流的赖瑜（1226—1304），将在高野山的大传法院和密严院迁到根来，由此日本真言宗正式分裂为两大派：以根来寺为传法中心的一派称“真言宗新义派”，以高野山、京都东寺为传法中心的一派称“真言宗古义派”。这两派在教义上的最大分歧在对大日如来能否说法这一问题上。新义派论据赖瑜的理论，认为“本地身”（法身佛）大日如来是不说法的，然而大日如来的“加持身”（化身）可以应机向众生说法，其所说即《大日经》。古义派主张大日如来能够说法，其所说即《大日经》。

在空海创立日本真言宗之后，密教信仰在日本社会十分盛行，对旧有的奈良佛教各宗也产生很大影响。密教的修法、供养和祈祷仪式，在祈求降雨、祛病、灭灾以及“镇护国家”等各种佛法仪式上被广泛地运用，为日本历代天皇、贵族所重，对普通民众也有较大影响。真言宗的教理和多样化的佛神信仰，也逐渐地渗透到日本原有的神道以及哲学、文学、艺术等各种文化形式之中。

第四节　最澄、空海以后的日本入唐求法僧

日本平安时代入唐求法僧最有名的有八人，日本佛教史书称之为“入唐八家”或“入唐八大家”，即最澄、空海、常晓、圆行、圆仁、惠运、圆珍、宗睿。其中，最澄创立日本天台宗，圆仁是他的弟子，圆珍是他的再传弟子，其他人皆是真言宗僧。空海创立日本真言宗，常晓是他的弟子，圆行、惠运是他的再传弟子，宗睿是他的三传弟子。尽管他们不属于一个宗派，然而皆从中国继续输入真言密教，分别对日本“台密”、“东密”的形成和发展产生较大影响，并且皆从中国进一步传入佛教典籍，在中日佛教文化交流史上占有一定地位。此外还有平城天皇之子真如亲王也曾入唐求法，然而后来从中国西行赴印求法，死于罗阅国；圆载在唐土求法长达四十年，最后不幸在起航归国途中船破葬身大海。

最澄、空海的事迹已经介绍，圆仁将在后面设专节介绍，这里仅对其他五人和真如亲王、圆载赴唐求法的事迹略作介绍。

一、圆珍入唐求法事迹

圆珍（814—891），原姓因岐首（入唐称姓殷），后赐姓和气，日本赞岐国那珂郡（今香川县）人。家世殷富，母亲是空海的侄女。圆珍自幼读《毛诗》《论语》及《汉书》《文选》并读佛经《因果经》等。年十五随叔入比睿山，礼座主义真为师，广读《法华经》《金光明经》《大日经》等经典及天台章疏。淳和天皇天

长十年（833），圆珍十九岁之时充天台宗当年度僧（“年分度者”）之额，经考试及格受戒为僧，然后在山中研习天台、密教经典十二年，成绩优异。因在长期阅读经典中积累很多疑问，便萌发入唐求法释疑的意向。仁明天皇嘉祥元年（848）圆珍奉敕任内供奉持念禅师。

文德天皇仁寿元年（851）五月，圆珍经奏请天皇，前往九州太宰府（在今福冈县），准备搭商船入唐。仁寿三年（唐宣宗大中七年，853）七月，他搭乘唐商钦良晖之船起航，八月至唐福州连江县，登岸。经报当地官衙，福州刺史韦署及其属官将圆珍一行安置到开元寺居住。在此寺逗留期间，圆珍从印度僧般若怛罗学梵字《悉昙章》，并受“金刚界大悲、胎藏界大日佛印”及其他密法。开元寺律师存式赠送给他怀素所著《四分律开宗记》《开四分律家拾遗钞》[①] 及嘉祥吉藏、慈恩窥基对《法华经》《华严经》《涅槃经》及《俱舍论》所作的注疏，共约三百卷。此后，圆珍北上温州，在州府所在地永嘉县的开元寺听僧宗本讲授《四分新疏》（指怀素对《四分律》作的注疏）及《俱舍论》《楞伽经疏》等。

圆珍是天台宗僧，对天台山向往已久。大中七年（853）十二月，圆珍一行先到台州治所临海县，住入开元寺。在此见到当年接待过最澄的天台山国清寺僧清翰的弟子知建，得授《维摩诘经》《因明入正理论》的注疏。经申报，台州刺史李肇给予公验（官府验明盖章以说明持者身份行由的文书）。

接着，圆珍到了唐兴县（今天台县）天台山国清寺。参考圆珍《行历抄》《在唐日录》及三善清行《圆珍传》、尊通《圆珍年谱》，圆珍最初到的“国清寺”在全寺最南边[②]，座主（住持）是当年传法于最澄的道邃的弟子物外和尚；此寺东北方被称作“银地”的地方有智顗原建的“修禅寺”，隋时建国清寺后改称“修禅道场”，后称“上禅林寺”或“禅林寺”，也称“佛陇寺”，住持是冷座主（法名全称不详）；在禅林寺西北有天台山最高之峰——华顶峰，传说是隋代定光和尚向智顗招手和智顗“降魔”之处。以上统称“国清寺”。圆珍在此与早在唐文宗开成三年

---

①日本三善清行《天台宗延历寺座主圆珍传》（下简称《圆珍传》）谓《四分律东塔疏》。“东塔”是指唐长安西太原寺东塔院的怀素（624—697），是唐代四分律学三大家之一。据圆珍《智征大师请来目录》（载《大正藏》卷五十五），所谓《四分律东塔疏》应为《四分律开宗记》《开四分律家拾遗钞》（《新疏拾遗钞》）。

②唐代征君所纂《天台山记》谓国清寺在唐兴县北十里，在国清寺东北十五里有禅林寺。载《大正藏》卷五十一，第1054页中。

（838）与圆仁一起作为留学僧入唐的圆载会合，此后经常一起修学。

圆珍一行先在国清寺居住修学一年，其间得到国清寺物外座主、禅林寺冷座主和当年最澄求法时结识的学僧文举等人的弟子清观、元璋等僧的热情招待，参拜了天台大师智𫖮的遗迹、坟墓和其他名胜，听物外座主讲《摩诃止观》及天台宗教理，并借抄天台教典近三百卷。

大中八年（854）九月，圆珍离开天台山，到越州首府会稽（今浙江绍兴）开元寺拜谒天台大师第九代、广修的弟子良谞，请他传授天台宗教义及解答疑难问题，并在此寺抄写佛教典籍。半年后离开，与圆载结伴往京城进发，大中九年（855）五月经洛阳到长安。

当时长安仍盛行密教，青龙寺、大兴善寺等皆是著名密教传法中心。在青龙寺传法的是法全和尚，是来自印度那烂陀寺的善无畏法系的第五代传法弟子，曾任皇宫内长生殿"持念供奉大德"。在大兴善寺传法的是来自西域（应是中亚一带）的智慧轮（音译"般若斫迦"），属不空法系的第三代传法弟子，著有《佛法根本》《示教指归》。《佛法根本》现存碑文称大日如来（大毗卢遮那）是佛的根本，为"诸佛所依"，可以显现各种佛身；"真言陀罗尼"（真言密咒）是一切佛法的根本，主张通过修持身、语、意"三密"等密法引导众生解脱。① 智慧轮的主要弟子中有绍明。

圆珍在青龙寺受到法全和尚的热情接待，向他传授瑜伽密教宗旨，并且提供密教经典让他抄写，又举行隆重法会为他和圆载传授密教胎藏界、金刚界和苏悉地大法。法全还特地为圆珍举行"授传两部大教阿阇梨"的灌顶仪式，意味着圆珍今后有传授胎藏界、金刚界两部密教大法的资格。在大兴善寺，圆珍又从智慧轮和尚受传"两部大曼荼罗教秘旨"和新译密教经典的"持念经法"。圆珍一行在长安求法、巡礼诸寺和礼拜不空三藏塔等圣迹，前后经过半年时间。大中九年（855）十一月他们离开长安东行，在洛阳特地礼拜善无畏、金刚智三藏的坟塔等遗迹。在经过越州的时候，特地到开元寺探望良谞和尚。良谞赠他智𫖮《法华玄义》、湛然《法华疏记》（《法华文句记》）等。

大中十年（856）六月，圆珍一行又回到天台山，在此居住修行两年多时间。

---

①《宋高僧传》卷三载有智慧轮之传（《大正藏》卷五十，第723页上）。智慧轮所著《佛法根本》被弟子刻成碑，《大正藏》卷四十六，第988页至989页所载《明佛法根本碑》，即此碑文。

其间，圆珍拿出来唐前右大臣（当为藤原良房）托他奉献天台大师智顗影堂的砂金十三两，重修智顗墓龛及国清寺大殿。他又想到当年最澄曾施资在天台山建僧院以备以后学法僧居住，然而在会昌灭佛中遭到毁坏，又施钱四十千文，纠工购料在国清寺止观院建造止观堂和房屋三间，题额“天台国清寺日本国大德僧院”。[①] 圆珍此后住于此院，回国前请清观担任主持人。[②] 唐懿宗咸通二年（861）国清寺请乡贡进士沈懽撰写《天台国清寺日本国大德僧院记》记述此事。这是中日佛教文化交流史上的一段佳话。

大中十二年（858）初，圆珍将自己奉敕入唐求法的缘由和经过以及从各地搜求抄写的佛教典籍目录，专书呈报台州刺史严修睦，请求按照贞元二十一年（805）台州刺史陆淳对最澄求法给予官方证明文书那样，开具盖上官印的证明（公验）。此事似乎并不顺利，现存圆珍《乞台州公据印信状》共三通，所署时间分别是大中十二年闰二月某日、三月五日、四月一日，直到四月八日，台州刺史严修睦才在圆珍第一通《乞台州公验状》后批复文字并盖印章，其中有“问法寻师，颇得宗旨。传写经义，益见精勤”，“恳请印状，以表行由”等。这就是以州府的名义对圆珍求法予以证明的公验。

为什么必须得到州府的证明呢？正如圆珍在《乞台州公据印信状》中所说：“所抄习经教，若得大唐使君批给两字及印信，本国方信传得天台法教。如不得凭据、印信，招后学之反误，永失功德之因。”当时佛教已传入日本三百多年，然而日本学僧仍愿以中国学僧为师，在碰到疑难问题时，总希望有机会得到“唐决”，为此不惜冒险渡海到中国求法释疑。在圆珍之前入唐的圆载曾带来比睿山座主圆澄提出的天台教理“三十问”求天台山僧人回答。据此，圆珍执意求台州刺史公验印信的做法是可以理解的。当圆珍得到台州刺史的公验印信之后，立刻准备归国。

大中十二年（858）六月八日，圆珍一行乘商人李延孝的船回国，十四天后从

①以上所述主要依据圆珍在大中十二年（858）的《乞台州公验状》。至于《圆珍传》中所载重修天台大师墓龛和国清寺大殿是在大中八年（854）圆珍赴长安之前，用“太政大臣送供智者大师影砂金四十两”；大中十年（856）六月圆珍从长安回到国清寺以后，出“右大臣”给圆珍的“路粮砂金三十两”建止观堂。其中右大臣与太政大臣应为一人，即藤原良房，他在圆珍入唐前为右大臣，圆珍回国前一年才任太政大臣；另砂金钱数目也不统一。现依据圆珍《乞台州公验状》的说法，《圆珍传》只作参考。

②《圆珍传》记载，止观院建成，“即请僧清观为主持人”。然而同传所载沈懽《天台国清寺日本国大德僧院记》说此院在大中十年（856）九月七日建成后，圆珍法师“即主持此院，苦节修行”。因此，请清观主持此院当在大中十二年（858）六月圆珍归国之前。

九州松浦登岸。圆珍从入唐到回国，在中国求法修行前后经过六年。

圆珍将在唐搜寻抄录的佛经、章疏、著述及碑铭等随时加以整理，先后编写出以下两类目录：第一类是按求得典籍的地点编录，编出福州《开元寺求得经疏记等目录》载录一百五十六卷、《福州温州台州求得经律论疏记外书目录》载录四百五十八卷、长安《青龙寺求法目录》载录一百一十五卷，后有圆珍求青龙寺法全“检校”予以证明的疏状、法全表明圆珍已受密教大法及得阿阇梨位的书状。第二类属于总目录，编有《日本比丘圆珍入唐求法目录》载录三百四十一本（部）七百七十二卷，前后也按得书地点编目，其中不包括零碎经论和抄写未毕者；《日本国上都比睿山延历寺比丘圆珍入唐求法总目录》载录四百四十一本（部）一千卷，前面有“大唐国浙江东道台州唐兴县天台山国清寺”，表明这正是圆珍在大中十二年闰二月通过国清寺上呈台州刺史要求给予公验印信的目录。然而现本后面署的时间是大中十二年五月十五日，表明后又有修补。现《大正藏》卷五十五所载名称为《智证大师请来目录》，因为“智证大师”是圆珍死后三十六年天皇所赐谥号，可见这个名称是后人改用的。

圆珍回国后，将自己在唐求法经历写成《在唐巡礼记》五卷，现已不存，仅有后人摘编部分内容的《行历抄》《在唐日录》。另有《师友唱酬诗集》十二卷，已佚，现存18世纪园城寺敬光编录的《风藻饯言集》，载有圆珍在唐僧俗友人的诗十六首二句、书状七篇。

圆珍回国的第二年，得到清和天皇的召见，他将先文德天皇愿求的胎藏、金刚界两部曼荼罗进奉天皇，得到朝廷允许他在全国传法的敕印公验。当时藤原良房担任太政大臣，对圆珍传法给予种种方便。

当时日本朝野风行密教。清和天皇贞观六年（864）圆珍奉敕入京，在仁寿殿结坛，为以太政大臣藤原良房为首的臣僚举行密教胎藏界灌顶仪式，为天皇等人讲《大日经》，后被安置于冷然院“持念坛”专为天皇宝祚、皇后祈祷。清和天皇贞观十年（868），圆珍五十五岁，敕任比睿山延历寺座主。圆珍在清和天皇贞观十四年（872）九月回到比睿山，直到去世也没有出山。他的地位日益提升，在宇多天皇宽平二年（890）经全山僧众上表推举和太政大臣藤原基经的推荐，圆珍受任全国僧官职位之一的少僧都。圆珍于宽平三年（891）十月去世，年七十八。

在延历寺的山王院之南有称为“御井”的地方，有座由7世纪弘文天皇（天智天皇之子，一般称“大友皇子”）之子与多王所建的寺院。清和天皇贞观元年

（859）圆珍改御井为三井，将此寺重建，并在寺内建“唐房”，将从唐带回暂寄藏太政官府（“尚书省”）的佛教典籍运到此处收藏。三井寺也名“园城寺”，在今日本滋贺县大津市的长等山。

圆珍去世之后，圆仁与圆珍的门徒之间矛盾日益加剧，导致比睿山僧团发生分裂。圆仁法系以延历寺为中心形成山门派；圆珍法系被迫迁来三井寺，形成日本天台宗寺门派，两者经常发生冲突，甚至刀兵相见。

圆珍除前述佛书目录和入唐行记等著作外，还著有很多阐述天台宗和密教教理、仪规的著作，其中重要的有《法华论记》十卷、《入真言门住如实见讲演法华略仪》二卷、《观普贤菩萨行法经记》二卷、《大毗卢遮那经指归》一卷、《大毗卢遮那成道经心目》一卷等。圆珍入唐再传密教，并且撰写阐述密教教理、仪规的著作，强调真言密教的优越，对日本天台宗进一步与密教结合，推进日本天台密教（简称“台密”）的发展起到重大作用。

二、真言宗僧常晓、圆行、惠运和宗睿入唐求法

在空海之后，他的弟子常晓，再传弟子圆行、惠运及三传弟子宗睿相继入唐求法。

常晓（？—866），山城（在今日本京都南部）小栗栖人，出生后遭母遗弃被别人收养，幼年到奈良元兴寺跟僧正丰安学三论宗，后跟空海学密教。仁明天皇承和三年（836）五月，常晓奉敕入唐求法，随遣唐使藤原常嗣一行出航，然而不久遭遇飓风漂回，第二年也因逆风出航失败。直到承和五年（唐文宗开成三年，838）六月，遣唐使藤原常嗣一行又出航起程，常晓、圆行和天台宗僧圆仁、圆载相随入唐求法。常晓与遣唐判官菅原善同船，八月在扬州登岸，由扬州节度使府衙安置住入广陵馆。当时扬州是淮南道首府所在地，节度使是检校户部尚书兼扬州大都督李德裕。

在日本遣唐使一行获准进京之时，常晓未能得到允许一起同行，留在扬州参访佛寺寻师。常晓在栖灵寺遇到密教高僧、不空嗣法弟子惠应的弟子文璨和尚以及华林寺学僧元照座主。后经淮南节度使李德裕的允准，常晓住入栖灵寺并兼住华林寺，跟文璨学修密教，同时又向元照学习般若三论之学。常晓从文璨得授金刚界密

法和阿阇梨（导师）之位，此后，又得授日本尚未流传的密教大元帅密法。①

所谓“大元帅秘法”，是据密教经典《阿吒婆拘鬼神大将上佛陀罗尼神咒经》（失译）和善无畏译《阿吒薄俱元帅大将上佛陀罗尼经修行仪规》所修的护国法事之一。“大元帅”，又作“大元帅明王”，音译“阿吒婆拘”或“阿吒薄俱”，是密教所奉“药叉大将”之一，被认为是能镇护国土、保护民众安乐、消除恶兽及水火刀兵等障难之神。《阿吒婆拘鬼神大将上佛陀罗尼神咒经》有曰：

……佛告阿难：此咒极有大神力，能消除一切诸难并诸时恶，拥护众生多所利益，汝好受持，广令流布。若有城邑村落诵此咒者，莫不蒙利；若有国王大臣诵此咒者，其人境土无有恶贼怖难、灾横疾疫、水旱风霜。若遇恶贼，应诵此咒。若系著高幢头，贼见此幢，贼寻退散降伏。②

《阿吒薄俱元帅大将上佛陀罗尼经修行仪规》说：

若国土衰祸，雨泽不调，以此咒安四城门上，即得风雨顺时。若将此咒镇国土，四方一切邻敌及大臣不起逆心。若有作逆者，三称观世音菩萨名，即大元帅召一切鬼神兴云降雨，下其刀剑而灭逆臣。若有国王大臣诵持此咒者，其王境土无有恶人恶贼及诸鬼神。若善男子善女人持此咒者，所在之处当得平吉，昼安夜安。③

常晓相信这一密法对祈祷佛菩萨善神护国佑民、降福除祸十分灵验，称之为“如来之肝心，众生之父母，于国城堑，于人筋脉”（《常晓和尚请来目录·入唐学法沙门常晓言》）。他深知日本正盛行密教，如将此法传入日本不仅会受到真言宗的欢迎，也一定会受到以天皇为首的朝廷、群官及民众的欢迎。因此，他虽为未能进入唐朝京城而感到遗憾，但为得到大元帅法的传授而感到非常幸运。这从他回国进呈请来佛经目录的上奏文中可以清楚地看到。

常晓在扬州期间，除分别从元照、文璨学显、密二教外，还抄写大量经典，并

---

①关于常晓受密法之事，《元亨释书》卷三《常晓传》记载是元照座主传授，然而《本朝高僧传》卷六《常晓传》则说是文璨传授。据《常晓和尚请来目录》，元照是“三教讲论大德”，像是以传授显教为主的法师，而文璨是不空再传弟子，又有密教“灌顶阿阇梨”之资格，所以授常晓密教金刚大法及大元帅法的“大师”应是文璨。

②《大正藏》卷二十一，第178页中。

③《大正藏》卷二十一，第193页中。

请人绘制多种大元帅曼荼罗等密教尊像。在唐文宗开成四年（日本仁明天皇承和六年，839）八月，常晓随遣唐使藤原常嗣一行回国。据《常晓和尚请来目录》，他带回的佛典共有三十一部，其中主要是中国人的佛教著述和密教经典。在中国人的著述中，比较珍贵的有唐元康《百论疏》三卷、《三论玄枢》二卷、《中论三十六门执疏》一卷，还有唐关中道掖《维摩经疏》四卷、《维摩经释批》三卷、《金刚般若疏》二卷等；在密教经典中，既有修密教大元帅法所依据的《阿吒婆拘鬼神大将上佛陀罗尼神咒经》《大元帅念诵仪规》等经典，还有诸如“大元帅本身将部曼荼罗”、“大元帅大悲身像”、“大元帅忿怒身像”等多种密教菩萨及神像。

常晓在回国第二年经奏请朝廷，将带回的密教诸尊像安置于山城宇治（在今京都南部）小栗栖法林寺，按照密教仪规为“保护国家”修大元帅密法。此后，常晓也曾为祈雨修持此法。自文德天皇仁寿元年（851）正月以后，开始在皇宫修大元帅法。常晓于清和天皇贞观六年（864）受任权律师，两年后去世。①

圆行（799—852），山城（今京都）人，自幼从奈良元兴寺岁荣出家，十七岁受具足戒。十年后，正值空海盛传真言密教，圆行随空海受胎藏、金刚两部密法。此后，圆行又礼拜空海弟子杲邻为师，入坛接受灌顶，随后跟他广学密教经典。

仁明天皇承和五年（唐文宗开成三年，838），圆行奉敕与常晓、圆仁、圆载等人随遣唐使藤原常嗣一行入唐求法。圆行在当年底到达长安，被安置住入青龙寺。当时青龙寺座主是惠果弟子义操的付法弟子义真。圆行住下以后，长安保寿寺“内供奉临坛大德”光辩等密教高僧奉命前来会见圆行，就经文和密教义理向他提出质询。据载，圆行“答辞如流”。他们感到满意，便上报复命。同日，统管全国僧尼事务的左神策中尉、左功德使、右骁卫大将军的宦官仇士良、青龙寺上座圆境一起接见圆行，告诉他已被朝廷任为“内供奉讲论大德”。此后，圆行师事义真学习密教义理，随时请教疑难问题。翌年闰正月，圆行从义真受密教阿阇梨（导师）位的灌顶，还受赠佛典、道具及佛舍利等。

圆行在开成四年（日本承德四年）十二月（已进入公元840年）回国，带回显密佛典和著述六十九部一百二十三卷，舍利三千粒，附属物三种（印度僧难陀付授的菩提叶一枚、义真付授的沉香念珠、中天竺难陀和灵仙分别付授的梵夹），佛

①以上主要依据《常晓和尚请来目录》（载《大正藏》卷五十五）、《入唐五家传·小栗栖律师传》及《元亨释书》卷三、《本朝高僧传》卷六《常晓传》。

像及曼荼罗图样十二种、道具十六个。圆行此后奉敕住入京城的灵岩寺，后在播磨（在今兵库县）建造大山寺，大力提倡密教。圆行在文德天皇仁寿二年（852）去世，年五十四。[①]

惠运（738—869），平安城（今京都）人。出家后从奈良东大寺泰基、药师寺中继二位法师学习大乘经典和法相宗，又从空海的弟子、京都东寺实慧受密教灌顶。仁明天皇承和九年（唐武宗会昌二年，842），惠运搭乘唐商李处人之船入唐求法，八月到达温州乐城县，登岸。他北上到长安入青龙寺礼义真为师，登坛受密教灌顶，受传密教教理及诸部密印。惠运在唐留学六年，唐宣宗大中元年（日本承和十四年，847）六月从明州（今浙江宁波）搭乘唐商张支信、元净之船回国。据《惠运律师书目录》，他将从唐朝带回的密教经典、仪规等二百二十二余卷进呈朝廷。[②] 惠运在唐期间赶上唐武宗会昌五年（845）禁断佛教事件，寺院大量被毁，僧尼被迫还俗。他回国时将青龙寺的“镇守神体”带到日本，后供奉到他住持的山科（在今京都东南）安祥寺作为该寺的镇守神。[③]

清和天皇贞观六年（864），惠运任少僧都。他鉴于各地寺僧受戒做法的混乱，向朝廷上表提出改进措施。他在表奏中说，按照旧例，凡得度出家，必须先由有司给予“度缘”（相当于中国的度牒，即准予出家的合法证明），然后才准入寺。如果属于朝廷分配的“年度”者（允准当年出家得度的人数），得度后必须以沙弥身份经过两年修行；临时得度者须经三年修行才有资格受具足戒。年龄必须在二十岁至六十岁之间，受戒前须通过考试。一是从《法华经》《金光明最胜王经》和《威仪经》（当为后汉安世高译《大比丘三千威仪经》）三经内容中提出十个问题（“十难”），以测试考者对三经的熟悉和理解程度；二是就“十遮”（戒有对重罪的性戒、对轻罪的遮戒，然而此当指十戒）[④] 进行考试。考试及格者方可到奈良东大寺戒坛院受具足戒，得到戒牒成为正式僧人。惠运认为这样才能制止由于违背严格的授戒制度而带来的混乱，以使“戒坛清静，佛法兴繁，国土之丰乐不期而来，内外

①主要据《灵岩寺和尚请来法门道具等目录》（载《大正藏》卷五十五）、《入唐五家传》（载《大日本佛教全书》第113册）、《本朝高僧传》卷六《圆行传》。

②《大正藏》卷五十五，第1089页。

③以上主要据《入唐五家传·惠运传》《本朝高僧传》卷七《惠运传》。

④十戒是不杀生、不偷盗、不淫欲、不妄语、不饮酒、不以香花装饰自身、不观听歌舞、不坐卧高广大床、不非时食（过午不食）、不蓄金银财宝。

之灾殃不禳而去”（《本朝高僧传》卷七《惠运传》）。惠运这个奏文为我们了解当时日本佛教界和僧众出家受戒情况提供了重要的信息。

惠运于清和天皇贞观十一年（唐咸通十年，869）去世，年七十二。

宗睿（809—884），俗姓池上，平安城（今京都）人。十四岁入比睿山从戴镇出家，受具足戒后投到奈良兴福寺义演门下学法相宗。此后，宗睿回到比睿山从义真座主学天台宗教义并受菩萨戒，又到园城寺从圆珍受传密教胎藏界、金刚界两部大法。然后，他到真言宗传法中心东寺，从空海的弟子实慧僧正受金刚界密法，又到禅林寺从空海的再传弟子真绍受阿阇梨位的灌顶。这样，宗睿先后受传法相宗、天台宗教义，又受传台密和东密，然而最后皈依的是东密之法。当时尚为太子的清和天皇对他十分赏识，常召请他入宫讲经，即位（858）后，对他更加崇敬。

清和天皇贞观四年（唐咸通三年，862），宗睿随真如亲王入唐求法。在北上经过汴州（治今河南开封）时，他参谒密教高僧玄庆，从受金刚界灌顶，然后巡礼五台山，遵照出国前天皇之旨在大华严寺[①]举行供养千僧的斋会。然后随真如亲王到长安，在青龙寺参谒密教高僧法全，从受胎藏界灌顶和金刚杵仪规；又从慈恩寺造玄、大兴善寺智慧轮等密教大师受真言密教之法。他此后南下，经参访洛阳圣善寺善无畏居住旧址，到了天台山，向当地天台宗僧请教天台教理。唐咸通六年（日本清和天皇贞观七年，865）[②]，宗睿搭乘唐商李延孝之船回国，带回佛教经论一百三十四部一百四十三卷。[③]

在最澄、空海及圆仁、圆珍等人相继弘传真言密教之后，日本朝野乃至佛教各宗兴起崇奉密教之风，盛行举办密教供养、传授密法、灌顶、诵密咒祈祷福祥祛除灾害的法会。宗睿回国后，立即受到清和天皇的优遇。他在东寺宣讲从唐新学的密教义理，并且设坛为四方慕名前来学密教的僧人举行灌顶仪式。清和天皇贞观十六年（874），清和天皇从宗睿受金刚界三摩地法和观音法，又在宫中建修法院持念

①大华严寺在五台山，然而《入唐五家传·宗睿传》《本朝高僧传》卷七《宗睿传》皆误将大华严寺置于天台山。

②关于宗睿归国日期，《入唐五家传·宗睿传》谓“八年到明州，适遇弟子李延孝……”此八年是日本清和天皇贞观八年，唐咸通七年，公元866年。然而据《入唐五家传·真如亲王入唐略记》记述，应是咸通六年，即公元865年。今取后者。

③现存《新书写请来法门等目录》即为宗睿带回的佛典目录，多数为密教目录，载《大正藏》卷五十五。

堂，安置金、胎两部大曼荼罗。两年后，清和天皇让位太子，居清和院，屡请宗睿前来为他讲《华严经》《涅槃经》等大乘经典。阳成天皇元庆三年（879），宗睿任东寺长者（相当于住持）。清和上皇建圆觉寺，设立灌顶台，特请宗睿为他授三摩耶戒（也称“秘密三昧耶戒”、“秘密戒”）。在清和上皇巡游山城（今京都）、大和（今奈良）、摄津（今兵库、大阪）等地名山佛寺的过程中，皆召宗睿陪伴。宗睿最后升任全国最高僧官——僧正。

宗睿于阳成天皇元庆八年（884）去世，年七十六。①

三、真如亲王从中国西行求法

在最澄、空海之后西渡唐土求法的人中，具有亲王身份并且在入唐之后又远赴印度求法者只有真如亲王一人。现存资料中关于他的事迹虽然记载不详，然而基本轮廓还是清楚的，从中可以了解唐代中日佛教文化交流的另一个侧面。

真如亲王（799—865），也称“真如法亲王”，即高岳亲王，真如是他出家后的法名。平安初期平城天皇（806—809 在位）的第三子。平城天皇在大同四年（809）让位于同母弟嵯峨天皇，被尊为太上皇，高岳被立为太子。然而翌年在平城上皇身边任“尚侍”的藤原药子与其兄藤原仲成密谋起事拥戴上皇复位，结果失败，仲成被射杀，药子自杀，高岳也被废去太子之位。

此后，高岳出家，人称“真如亲王”，住入奈良东大寺。他致力研读儒佛经典，先后从道诠、宗睿学三论宗，从修圆学法相宗，又跟从唐求法而归的空海修学密教，得授阿阇梨之位。高岳后来在奈良建超升寺作为居住和修行之所。在修学真言密教过程中，他深感有入唐深入考究密教教理的必要。高岳经过奏请，在清和天皇贞观四年（唐懿宗咸通三年，862）九月从九州太宰府（在今福冈）乘船入唐，随从者有宗睿、贤真、慧萼、忠全、安展、禅念、惠池、善寂、原懿、猷继及包括唐人张支信、船夫在内的僧俗共六十人，可以说这是一支规模十分庞大的西渡入唐求法的队伍。因为风顺，十天的时间便到达唐的明州（治今宁波），从扬扇山登岸。经明州官府上奏朝廷允准，真如亲王一行经水路北上，咸通五年（864）五月辗转进入长安，被安置住入西明寺。他与宗睿一样，先到青龙寺参谒法全，从受胎、金两部密法灌顶。

①以上主要依据《入唐五家传·宗睿传》《元亨释书》卷三及《本朝高僧传》中的《宗睿传》。

此时，在唐留学已经二十六年的日本天台宗学僧圆载也住在西明寺。经他奏请朝廷，唐懿宗敕派密教法味阿阇梨（导师）前来为真如亲王传授密教教理，并解答他的疑难问题。半年后，真如亲王仍未感到满足，决定亲自到印度求法。再经圆载奏请，唐朝廷授给他"官符"（当指盖印证书），准予他西行求法。

据《入唐五家传·真如亲王入唐略记》，真如亲王等人先南下到广州，在咸通六年（865）正月带领安展、圆觉、秋丸等人出发西行，然而此后行踪不明。《元亨释书》卷六《真如传》仅记载："杖锡西迈，翩翩孤影，流离绝域。"又载，日本阳成天皇元庆五年（881），在唐日本留学僧中瑾（或作"中瓘"）寄书国内说，真如亲王穿越过流沙，"传闻到罗越国逆旅（按：旅店）迁化"。"罗越"，当在今马来半岛南端新加坡国的范围之内。[①] 如果此说可信，也许真如亲王西行求法走的是海路，而没有走穿越沙漠的陆路。[②]

四、在唐求法四十年的圆载

在日本入唐求法僧人中，也许圆载算是最令人惋惜的悲剧性人物了。他在唐土生活达四十年之久，其间遭遇唐武宗"灭佛"的迫害，一度还俗，最后在归国途中丧生于浩瀚的大海之中。

现存圆载的资料甚少。日本江户时期临济宗僧师蛮（1626—1710）据宗睿《新书写请来法门等目录》《日本高僧传要文抄第二·智证传》等资料所写的《江州睿山沙门圆载传》，载于他编撰的《本国高僧传》卷七，应当说是我们了解圆载生平的宝贵资料。现据此传，并参考圆仁《入唐求法巡礼行记》《行历抄》（摘录自圆珍《在唐巡礼记》）《天台宗延历寺座主圆珍传》（简称《圆珍传》）等，对圆载的事迹进行介绍。

圆载（？—877），氏族不详，大和（今奈良）人。自幼跟随比睿山最澄，精通梵书，并熟悉儒家经书。承和五年（唐文宗开成三年，838）六月，圆载以留学僧的身份与作为请益僧（短期入唐求法，随遣唐使归）的圆仁随遣唐使藤原常嗣入唐求法，七月到达扬州海陵县，登岸，先向扬州节度使府交涉办理各种在唐留学和

---

①参考陈佳荣、谢芳、陆峻岭编：《古代南海地名汇释》第981页，中华书局1986年版。

②以上主要据《入唐五家传·真如亲王入唐略记》、《元亨释书》卷六、《本朝高僧传》卷六十七《真如传》。后者还记载关于真如亲王死亡的另一种说法："欲行天竺过狮子国（按：今斯里兰卡），路逢群虎而逝。"

请益佛法的手续。直到开成四年（839）三月，经扬州节度使奏请朝廷，允准具有留学僧身份的圆载及其随从二人到天台山国清寺学法，而不允许圆仁前往。

圆载到达天台山后，首先遵奉日本皇太后之命将带来的袈裟供奉在天台大师遗影前，又将带来的圣德太子所著《法华义疏》赠天台山收藏，在参谒国清寺维蠲座主、禅林寺广修座主之时，又将日本比睿山座主圆澄致国清寺之信及所提出的三十个问题呈上，希望得到回答。

禅林寺座主广修是道邃的弟子，先对此三十问作出回答，题目为“日本国三十问谨案科直答”，然后奉请台州刺史李文举出具盖印的证明（“判印”）。翌年，广修的弟子国清寺维蠲座主也作出答释，题目为“答日本国问”，并且赠送佛教经论及义疏三十本，然后送请台州刺史滕迈出具证明文书。滕迈在书写的文字中对圆载有不少赞誉之词，说：

> 圆载阇梨，是东国至人，洞西竺妙理，梯山航海，以月系时，涉百余万道途之勤，历三大千世界之远，经文翻于贝叶，乡路出于扶桑（按：此指日本），破后学之昏迷，为空门之标表，遍礼白足（按：南朝宋朝有位俗姓张的高僧，足白不染，人称白足。此借指高僧），淹留赤城（按：此指台州），游巡既周，巾锡将返，恳求印信，以为公凭，行业众知，须允其请。

可见，请台州刺史开具证明（判印、印信、公凭）原本是出自圆载的请求。圆载既得到天台山高僧的答问，又得到州府的盖印证明，回国后便可以向比睿山僧团正式复命，也可以得到朝廷乃至社会的承认。当时日本佛教界，碰到佛学上的疑难问题希望得到“唐决”的普遍心理从这里可见一斑。

唐武宗从会昌三年至会昌五年（843—845），不断加强对佛教的限制乃至最后推行全面禁断政策，废毁寺院，销毁佛像，强迫僧尼还俗。一些信仰虔诚的僧人不得已用布裹头，藏匿于民间，等待时机再出来修道弘法，例如著名禅僧黄檗希运、沩山灵祐和洞山良价等人皆有这样的经历。在这种严峻形势下，连外国僧人也不能幸免。在北方的圆仁也用布裹头穿着俗服逃避迫害，圆载被迫还俗。据圆珍《行历抄》记载，他听长安青龙寺法全和尚对他讲，圆载“久在剡县（按：在今江苏镇江），养妇苏田，养蚕养儿”。如果此说属实，圆载在唐武宗禁毁佛教的时候曾经一度还俗，种地娶妻，并且已有小孩。然而《行历抄》也记载，圆珍在唐宣宗大中七年（853）八月入唐，十二月（已进入公元854年）到达天台山国清寺，在见到圆载从越州到来时，他“出门迎接……礼拜，流泪，相喜”，转给他朝廷给他的砂金、礼物等，可知圆载在唐宣宗即位兴复佛教后已经再度剃发为僧了。在圆珍到长安参谒青龙寺、大兴善寺的高僧法全、智慧轮等人及接受密法的过程中，圆载一直与他做伴并给予帮助。

大概在大中十年（856）六月圆珍回到天台山之后，唐宣宗听说圆载在唐求法的事迹，便降敕召圆载入住西明寺内某院，曾召请他入宫讲经，赐以紫袈裟。这在当时佛教界是十分荣光的事。唐懿宗咸通五年（864）五月，日本真如亲王、宗睿一行到长安，被安置住入西明寺。他们受到圆载的热情接待和各种帮助。据宗睿《新书写请来法门等目录》记载，宗睿从唐抄回的一百三十四部一百四十三卷佛典，皆是“大唐咸通六年（865）从六月迄于十月于长安城右街西明寺日本留学僧圆载法师院求写杂法门等目录”[①]。

据宋代赞宁《大宋僧史略》记载，唐懿宗咸通十一年（870），“日本国僧圆载住西明寺，辞回本国，赐紫遣还”[②]。若据“赐紫遣还”四字，圆载在准备归国之际，懿宗皇帝又赐以紫袈裟。然而不知什么原因，这次出航没有成功。直到唐僖宗乾符四年（日本阳成天皇元庆元年，877）十月，圆载才搭乘唐商李延孝的船回国。然而在归途中不幸遭遇飓风逆浪，船体毁坏，圆载和李延孝等人皆遇难溺亡。

圆载踏上唐土，在唐求法和生活达四十年。圆载于大中七年十二月（已进入公元854年）在天台山见到圆珍时，在唐已经生活了十六年，他对圆珍说：“我在唐国已经多年，总忘却日本语。”（圆珍《行历抄》）从圆珍回国（858）至圆载动身回国，又过了二十年。当时，圆珍已任比睿山延历寺座主，得知圆载遇难的消息，曾悲怆地流泪对弟子说：“嗟呼！留学和尚圆载，归朝之间，漂没于沧海之中。悲哉！不归骸于父母之国，空葬身于鲛鱼之乡，今也如何?”（《圆珍传》）看来圆珍对圆载是十分同情并怀有深切情谊的。然而现存《行历抄》在多处提到圆载时带有轻蔑语气，甚至称之为“贼”，不知出于什么原因。

圆载在唐期间与不少著名文人有密切交往，例如太常博士皮日休（字袭美，约834—883）、陆龟蒙（？—约881）、颜萱等人，在他归国之际皆赠诗为之送行。皮日休撰诗二首《送圆载上人归日本国》《重送圆载上人归日本国》，载于《全唐诗》

①《大正藏》卷五十五，第1111页下。

②《大正藏》卷五十四，第249页上。

卷六一四。从后者题目来看，圆载确实曾先后两次出发归国。陆龟蒙也撰诗两首，一首是应皮日休第二首诗的《和袭美重送圆载上人归日本国》，一首是《闻圆载上人挟儒书泊释典归日本国，更作一绝以送》，分别载《全唐诗》卷六二六、六二九。颜萱的诗是《送圆载上人》，载《全唐诗》卷六三一。①

他们的诗既蕴涵对圆载学德的钦敬，又流露出彼此结成的深情厚谊。皮日休的第一首诗有"讲殿谈余著赐衣，椰帆却返旧禅扉。贝多纸上经文动，如意瓶中佛爪飞"。赞誉圆载应请入宫为皇帝讲经受赐袈裟，不久即将回归日本旧居之寺，不仅带有佛典，而且还有蕴涵神通的佛指舍利。第二首《重送》最后两句是"不奈此时贫且病，乘桴直欲伴师游"，意谓自己如果不是贫病，真想与法师一起东渡日本呢。陆龟蒙的第一首诗中的"见翻经论多盈箧，亲植杉松大几围"，前句似乎是说圆载在唐期间也曾参与翻译佛典，后句自然是指他在西明寺亲手植的树已经高大。陆龟蒙的第二首诗是看到圆载既带佛典又带儒书而作的七言绝句，后两句是"从此遗编东去后，却应荒外有诸生"，意为将儒书带到"荒外"日本，那里也就会有儒生了。看来陆龟蒙对日本还很不了解，其实在此之前日本已经有儒书流传，也有修学儒书的学者了。颜萱诗中最后两句是"料得还乡无别利，只应先见日华生"，是设身处地为圆载想：归国之后没有别的好处，至少比在唐土可以更早看到日出。

《本朝高僧传》的作者师蛮对圆载评价很高，对他不幸葬身大海感到痛惜，在《本朝高僧传·圆载传》后加"赞曰"说："吾邦南询者，未有如载公淹久逾于三纪，扬其风声。无高妙迈人之才，乌能至于兹耶？若使载公布帆无恙，化导之盛，故土有赖焉。不幸戢化于龙宫海，命乎悲夫！"认为圆载有非凡之才，如果能够顺利归国，将为佛教文化在日本传播作出重大贡献。

从上述在最澄、空海之后入唐求法僧的事迹可以得出如下结论：

（1）为适应日本真言密教日益盛行的需要，日本天台宗僧、真言宗僧入唐求法，皆把进一步输入密教及其经典、图像、修法仪规作为首要任务。

（2）长安青龙寺法全、大兴善寺智慧轮等人，分别属于善无畏、不空的法系，是向日本求法僧传授密教的高僧，而在天台山及其他地方向日僧传授天台宗的广修及其弟子维蠲、物外、良谞等人，则属于曾经传法于最澄的道邃的后裔弟子，皆上

①孙东临、李中华编著，春风文艺出版社 1988 年出版的《中日交往汉诗选注》中收有上述三人的诗，并且加以注释，可以参考。

承湛然的法系。

（3）除常晓、圆行、圆仁、圆载是搭乘遣唐使的船只入唐外，其他人皆搭乘唐商的船入唐求法，而在归国之时，除常晓外，几乎皆乘唐商的船。唐代商人钦良晖、李延孝、李处人、张支信等人为联结和促进中日两国佛教文化交流作出了不可磨灭的贡献。

（4）从圆珍、圆仁及圆载等人入唐求法释疑，归国之前执意请州官出具证明的事实，可以看出当时日本佛教界仍将到中国修学佛法、求得“唐决”作为重要目的。

（5）从真如亲王入唐求法并进而西行印度求法死于西土的事迹，可以看到佛教在日本社会及最高统治阶层极其盛行的情况。

（6）从圆载在唐求法和生活的曲折经历到最后葬身大海的悲剧，可以想象古代日僧来往中国求法的艰辛情景。虽然圆载不过是众多葬身浩瀚大海中的一人而已，然而他在中国漫长修学佛法的事迹也反映古代中日佛教血缘关系的密切，两国僧俗民众之间情谊的深厚。

第五节　圆仁和日本天台宗

日本天台宗是由最澄（767—822）从中国传入并建立教团的，传法中心在京都东北的比睿山。日本天台宗在发展中形成了自己的特色，其中最重要的一个特色是与密教的密切结合，形成所谓“台密”。日本天台宗对密教的引入和结合是由最澄开始的，然而对台密的正式形成贡献最大的是其弟子圆仁和其后的圆珍、安然。

圆仁是所谓“入唐八家”或“入唐五家”之一，因其著有《入唐求法巡礼行记》而闻名于世。近年国内学术界有人对此书详加研究并重新校勘出版，但对他在日本天台密教发展史上的地位研究较少。

一、圆仁的经历和入唐求法

圆仁（794—864），俗姓壬生，下野国（今栃木县）人。自幼丧父，九岁从鉴真的三传弟子广智出家，十五岁登比睿山成为最澄的弟子，从最澄受学天台宗的重要禅观著作《摩诃止观》，学业优异，后来可以代替最澄向其他人讲授。嵯峨天皇弘仁五年（814）官试及格，二十三岁时到奈良东大寺受具足戒，后又从最澄受圆顿大戒。

最澄生前提出天台宗属于大乘，比睿山的僧众不必受小乘具足戒，只受大乘菩萨戒即可，曾一再向朝廷奏请在比睿山建立大乘戒坛向比睿山僧众授大乘菩萨戒，然而一直没有得到朝廷允准。直到最澄在弘仁十三年（822）去世之后，朝廷方准予在比睿山设立戒坛授大乘戒。翌年，圆仁担任教授师，携助义真在此戒坛首次向比睿山僧众授大乘菩萨戒。自此，天台宗僧可以不必下山受小乘具足戒而成为正式的僧侣。这为日本天台宗的独立发展提供了方便条件和自由的空间。

此后，圆仁按照先师的教示，足不下山，“昼则弘传天台法门，夜亦修练一行三昧”[①]。他如此修行坚持了十二年（《慈觉大师传》）[②]。嵯峨天皇天长五年（828），圆仁应请下山传法。后因身体不好回比睿山，创建首楞严院修行和养息身体。仁明天皇承和五年（唐文宗开成三年，838）六月，圆仁被朝廷作为请益僧（短期入唐求法，随遣唐使同归）与留学僧圆载等人随遣唐使藤原常嗣入唐求法，七月到达扬州海陵县。当时扬州节度使是李德裕。

圆仁在唐土的经历艰难曲折。因为唐朝廷只允许留学僧圆载前往天台山寻师求法而不允许圆仁到天台山、五台山巡礼，圆仁不得不搭乘遣唐使的船归国。然而在途中遭遇逆风，圆仁与弟子先在海州东海县（今山东海阳县）下船，后乘船又遇逆风，下船后到达文登县的赤山法华院。唐开成五年（840）二月，在当地政府的帮助下得以走上到五台山、长安巡游求法的路程。

当时五台山的大华严寺是天台宗的中心之一。此寺以天台宗学僧志远为首座，经常举行宣讲天台宗教籍的集会，并修持“法华三昧”。全寺有十五个院，每天早晚分别由阁院的玄亮座主讲《法华经》和“天台疏”（当即《法华玄义》），涅槃院法贤（原作贤，从上下文看乃法贤之误）座主讲《摩诃止观》，与会者达四十多人。此外，般若院的文鉴座主、洪基等人，也是天台宗学僧。圆仁说：“实可谓五台山大华严寺是天台之流也。”（《入唐求法巡礼行记》3卷三）

这里与天台山也有密切的关系。在圆仁出发入唐之际，比睿山座主圆澄把致天

①即常坐三昧，天台宗的四种三昧（禅定）之一，在禅定中从专心念一佛、多佛，转入观想空寂的实相。

②载《续群书类从》第八辑下，另参见《元亨释书》卷三、《日本高僧传文抄》卷二之《圆仁传》。

台山国清寺的信和众僧提的三十条有关天台宗教义的疑问[①]托圆仁转交。但因圆仁不能前往天台山，曾将此信及“三十问”托圆载转交。当圆仁面见志远，请他为此“三十问”作答时，志远回答：“见说天台山已决此疑，不合更决。”（《入唐求法巡礼行记》卷三）后来圆仁从天台山方面来的信得知，对此“三十问”是由天台山国清寺的广修座主作出回答的，并已请台州刺史盖章证明。天台山修禅寺的敬文座主特将此抄写送五台山大华严寺。圆仁在大华严寺从志远、法贤、玄亮、文鉴等学天台教法，抄写天台教籍三十七卷。

长安自唐玄宗开元年间以来密教逐渐盛行。来自印度的著名的译经高僧、所谓“开元三大士”——善无畏、金刚智和不空，在朝廷的支持下大力弘传密教，将大量密教经典译成汉文。善无畏（输波迦罗）和弟子一行译的《大日经》、金刚智的弟子不空译的《金刚顶经》和善无畏译的《苏悉地经》等，是密教依据的重要经典。百年后，当圆仁到达长安时，青龙寺的法润、义真，大兴善寺的元政、文悟，玄法寺的法全，大安国寺的元简等人是著名的密教高僧，他们属于继承善无畏和金刚智—不空—惠果法系的后裔弟子。

圆仁在开成五年（840）八月到达长安。当时唐武宗已经即位，翌年改元会昌，开始实行尊崇道教、贬斥和压抑佛教的政策。从会昌三年至会昌五年（843—845），朝廷不断推行强化限制乃至全面禁断佛教的政策。在这样一种十分严峻的氛围中，圆仁先后拜谒长安各寺的密教高僧，从大兴善寺元政受灌顶，受学金刚界曼荼罗；从青龙寺义真受胎藏界密法，始学《大日经》中的“真言印契，并真言教中秘密法要，受苏悉地大法”；从玄法寺法全受胎藏界密法仪规。还从来自南印度的宝月三藏学习悉昙（梵文）（《慈觉大师传》）。圆仁在长安六年，收集和抄写各种教法经论章疏五百五十九卷，并绘制金、胎两部和诸尊曼荼罗、高僧图像、道具等二十一种。因为武宗强制实行灭佛政策，圆仁曾被迫一度还俗。

圆仁在唐前后达十年之久，在唐宣宗大中元年（日本仁明天皇承和十四年，847）回国。与他同船到日本者有“唐客四十余人”（《慈觉大师传》）。圆仁翌年入京，受赐传灯大法师位，任内供奉十禅师之一。圆仁经请奏朝廷，在嘉祥二年（849）举行有千僧参加的盛大的密教灌顶法会，“上翊对圣躬，延宝祚于无穷；下

①日本所编《续藏经》第二编甲第五套第五册所载广修《日本国三十问谨案科直答》中有此三十问。

劝器性，传法灯而不绝”，一时受三昧耶戒[①]者达一千余人（《慈觉大师传》）。嘉祥三年（850），圆仁奏建总持院作为天皇的“本命道场”，配置十四名禅师。此外，他又得到朝廷的允准，每年可以度四人，其中二人分别读《金刚顶经》《苏悉地经》，另二人专修天台止观业。

圆仁在弘传天台宗的同时，还将唐土流行的净土法门进一步传到日本。文德天皇仁寿元年（851），圆仁在比睿山引入五台山僧法照的念佛法门。齐衡元年（854）圆仁任比睿山延历寺座主。后应诏入宫为文德天皇、皇子及大纳言藤原良相、藤原良纲、藤原基经等人授密法灌顶，又为天皇授菩萨戒。清和天皇即位（858）后，应请为天皇授戒，授法号素真；还为太后等人授戒。

圆仁于清和天皇贞观六年（864）正月去世，享年七十一岁。贞观八年（866）清和天皇敕赐慈觉大师谥号，同时追赐最澄传教大师谥号。

圆仁归国后先后受到三位天皇的崇信，继空海之后再次在日本朝野掀起密教热。当时以东寺、高野山为中心的真言宗——“东密”因为没有著名的高僧，而圆仁在唐十年的求法经历被人广泛传颂，因而一时之间天台密教——“台密”风靡朝野，势力和影响都超过真言宗。

圆仁著有《金刚顶经疏》七卷、《苏悉地经略疏》七卷、《法华迹门观心绝对妙释》《法华本门观心十妙释》《寂光土记》《真言所立三身问答》以及《显扬大戒论》等。

二、以密教胜于天台圆教的判教论

中国佛教从南北朝兴起判教，到隋唐佛教宗派形成以后，各教作为开宗明义的一个重要环节是提出自己的判教理论。所谓判教，就是按照自己的观点对全部佛法作出分类和评述，判明以某些经典为代表的教法的深浅、高低，断定自己所信奉的经典是一切经典中最优越的经典。

隋代天台智𫖮在《法华玄义》等著作中提出五时、八教的判教理论，把《法华经》奉为最优胜的经典。此后其他教派也提出自己的判教主张。应当指出的是，唐代的真言密宗没有提出自己完整系统的判教理论，但这不意味着当时的密教高僧没有这方面的见解。日本空海在入唐求法回国后，把在唐学习的密教正式传入日本。

---

①是依据《大日经》的密教戒法。“三昧耶”意为平等，佛与众生的三密等同。

他所写的判教理论著作《辨显密二教论》《十住心论》《秘藏宝钥》等，其中不仅利用了汉译佛经，而且利用了唐朝密教高僧良贲的《辨凡圣因果界地章》，也很可能利用了惠果等人的口头传授。空海在这些著作中把一切佛法分为显教、密教，认为以《大日经》《金刚顶经》等经为依据的密教是法身佛大日如来所说，最为优越；又把当时日本流行的各种教说、各个宗派分为十个等级并进行评论，把法相宗、三论宗、天台宗、华严宗分别置于第六、七、八、九的等级，而把真言密教置于最高的地位。[①] 密教的“即身成佛”的教义和禳灾求福的修法仪规，对当时日本的皇室和贵族有很大的吸引力，曾风靡一时。

最澄在唐仅半年多时间，在归国前夕才从越州（治今浙江绍兴）龙兴寺的顺晓受学密教，回国后撰述的密教著作很少。因此，尽管他也在比睿山教团引进密教，但与空海的真言宗相比，对日本佛教界的影响要小得多。从现存可断定是最澄的密教著作来看，他主张天台圆教与密教是一致的。他在《守护国界章》中说，密教经典翻译者，包括善无畏、金刚智、不空在内，“所传一乘正义，皆符天台义……大唐一行阿阇梨《遮那经疏》等如是等宗，依凭天台”；他在给空海的信中也说，“遮那宗与天台融通”（《传教大师全集》卷四下）。总之，最澄主张“圆、密一致”，即天台宗与真言密教不分优劣，并且将二者在实际上加以结合，规定比睿山的学僧不仅应修天台教义，而且要修学《大日经》等密教经典。[②]

对于真言宗空海判教理论中贬低天台宗的说法，圆仁和以后的圆珍、安然等人是持反对态度的，但是他们所用以反对的说法是不同的。圆仁在《金刚顶经疏》和《苏悉地经略疏》中提出了自己的判教理论，认为密教优于显教，而以《法华经》为代表的天台宗不属于显教，也属于密教，但其地位要低于以《大日经》《金刚顶经》等为代表的密教。

他表示，按照显教所说，法身佛不说法，这正是显教的局限性的一个表现，如其《真言所立三身问答》所谓：“理体恒然常住不说法者，是为浅略机所说，名为显教也；若理法身能为众生说者，是为深机所说，以为秘密也。”[③] 他在《金刚顶经疏》卷一说，显教就是《大智度论》中所说的“显示教”，是“渐教”；密教即

①详见杨曾文著：《空海和日本真言宗》，载中国中日关系研究会编《日本的中国移民》，三联书店 1987 年版。

②详见杨曾文著：《最澄和日本天台宗》，载《东方文化集刊一》，商务印书馆 1989 年版。

③《大正藏》卷七十五，第 53 页上。

是“秘密教”，是“顿教”。显教只是佛“随他说”，“但说随机六度、四摄等法”，而未讲三密（身、口、意三密）和五智（成所作智、妙观察智、平等性智、大圆镜智、法界体性智），认为需要经过历劫修行才能成佛。①

以《法华经》为代表的天台宗并非如空海所说是密教之外的显教，也属于密教，然而是仅论述“理密”的密教，即只宣述俗谛、胜义谛的圆融不二的道理，而没有宣说“事密”，没有讲大日如来的身密、口密、意密和真言印契等，所以稍劣于以宣述大日如来秘密深义的《大日经》《金刚顶经》《苏悉地经》等为代表的“理事俱密”的密教。

这实际上是用另一种方式表述密教优于天台宗。后来人们将圆仁的主张概括为“理同事异”。圆仁在《苏悉地经略疏》卷一以自设宾主的文体作了这样的论述：

> 问：何等为显教耶？
>
> 答：诸三乘教是为显教。
>
> 问：何故彼三乘教以为显教？
>
> 答：未说理、事俱密故也。
>
> 问：所言理、事俱密者，其趣如何？
>
> 答：世俗、胜义，圆融不二，是为理密；若三世如来身、语、意密，是为事密。
>
> 问：华严、维摩、般若、法华等诸大乘教，于此显、密何等摄耶？
>
> 答：如华严、维摩等诸大乘教，皆是密教也。
>
> 问：若云皆是密者，与今所立真言秘教有何等异？
>
> 答：彼华严等经虽俱为密，而未尽如来秘密之旨，故与今真言教别。假令虽说少密言等，未为究尽如来秘密之意。今所立毗卢遮那（按：《大日经》）、金刚顶等经，咸皆究尽如来事理俱密之意，是故为别也。②

从以上所引可以看出，圆仁不仅把《法华经》说成是密教，连《华严经》《维摩诘经》等也是密教，说它们虽讲真俗不二的“理密”，但未讲身密、语密和意密这“三密”，故是“事密”，没有完全地表述佛的“理、事俱密之意”，因此与《大日经》《金刚顶经》等的密教有异。

---

①《大正藏》卷六十一，第 13 ~ 17 页。

②《大正藏》卷六十一，第 393 页中。

圆仁在其《金刚顶经疏》卷一对“大教王”（按：《金刚顶经》原名《金刚顶一切如来真实摄大乘现证大教王经》）作解释时说：

> 大教王者，或诸大乘经虽说成佛义，而经历劫数，或得或不得。或大乘经虽明现证，但理无事。或大乘经虽粗明真言印契等，而支分不具，未尽佛意。今此经具说五部（按，金刚界曼荼罗中的佛部、金刚部、宝部、莲华部、羯摩部）、三密、五智成佛等，事理俱足，尽佛本意，故云大教王也。①

在这里不难看出，圆仁的意思是说，即使像《法华经》那样的大乘经典，虽也说现身可以成佛（现证），但只讲其“理”，未讲其“事”，不能说是已尽“佛意”。言下之意，《法华经》劣于《大日经》等经典，以《法华经》为基本经典的天台宗也劣于以《大日经》等为基本经典的密教。从这一点来看，圆仁的判教见解已经远离中国隋代智𫖮创立的天台宗的五时、八教的判教理论。

不仅如此，圆仁还对当初最澄提出的“显密一致论”作了进一步的发挥，在“理同事别”的口实下，为天台、密教的结合，实质是天台依附密教的“台密”提供理论依据。到圆珍（814—891）时正式提出“理同事胜”，“显劣密胜”的理论；安然（841—?）时，甚至提出真言宗（特指台密）第一、佛心宗（禅宗）第二、天台宗（法华宗）第三的判教理论。从此，以比睿山为中心的日本天台宗已经进一步密教化了。

三、对即身成佛论的论证

密教主张通过修持身、口、意的“三密”来达到即身成佛。当初空海创立真言宗时对此进行论证，所著《即身成佛义》说众生如能修持“三密”，就能与大日如来的“三密”相应，使自己所具的佛性显现，“父母所生身，速证大觉位”②。这种教说对于社会各个阶层的佛教信徒都有很大的吸引力。日本已经流行的佛教宗派大部分是主张历劫（劫，意为不可计算的长时）修行才能成佛的。天台宗虽主张人人可以成佛，智𫖮在《摩诃止观》中也提出“六即佛”（理即、名字即、观行即、相似即、分证即、究竟即）的理论，然而他并没有强调即身成佛，甚至在他死前说自

①《大正藏》卷六十一，第9页下。

②杨曾文著：《空海和日本真言宗》。

己只是达到“五品位”（观行五品位）。最澄在创立日本天台宗时，曾与反对说一切众生皆有佛性的法相宗的德一进行辩论，反复引证大乘经典论证一切众生皆有佛性，皆能成佛，但也没有强调即身成佛。

圆仁生活的时代，真言密教的即身成佛的教义已在日本流行很久，并且深入人心，而他又到中国修学密教近十年之久，对密教教义有深入的了解，因此他在自己的著作中大力宣传即身成佛的教义是很自然的。

首先他发挥《金刚顶经》《苏悉地经》等密教经典中的有关教义，反复强调一切众生皆有佛性、与佛没有根本差别的思想。这是他论证即身成佛的理论基础。他在《胎藏界虚心记》卷上说：“但当运心思惟观察一切众生本性清净，为诸客尘之所覆蔽（按：原作“弊”字），不见清净真如法性。为令清净，应当至心诵前密语真言。”又说：“所谓三昧耶者，是等义，谓我等于佛，佛等于我，无二无二分，究竟皆等也。”① 他在《金刚顶经疏》卷四说，第八识——阿赖耶识就是如来藏，无论是众生还是佛，所具的清净佛性都是一样的，所谓“如来清净藏，世间阿赖耶，如金与指环，展转无差别。若有如来藏，必当得如来无上悉地果也”；“有真如性故，无性有情（按：法相宗所说没有佛性的一类众生）等，必当得阿耨菩提也”②。这里所说的“无上悉地果”、“阿耨菩提”都是达到最高觉悟成佛的意思。关于这方面的论述很多，天台宗和密教在这一方面的思想本来是一致的。

这里特别想指出的是，圆仁在对密教经典中的“菩提心”、“心”的解释中，特别强调“心”在解脱中的作用。他在《金刚顶经疏》卷三说，“菩提心者，万德之源，众行之本。是故如来先显心相，清净圆满，犹如月轮，大菩提相也”；“此三昧耶是佛智心，故名如来心，又是三世诸佛一乘之道，故名为心”。③ 此心与法身佛毗卢遮那、法性、众生本具的佛性在本质上是等同的。众生之所以能达到解脱，就是因为具有与佛相同的本性，心性相通，故通过秘密修法，可以与佛心相契，即身成佛。圆仁所著《苏悉地经略疏》卷六有这样一段话：

自性清净是为真如。然诸法生时，此心不生；诸法灭时，此心不灭。不增不

①《大正藏》卷七十五，第1页上、3页下。
②《大正藏》卷六十一，第61页中下。
③《大正藏》卷六十一，第56～59页。

减，故名之为真；三世诸佛及以众生，同以此一净心为体，故名如也。①

圆仁明确地把认为是永恒的真如与作为佛和众生本性的“心”等同起来，为即身成佛的解脱论提供依据。他强调世法和出世之法，唯在一念；“诸法之中，心为其首”；“在心为德，施之为行”。② 实际是强调将对大日如来的信仰与修持密法密切结合起来，以成就佛果。

成佛是历劫成佛还是顿悟成佛，是中国佛教史上长期争论的问题之一。顿悟成佛从含义上是指当即成佛，自然是即身成佛，但提倡者一般同时持“相即不二”论，并不特别确定成佛即在当世。在这方面，中国的禅宗表现得尤为突出。但密教却明确宣明成佛即在生前，在“即身”。圆仁在其著作中一再强调即身成佛，并以此作为批评其他宗派的重要根据。圆仁在《金刚顶经疏》卷一说，如果有人学习并修持密教，“厥修之者，疾得践极阶（按：意为成佛）”；“若学此教，不历劫数，破烦恼贼，早成佛故也”；卷二说，“言速具者，速是速疾，不历劫数，得菩提也”。③ 这里的“疾得”、“不历劫数”主要是说即身成佛，或称为凡夫（异生）成佛。

圆仁所说的成佛有两种，一种是“凡位成佛”，另一种是“圣位成佛”。简单来说，“凡位成佛”是普通众生由于修持身、口、意“三密”，得到大日如来的佑助（加持），使得自身达到与三世诸佛法界相融无间，虽本人不知道，但已达到佛的境地。他引大兴善寺和尚（当指元政）的话说：“诸法无定性，为识之所转，若三密解起，此凡夫之身，转为如来身。此身之外，无别佛身。”所谓“圣位成佛”是通过日夜修行，断除惑障，达到主体客体相互融通，修得神通，并且能分辨上圣下凡的佛的境地。④

圆仁依据这种理论对其他佛教宗派的历劫成佛论进行批评。圆仁《金刚顶经疏》卷五说，显教要人修行“久久经三大无数劫”⑤，然后才有可能成佛。他在《苏悉地经略疏》卷一说：“诸三乘教经历三大阿僧劫修因得果，今此秘教（按：

①《大正藏》卷六十一，第61页下、403页下。

②《苏悉地经》卷六，《大正藏》卷六十一，第460页上。

③《大正藏》卷六十一，第7页下、9页上、102页中。

④《苏悉地经略疏》卷一，《大正藏》卷六十一，第401页中下。

⑤《大正藏》卷六十一，第74页中。

即密教）不尔，或现身得证，或异生得成”；卷二说：“彼三乘教经历三无数劫，希得成佛，故今此秘教不历劫数，速成佛故。”① 如上所述，这是称三乘教为显教以及说显教劣于密教的主要理由。

四、把五台山法照的念佛三昧引入日本天台宗

当初最澄从中国传入天台宗，就已经把天台宗原有的“四种三昧”之一的念佛三昧传入日本。智顗的《摩诃止观》中所讲的“四种三昧”当中就有或口常唱阿弥陀佛名号，或心常念阿弥陀佛的“常行三昧”，所据经典是《般舟三昧经》。这是弥陀念佛法门所依据的经典之一。此外，最澄还从中国带回智顗的《观无量寿经疏》《阿弥陀经疏》《净土十疑论》等。最澄曾在比睿山建立法华三昧堂，令学僧修四种三昧。可以说，在圆仁到唐土以前比睿山已经有弥陀净土法门了。

圆仁到五台山巡礼求法时，在竹林寺看到“有般舟道场，曾有法照和尚于此堂修念佛三昧，有敕号大悟和尚”（《入唐求法巡礼行记》卷三）。

法照（约卒于777年后），据《广清凉传》卷中“法照和尚入化竹林寺”记载是南梁（今河南临汝）人。法照曾在南岳承远门下受教，在唐大历五年（770）与同伴十人到五台山巡礼文殊菩萨灵迹。据称因受到文殊菩萨的点示，他在五台山建造“大圣竹林之寺”，专心提倡和修持弥陀念佛法门（《广清凉传》卷中、《宋高僧传》卷二《法照传》）。

法照撰有《净土五会念佛诵经观行仪》三卷（现存中下两卷，得自敦煌文书）、《净土五会念佛略法事仪赞》一卷。法照以主张“五会念佛”著称。所谓“五会念佛”是在念诵“南无阿弥陀佛”之时，按五种声调和缓急节拍发出声音，如《净土五会念佛略法事仪赞》说：

> 第一会，平声念南无阿弥陀佛；第二会，平上声缓念南无阿弥陀佛；第三会，非缓非急念南无阿弥陀佛；第四会，渐急念南无阿弥陀佛；第五会，四字转急念阿弥陀佛。
>
> 或是：第一会时，平声入；第二，极妙演清音；第三，盘旋如奏乐；第四，要期用力吟；第五，高声唯速念。闻此五会悟无生。

①《大正藏》卷六十一，第401页中、408页中下。

可见净土宗内已出现变单调的念佛为带有音乐节奏的念佛了。①

唐文宗开成五年（840）日本天台宗僧圆仁礼五台山竹林寺时，曾参观了当年法照念佛三昧的“般舟道场”（《入唐求法巡礼行记》卷三）。据圆仁《入唐新求圣教目录》记载，他在从唐归国时曾把法照的《净土五会念佛略法事仪赞》带回。②圆仁在回国后于比睿山建立常行三昧堂，在文德天皇仁寿元年（851）“移五台山念佛三昧之法，传授诸弟子等”（《慈觉大师传》）。从此比睿山兴起按照法照的“五会念佛”方法修持弥陀净土法门。这种五会念佛的方法，受到民众的欢迎和接受，流传迅速，据说至今仍在比睿山流行。

圆仁所传入的净土念佛法门对后世兴起净土信仰影响很大。平安后期比睿山的学僧源信（942—1017）著有《往生要集》，分类汇编各种净土经典，提倡净土念佛法门，推动了净土信仰的传播。13 世纪以后日本形成许多带有鲜明民族特色的佛教宗派，其中最早成立的宗派就是由源空（1133—1212）创立的净土宗，此后又有由亲鸾（1173—1262）创立的净土真宗。从他们的著作来看，都受到法照净土思想的影响。

①法照事迹，还见《净土往生传》卷下、《佛祖统记》卷二六等。日本冢本善隆《唐中期的净土教》对法照事迹有详细考证，可以参考法藏馆 1975 年新版。

②《大正藏》卷五十五，第 1085 页上。

第五章
宋元时期中日佛教文化交流和中国净土宗禅宗传入日本

中国的宋元时期大体上相当于日本的平安中后期和镰仓时期。

在这一时期，日本僧人适应时代和日本社会环境、民众的宗教心理需求，依据久已在日本流传的汉译佛经和中国的佛教著述进行新的阐释和发挥，通过著书立说和向民众传教来建立自己的教说体系。首先，有平安后期以比睿山源信为代表的天台宗学僧对汉译弥陀佛净土经典和中国的净土著作进行梳理和论述，撰写《往生要集》，有力地推动了净土念佛法门在社会的广泛传播。此后，镰仓时期以弘扬弥陀净土法门为中心的净土宗、净土宗真宗、时宗和以弘扬《法华经》“一乘”信仰为主旨的日莲宗相继出现。这些宗派与以往通过日本留学僧或求法僧、中国赴日传法僧创立的奈良六宗和天台、真言二宗不同，宗派创立人并没有到过中国。应当说，这是中日佛教文化交流的另一种形式——中国佛教文化借助汉译佛典和中国著述传入日本，通过日本学僧的吸收和重新解构、组合，根植于日本。这与中国隋唐时期带有民族特色的佛教宗派形成的情况是极为相似的。

同时，旧有的法相宗和天台宗、真言宗等宗派也完成了民族化的历程。随着中国的禅宗迅速传入日本，将中日之间的佛教文化交流推向新的高潮。禅宗不仅逐渐受到皇室、贵族的理解和支持，而且受到以幕府为代表的正在迅速兴起的武士阶层的欢迎，越来越在社会生活和文化艺术各个领域产生广泛影响。

本书设定以中国佛教“东传日本”为中心，以两国佛教文化的直接交往为重点。因此，拟对净土宗、真宗、时宗和日莲宗作概要介绍，而对中国禅宗传入日本作较详介绍。

本章首先参照相关资料对弥陀净土信仰在日本的传播和源信的《往生要集》进行介绍，然后对日本佛教宗派净土宗、真宗、时宗和日莲宗的成立进行概述，最后侧重对将禅宗传入日本的中日两国禅僧以及他们的著作、禅法进行考察和论述。

第一节　弥陀净土信仰在日本的传播和源信的《往生要集》

日本平安时代天台宗和真言宗最为盛行。平安后期，在天台宗内部以源信为代表的学僧编撰专著特别提倡西方净土信仰，对社会上层广泛兴起净土念佛之风和后来镰仓时代正式成立日本净土宗具有直接的影响。然而源信的弥陀净土思想是在系统吸收来自中国的净土思想的基础上形成的，因此在介绍源信的净土思想之前，有必要首先介绍中国的净土思想。

一、净土经典和中国净土思想

“净土”也叫“佛刹”、“佛国”，是大乘佛教所说的佛居住和教化众生的地方。据称，宇宙的四维上下到处有佛，到处有佛国净土，数量如同恒河之沙。佛经中常描述的佛国净土有东方阿閦佛的妙喜净土，西方阿弥陀佛的极乐净土（也称“安乐净土”或“极乐世界”），还有弥勒菩萨的兜率天净土等。然而最流行的是对西方阿弥陀佛的净土的信仰，因而一般所说的净土信仰就是西方弥陀净土信仰。

西方弥陀净土信仰虽发源于印度，而在中国得到很大发展。讲述西方弥陀信仰的经典有汉译《无量寿经》《阿弥陀经》《观无量寿经》及印度世亲的《往生论》（原称《无量寿经优婆提舍愿生偈》），统称“净土三经一论”。中国自汉魏至南北朝陆续将主要的西方弥陀净土经典译为汉文，并且随着这种净土信仰的普及，历代产生不少注释和论述西方净土的著作。

在中国净土信仰和净土宗发展史上，东晋慧远（334—416）曾在庐山结社提倡念佛法门，被后世奉为净土宗初祖。此后历代都出现一些提倡净土法门的高僧，其中著名的并对中日两国的净土信仰影响较大的有昙鸾、道绰、善导和法照。

净土信仰和净土宗的说教比较通俗，很少有晦涩难以理解的哲学思辨成分，因而在社会各个阶层拥有众多的信徒。然而净土宗在组织上没有严格的历代相承的师承世系，对历代祖师的说法也很不一致。因此，从严格的意义上来说，中国的净土宗没有建立独立的佛教宗派，是寓于佛教各宗内部的诸佛信仰形态之一。然而由于它拥有相当完备的理论体系，对佛教各宗和历史文化有较大的影响，一般仍把它当作佛教宗派看待，而不轻易地用“寓宗”的称法。

昙鸾（476—542），生活在北魏东魏之际，晚年住汾州石壁玄中寺（今山西交城县），原擅长佛教般若中观学说，后来从菩提流支接受《无量寿经》，便一心弘传净土教义，撰有《往生论注》《赞阿弥陀佛偈》《略论安乐净土义》等。他在《往生论注》中引述印度龙树《十住毗婆沙论》的说法，最初用“难行道”与“易行道”来判释一切佛法，认为在现实世界按传统的依靠“自力”修行方法达到解脱是难以做到的，因而将弥陀净土法门以外的所有佛法称为“难行道”，而认为弥陀净土念佛法门主张借助阿弥陀佛的“他力”达到解脱是简单易修的，称之为“易行道”。所谓“自力”是指持戒、禅定和其他靠自己力量的勤苦修行；“他力”是指《无量寿经》中所说阿弥陀佛成佛前所许下的拯救众生的“四十八愿”的神秘力量，简称弥陀“愿力”。认为无论通过何种净土修行方法，或对阿弥陀佛礼拜，或赞叹——口称阿弥陀佛的名号，或在禅定中观想弥陀及其净土，都可以在死后被阿弥陀佛及其眷属接引而往生西方净土。但昙鸾在各种净土修行的方法中特别提倡口称佛的名号（口称念佛）的做法，认为最简便易行。昙鸾为后世的净土教说奠定了基础。

道绰（562—645），俗姓卫，并州文水（原误作“汶水”。今山西省文水、交城之间）人。十四岁出家之后，读《大涅槃经》，又修学般若空理和禅法。道绰后来进玄中寺，看到记载昙鸾提倡专修净土法门事迹的碑文，很受启发。自隋大业五年（609）以后，按照昙鸾的主张一心专修净土念佛法门。他在玄中寺为道俗信徒讲《观无量寿经》近二百遍，劝人专念阿弥陀佛名号，“或用麻豆等物而为数量，每一称名，便度一粒，如是率之，乃积数百万斛者”。这是提倡口称阿弥陀佛之名，用麻子或豆粒计数，积攒下来数量很大。道绰还教人把木槵子串在一起计念佛的数目。据载，道绰经常面西坐禅念佛，“才有余暇，口诵佛名，日以七万为限”。[①]由于道绰的影响，唐初在今山西中部一带净土信仰十分盛行。

道绰著有《安乐集》二卷，专论西方净土思想。他认为当时已经进入佛法即将灭亡的“末法”时代，众生的素质极低，对净土教法以外的“圣道门”佛法难以理解，难以修行，只有讲述净土念佛的“净土门”才适合末法时代众生的需要，最易于修行。他虽然也提倡观想念佛，但又重视并提倡口称念佛。

善导（613—681），俗姓朱，泗州（今江苏宿迁东南）人[②]，年少出家，唐贞观年（627—649）中至石壁玄中寺，看见道绰据《观无量寿经》设立“九品（九类不同众生）道场”，讲诵此经，很受启发，高兴地说：“此真入佛之津要，修余行业，迂僻难成，唯此观门，速超生死。”从此在道绰门下专修净土法门，“勤笃精苦，尽夜礼诵”。后来到长安传教，教信徒称念阿弥陀名号，“每入室互跪念佛，非力竭不休”。善导在向人宣传净土法门的同时，勤苦修行，据说三十余年“不暂睡卧”，不间断地从事念佛、礼佛的活动。持戒严格，坚持吃素，并且只吃粗恶之食。他把别人施舍的钱财用来写经和绘净土画。据载由他出资，“写《弥陀经》十万卷，画净土变相三百壁”。[③]“净土变相”是根据《无量寿经》等弥陀经典的情节内容绘制的图画。“三百壁”是在三百堵的墙壁上画净土变相图。净土宗重视观佛像，观想西方安乐净土的美妙景象。此为观想（或观相）念佛的重要程序，也有利于激励信徒从事口称念佛。由于善导的提倡，长安僧俗之中有很多人信奉净土法门。

善导的著作皆为宣说净土教义的，共有五部：

（1）《观念阿弥陀佛相海三昧功德法门》（简称《观念法门》）一卷，引《观无量寿经》《无量寿经》《阿弥陀经》及《般舟三昧经》《观佛三昧经》等，说明各种念佛、忏悔、发愿往生的方法。

（2）《转经行道愿往生净土法事赞》二卷，讲设立念佛净土道场的方法及在法会念诵的赞词和偈颂，还有忏罪发愿之文。

（3）《往生礼赞偈》（也称《六时礼赞》）一卷，据《无量寿经》《往生论》及善导本人的著作等，所写的在六时（日没、初夜、中夜、后夜、晨旦、日中）礼赞

---

①以上据《续高僧传》卷二〇《道绰传》，载《大正藏》卷五十，第593页下~594页中。

②一般《往生传》皆云“不知何处人”。此据传为唐文谂、少康撰的《往生西方净土瑞应传》。

③《佛祖统记》卷二六《善导传》，载《大正藏》卷四十九，第263页上、中。

阿弥陀佛，发愿往生净土的偈颂。

（4）《依观经等明般舟三昧行道往生赞》一卷，依《无量寿经》之意而著劝人专修念佛及对发愿往生的赞颂。

（5）《观无量寿佛经疏》，简称《观经疏》，因有四卷，也称《四帖疏》，分“玄义分”、“序义分”、“定善义”、“散善义”四部分。其中“玄义分”论证《观无量寿经》的要义，说“以观佛三昧为宗，亦以念佛三昧为宗，一心回愿往生净土为体”；“序义分”是对《观无量寿经》序文的解释；“定善义”是对十六观中前十三观的解释；“散善义”是对第十四至第十六观的解释，最具特色。《观经疏》反映了善导净土思想的基本内容。

善导的净土思想主要有以下几点：（1）强调人人都能往生西方净土，包括极恶的恶人在内；（2）达到往生的最重要的条件是对阿弥陀佛及其净土的“深信之心”；（3）特别提倡口称念佛，称此为决定往生的“正定之业”，其他任何净土修行法门仅仅是起辅助作用的“助业”，说一个人哪怕是连续十声念佛，便可消除一切罪恶，死后往生净土；（4）说阿弥陀佛是“报身佛”（从菩萨修行所得的报应之佛身），西方净土是“报土”，往生净土就意味着达到相当于菩萨的地位。

以上提到的净土经典和著作随着中日两国佛教文化的交流皆传入日本。

二、弥陀经典和净土思想在日本的早期传播

公元6世纪中叶佛教传入日本后，随着汉译佛典陆续传入日本，阿弥陀佛西方净土信仰也传入日本。推古天皇朝摄政圣德太子（574—622）虔诚信奉佛教，对《胜鬘经》《维摩诘经》《法华经》三经作注释，提倡大乘佛教，其中已经提到《无量寿经》和“无量寿国”。他去世后，其妃橘大女郎上奏推古天皇，说：“我大王所告：世间虚假，唯佛是真。玩味其法，谓我大王应生于天寿国之中，而彼国之形，眼所叵看，希因图样，欲观大王往生之状。”（《上宫圣德法王帝说》）天皇便命宫女绣出“天寿国曼荼罗绣帐”。日本有的学者认为此“天寿国”就是弥陀西方极乐净土。推古天皇十六年（608）随遣隋使小野妹子第二次出使隋朝的留学僧慧隐，在中国学习三十多年，回国后曾应请入宫讲《无量寿经》。

奈良时代，中国佛教宗派三论宗、成实宗、法相宗、俱舍宗、华严宗、律宗相继传入日本，形成六宗并盛局面。这些宗派的僧众中也有兼修净土法门的，例如三论宗学僧智光撰《无量寿经论释》五卷、《观无量寿经疏》及《四十八愿释》，精

心绘制的弥陀净土变相图被称为“智光曼荼罗”。圣武天皇时，光明皇后也虔信弥陀净土，在圣武天皇去世后命各地国分寺造阿弥陀佛净土画像，书写玄奘译《称赞净土佛摄受经》。

进入平安时代以后，日本天台宗创始人最澄所依据“天台三大部”之一的隋智𫖮《摩诃止观》之中，就记述了以念佛为内容的“常行三昧”的修行方法。最澄从唐土带回的佛书中就包括《观无量寿经》《阿弥陀经》及智𫖮《净土十疑论》等净土经典。比睿山第三代座主圆仁入唐巡礼求法归国后，将五台山法照的“五会念佛法”教授门下，建常行三昧堂，修净土念佛法门。

比睿山是日本传播弥陀净土信仰和思想的重要中心。平安后期，净土思想得到进一步推广和发展，不少学僧大力提倡弥陀净土信仰和念佛法门，著名的有空也（903—972）注重到民间宣传口称念佛，源信撰《往生要集》，良忍（1073—1132）提倡“融通念佛”等。然而从总体来看，他们在理论上仍然依附于天台宗教义。①

在这些学僧中，对后世日本净土宗的创立有直接影响的是源信。他汇集各种重要弥陀净土经典语句并分类编录、评述的三卷《往生要集》有力地推动了净土信仰和思想的广泛传播，是启示和激励镰仓时代源空创立日本净土宗的重要“入门”书。

三、源信简历及其著作

日本天台宗继承中国天台宗的教义思想，本来就有修持净土念佛的传统，在所修的禅法中有“常行三昧”的禅定，其中有唱念弥陀名号的内容。圆仁入唐求法，将五台山净土宗僧法照的“五会念佛法”的修持仪规带回日本，在比睿山建常行三昧堂作为修持法照的念佛法仪之所。此后，比睿山一直有人修持和弘传净土念佛的法门，其中有名的有圆仁弟子相应、圆珍弟子增命以及延昌、良源、觉运等人，然而以源信影响最大，所著《往生要集》系统介绍阿弥陀佛净土经典和教义，为日本的净土教发展为独立的教派提供了理论基础。

源信（942—1017），俗姓卜，大和国葛木郡（在今奈良县）人。九岁到京都

①以上参见日本大野达之助：《新稿日本佛教思想史》第一章第三节、第二章第一节及第三章第三节相关部分，吉川弘文馆 1975 年版，1981 年第 5 次印刷；家永三郎等监修：《日本佛教史 · 古代篇》第六章，法藏馆 1967 年版，1982 年第 8 次印刷。

东北的比睿山出家，从师于良源，学天台宗和密教（台密），广读大小乘经典，学业出众，并以善于议论著称。源信因撰写《因明论疏相违略释》逐渐出名，到他门下请教者日多。此后，他隐居于比睿山的横川楞严院，专心从事撰述。

此时比睿山已兴起净土念佛之风。源信之师良源撰《极乐净土九品往生义》，广引经书，对《观无量寿经》中的“九品往生”进行解释，提倡观想念佛，认为通过专心观想佛的“功德”可以得到“如实智慧”。在这种环境的影响下，源信从花山天皇永观二年（984）开始广泛搜集、阅读和讲述西方弥陀净土的佛经和著作，编写《往生要集》，第二年完成。此后他到外地参访佛教圣地和修行，在九州沿海遇到宋朝商人周文德，将《往生要集》和良源《观音和赞》、庆滋保胤《日本往生极乐记》等书托他带到宋朝。周文德归国后将这些书赠给了天台山国清寺。

源信居住的楞严院是比睿山净土念佛的活动中心，信奉西方净土法门的僧俗信徒每月十五日在此举行念佛结社，每二十五人为一组，共同念佛，祈愿死后往生西方极乐世界。源信在一条天皇永延二年（988）为此念佛结社起草了《横川首楞严院二十五三昧式》，规定在念佛之前先要讲《法华经》，然后按规定的程序念佛。这一做法很快在别的净土信仰者当中得到推广。

源信是比睿山上比较有学问的学僧，对天台宗教义也有很深的造诣。一条天皇长保五年（1003），源信在弟子寂昭入宋求法之际，托他将有关天台宗教理的二十七条疑问——《天台宗疑义二十七条》带给当时中国著名的天台宗学僧知礼（960—1028），请他回答，后来知礼做了回答，这件事成为宋代中日佛教文化交流史上的一段佳话。

源信曾任僧官少僧都，不久被辞退。晚年退居横川惠心院致力修行和著述，世人尊称为“惠心僧都”，他的流派被称为“惠心流”。

源信的其他著作有《大乘对俱舍抄》《俱舍疑问》《一乘要诀》《阿弥陀经略记》《观心略要集》《观心往生论》等。据师蛮《本朝高僧传》卷十《源信传》，源信有各种著述七十余部一百五十卷，广涉天台、密教（台密）和净土、因明等各个方面，其中对后世影响最大的是《往生要集》及其净土思想。

四、源信的弥陀净土思想

源信的净土代表著作是《往生要集》三卷。全书分十个部分，称为十门，包括厌离秽土、欣求净土、极乐证据、正修念佛、助念方法、别时念佛、念佛利益、念佛证据、往生诸业、问答料简。

前三部分的中心内容是说处在“六道”（佛教所说众生循环轮回的六种趋向和生命形态，有地狱、饿鬼、畜生、阿修罗、人、天）的众生，永远处在充满污垢和痛苦、烦恼的环境之中，不能摆脱生死轮回，因此将一切众生所在的国土、环境，包括人间在内，皆称为“秽土”。众生应当对此有清楚的了解，形成“厌离之心”，迅速选择弥陀净土法门，依之修行，欣求往生西方净土。后七部分讲应当如何修持净土法门，广引净土经典和中国的净土撰述，从不同的方面详加论证。书中的第四门是全书的中心，集中论述了源信的弥陀净土思想。

《往生要集》全书在十门之下又分若干小门类，在叙述正文之间，分类选录大量净土典籍的文字。他引述的经论达一百六十余种，除推荐《无量寿经》《阿弥陀经》《观无量寿经》和《往生论》外，还推荐《般舟三昧经》《观佛三昧经》《念佛三昧经》《十住经》《十住毗婆沙论》等，还有中国隋代天台宗创始人智𫖮《摩诃止观》《净土十疑论》、唐代道绰《安乐集》、善导《观念法门》（即《观念阿弥陀佛相海三昧功德法门》）、《六时礼赞》（即《往生礼赞偈》）、窥基《西方要诀》、怀感《释净土群疑论》、迦才《净土论》及少康《往生瑞应传》等。

下面对源信的净土思想作概要介绍。

1. 净土念佛之教是“末法”时代最适宜众生修行的法门

《往生要集》的序言说：

> 夫往生极乐之教行，浊世末代之目足也。道俗贵贱，谁不归者？但显、密教法，其文非一；事理业因，其行惟多。利智精进之人未为难，如予顽鲁之者，岂敢矣。是故依念佛一门，聊集经论要文，披之修之，易觉易行。①

源信认为佛教已经进入即将灭亡的所谓“末法”时代（“末代”），人们的素质和智慧普遍低下，对于显教（大小乘、天台、华严、法相诸宗）、密教的大量而繁杂的经文和著述以及讲述的众多教理和修行方法，已经难以理解和接受，但对于净土念佛的教说和修行方法却能够轻易地理解和接受，将依凭这种教法得到往生解脱（喻之为“目、足”）。源信甚至将自己也归于素质低下的人之中，自称“顽鲁之者”，不能如那些聪明智慧的人那样去修持显、密二教，所以特地将佛教经论中有

①《大正藏》卷八十四，第33页上。

关净土念佛的文字集编起来，以方便自己和别人阅读与依照修行。

按照大乘佛教某些经典的说法，释迦牟尼佛去世之后，佛教是一代不如一代，开始的五百年既有教法，又有修行与证悟（修行达到觉悟），称之为正法；此后的一千年，只有教法、修行，已经没有证悟者，称之为像法；再后的一万年进入所谓末法时代，只有教法，既无真正的修行者，又无证悟者，佛法行将灭亡。此外还有别的一些说法。日本佛教内部认为已经进入末法的观点反映了佛教徒的危机感，迫使他们考虑佛教如何适应时代、社会的种种问题，促使佛教发生新的变革，形成新的教派。从社会背景考察，平安中期之后，日本社会已经处于社会变革的酝酿阶段：在藤原氏专权的摄关政治体制之下天皇大权旁落，国有班田制日益遭到破坏，地方庄园经济急剧发展和武士阶层的迅速兴起，平安后期摄关政治也开始走向没落，佛教界出现种种腐败现象……这些现象，导致社会呈现出一种不安定的气氛。这是佛教界盛行末法思想的重要社会原因。这种末法思想既是平安末期兴起净土信仰的重要原因，也是以后镰仓时代新佛教宗派产生的动力之一。

源信在《往生要集》中表示，在这种末法时代，以往佛教的显、密二教的各种教法已经远远地脱离了大多数民众，他们对这些深奥的教法既无兴趣，也不理解。那么，有什么教法能够使他们理解和接受呢？源信认为只有弥陀净土念佛的教法能够使他们轻易地接受并遵照修行，引导他们达到往生解脱。

2. 以观想念佛为主、口称念佛为辅的“正修念佛”

净土信仰和净土宗所说的念佛，从形式上看有两种：一种是通过坐禅，在心中观察、想念阿弥陀佛的形象或其净土——极乐世界，也可透过阿弥陀佛等佛的具体形象进而观想佛的无形的法身、实相；另一种是口称念佛，即口念“阿弥陀佛”名号或“南无（按：意为礼敬、皈依）阿弥陀佛”。前一种念佛主要面向具有较深佛教修养的僧俗信众，普通民众难以做到；后一种念佛因为随时随地可以做到，容易为一般民众接受。在净土信仰的发展史上，虽然两种念佛是同时并行的，但实际是从强调前一种念佛到提倡后一种念佛，反映了净土信仰逐渐深入普通民众之中的发展趋势。

源信在《往生要集》中提倡以观想念佛为主，以口称念佛为辅。他在该书第四门《正修念佛》的章节对此作了集中的评述。

《正修念佛》门按印度世亲《往生论》中所说的“五念门”分为该礼拜门、赞叹门、作愿门、观察门、回向门。源信表示，如果能够照此五门修行，“毕竟得生安乐净土，见彼阿弥陀佛”。

源信认为其中的“观察门”尤为重要，是“正修念佛”门的中心。修行者应将自己的心意集中，一心观察和想念阿弥陀佛，又具体分为三种观想方法：

（1）别相观，分别观察和想象阿弥陀佛的华座、头、发、耳等。

（2）总相观，从整体观想佛，从阿弥陀佛及其无量化身的具体形象，进而观想无形无相的佛的法身，看到真如实相，并由此体悟中道实相之理，说：

> 所观众相，即是三身即一之相好（佛的体貌大的特征名“相”，小的特征名“好”）光明也，诸佛同体之相好光明也，万德圆融之相好光明也。色即是空，故谓之真如实相；空即是色，故谓之相好光明；一色一香，无非中道，受想行识，亦复如是。我所有三恶道（按：指地狱、饿鬼、畜生），与弥陀佛万德，本来空寂，一体无碍。愿我得佛，齐圣法王。①

这里很明显是将天台宗的“空、假、中”三谛的教理与净土念佛的思想结合了起来。阿弥陀佛的形象与光明，也就是佛的法、报、应三身合为一体的形象光明，是一切佛的形象光明，是诸佛一切智慧、功德、神通等汇通圆融的形象光明。从色的本体空寂来说，色（诸佛形象光明）就是真如实相；从空寂本体就是色来说，空即名形象光明；世界上一色一香，乃至“五蕴”中的受、想、行、识的任何一蕴，无一不是真如实相，无一不是中道。即使处于三恶道的众生，在本质上与阿弥陀佛的智慧、功德等也是一样的，本来都是空寂的，并且是融为一体的，都有可能觉悟成佛。

（3）杂相观，是略微地观察和想象阿弥陀佛的形象，注重观佛眉间的白毫相及其光明。源信要求修持此观的人应当对阿弥陀佛具有信心，喜悦地期待自己与“诸众生往生安乐国”。

在“五念门”之外，还有一些辅助“正修念佛”的措施，称之为“助念方法”，包括准备必要的坐禅处所和用具，有过长期念佛的训练，在坐禅念佛过程中应当善于控制身心，努力止恶修善等等。

该书的第九门是“往生诸业”（或作“往生诸行”），介绍通过什么修行能够在

①《大正藏》卷八十四，第56页上。

死后往生西方净土。源信明确地说："求极乐者，不必专念佛。"① 根据个人的情况，可以严格持戒、施舍、尽孝道、忍辱、行慈心等，皆可以作为往生净土的业因。

源信虽然十分重视观想念佛，为此用较大篇幅进行论证，但他确实提出口称念佛也是往生之业。在前述"观察门"之三的"杂略观"的后面，他提出：

> 若有不堪观念相好，或依归命想，或依引摄（按：想阿弥陀佛接引众生往生的情景）想，或依往生想，应一心称念，行住坐卧，语默作作（按：当为"息"字），常以此念，在于胸中，如饥念食，如渴追水。或低头举手，或举声称名，外仪虽异，心念常存，念念相续，寤寐莫忘。②

在这里可以看到，源信是为了适应那些没有能力或条件坐禅观想念佛的人才提出比较简单易行的做法的。这种做法是：或在心里想念往生净土的诸种情景，或用口称念弥陀名号，基本要求是专心致志，"心念常存"。

在该书第十门《问答料简》中，源信又把念佛分为四种："定业"念佛，坐禅入定念佛，相当前述的"观察门"念佛；"散业"念佛，在平常的行住坐卧情况下的散心念佛；"有相业"念佛，或观佛的身相，或念佛的名号，发愿往生净土；"无相业"念佛，观诸法性空，空有不二，观佛的法身。在这里，他把口称念佛置于"散业"之中，而认为"定业"念佛是高深的修法，"散业"念佛是浅的修法；以"有相"与"无相"两种念佛相比，又认为观想佛的法身的"无相"念佛是"最上三昧"。③

由此可以认为，源信最重视的净土念佛是在坐禅状态下的观想念佛，虽也提出口称念佛，但在他的净土学说中处于较低次要的地位。

3．念佛与"一心三观"

源信是天台宗学僧，他的净土念佛思想深受天台宗思想的影响。他在论述念佛问题的过程中，尽量将天台宗的止观学说与净土念佛思想加以会通和融合。

他主张在禅定情况下的念佛，虽与天台宗观想"空、假、中"三谛的止观在观想的内容上不同，但两者形式相同，都是禅观。他在《往生要集》的第四"正修

①《大正藏》卷八十四，第77页中。
②《大正藏》卷八十四，第56页中。
③《大正藏》卷八十四，第82页上。

念佛”门的《观察门》的“总相观”中，在第十《问答料简》的“无相业”念佛中，都把念佛与观悟中道实相结合起来。

此外，源信《观心略要集》把念佛与“一心三观”直接等同，更清楚地表明他将天台宗与净土念佛法门会通与结合的意图。

《观心略要集》一卷①，是源信在去世之年写的。主要讲天台宗的观心禅法，然而其中第二章“寄念佛明观心”之中明确地说：

> 念佛名其意云何？谓于阿弥陀三字，可观空、假、中三谛。彼阿者即空，弥者即假，陀者即中也。
>
> 其自性清净心，凡圣无隔，因果不改，三世常住，二边不动，是中道也；百界、千如、三千世间诸法，森然而幻有者，是假谛也；四句（按：是“A，非 A，A 非 A，非 A 非非 A”的句型）推检，不存一法，是即空也。

前面一段将“阿弥陀”三字解释为空、假、中三谛，是原来天台宗教义中没有的新意，后面一段对三谛的解释大体上用的是天台宗的传统教义。源信硬将二者等同，认为在禅定中观想“阿”、“弥”、“陀”三字，也就是观想空、假、中三谛。也就是说，“阿”字相当于空谛，观此即可领悟世界万有皆空的道理；“弥”字相当于假谛，观此即可认识森然万有的世界（三千世间诸法）皆为假有（假名）；“陀”字相当于中谛，观此可以领悟中道。他特别将此中谛与“自性清净心”（与佛性同义）等同，并且强调这种清净心是包括凡圣在内的一切众生都永远具有的。据此，进而可以观想三谛相即圆融，“一心三谛，三谛一心”的道理，达到最高智慧。为什么可以将“阿弥陀”与三谛等同起来呢？他没有详细论证。

在《观心略要集》的第三章“叹极乐依正德”中，又说阿弥陀佛极乐净土本身具有三谛的意义：既然阿弥陀佛与净土由“净业之因缘”而生，“缘生无主”，故本体为“空”；本体虽空，但有现象存在，此则为“假”；假有毕竟不离法性，空有不二，故为“中”。因此弥陀极乐净土既具有“一念三千”之义，同时又具有“毕竟空”、“如来藏”和“实相”等意义。源信说：“非三而三，三而非三，所观净土如此，能观身心亦尔。”

在《观心略要集》最后的第十章《问答料简》释疑中有这样的结论，既然

①载《大日本佛教全书》第 31 册。

"阿弥陀"的名号能够统摄空、假、中三谛，并且具有法报应三身、佛法僧三宝、法身般若解脱三德等等一切法门，所以称念阿弥陀佛的名号，便可以迅速具备一切功德，能够在死后往生西方极乐净土。

据前所述，源信虽提倡弥陀净土念佛思想，但他的这种思想并没有超出天台宗的教理体系。源信长期生活在比睿山，接触的多是有较高佛教修养的僧人和经常上山参加念佛结社的贵族、文人。他的净土念佛学说是面对这些人的，是不可能普及到社会普通民众之中去的。然而他依据广博的净土典籍系统地论述弥陀净土思想，对口称念佛也作了介绍和提倡，为以后镰仓时代源空创立以口称念佛为主要教义的日本净土宗提供了重要的理论依据。

第二节　日本的净土宗、真宗和时宗

佛教从6世纪传入日本至进入镰仓时代（1192—1333），已在日本社会传播六百多年。佛教作为外来的宗教，经过长期与日本的自然条件和社会环境相适应，并且与日本传统的宗教文化和民间习俗密切结合，逐渐实现民族化，先后形成了一些具有日本民族特色的佛教宗派：净土宗、真宗、时宗和日莲宗。这些佛教宗派是日本学僧适应日本的社会形势和民众的宗教心理需求，对汉译佛典和中国的佛教著述加以诠释和发挥，提出自己的教义体系而创立的。它们与以往通过日本留学僧或求法僧、中国赴日传法僧创立的奈良六宗和天台、真言二宗不同，宗派创立人并没有到过中国。应当说，这是中日佛教文化交流的另一种形式——中国佛教文化借助汉译佛典和中国著述传入日本，通过日本学僧的吸收和重新解构、组合，根植于日本国土、日本的社会。

与此同时，日本旧有的佛教宗派法相宗和天台宗、真言宗等，也在日本社会长期的传播中实现了民族化。在这期间，又从宋元传入了中国禅宗中最有影响的两派——临济宗和曹洞宗，在幕府和武士阶层乃至贵族的支持下得到迅速传播，并且逐渐走上日本民族化的道路。

一、源空和日本净土宗

1. 源空生平和创教经历

源空（1133—1212），日本净土宗创始人。号法然，俗姓漆间，幼名势至丸，美作国（今冈山县）久米郡人，出生于武士家庭。

源空自幼出家，十三岁时登比睿山，先拜西塔北谷持宝坊的源光为师，后师事东塔西谷功德院的皇圆，并从他受戒。皇圆（？—1169）是平安时代后期很有学问的学僧，是著名史书《扶桑略记》的作者。源空在此期间系统地学习天台宗的教典。后来源空到西塔黑谷，投到睿空门下学习弥陀净土教说。睿空是比睿山倡导"融通念佛"的良忍的弟子，经常向弟子讲授源信的《往生要集》，提倡净土念佛法门。睿空对源信刻苦修学和倾心净土信仰的表现十分赏识，认为他"法然具足"，便授他法号"法然"，又取他先师"源光"之名中的"源"字与自名"睿空"中的"空"字，给他起法名"源空"。

源空后来到京都、奈良等地参访游学，广学佛教诸宗，如法相宗、三论宗、华严宗、律宗乃至密教等，而尤关注弥陀净土法门。他在奈良期间，接触到诸宗中提倡净土法门的学僧永观、重誉、珍海、昌海、实范等人的净土著作和学说。三论宗学僧永观所著《往生拾因》、珍海《决定往生集》，已据唐僧善导的《观无量寿经疏》提倡弥陀他力的念佛法门了。源空从他们的著作受到很大启发。

此后，源空回到黑谷，集中精力在收藏佛典的报恩藏广读各种佛书和古今著述。在这期间，他对源信的《往生要集》尤感兴趣，进行了深入思考和研究。据源空弟子源智《净土随闻记》记载，源空曾这样表述自己读《往生要集》的感受：

> 本朝渡到圣教及俗间史传等，无不历眼。然思出离（按：指超离世间生死烦恼）道，身心不安，因阅惠心（按：源信号惠心）《往生要集》。彼序云：往生极乐之教行，浊世末代之目足，道俗贵贱谁不归者。但显密教法，其文非一。事理业因，其行惟多。利智精进之人未难，如予顽鲁之者岂敢矣。是故依念佛一门，聊集经论要文。披之修之，易觉易行。……此集专依念佛，其事显然。
>
> 予故《往生要集》以为先导，入净土门，而窥此宗奥旨，取善导和尚释（按：此指善导《观无量寿经疏》）再读，以为往生不容易矣。三读乃知：乱想凡夫依称名行，决定可得往生也。但于自身出离已得决定，又欲普为众生弘通斯道。
>
> 然时机难计，心怀犹豫。一夜梦紫云大起，遍覆四海，云中出无量光，光中

百宝众鸟翩翻飞散。时予陟高山，忽值一高僧，腰下金色宛如佛身，腰上缁衣如寻常僧。高僧云：吾是唐善导，汝能弘通专修念佛，故来为证之。（势观《净土随闻记》）①

另外，在上莲房抄、信阿重写《知恩讲私记》中有这样一段记载：

先师（按：指源空）摧骨肝，寻《往生要集》惠心之秘怀，善导之规模。是以上人自述（按：即《选择本愿念佛集》）曰：善导是弥陀化身也，可谓此疏（按：《观无量寿经疏》）弥陀直说。……披阅慈典，组织素意，立舍余行，云归念佛。自行化他，唯綷（按：当即“唯在”）念佛。……当知善导和尚证定疏，正是净土宗之滥觞。②

据以上引文，可以得出以下四点结论：

（1）源空在认真阅读源信的《往生要集》之后才正式决定接受并皈依弥陀净土之教。

（2）源空从《往生要集》大量引证的净土著述中得知唐道绰撰《安乐集》，善导为倡导净土念佛法门而编撰的《观无量寿经疏》（称之为《观经善导禅师玄义》）、《往生礼赞》《观念法门》《法事赞》和《般舟赞》等，然后想找来阅读。如凝然《净土法门源流章》记述：“彼《要集》中引善导《玄义》等文，因此即寻善导所制，果获《观经疏》《礼赞》《法事赞》等（《般舟赞》者，彼世未获），并研究精详，通达义理。乃以善导和尚为所依宗师，《选择集》中具明此义。”③源空在找到善导的《观无量寿经疏》《往生礼赞》等书后，仔细阅读，深入进行思考、抉择，最后决定尊善导为“宗师”，完全接受，并在修行中遵照善导提倡的口称念佛的教理。

（3）源空对净土法门的理解和接受是有个过程的。首先接受源信《往生要集》中的以观想念佛为主的净土念佛法门，后来在读了善导的《观无量寿经疏》等著述后才意识到按照他的念佛法门修行是难以达到往生的，而善导提倡的口称念佛的净土法门易于为“乱想凡夫”即普通民众理解和接受，于是决定依照善导所著《观

①载于惠集《拾遗黑谷上人语灯录》卷上，《大正藏》卷八十三，第240页上中。

②日本栉田良洪《新发现的法然传记》，附有《知恩讲私记》全文，载《日本历史》1965年1月号（总200号）。

③《大正藏》卷八十四，第196页中。

无量寿经疏》等，舍弃以往修持的诸宗教义和修行方法，确立以口称念佛为中心的净土教说，誓愿“普为众生弘通斯道”。

（4）源空虽没有到中国求法，然而他虔诚地认为善导是“弥陀化身”，《观无量寿经疏》是“弥陀直说”，尊善导为“宗师”，甚至称自己在梦中见到善导前来为他誓愿“弘通专修念佛”而作证明，予以鼓励。

源空大约是在他四十三岁时完成这一重大转变的。此后，源空便深入日本各个阶层，一心弘传以口称念佛为中心的净土法门，门下弟子日多，在社会各界和佛教界的影响也日渐扩大。在后鸟羽天皇文治二年（1200），天台宗学僧显真邀请源空到位于京都北边的大原胜林院去讲净土教义，同时请在京都、奈良的三论宗、法相宗、天台宗的多位学僧前来听讲，还有其他听众三百多人。源空主要根据善导的《观无量寿经疏》阐释净土念佛教说，并回答在座学僧的质询。他指出在进入“末法”时代以后，众生根机低下，对于包括天台、华严、法相、三论诸宗在内的“圣道门”教理，已难以理解，依此修行自然达不到解脱，只有专念阿弥陀佛的名号，依靠阿弥陀佛的本愿他力，才能使一切众生死后往生极乐世界。据载，在座的学僧和其他听众对源空宣讲的净土念佛思想表示信服，在会后一起修念佛三天三夜。这就是日本佛教史上著名的“大原谈议”。

在源空传播自己的净土念佛思想过程中，绝非是一帆风顺的。以比睿山为传法中心的天台宗和以奈良兴福寺为传法中心的法相宗，对源空脱离天台宗体系（所谓“专修念佛”）的念佛主张表示异议，甚至公开反对乃至迫害。然而源空的念佛主张不仅越来越得到平民的理解和欢迎，也得到在朝廷拥有重大影响的某些贵族的理解和支持。

镰仓初期著名政治家、摄政九条兼实（1149—1207）曾在武士源氏集团与平氏集团的斗争中支持源赖朝，对源氏幕府成立是有功的。他虔信佛教，对源空的念佛往生之说十分赞赏，在其日记《玉叶》中记载了他与源空密切交往的情况。在后鸟羽天皇文治五年（1189）八月，九条兼实请源空到家为他讲授净土往生的道理，并为自己授菩萨戒。此后，九条兼实开始念佛。源空还应请为九条兼实的女儿宜秋门院（后鸟羽天皇的中宫皇后）授戒。在源空创立净土宗和传教的过程中，可以说得到九条兼实这一“外护”的帮助是很大的。九条兼实在晚年病中多次请源空为他授戒以祈福。源空年老体衰，有时派弟子证空代他到九条兼实家中说法或授戒。建久九年（1198），九条兼实向证空表示，为使自己经常增进念佛往生的信心，建议源空师徒将他们的净土教说“抄物记赐”，即写成文字相赠。于是，源空带领弟子证空、真观、安乐编写出《选择本愿念佛集》。① 这标志着日本净土宗正式成立。当时源空已六十六岁。

源空的净土宗迅速传播，信徒增多，引起天台宗、法相宗等旧有教派的忌恨和激烈反对。在土御门天皇元久元年（1204），比睿山的天台宗僧众集会通过停止“专修念佛”的决议。在形势日益严峻的情况下，源空深知如果对此不作出妥协将使自己的传教事业遭受严重挫折。于是，他上书天台宗座主真性，表示自己并没有离开天台宗而“偏弘念佛道，诽谤他教法”，在念佛的同时也阅读天台宗典籍，只是门下的“愚昧”之徒才“专劝念佛”。他制定了七条禁戒——《七条起请文》，下达弟子遵照实行。《七条起请文》签名连署的弟子达一百九十人。源空将此《七条起请文》上报天台宗座主真性，希望他了解真相。

《七条起请文》的主要内容有四点：一是严禁弟子批评天台、真言诸宗及其信奉者，防止引起争论；二是不要劝说别宗的信众改信净土宗；三是禁止宣传净土宗“无有戒行，专劝淫、食肉”，不守律仪，只须念佛；四是禁止妄称“正法”、“师说”而随己意宣传邪伪之说。

虽然比睿山僧众在看到源空的上书及弟子签名连署的《七条起请文》之后暂时平静下来，然而问题没有完全解决。因为只要源空及其弟子按照其专修口称念佛的教义传教，就必然要直接或间接地批评被称为“圣教门”、“难行道”的其他宗派，并且随着信奉净土宗的人增多，也必然损害旧有教派的既得利益。这种情况必然引起旧有宗派的反对和排斥。

元久二年（1205），以奈良兴福寺为中心的法相宗继天台宗之后激烈反对源空的净土宗，向朝廷上呈由学僧贞庆起草的《兴福寺奏状》，指责源空的“专修念佛宗”属于“私立”宗派，教义违背佛法，排斥其他宗派，不信神明，否定观想念佛，煽动“无戒失戒”……说如果听任净土宗传播，必将导致已有的八宗（奈良六宗加天台、真言二宗）灭亡，国家也难安定。在他们的催促之下，朝廷不得不判源空的弟子行空、遵西等人有罪，处以流刑。此后，又暴露出源空的弟子安乐、住莲在传教中与宫女私通的事件。于是，朝廷在建永二年（1207）二月下令取缔净土

①除九条兼实的日记《玉叶》外，还可参考藤原定家的日记《明月记》、三条长兼的日记《三长记》中的有关部分。井川定庆编，然上人全集刊行会1954年出版《法然上人传全集》第三集有载。

宗，禁止传修念佛，将源空及其弟子中的八人处以流刑，将安乐、住莲等四人处死。

源空被发配到土佐国（今高知县）还俗，改名藤井元彦。同年十二月，朝廷降旨赦免源空，然而不许他回京。直到顺德天皇建历元年（1211），源空才得到朝廷允许回到京都，然而在第二年便去世，年八十。江户时期，东山天皇元禄十年（1697）赐源空以“圆光大师”的谥号。

2. 源空的净土著作——《选择本愿念佛集》

源空创立的日本净土宗，在当时曾被日本天台宗、法相宗称为“专修念佛宗”。日本净土宗的基本教义，集中反映在源空的《选择本愿念佛集》之中。此书问世早期，源空仅允许身边弟子中少数几个人抄阅，在一般情况下是秘而不宣的。

《选择本愿念佛集》（简称《选择集》）卷首第一行的文字是“南无阿弥陀佛”，接着是“往生之业，念佛为先”，可以说是日本净土宗的“开宗明义”之语。意为如果人要在死后往生西方阿弥陀佛的极乐世界，最切实可行的捷径是“念佛”。念什么呢？“南无阿弥陀佛”。在这里，念佛不是观想念佛，更不是实相念佛，而是口称念佛，是用自己的口称念“南无阿弥陀佛”，或只念“阿弥陀佛”。

全书不分卷，设置十六章，每章开头有标明选录净土典籍内容的标题，然后是选录的佛典文字或净土章疏的语句，最后是“私云”、或“私问曰”、“答曰”，表述的是源空的净土见解和主张。例如，前三章标题：一是《道绰禅师立圣道、净土二门，而舍圣道，正归净土之文》，二是《善导和尚立正、杂二行，而舍杂行归正行之文》，三是《弥陀如来不以余行为往生本愿，唯以念佛为往生本愿之文》，然后分别引述道绰《安乐集》、善导《观无量寿经疏》《无量寿经》等佛典著述中的语句，最后在“私云”后加上自己的诠释和发挥。这三章引用的语句和源空的解释、发挥的文字，围绕口称念佛这一净土法门作了十分集中的论述，这恰是源空净土学说中最重要的内容。

其他十三章围绕众生念佛教说，从不同方面进行引证和论述。第四章，对《无量寿经》中所说上、中、下“三品”众生念佛往生之文进行解释；第五章，念佛的利益；第六章，念佛法门“机缘深厚”，适用于末代；第七章，佛光唯照摄念佛的众生；第八章，修净土念佛应具备至诚心、深心、回向发愿心“三心”；第九章，念佛四修：恭敬修、长时修、无余修、无间修；第十章，弥陀不赞叹闻经，唯赞叹念佛；第十一章，弥陀不赞叹杂善，唯赞叹念佛；第十二章，释迦佛唯以念佛付嘱阿难；第十三章，以念佛为“多善根”；第十四章，诸佛唯证念佛；第十五章，诸佛护念念佛者；第十六章，释迦佛以弥陀名号传授舍利佛。

源空除引证汉译“净土三部经”之外，引用最多的是中国善导的《观无量寿经疏》《往生礼赞》《观念法门》《法事赞》等，还有道绰的《安乐集》、法照的《五会法事赞》、窥基的《西方要诀》等。他在评述中还引用中国北魏昙鸾的《往生论注》、日本源信的《往生要集》等。从全书的引证和评述来看，源空主要是论证发挥善导提倡口称念佛的净土理论，所谓“偏依善导一师”。这正是源空净土理论的最大特色。

3. 日本净土宗教义

日本净土宗奉源空为宗祖，在教义上以汉译三经一论，即三国魏康僧铠译《无量寿经》、后秦鸠摩罗什译《阿弥陀经》、南朝宋畺良耶舍译《观无量寿经》和北魏菩提流支译《往生论》（全称《无量寿经优婆提舍愿生偈》）为基本依据，以源空《选择本愿念佛集》阐释的净土学说为基本教义。

下面主要依据《选择本愿念佛集》，并参考慧道光所辑《黑谷上人语灯录》及《拾遗黑谷上人语灯录》等书，对日本净土宗的教义作概要介绍。

（1）强调净土宗应独立于旧有诸宗之外

日本原有所谓奈良六宗，即早期从中国传入的三论宗、成实宗、法相宗、俱舍宗、华严宗、律宗；又有平安二宗，即平安时期从中国传入的天台宗、真言宗，统称“八宗”。这些宗派皆得到朝廷的承认，具有合法地位，甚至受到朝廷的优遇，每年给予度僧名额（年分度者）。源空在弘传净土法门过程中意识到，如果要在日本顺利弘传以念佛为主旨的净土信仰，必须在诸宗外建立独立的宗派。于是，他在以往佛典中选取原来只蕴涵“净土教说”意义的“净土宗”这一概念，用来作为自己要成立的净土信仰宗派的名称。

源空成立净土宗，必须像中国隋唐各宗那样提出自己的判教理论。源空的判教理论是在直接援引中国净土判教理论的基础上提出来的。前面已经介绍，唐代道绰继承北魏昙鸾《往生论注》的理论，在所著《安乐集》中以所谓“圣道门”、“净土门”及“难行道”、“易行道”来判教，认为在进入“末法”时代以后，净土教门以外的“圣道”诸宗已经难为众生理解和修持，只有以劝修念佛为主旨的“净土门”教说才能被众生接受和修持，引导众生借助佛的本愿之力达到往生解脱。他在《选择集》的第一章《道绰禅师立圣道、净土二门，而舍圣道，正归净土之文》

中引证道绰《安乐集》的相关文字之后说：

……凡此集（按：《安乐集》）中立圣道、净土二门意者，为令舍圣道入净土门也。就此有二由：一由去大圣遥远，二由理深解微。……且昙鸾法师《往生论注》云：谨案龙树菩萨《十住毗婆沙论》云：菩萨求阿毗跋致有二种道，一者难行道，二者易行道。

难行道者，谓于五浊之世，于无佛时，求阿毗跋致（按：意为修行达到不退转的阶位）为难。……一者外道相善，乱菩萨法；二者声闻自利，障大慈悲；三者无顾恶人，破他胜德；四者颠倒善果，能坏梵行；五者唯是自力，无他力持。如斯等事，触目皆是，譬如陆路步行则苦。

易行道者，谓但以信佛因缘愿生净土，乘佛愿力，便得往生彼清净土。佛力住持，即入大乘正定之聚，正定即是阿毗跋致。譬如水路，乘船则乐（已上）。

此中难行道者，即是圣道门也；易行道者，即是净土门也。

源空直接继承并发挥道绰、昙鸾的判教理论，认为佛教已经进入远离佛陀在世的“末法”时代，众生素质低下，对于大小经论中深奥的“圣道门”教理难以理解，再加上有“外道”、“恶人”的干扰、破坏捣乱，众生难以接受并修持“圣道”，凭借自力达到觉悟解脱。在这种形势下，只有简单易行的净土念佛法门才能被众生理解和修持。如果真心相信并修持念佛法门，可凭借阿弥陀佛的本愿之力往生西方极乐净土，达到如同菩萨那样不再退转的境地，永远摆脱生死轮回。在这里，源空不外是说，只有他创立的净土宗才是适应“末法”时代的最切实可行的佛法。

佛教诸宗皆有自己的传承世系，那么源空创立的净土宗的传承是什么呢？他在《选择本愿念佛集》中说，中国净土教说有三系，即东晋慧远，唐代慈愍（慧日），道绰、善导的三个法系。源空决定以道绰、善导一系作为自己继承的法系。因此，他将菩提流支、昙鸾、道绰、善导、怀感少康奉为日本净土宗的六祖。后来，他在《类聚净土五祖传》去掉菩提流支，以昙鸾等五人为日本净土宗五祖。按照这个世系排列，源空应是日本净土宗的六祖，实际是日本净土宗的始祖。

（2）主张专修口称念佛——“往生之业，念佛为本”

镰仓时代，日本社会政治体制发生了重大变化，以幕府将军或执权为首的由不同等级组成的武士在社会经济政治社会中占有支配的地位。与此相应，形成了超越于以往局限于宫廷和贵族狭隘圈子的贵族文化的新文化。因为武士讲求实际，中下级武士经常接触社会各个阶层，所以这种新文化带有平民色彩。镰仓时代形成的新佛教宗派是这种平民文化的重要组成部分。从这个意义来说，源空《选择本愿念佛集》中的“选择”是具有时代色彩的词汇。

“选择”一词原出自三国时吴支谦译《大阿弥陀佛》，而在此经的异译本《无量寿经》中译作“摄取”。源空将二者加以会通，说“选择与摄取，其言虽异，其意是同”，又说“选择者即是取舍义”。自然，有所舍才有所取，是行为主体通过思考比较之后而采取的举措，先弃舍而后选择取。那么，弃舍（选舍）什么、选择（选取）什么呢？概言之，他在一切佛法中，弃舍“难行”的“圣道门”教法，而选取“净土门”教法中最简单易行的口称念佛。

按照《无量寿经》的说法，无量寿佛（即阿弥陀佛）在难以计数的往世是位比丘，名法藏，在成佛前曾发下四十八个宏愿，述说他成佛后在他的佛国（安乐国或极乐世界）具有种种美好庄严景象，例如国中没有地狱、饿鬼、畜生，此处众生（人、天的生命体）形象端庄，没有贪欲，寿命无限……如果不是这样，他绝不成佛（“不取正觉”）。其中第十八愿说：“设我得佛，十方众生至心信乐，欲生我国，乃至十念，若不生者，不取正觉。”在这里，“十念”的“念”可以解释为“念头”、“念愿”，未必特指口的念诵。然而善导在《观念法门》中却作了这样的引述：“设我得佛，十方众生愿生我国，称我名字，下至十声，乘我愿力，若不生者，不取正觉。”不但字句有异，而且直接将“十念”改为“十声”，用以突出口称念佛的意义，即口称“阿弥陀佛”十声，即可往生。不仅如此，善导在《观无量寿经疏》中对自己的念佛往生理论作了系统论证，主要有四点：第一，一切人，包括女人和“罪恶凡夫”皆可往生净土。第二，西方极乐净土虽属报身佛所居之土（菩萨通过修行成佛所得到的佛国净土），然而一切众生皆可凭借弥陀本愿之力（他力）而可往生到此。第三，众生往生的最重要的条件是对弥陀及其本愿的“信心”、“深信之心”。第四，遵照净土经典修行虽属“正行”，然而“正行”中又分辅助往生性质的“助业”和真正决定往生的“正定业”。所谓“助业”包括读净土经典、观想念佛及礼拜等等，而“正定业”是口称念佛，即口念“阿弥陀佛”或“南无阿弥陀佛”。（主要见善导《观无量寿经疏》卷四）①

①《大正藏》卷三十七，第270页下～272页中。

源空的《选择本愿念佛集》对善导的净土教说可以说全部接受下来，并有所发挥。他对善导《观念法门》中所说口称念佛“念念相续，毕命为期”是与阿弥陀佛的本愿“相通”的说法十分赞赏，并且引证《无量寿经》和善导的著作进行详细论证。他说人们追求往生，可以行布施、持戒、忍辱、精进、般若，乃至“起立塔像，饭食沙门，及以孝养父母，奉事师长等种种之行”。然而这一切皆不可取，应当舍弃，唯取口念佛号。他说：

> 今选舍前布施、持戒，乃至孝养父母等诸行，而选取专称佛号，故云选择也。……第十八愿选舍一切诸行，唯偏选取念佛一行为往生本愿乎？
>
> 答曰：圣意难测，不能辄解。虽然，今试以二义解之：一者胜劣义，二者难易义。
>
> 初胜劣者，念佛是胜，余行是劣。所以者何？名号者是万德之所归也。然则弥陀一佛所有四智、三身、十力、四无畏等一切内证功德，相好、光明、说法、利生等一切外用功德，皆悉摄在阿弥陀佛名号之中。故名号功德最为胜也。余行不然，各守一隅，是以为劣也。……然则佛名号功德胜余一切功德，故舍劣取胜以为本愿欤。
>
> 次难易义者，念佛易修，诸行难修。是故《往生礼赞》云：问曰：何故不令作观，直遣专称名字者有何意也？答曰：乃由众生障重，境细心粗，识扬神飞，观难成就也。是以大圣悲怜，直劝专称名字。正由称名易故，相续即生。又《往生要集》：问曰：一切善业各有利益，各得往生。何故唯劝念佛一门？答曰：今劝念佛，非是遮余种种妙行。只是男女贵贱，不简行住坐卧，不论时处诸缘，修之不难，乃至临终愿求往生，得其便宜，不如念佛。……故知念佛易故，通于一切。诸行难故，不通诸机。然则为令一切众生平等往生，舍难取易以为本愿欤。①

引文中“选择”（包括“选舍”、“选取”）的行为主体虽是指净土经典中的阿弥陀佛，然而从前后表述来看，实际是源空对各种净土法门的比较、判断和做出选择。他主要是依据善导的著作来阐释自己的念佛主张：①口称念佛，即口称弥陀名号必得往生才是阿弥陀佛的本愿；②人们应“舍劣取胜”，宣称“阿弥陀佛”名号自身包含佛的一切智慧、力量、光明、说法等等“内证功德”与“外用功德”，而

①《大正藏》卷八十三，第5页中下。

修持其他布施、持戒、忍辱、精进、般若等，皆局限在某个方面，所以应选取念佛“胜行”，而舍弃其他“劣行”；③应“舍难取易”，说称弥陀名号简单易修，而修观想念佛及其他诸行则有困难，所以应选舍难行之法，而选取易修的念佛法门。

源空在《选择集》中特别强调“往生之业，念佛为先”及“往生之业，念佛为本”，十分概要地表明了他创立的日本净土宗的基本教义。他也吸收善导的观点，认为口称念佛的次数越多越好，越有功德，往生的品位越高。

（3）面向一切民众，推广口称念佛

源空在弘传净土法门、创立净土宗的过程中，始终面向社会上一切民众，特别是生活在社会基层的贫穷又没有文化的广大农民、渔民，也包括经常从事征战的各种等级的武士。据源空的相关资料，他在被流放到土佐国期间及往来的途中，经常向各地民众传教，接受他的说教者中有武士、农民、渔民等。他决定舍弃圣道诸教，选择净土教说；舍弃净土教说中的读经、观想、礼拜等诸行，而专门选择口称念佛，据称皆是为了使多数民众能够理解和修行口称念佛法门，死后得到往生。他在《选择本愿念佛集》结合对弥陀本愿的解释说：

> 若夫以造像起塔而为本愿，则贫穷困乏之类定绝往生望。然富贵者少，贫贱者甚多。若以智能高才而为本愿，则愚钝下智者定绝往生望。然智能者少，愚痴者甚多。若以多闻多见而为本愿，则少闻少见辈定绝往生望。然多闻者少，少闻者甚多。若以持戒持律而为本愿，则破戒无戒人定绝往生望。然持戒者少，破戒者甚多。自余诸行，准是应知。当知以上诸行等而为本愿，则得往生者少，不往生者甚多。然则弥陀如来法藏比丘之昔，被催平等慈悲，为普摄于一切，不以造像起塔等诸行为往生本愿，唯以称名念佛一行为其本愿也。①

确实，在当时信奉佛教的人中，有能力建寺、造佛像、建塔者极少，有文化有才能、学识渊博的人也少，无论是出家比丘还是在家居士，能严格“持戒持律”的人也不多。对于民众的大多数人来说，按照传统佛教诸宗的教义怎么可以期望达到觉悟解脱呢？于是，源空通过何为阿弥陀佛本愿的问题的解释，提出接引口称念佛者往生净土才是阿弥陀佛的本愿。为什么呢？他说阿弥陀佛以“平等慈悲”、普度众生为怀，是站在包括贫贱者、愚钝下智者、少闻少见辈、破戒无戒者在内的最广

---

①《大正藏》卷八十三，第5页下至第6页上。

大民众这一边的。源空这样说的目的，是希望社会各界民众相信他创立的净土宗是完全符合净土经典的原意，符合阿弥陀佛的本怀和教旨的，希望有更多的人相信并支持净土宗的传播。

源空也继承了善导净土教说中的“一切善恶凡夫”，包括犯了“五逆”、“十恶”[①] 的恶人也可往生净土的思想。源空认为，念佛可以灭除一切轻重的罪恶，死后皆可往生净土，此即《选择本愿念佛集》所说的“轻重兼灭，一切遍治”[②]。

源空创立的净土宗在日本社会得到迅速传播，不仅得到处于社会底层的渔民、农民和新兴武士的信奉，也得到处于社会上层的贵族的信奉。正如凝然《净土法门源流章》所说：“自此已后，净教甚昌，贵贱俱修，教鄙咸遵。”[③] 在源空死后，净土宗虽一再遭到天台宗、华严宗等旧有诸宗僧徒的批判和反对，甚至再次遭到迫害，然而并未能从根本上遏制净土宗在社会各阶层迅速传播的趋势，净土宗仍继续在城乡民众中扩展势力。

源空的弟子很多，著名的有幸西、隆宽、证空、圣光、信空、行空、辨长、长西及亲鸾等人。其中除亲鸾另外创立净土真宗外，其他弟子在传教中对净土宗教义也作出若干不同的解释，从而在净土宗内部形成不同的流派，主要有幸西的一念义派、隆宽的多念义派、证空的西山派、辨长的镇西派、长西的九品寺派等。

二、亲鸾和日本真宗

净土真宗，一般称“真宗”，是源空的弟子亲鸾创立的，从性质上说虽属净土宗的一个分派，然而它从创立以来一直是作为一个独立的宗派开展活动和发展的，是日本镰仓时代成立的佛教宗派中最富有民族特色的宗派之一。在净土“三经一论”中，真宗更强调依据《无量寿经》，并且提出以“弥陀本愿”他力完全决定往生为前提的“信心为本”和以“恶人”往生为本位的“恶人正机”说等，从而与中国包括道绰、善导法系在内的净土教说，乃至与尊善导为“宗师”的源空创立的日本净土宗之间拉开了距离。

---

①大小乘各有五逆，即五种重罪。小乘五逆是害母、害父、害阿罗汉、恶意伤害佛身、破坏僧团。大乘五逆是破坏寺塔，毁坏经像；毁谤声闻、缘觉和大乘法；妨碍出家人修行或杀害出家人；犯小乘五逆之一；否认因果业报。十恶是十善的反面，即杀生、偷盗、邪淫、妄语、恶口、两舌、绮语、贪欲、嗔恚、愚痴。

②《大正藏》卷八十四，第 14 页中。

③《大正藏》卷八十四，第 196 页上。

1. 亲鸾的生平

亲鸾（1173—1262），京都人，俗姓藤原，父亲是曾在皇太后宫中任“大进”之职的日野有范。亲鸾九岁出家，师事比睿山天台宗著名学僧慈圆。慈圆是贵族九条兼实之弟，著作有《管愚抄》，曾出任天台宗座主。亲鸾在比睿山修学长达二十多年，对天台宗教义及源信的净土学说有较深的积累，并且曾经在修持念佛法门的“常行三昧堂”担任过堂僧，从而对圆仁以来比睿山常修的念佛法门有实践经验。

亲鸾经过反复考虑，决定弃舍天台宗而专修净土念佛法门。在土御门天皇建仁元年（1201），亲鸾下比睿山，来到京都的六角堂连续百日闭关修行，向观世音菩萨祈祷，希望观世音菩萨为他指点摆脱烦恼之道。此后，他前往京都的吉水拜访源空，连续百日向源空请教净土念佛教说。源空告诉他，无论善人还是恶人，皆可通过念佛往生净土而超脱生死。从此亲鸾成为源空信任的身边弟子之一，有资格与其他少数弟子一样抄阅《选择本愿念佛集》。源空还借用中国弘扬净土法门的高僧道绰、善导和日本源信及自己名字中的字，为他先后起“绰空”、“善信”的法名。①

建永二年（1207）二月，在比睿山天台宗、奈良兴福寺法相宗僧徒先后奏请和催促之下，朝廷宣旨禁止专修念佛，将源空及其身边八位弟子流放外地，亲鸾是被流放的弟子之一。后来亲鸾在所著《显净土真实教行信证文类》（简称《教行信证》）卷末的“后序”中忆及此事，并表示愤慨，说：

> 圣道诸教（按：指“圣道门”的天台等宗派），行证久废。净土真宗（按：原指源空创立的净土宗，后来被用来专指亲鸾创立的真宗），证道今盛。然诸寺释门昏教兮，不知真假门户。洛都（按：指京都）儒林迷行兮，无辩（按：当为“辨”字）邪正道路。斯以兴福寺学徒，奏达太上天皇讳尊成（按：指后鸟羽上皇），今上讳为仁（按：土御门天皇），圣历承元丁卯岁仲春（按：此年仲春仍属建永二年，至十月才改元承元）上旬之候，主上臣下背法违义，成忿结怨。因兹真宗兴隆大祖源空法师并门徒数辈，不考罪科，猥坐死罪，或改僧仪，赐姓名，处远流。予其一也。尔者已非僧非俗，是故以秃字为姓。②

亲鸾说“圣道”诸宗已趋衰废，而净土真宗（净土宗）日渐兴盛。诸佛寺僧

①关于亲鸾的传记，详见杨曾文著《日本佛教史》第三章第三节。

②《大正藏》卷八十三，第642页下。

众教理不明，不辨真假，京都儒者士大夫又不知何为正行，邪正不分。因兴福寺学僧的奏文，上皇、天皇与朝臣“背法违义，成忿结怨”，判处净土宗始祖源空及其弟子流放远方，并革除僧籍，让穿俗装，赐以俗姓，有的甚至被判死刑。亲鸾自己是被发配远方的弟子之一。

亲鸾流放地是越后国的首府（今上越市）。他在流放期间虽仍信奉净土宗，然而娶妻生子[①]，过着所谓“非僧非俗”的生活，以“秃”字为姓，有时自称“愚秃”，并取世亲与昙鸾二人名字中各一字，将原名“善信”改为“亲鸾”。

顺德天皇建历元年（1211）十一月，朝廷降旨赦免亲鸾，并且允许他回京都。然而亲鸾在回京途中听说其师源空已经去世，便打消回京都的念头，又折回北越，在那里居住两年，向当地民众传教。十三年后，亲鸾决定到关东传教，携妻子到常陆国（今茨城县）笠间郡称作稻田的地方居住并开展传教活动。他在此地生活了二十多年，从他受净土之教者以农民为主，此外有渔民、商人及武士，逐渐形成以他为教主的教团。

此后，在比睿山天台宗教团的强烈要求下，后堀河天皇贞应三年（1224）朝廷曾降旨禁止“专修念佛”；四条天皇文历二年（1235）幕府针对真宗，下令驱逐破戒、吃肉、蓄妻的念佛者，又通过朝廷降旨取缔“专修念佛”。然而这并没有从根本上遏制真宗在广大农村迅速传播的趋势。

就在幕府驱逐真宗信徒的时候，年近六十的亲鸾携妻惠信尼及子女回到京都。不久，妻惠信尼与亲鸾作别，携子女三人到越后国居住，管理在那里的土地财产。亲鸾在京都主要靠各地信徒的施舍维持生活，与关东及其他地方的信徒组织保持着直接或通信联系，对他们给予指导。亲鸾一生共有子女六人。他晚年由最小的女儿觉信尼赡养。亲鸾于龟山天皇弘长二年（1262）去世，年九十。女儿觉信尼操办亲鸾的一切丧事，在东山大谷建庙堂，将亲鸾的遗骨安葬于此，先后由其子觉惠、孙觉如负责管理。此后经过世代相传，以大谷庙堂为中心形成真宗内最大的本愿寺教团。

---

①关于亲鸾结婚生子之事，日本学术界对其妻室有一人说、二人说及三人说。据笠原一男著，日本放送出版协会 1973 年出版《亲鸾——烦恼具足之佛》，亲鸾在成为源空弟子的第四年便与京都一位女子结婚，生子名善鸾；流放越后时，又与当地武士之女惠信尼结婚，生子明信（号信莲房）。然而赤松俊秀监修《日本佛教史》第二章之二“亲鸾及其教团”认为，亲鸾之妻有可信资料证明的只有惠信尼一人，法藏馆 1978 年第 6 次印刷。

2. 亲鸾的《教行信证》及其他著作

亲鸾在常陆稻田期间，利用当地藏有“宋版一切经”的条件，围绕净土念佛的思想收集大量资料，撰写《教行信证》（全称《显净土真实教行信证文类》）六卷，系统地论述了真宗的基本教义。全书引述经书原文的篇幅最大，亲鸾只是在“谨按”、“谨”、“夫按”、“尔者”、“论曰”之后及自设问答的文字中，阐释自己对所引经书语句的诠释和见解，比较集中地论述自己的净土教说——真宗的教义。据日本近代著名佛教学者村上专精《真宗全史》统计，亲鸾在书中引证佛经二十九部、论书四部、中日佛教论释著作三十八部，另引外典——《论语》一部，实际引用了六十四种佛书的语句。其中除引用净土信仰最重要的“三经一论”和中国北魏昙鸾，唐代道绰、善导（光明寺和尚）的净土著作外，还引用大乘经典《大涅槃经》《大集经》《首楞严经》《药师经》《菩萨戒经》《大乘起信论》以及宋代王日休（号龙舒）《龙舒净土文》、宗晓《乐邦文类》、日本比睿山天台宗僧源信《往生要集》等。

《显净土真实教行信证文类》由六部分组成：

一是“显真实教”，指依据的真实教法，特指《无量寿经》，称之为“真实之教，净土真宗”。将此经中所说阿弥陀佛的十八愿“设我得佛，十方众生至心信乐欲生我国，乃至十念。若不生者，不取正觉”称作“念佛往生愿”、“如来本愿”、“往生本愿”，将阿弥陀佛名号作为本经之体。

二是“显真实行”，指所倡导的修行方法，特指称念“南无阿弥陀佛”或“阿弥陀佛”。依据的是《无量寿经》中的第十七愿：“设我得佛，十方世界无量诸佛，不悉咨嗟称我名者，不取正觉。”称此为“选择称名之愿”。在解释中将一念、一声等同、正念与正行等同，将口称念佛与心中念佛等同起来，正念就是念佛，就是念诵“阿弥陀佛”。

三是“显真实信”，指所谓弥陀本愿，即第十八愿的绝对信心，将其中的“至心、信乐、欲生”称为三心。如果修行者至诚地相信并欢欣地发愿向往弥陀净土，那么，这种信心即与弥陀本愿相通，便可凭借弥陀的愿力往生净土。

四是“显真实证”，证是修行结果，任何人皆可往生西方净土，“入大乘正定聚（按：达到必定觉悟之位）之数，住正定聚故，必至灭度，必至灭度即是常乐，常乐即是毕竟寂灭，寂灭即是无上涅槃”。此即意味着往生净土即永远超脱生死，必定成佛。

五是“显真实土”，说往生净土即入光明无限的真实报身佛——阿弥陀佛的清净报土。

六是“显化身土”，如果不能专修念佛，“杂修”或“执心不牢”，死后虽也往生，但生于净土边缘之处，属于佛的“显化身土”，或称之为“懈慢界、疑城胎宫”①。

以上六个组成部分中的前四项——教、行、信、证，是构成净土真宗教义中的四个最基本的内容。简言之，奉净土三经中的《无量寿经》为最重要的经典，以念佛（口念、心念相通）为最重要的修行方法，对弥陀本愿他力的信心是往生净土的决定因素，往生净土也就意味着成佛。

《教行信证》为日本净土真宗的最重要的教典，是亲鸾五十岁至六十岁（1222—1232）在关东常陆国编撰的，回到京都后又作了一些修改，此书的完成标志着日本净土真宗的正式成立。

此外，亲鸾还撰有《净土和赞》《高僧和赞》《唯信钞文意》《净土文类聚钞》《净土三经往生文类》《愚秃钞》《入出二门偈颂》《一念多念文意》《正像末和赞》《尊号真像铭文》等。

亲鸾在常陆国时，茨城郡河田村报国寺的唯圆，曾当面从亲鸾受教。亲鸾死后，唯圆看到信徒之间产生种种异说，在慨叹之余，根据自己的记忆将从亲鸾那里听到的净土念佛之教整理成文字，题为《叹异钞》。全书十八章，前九章记述亲鸾的法语，后九章是他对当时真宗内出现的异说所作的批评。《叹异钞》是日本净土真宗的重要教典之一，尤其在表述往生“信心为本”、“恶人正机”方面最具特色。②

3．净土真宗的教义

净土真宗，一般称“真宗”，因为以《无量寿经》中所说“一向专念无量寿佛”为主要修行方法，也被称为“一向宗”；又因亲鸾常称信众为“御门徒众”，也被称为“门徒宗”，近代以后才正式称“净土真宗”。

真宗教义主要依据亲鸾《教行信证》，同时也参照亲鸾的其他著作。现按判教、

①《显净土真实教行信证文类》载《大正藏》卷八十三。

②《叹异钞》在日本有不同译注本，笔者参考的是金子大荣《叹异钞（校注）》，岩波书店1981年版，及真锅元之《叹异钞与亲鸾》，金园社出版（原书未标出版时间）。国内有毛丹青译注《叹异钞》，天津出版社1994年版，可以参考。

教祖、信心为本、恶人正机四个层次，对日本净土真宗的教义作概要介绍。

（1）净土法门顿渐、真假的判教论

亲鸾在创立净土真宗过程中，重新从整体上对佛法进行分类和评述，提出自己的判教理论。他在京都写的《愚秃钞》中对此有系统论述。

亲鸾在继承以往中国净土宗判教理论的基础上，发挥自己的观点，对全部佛法进行分类、比较和评判。他首先把佛法分为大乘和小乘二教，进而将大乘分为难行道——自力圣道门和易行道——他力净土门，然后将自力圣道门、他力净土门分为渐教和顿教。接着，他又用所谓“竖”、“横”；“竖出”、“竖超”；“横出”、“横超”等术语对前述佛法作进一步分类和评述。

所谓“竖”是指修行必须经历前后和深浅的程序；“横”是没有固定的程序和次第；“出”是出离欲界、色界和无色界，达到最高解脱的境界；“超”是直达最高解脱的境界。亲鸾用“竖”代表圣道门，指净土宗以外的教派；用“横”代表净土门，即净土宗。所谓“竖出”是指圣道门中的“渐教”、“权教”，如主张历劫修行才能达到觉悟解脱的法相宗等；以“竖超”代表圣道门中的“顿教”、“实教”，如主张“即心是佛”或“即身成佛”的华严宗、天台宗、真言宗、禅宗（佛心宗）等。与此相对，所谓“横出”是他力净土门的“自力方便假门”，指《观无量寿经》《阿弥陀经》等经所说的修善功德和九品往生之教；“横超”是他力净土门讲“选择本愿”（“念佛本愿”）的“真实之教”，也就是《无量寿经》中所说的念佛往生报土之教。这样一来，即使是净土之教中也有顿教、渐教之分，前者是没有依凭弥陀本愿专修念佛的净土教中的渐教，而后者是依凭弥陀本愿专修念佛的净土之教的顿教。用图表示如下：

- 大乘
  - 圣道门—难行道—自力
    - 竖出—渐教（法相宗等主张历劫修行才能解脱之教）
    - 竖超—顿教（禅、真言、天台、华严等主张即身成佛之教）
  - 净土门—易行道—他力
    - 横出—渐教（《观无量寿经》《阿弥陀经》的净土假门之教）
    - 横超—顿教（《无量寿经》的净土真宗之教）
- 小乘—缘觉教、声闻教

这一方面将净土教以外的佛法与净土教划清界限，借以强调易行的净土门比难行的圣道门优越；同时又将专修念佛（在亲鸾那里是以深信弥陀本愿为前提的念佛）的净土教法与其他兼修诵经、礼拜及做各种功德的净土教法划清界限，强调主要依据《无量寿经》的真宗又优于其他净土教说或教派。亲鸾这种判教的目的是突出《无量寿经》在各种净土经典中的重要地位及他所论述的对“弥陀本愿力”绝对信心是往生成佛之本的教说。

（2）真宗所奉的教祖

亲鸾以印度和中日两国撰有净土著作并弘扬净土信仰的七人为教祖。他们是：印度著有《十住毗婆沙论》的龙树，著有《往生论》（《无量寿经优婆提舍愿生偈》）的天亲（世亲）；中国北魏时期著有《往生论注》的昙鸾，隋唐时期著有《安乐集》的道绰，著有《观无量寿经疏》及《往生礼赞》等的善导；日本著有《往生要集》的源信，著有《选择本愿念佛集》的源空。

亲鸾在所著《净土高僧和赞》中以偈颂对这七人进行赞颂，从中可以看出亲鸾对他们的哪些思想特别感兴趣、特别重视。他赞扬印度的龙树显示难行道和易行道、天亲阐释净土经典中弥陀本愿他力之教；中国的昙鸾主张“往还回向由他力，正定之因唯信心”；道绰阐明圣道门难行难证，唯有净土门易修易证，“万善自力贬勤修，圆满德号劝专称”；善导提倡口称念佛，“矜哀定散（按：坐禅与不坐禅）与逆恶”，“开入本愿大智海”。亲鸾赞扬日本源信提倡净土念佛之教，“极重恶人唯称佛，我亦在彼摄取中”；亲鸾之师源空是日本净土宗创始人，亲鸾赞扬：“本师源空明佛教，怜愍善恶凡夫人，真宗教证兴片州，选择本愿弘恶世。”[①] 在这些偈颂中，亲鸾着重赞颂他们将佛法判释为难行的圣道门、易行的净土门，强调信心和提倡专修念佛，宣传一切善恶众生皆能依凭弥陀“本愿”他力往生净土。

（3）“信心为本”——超道德的修行解脱论

佛教的教义、戒律包含丰富的伦理道德的内容，例如大小乘佛教的善恶因果报应说教，要求广大信众遵守的五戒（不杀生、不偷盗、不邪淫、不妄语、不饮酒）、十善（不杀生、不偷盗、不邪淫、不妄语、不两舌、不恶口、不绮语、不贪、不嗔、不痴）和出家僧众应当遵守的沙弥戒（十戒）、具足戒（《四分律》规定男众二百五十条、女众三百四十八条）等，其中皆蕴涵丰富的相当于道德观念、道德意志、道德准则和道德规范的内容，并将此道德说教与善恶因果报应理论结合起来，

①《净土高僧和赞》原偈是古日文，详见《大正藏》卷八十三，第660页~664页。

说善有善报，恶有恶报，或死后再生为人，或生诸天，或生为畜生，乃至下地狱、成饿鬼，旨在劝人净化心灵，行善止恶。中国隋唐成立的各宗也将这些道德的基本内容采纳到自己的教义体系当中。即使是净土宗，虽贬低所谓“圣道”的传统佛教，强调弥陀本愿他力，然而也没有完全否定守戒行善是修行者往生的重要条件，主张通过念佛消除以往罪恶，声称“称佛一声即除罪五百万劫”，然后往生净土。从逻辑上说，是先消罪后往生。源空的净土教说继承了善导关于念佛消罪往生的思想。

然而到了亲鸾，情况有较大变化。首先，他认为一个人死后能否往生（即解脱成佛）与他生前修行好坏和行为善恶无关，而完全由他对弥陀本愿他力的“信心”决定。亲鸾称这种对弥陀本愿的信心为成就往生的“内因”、“真因”、“正因”。真宗本愿寺第八代教主莲如（兼寿，1415—1499）在其《御文·五帖目》中对亲鸾的净土教说进行归纳，说：“圣人（按：指亲鸾）一流劝化之要，以信心为本。”因此，“信心为本”可以说是日本真宗的主要特色。

如：

> 大信心者，则是长生不死之神方，欣净厌秽之妙术，选择回向之直心，利他深广之信乐，金刚不坏之真心，易往无人之净信，心光摄护之一心，希有最胜之大信，世间难信之捷径，证大涅槃之真因，极速圆融之白道（按：通往净土之光明大道），真如一实之信海也。斯心即是出于念佛往生之愿（按：即《无量寿经》中的弥陀第十八愿）。（《教行信证》卷三）①

亲鸾所说的“信心”，蕴涵弥陀第十八愿中的所谓“至心、信乐、欲生”三心，即至诚地相信并欢欣地发愿向往弥陀净土。这种信心与修行者生前的道德情操和持戒行善的行为没有任何关系，是“出于念佛往生之愿”。如果有了这种信心，便可立即与弥陀本愿相通，死后必定凭借弥陀愿力往生净土。所以亲鸾称这种信心是“长生不死之神方……世间难信之捷径，证大涅槃之真因”。按照佛教教义，“涅槃”是指彻底断除烦恼达到最高觉悟的境界，也就是成佛。亲鸾实际是说，如果具备对弥陀本愿的绝对信心，不仅可以死后往生“无量寿”的极乐世界，而且往生也就意味着成佛。

---

①《大正藏》卷八十三，第601页上。

他还说：

弥陀本愿不选人之老幼、善恶，应知信心为要旨。弥陀本愿以救罪恶深重、烦恼炽盛之众生为志，如信本愿，则无需其他善行，无优于念佛之善行也。不必惧恶行，无有能妨碍弥陀本愿，阻碍众生往生净土之恶行。(《叹异钞》)①

如来所以兴出世，唯说弥陀本愿海。五浊恶时群生海，应信如来真实言。

能发一念喜爱心，不断烦恼得涅槃。凡圣逆谤齐回入，如众水入海一味。(《教行信证》卷二《正信念佛偈》)②

不论人死之善恶，信心决定之人，必住正定聚（按：意为往生即达必定入悟的不退转境地，亲鸾称此为佛位）。[《末灯钞》载正嘉二年（1258）十二月十四日亲鸾致乘信房的信]③

据上面引文，亲鸾认为对弥陀本愿的信心和基于这种信心的念佛，不仅与修行者身份的富贵贫贱、出家在家、男女老少无关，并且是超越于修行者的道德善恶、行为邪正和有罪无罪之上的，如他在《教行信证》卷三所说："凡按大信海者，不简贵贱缁素，不谓男女老少，不问造罪多少，不论修行久近，非行非善，非顿非渐，非定非散，非正观非邪观，非有念非无念，非寻常非临终，非多念非一念，唯是不可思议不可称不可说信乐也。"④ 这种信心归根到底是弥陀给的，与弥陀本愿相通，是不可思议的和难以用文字表达的，具有这种信心的人，死后灵魂必定往生。《叹异钞》记载，亲鸾曾说："行者具有信心，天神外道不能障碍，虽有罪恶，不受业报。"甚至宣称：人的善恶行为，乃至"杀百人千人"，皆是由前世的"业缘"决定的，并不是决定能否往生的原因，而往生净土是由对弥陀本愿的信心决定的。⑤ 这就是说，行善无助于往生，行恶也无碍于往生。

不难看出，这种超道德的念佛往生论有损于佛教传统的劝善止恶的功能，会导致修行者道德意识滑落，行为放纵。据载，亲鸾回到京都以后，在关东地区的真宗信徒中确实有人"专恃本愿"，宣称"造恶无碍"，并且否定弥陀信仰以外的佛教

①译自《大正藏》卷八十三载《叹异钞》。这段原文载第728页上、中。

②载《大正藏》卷八十三，第600页上。第三句"五浊"是佛教所说"末法"时代的五种衰落表象：劫（时）浊、见浊、烦恼浊、众生浊、命浊。第五句中的"喜爱心"，即发愿往生净土之心。

③《大正藏》卷八十三，第713页下。

④《大正藏》卷八十三，第606页中、下。

⑤《大正藏》卷八十三，第731页中、下。

和神道的信仰，引起纠纷，危害社会安定。对此，亲鸾也表示反对，说这样做不仅妨碍别人念佛，也必然招致当局和世人的反对，斥之为“如狮子身上的虫吃狮子之肉”。① 到室町时期，真宗本愿寺派教主莲如为缓和真宗与各地守护地头及信仰其他宗派、神道民众的关系，在向信徒强调“信心为本”的同时，还提出“以王法为本，以仁义为先”、“以仁义为本”的要求②。约束信徒遵守“王法”（国家的法律、命令），遵循以仁义为核心的社会道德规范，有利于改善真宗信徒与其他民众的关系，使真宗更容易融入日本社会。

基于“信心为本”的净土思想，亲鸾将以往净土教提倡的口称念佛、念佛消罪的做法也划归于“自力”修行，提出异议。据《叹异钞》记载，他置疑“一声念佛消八十亿劫重罪”的说法，认为这种说法仍相信自力，没有建立对弥陀本愿的绝对信心；说如果有此信心，即使“犯有罪业，临终没有念佛，也可迅速往生”。他也并非完全否定口称念佛，说如果建立了对弥陀本愿的信心，念佛就是报答阿弥陀佛恩德的表现。③ 这与中国善导的净土教说、源空创立的日本净土宗提倡的口称念佛的做法形成鲜明的对照。

（4）“恶人正机”说

既然往生成佛以信心为本，与个人的意识和行为的善恶没有关系，那么，从逻辑上说，那些对通过自力修行达到解脱失去信心而对弥陀本愿绝对相信的人最有条件往生，而既相信自力又程度不同地相信弥陀本愿他力的人则难以具备充分的往生条件。这就是亲鸾提出的往生“恶人正机”说的理论前提。

何为善人、恶人？按照佛教传统的教义，遵循五戒、十善的人可以称为善人，而违犯五戒、十善的人可称为恶人。如果犯有杀父、杀母、杀罗汉（杀僧）、害佛、破坏僧团的“五逆”罪，则为“五逆重罪之人”。中国的净土教到唐代善导进入一个新的阶段，在提倡口称念佛和论证一切“罪恶凡夫”皆可往生方面提出了更加完备的教义体系，对后世影响很大。善导在《观无量寿经》等著作中论证不仅持戒行仁慈、孝养父母的善人可以往生，就连犯戒、作种种恶业，乃至犯十恶、五逆等罪者，只要信奉阿弥陀佛，修持净土法门，哪怕是在临终前连续念诵阿弥陀佛名号，

①《亲鸾圣人御消息集》署九月二日给慈信房的回信。载《大正藏》卷八十三，第725页下。
②《莲如上人御文·三帖目》，载《大正藏》卷八十三，第794页上、中。
③详见《大正藏》卷八十三，第732页中、下。

都可往生净土。日本源空继承了善导的思想。

善导及源空的念佛往生论虽着眼于凡夫，强调恶人也能往生，但仍以善人为本位，如善导《观念阿弥陀佛相海三昧功德法门》中说："一切罪恶凡夫尚蒙罪灭，证摄得生，何况圣人愿生而不得去也！"[①] 源空也说过类似的话，《黑谷上人语灯录》卷十四记载他的一段话："信犯十恶、五逆之罪者可以往生，犯小罪者可想而知。罪人尚可往生，何况善人！"[②] 意为恶人尚能往生，何况善人、圣人！这样讲便把净土教说成是一切人皆可信奉和接受的教派了。

然而亲鸾的净土真宗在此基础上有较大改变，不仅强调一切罪恶凡夫可以往生，而且进而宣称凡夫中的恶人最坚信弥陀本愿他力，是阿弥陀佛着力拯救的对象。《叹异钞》记载亲鸾如下一段话：

> 善人尚可往生，何况恶人哉！然世人常谓恶人尚能往生，何况善人。此说看似有理，但有违本愿他力之趣。盖自力为善之人，无依他力之心，非为弥陀本愿所摄。然如幡然改悟，弃舍自力之心而忖依弥陀本愿之他力，则必往生真实之报土。烦恼具足之我人，作何种修行皆不能脱离生死。弥陀悲悯发宏愿之本意，正为使恶人成佛。如此则信赖他力之恶人，本为往生之正因。故谓善人尚能往生，何况恶人。

在亲鸾的外曾孙觉如（1270—1351）编的《口传钞》卷下，记述了亲鸾之孙如信（1239—1300）传自亲鸾对"善人尚能往生，何况恶人"解释的一段话：

> 恶凡夫为本，善凡夫为傍。既然傍机之善凡夫可以往生，正机之恶凡夫岂不能往生？故谓善人尚能往生，何况恶人。

据上面引文，可以看出亲鸾如下的主张：①往生成佛以信心为本，不论善人恶人，也不论个人行为的善恶；②善人依仗自力持戒修行和行善积德可以达到解脱，不太相信弥陀本愿他力，故不是弥陀发愿拯救的对象；然而如果改信弥陀本愿，也可往生净土；③恶人没有条件持戒修行和行善积德，真心相信弥陀本愿他力，故是弥陀拯救的对象；④因此恶人是"往生正因"、"正机"，是往生众生中的正体，而善人则为"傍机"，为附属者，结论是"善人尚能往生，何况恶人"。

---

①《大正藏》卷四十七，第 28 页上、中。

②《大正藏》卷八十三，第 218 页下。

实际上，亲鸾在自己的著作中对所谓“恶人”的解释相当宽泛，虽然也包括犯有各种不同罪恶的恶人，然而在一般情况下是指最普通的广大民众：农民、渔民、猎人及商人、武士。广大民众过世俗生活，从事各种生产劳动和社会活动，难免伤生杀生，既无条件持戒修行，又无钱财行善施舍、造寺造佛像等等，按照佛教传统观点，至少难以将他们都归于“善人”行列之中。亲鸾把自己置于“恶人”之列，常称自己是“垢障愚秃”、“烦恼具足之我人”、“罪人”等，从而使自己便于亲近民众，使真宗教义更容易为民众接受。

在亲鸾生活的时代，武士阶层迅速兴起并逐渐在社会政治和经济体制中占据支配地位。真宗的“信心为本”和“恶人正机”的净土往生说，对经常从事征战杀伐的武士自然有很大吸引力。然而对这种往生说如果不辅之以法纪制约和道德要求，无论对社会还是对真宗教团本身，都有可能产生不良的负面作用。15世纪莲如提出以“王法为本，以仁义为先”的口号，也许正是出于这方面的考虑。

应当指出的是，这种以“信心为本”和“恶人正机”的念佛往生论，在特殊情况下可以被用来鼓励和安慰进行战争的军官、士兵，使他们原有的良知和道德理念受到侵蚀，从而对自己从事的攻战杀掠无所顾忌，造成恶劣后果。二战中真宗当局派往对外疯狂侵略的日本军队中的“从军僧”的所作所为，应当说就起到这种作用。

亲鸾死后，真宗在关东及其毗邻专区迅速传播，形成高田、横曾根、鹿岛、大网四大教团，在京都以亲鸾庙堂为中心逐渐形成强大的本愿寺教团。后世把这五大教团分为真宗十派，它们是高田派、佛光寺派、三门徒派、诚照寺派、出云路派、山元派、兴正寺派、木边派、西本愿寺派、东本愿寺派（大谷派）。真宗各派在教义上彼此没有根本差别。各派教团内部没有僧俗之别，彼此称“同行”、“同朋”，没有另立的戒规，要求教徒遵守社会上通行的道德规范。

三、一遍和时宗

在日本净土宗法系中，按成立时间是先有源空的净土宗，后有亲鸾的净土真宗，然后是一遍创立的时宗。按年龄来看，一遍比源空小一百零六岁，比亲鸾小六十六岁。在一遍生活的年代，净土宗和真宗在日本社会已经相当盛行。因此，在一遍创立时宗的过程中不能不受这两个宗派的影响。

一遍创立的时宗虽依据来自中国的汉译净土经典，并且受到中日两国净土著作的较大影响，同时也受到天台宗、真言宗和新从中国传入的禅宗、日本民族原有宗教信仰——神道的影响，带有突出的创新特色。

关于一遍生平及其创立的时宗的资料，有如下几种：①13世纪末圣戒撰文、圆伊绘图的《一遍圣绘》十二卷，在日本《续群书类丛》第九辑载有其文本；②14世纪初宗俊撰文、行光绘图的《一遍上人绘词传》（也称《一遍上人缘起》）十卷，前四卷记述一遍传记，后六卷记述一遍弟子真教的传记。原书已佚，但在日本《国文东方佛教丛书·传记部》收载此书的文本；③18世纪一海编的《一遍上人语录》两卷，收录前述两书中的一遍及其门徒的传记、法语等；④一遍弟子（传为持阿）编的《播州法语集》，收载一遍在播磨国（今兵库县）传教的语录，日本岩波书店1985年出版的大桥俊幸校注《一遍上人语录》附有《播州法语集》；⑤18世纪初师蛮编撰的《本朝高僧传》卷十五《智真传》，概要记述一遍的传记。

1. 一遍生平和创教历程

一遍（1239—1289），史书一般称“智真”，曾名随缘，俗姓河野，伊豫国（今爱媛县）松山人，出生于当地豪门武士家族。祖父、伯父曾参与支持承永三年（1221）后鸟羽上皇为首的朝廷反对幕府武士政权的战争，失败后遭到严惩，伯父被杀，很多领地被没收，家族从此没落。一遍之父通广出家为僧，法名如佛。

一遍十岁时奉父命出家为僧，法名随缘，三年后到九州太宰府（今福冈）礼净土宗西山义派创始人证空的弟子圣达为师，学净土宗。曾遵师命拜华台为师，学习净土宗教典及禅学，其间被改名智真。一遍在父亲去世后曾回到故乡，一度还俗，然而在遭遇家族纷争之后又再度出家。

龟山天皇文永八年（1271），一遍到信浓国（今长野县）的善光寺闭关修行。在这期间，他参照善导《观无量寿经》中所说“二河白道”的文义[①]绘制一幅本尊图。他此后回乡，将此本尊图悬挂于自建的草庵之中，日夜修行，专心念诵阿弥陀佛之号。两年后，他将自己思悟的心得用偈颂写到本尊图上。此即《十一不二颂》：

> 十劫正觉众生界，一念往生弥陀国，
> 十一不二证无生，国界平等坐大会。

①据善导《观无量寿经疏》卷四，“二河”是水、火二河，分别比喻众生贪爱之心与嗔憎之心；二河中间的“白道”比喻众生所具愿往生净土之心（《大正藏》卷三十七，第273页）。

四句偈颂的大意是：《无量寿经》所说法藏比丘经历了难以计算的时间（十劫）修行，觉悟（正觉）成为无量寿佛（即阿弥陀佛），建立摄受众生往生的极乐净土；世上的众生只要称念阿弥陀佛一声，死后就能往生弥陀的极乐国；弥陀经历十劫入悟与众生的一念往生是相即不二的，皆达到至高觉悟境界；在极乐世界没有国界差别，众生平等相处，出席阿弥陀佛说法的大会。一遍在偈颂中表达了念佛必定往生和佛与众生平等、众生与众生平等的思想。这正是时宗教义的重要组成部分。

两年后，一遍将自己的房屋、田产等全部施舍送人，带领弟子离开家乡，到处传法，劝人念佛发愿往生西方净土。时宗称这种巡游传法的方式为“游行”。一遍对接受劝化、发愿念佛往生的人，皆赠以念佛牌（“念佛札”），此即时宗所谓的“赋算”。开始一遍只对表示相信念佛往生（“一念起信”）的人才授予念佛牌，后来决定向听他劝化的人皆授念佛牌。尽管如此，一遍在思想深处对这种做法仍存在疑惑。

纪伊国（今和歌山县）熊野神社供奉的神称“熊野权现”，按照平安时期发展起来的神佛会通的“本地垂迹”理论，被认为是阿弥陀佛的化身（垂迹）①。一遍带着自己的疑惑来到熊野神社，连续百日作闭关修行，祈请熊野之神给予教示。据《一遍圣绘》卷三记载的传说，熊野之神显灵，告诉他说：“‘南无阿弥陀佛’的名号已经决定一切众生皆可往生。不管是信还是不信、净还是不净，皆应授以念佛札。”意为众生往生净土，达到解脱，皆由“南无阿弥陀佛”名号决定，与众生信还是不信、净与不净（有无罪业）没有直接的关系。并且授他偈颂一首，曰：

> 六字名号一遍法，十界依正一遍体，
> 万行离念一遍证，人中上上妙好华。

此偈后来取四句中前一个字，称《六十万人颂》。不难理解，这是一遍假托神谕将自己在闭关修行中潜心思考的结果用偈颂表达出来，偈中蕴涵的内容也是时宗教义的重要组成部分。

那么，这首偈颂表达的是什么意思呢？偈颂的前三句皆有“一遍”二字。一遍在《复山门横川真缘上人》中说过：“唯南无阿弥陀佛六字以外，无我身心，（念）

---

①关于熊野权现，参考杨曾文著：《日本佛教史》第二章第五节，第189页。

名号遍向一切众生，名一遍。”（《一遍上人语录》卷上）意为念佛时，将自己的身心完全融入“南无阿弥陀佛”六字名号之中，让弥陀名号普被一切众生，这才是“一遍”。这在含义上对“一遍”原意已有所发展。按照偈颂的原意，“一遍”就是念佛一次、一回、一声、一遍的意思。从偈颂的整体结构来看，前三句表达的分别是：念佛的内容——法、念佛的主体——体、念佛达到的精神境界——证，最后一句是对念佛者的赞扬。就是说，念佛一遍或一回、一次、一声的内容是体现佛法整体的“南无阿弥陀佛”六字名号；念佛的主体是十界的一切众生，既包括流转生死的凡夫，也包括已经达到解脱的菩萨和佛；念佛达到的境界是“万行离念”，即除了任声念六字名号之外，已经无思无念无欲，达到解脱的境界；世上一心念佛者是最高尚的人，好像美妙的莲花。

这一偈颂赋予六字名号“南无阿弥陀佛”以众生往生之本、成佛之本的最高地位，意味着任何人不管信还是不信、有罪还是无罪，只要称此名号，死后必定往生。一遍自此将原名智真改为一遍。一遍在后来传法中经常提到他在熊野神社接受神谕的事。《播州法语集》记载，一遍曾表示：“我之法门是熊野权现梦中所口授也。”此后，一遍到各地传法、“赋算”，在送给民众的念佛牌上写着：“南无阿弥陀佛，决定往生六十万人。”其中的“六十万人”是取自前述偈颂中每句前的一个字，表示要劝化一切人念佛往生。一遍将凡是接受念佛牌的人的名字皆写进他的“劝进帐”。他为了吸引更多的民众念佛，还常带着信众一边跳舞一边念佛。这种舞蹈念佛，后来成为时宗特色之一。

一遍的净土念佛思想还受到传自中国的禅宗的影响。心地觉心（1207—1298）曾从日本临济宗创始人荣西的弟子行勇、荣朝及从南宋径山无准师范受法而归的圆尔辩圆学习禅法，建长元年（1249）入宋，在临安（今杭州）从无门慧开受临济宗杨岐派禅法，归国后在纪伊由良庄西方寺（后改兴国寺）传法，是当时日本著名禅师之一。据《一遍上人行状》，一遍再次出家到各地传法过程中，曾到觉心门下参禅；在熊野神社闭关修行之后，又参谒觉心，呈偈表达自己的悟境，受到印可。从一遍与觉心前后接触的相关记载中，可以看到他受禅宗“空”和“无念”的思想影响较大。[①] 一遍后来把“空”和“无念”也吸收到他的念佛教义之中。

一遍重视巡游各地传教，被人尊称为“游行上人”，他一生几乎走遍除北海道

---

①详见杨曾文著《日本佛教史》第三章第四节之三（第283页）有关部分。

以外的大部分地区，足迹遍六十余国（州），沿途巡拜佛寺、神社，逢人即劝人念佛。后深草天皇正应二年（1289）八月二十三日，一遍在兵库和田岬观音堂去世，年五十一。他不仅将自己的一切财物、佛经都舍送别人，甚至连自己常用的图书也焚尽不留，而且也劝弟子舍去一切。因此，他也被世人尊为“舍圣”。

2. 时宗的教义

时宗的教义实际在前述《十一不二颂》和《六十万人颂》中已建立框架，主要是弥陀名号至上，无论凡圣，只要念佛名号必定往生极乐净土。主要有两点：

（1）“南无阿弥陀佛”六字名号至上

在一遍的教义体系中，“南无阿弥陀佛”六字名号占有至上的地位，从他的一些表述来看，简直就相当于大乘佛教中的“真如”、“法性”、“佛性”，或是法身佛。然而作为净土教说，一遍在传法中经常将这一名号解释为阿弥陀佛、弥陀本愿的体现，认为它具有神圣的无上的不可思议的力量，是决定众生往生解脱的依据。

《播州法语集》记载，一遍说过：“‘南无’为十方众生之机，‘阿弥陀’是法，‘佛’是能觉之人。六字暂开为机、法、觉三字，终为三重一体。然名号外无能归之众生，无所归之法，无能觉之人。是则绝自力他力，绝机法，为南无阿弥陀佛。……绝迷悟、机法，去自力他力，则为不可思议名号。”据《一遍上人语录》卷上《为结缘殿上人书示法语》，一遍曾表示：“名号之外无机、法，名号之外无往生。一切万法，皆为名号体内之德。”所谓“机”是指接受佛法者的素质、根机，也用来指众生；“法”指的是佛法；“佛”是指觉悟者，大乘佛教有释迦牟尼佛、药师佛、阿弥陀佛、毗卢遮那佛等等，这里特指阿弥陀佛。一遍借用大乘佛教对真如、佛性等蕴涵本体、本原意义的概念的描述，说“南无阿弥陀佛”六字名号具有“相”（显现、表象、现象）与“体”（本体、本原）两个方面，从其具有外相的“相”来说，它具有众生、佛法、佛三者，然而从其“体”来说，三者融会，空寂无相。因此，唱念六字名号进入最高阶段的时候，自己的心已经与名号之“体”相应，不再有念佛者之“机”、被念之“法”和入悟之“佛”的观念，即所谓“名号外无能归之众生，无所归之法，无能觉之人”，从而达到念佛的最高境界。进入这种精神境界，也就意味着往生净土。

从前引语句内容来看，这当是一遍在特殊场合，即对有较高佛学造诣的身边弟子或其他人讲的，在一般场合，他经常用比较浅显形象的语言讲述念佛必然往生净土的道理。

(2) 强调无论信还是不信，只要念佛必定往生

按照一遍的教义逻辑，既然六字名号是众生往生之本、成佛解脱之本，那么，任何人，无论富贵贫贱，也不管是信还是不信，平生有罪还是无罪，只要唱念“南无阿弥陀佛”六字名号，便注定往生，在精神上便可进入“万行离念”的觉悟境界，达到与佛等同不二的果位。这在一遍的《十一不二颂》《六十万人颂》中已经以偈颂形式作了表述。

此外，他还说过：

> 欣求净土之人，不论我机信不信、净不净、有罪无罪，只要听闻不思议名号而喜悦，称念南无阿弥陀佛，命终之时，众圣必来迎，得无生法忍（按：体悟空寂无生的解脱境界），是谓念佛往生。（《一遍上人语录》卷上《书答头辨殿问念佛安心》）

一遍强调不管“信不信、净不净、有罪无罪”，只要称念“南无阿弥陀佛”皆可往生，是把社会上的一切民众作为争取对象的。

一遍还将“空”、“无念”和“舍”（舍弃）的思想纳入时宗念佛教义之中。前面提到，他两次到心地觉心门下参禅，受到禅宗的“空”、“无念”思想的影响。禅宗六祖慧能提出“无念为宗”，要求修行者在修行和日常生活中不要执意地有所追求或舍弃，做到“虽即见闻觉知，不染万境”（《六祖坛经》）。此后，禅门五宗在禅法上皆沿着这一思想路线，引导修行者以“空”、“无念”的思想断除对各种事物的执著，在修行和生活中贯彻自然无为的原则。但禅宗在理论上要求寄修禅于生活日用之中，并不是将“空”、“无念”与某一种特定修行形式联系起来。然而一遍要求在任声念佛中，即在不假思索、一声接一声地称念六字名号过程中达到“无念”，心中忘掉一切，既无佛也无我，不再有任何欲望和追求。他引唐代法照的话说：“念即无念，声即无声。如此则名号即非名号。”（《一遍上人语录》卷下）这种境界是要在任声念佛中达到的。他又说：“任口高声念佛，念佛，无佛亦无我。此中无种种道理。……外无所求，内无可厌。”（《一遍上人语录》卷上）在有的场合，他甚至将西方净土解释为“空无我之土”，声称只要做到任声念佛，“此秽身虽在秽土，心已往生而在净土”（《播州法语集》）。

既然在思想上要求达到“空”、“无念”的精神境界，在日常生活中也应舍弃自己的一切，包括物质财富、田产等。一遍本人这样做了，也要求身边弟子这样

做。至于对一般信众，他只劝说他们舍弃“自力我执”，一心一意地念佛。

时宗在创立过程中虽受到净土宗、真宗的影响，然而它具有不同于二宗的鲜明特色。与净土宗相比，时宗虽提倡念佛，称念六字名号，然而并非主张念佛遍数越多越好，说“名号之处无一念、十念之数也”（《播州法语集》）；也不主张先念佛消罪然后往生的思想。与真宗相比，一遍反对相信弥陀本愿他力的“信心”是往生之本的说法，表示“非由信决定往生”，“凡夫之心不决定往生，决定者是名号”。（《一遍上人语录》卷下）

一遍去世后，弟子真教继承其业，将时宗发展为真正的教团，将传法中心设在相模（今神奈川县）当麻的无量光寺。在真教弟子智德以后，时宗发生分裂，一派继续保持游行劝化的传统，一派废止这一传统。14 世纪以后，时宗分为十二派。此后，有很多出身皇族、贵族及上层武士的人皈依时宗，时宗曾盛极一时，然而由于脱离基层民众，逐渐衰微。

第三节　临济宗在日本的早期传播——所谓“兼修禅”及其代表人物

中国宋元时期大体相当于日本的平安后期、镰仓时期及室町初期。在这一时期，日本政治体制从古天皇制逐渐过渡到以幕府将军或执权控制国家权力的武士占据支配地位的政治体制。从文化上讲，在传统的文化之外形成了反映武士和一般平民思想意识形态的新文化，在佛教方面形成许多带有民族特色的新佛教宗派，并从中国传入以提倡“道在日用”、“即心是佛”的禅宗。中国禅宗中最有影响的临济宗和曹洞宗传入日本，迎来古代中日文化交流史上的第二次高潮。

一、中国禅宗概况及其初传日本

中国隋唐时期形成许多带有鲜明民族特色的佛教宗派，标志着佛教民族化阶段的基本结束，从此进入中国佛教的持续发展时期。在隋唐产生的佛教宗派中，禅宗具有易于适应社会现实和传统文化，贴近儒教士大夫和普通民众，简单易行的特点，蕴藏着强大的生命力，使它得以在唐末五代迅速兴起。

中国禅宗奉北魏来华的印度僧菩提达摩为初祖，然后是二祖慧可，隋代的三祖僧璨，唐代的四祖道信、五祖弘忍、六祖慧能。宋代以后所说的禅宗，一般是指由慧能开创的南宗禅。

然而从禅宗的发展历史考察，在唐末以前存在过南宗、北宗并行传播的时期，至少在弘忍去世（674）到“安史之乱”（755—763）结束之前，北宗在唐朝廷的直接支持下曾在以长安和洛阳东、西两京为中心的广大北方地区十分盛行。

北宗是相对于以在岭南韶州曹溪（在今广东韶关）的慧能为创始人的南宗说的，以弘忍的弟子神秀（？—706）及其弟子普寂（651—739）为代表。在20世纪二三十年代从敦煌遗书中发现大量早期禅宗文献以前，流传于社会上的禅宗典籍对北宗禅法仅有个别的零散的介绍。随着国内外学者对敦煌禅籍的深入调查和研究，从中发现不少属于北宗的史书和传授禅法的语录，其中的《观心论》《大乘五方便》等文献，被认为是记述北宗神秀法系的禅法著作。神秀、普寂一系的北宗禅法的基本要点是：（1）重视坐禅，在禅定中“观心”、“摄心”、“住心看净”；（2）观心、看净是一个修行的过程，通过观空，认识一切皆空的道理，并且坚持“息想”、“息灭妄念”（“拂尘”）等，深入领悟自己本具清净佛性，循序渐进地断除污染心性的一切情欲和世俗观念，达到与空寂无为的真如佛性相应的觉悟境界。

南宗创立人慧能（638—713），俗姓卢，原籍范阳（治所在今河北涿县），生于新州（今广东新兴）。自幼丧父，由母亲抚养成人，家境贫寒，以打柴做零工维持生活，因听人读《金刚经》受到启发，到黄梅东山参谒弘忍，一边从事舂米等杂务，一边学法。从弘忍得法后，慧能连夜南归，曾流亡于广州的新州、四会和怀集三县之间，后来在广州正式出家受戒，到韶州曹溪传法，创立南宗，被后世禅宗奉为六祖。

根据记载慧能生平和说法语录的《六祖坛经》，慧能在向信众说法中，主要强调以下思想：

1. 众生皆有佛性，皆可自修自悟

慧能强调佛在每个人的自心，说“佛是自性作，莫向身外求”，教人坚定主观信仰，说自修自悟就可以成佛。

2. 提倡顿教法门和“识心见性”

人人皆具有清净的佛性本心，但被世俗“妄念”所掩覆，不得显现，如果借助般若智慧观想主客观世界，做到“识心见性”，体认自己的本有佛性，便能在精神上达到与真如佛性相契合的清净超脱（无念，无忆，无著）的境界，就是“一悟即至佛地”。

3．倡导“无念为宗”——寄坐禅于自然无为和日常生活之中

主张无论是出家还是在家，应对一切没有“执著”，无论是行住还是坐卧，都可以看作是坐禅，所谓：“外于一切境界上，念不起为坐，见本性不乱为禅。何名为禅定？外离相曰禅，内不乱曰定。”“坐”已经不是原来意义上的“坐”（打坐，结跏趺坐），而是“念不起”，亦即不起杂念、妄念；“禅”不是原来意义上的“禅”（禅定，静心思维），而是“见本性不乱”（“见”，意为显现，与本性相应），意即坚持清净自性（文中也称“内心”）不受外界干扰。可见，慧能所说的“无念”不是要求人们离群索居，闭目塞听，什么也不想，什么也不念，而是照常生活在现实的社会环境之中，照常从事各种活动，只是要求对任何事物、任何对象都不产生贪取或舍弃的念头，没有执意的好恶、美丑的观念。

慧能死后，通过他的弟子们的努力，南宗从南方传播到北方，并逐渐发展为禅宗的主流。

唐开元二十年（732），慧能的弟子神会（684—758）在靠近洛阳的滑台（今河南滑县东）与北宗僧人辩论，宣称南宗慧能曾从弘忍受祖传袈裟，是禅门正统，禅法主顿；北宗没有祖传袈裟，“师承是傍（按：法系为旁出），法门是渐”（宗密《中华传心地禅门师资承袭图》），竭力为南宗在北方传播开辟地盘。“安史之乱”后，由于神会主持戒坛度僧敛钱筹饷有功，受到朝廷支持，南宗正统地位得到朝廷的确认。此后南宗发展成为禅宗的主流派。

慧能创立的南宗在传播发展中形成传承世系和禅法风格各异的许多禅派。神会的法系称“荷泽宗”，然而在神会死后不久便衰微了。慧能的另两个弟子行思（？—741）和怀让（677—744）分别在吉州青原山（今江西吉安市东南）和南岳（今湖南衡山县）传法。行思弟子中以石头希迁（700—791）最有名，长期在南岳传法。怀让弟子中以马祖道一（709—788）最有名，长期在洪州（治所在今江西南昌）传法。他们的弟子很多，分散到大江南北传法，不断扩大南宗的影响。

从唐末到五代，相继从马祖法系形成临济宗、沩仰宗；从石头法系形成曹洞宗、云门宗、法眼宗。此外，还有以江宁（今江苏南京）牛头山为传法中心的牛头宗。牛头宗奉法融（594—857）为初祖，中唐以后在江南一带盛行。以往的禅宗史书将法融作为四祖道信的弟子，把牛头宗看作是相对于五祖弘忍的“旁出”的法系。

中国自进入宋代以后，禅宗发展成为中国佛教中的主流派。在禅门五宗中，沩

仰宗在宋代以前已经衰微不传，相继传播的禅宗派别是法眼宗、云门宗、临济宗，最后是曹洞宗。虽然中国禅门五宗的著述或语录皆传到日本，然而作为宗派传入日本的只有临济宗和曹洞宗。

临济宗在禅门五宗中成立最早，进入北宋以后曾与云门宗相并盛行，而且一直流传至今，对中国历史文化的影响也较大。

临济宗的创始人是临济义玄（？—866），长期在镇州（治今河北正定）临济院聚徒传法。临济宗主要是通过弟子兴化存奖的法系而流传后世的。存奖（830—888）以魏府兴化寺为传法中心，有弟子慧颙，生活在唐末五代，在汝州（今河南汝州）宝应寺（南院）传法。延昭上承慧颙，生活在五代末和宋初，在汝州风穴寺传法。延昭的弟子中以首山省念最有名。省念（926—994）先后在汝州首山、广教寺、宝应寺传法，门下著名弟子有汾阳善昭、叶县归省、谷隐蕴聪、广慧元琏、三交智嵩等人。他们属于临济下五世，主要活动在宋真宗和仁宗初期。当时社会相对稳定，经济文化日趋繁荣，佛教在中央朝廷和各州县政府的支持下比较盛行。他们多数在北方传法，迅速将临济宗推向振兴之路。然而到他们弟子的时候，即临济下六世时，已有很多禅师到南方传法，将临济宗传播范围迅速扩大到全国。

在省念的弟子中，汾阳善昭（947—1024）的影响最大。善昭在传法中重视语言文字的运用，不仅经常引述以往禅师的语录，而且有时以所谓代语、别语、诘语等禅语表达形式加以评论和发挥，还从流传于丛林之间的禅语公案中选择出一百则以偈颂的形式加以评述，编撰成《颂古百则》，对宋代文字禅的发展影响极大。他培养出十几位才智出众的弟子相继传法于大江南北。自从进入北宋后期以后，传布于各地的临济宗几乎皆属于善昭的法系。

在善昭弟子石霜楚圆（986—1039）以后，弟子黄龙慧南（1002—1069）与杨岐方会（992—1049）分别创立临济宗黄龙派、杨岐派，将临济宗推向一个新的时期。从此，佛教史书往往将禅宗派别统称为“五家七宗”，即临济宗、沩仰宗、曹洞宗、云门宗、法眼宗和临济宗的黄龙派、杨岐派。

临济宗黄龙派在黄龙慧南下的二三世是最繁盛的时期，慧南弟子晦堂祖心、东林常总、真净克文；祖心的弟子灵源惟清、死心悟新及草堂善清，克文的弟子兜率从悦、泐潭文准及惠洪等人，都是在丛林乃至社会上十分活跃的著名禅师，极大地推进了临济宗在江南的传播。黄龙下七世虚庵怀敞，12 世纪后期日本荣西入宋从他受法，回国弘传临济宗禅法，被后世敬奉为日本禅宗的“大祖”。临济宗黄龙派兴盛虽比杨岐派略早，然而到北宋后期杨岐方会下二世五祖山法演以后，杨岐派迅速兴起，黄龙派逐渐走向衰微。

法演弟子圆悟克勤、佛眼清远、佛鉴慧勤、开福道宁、大随元静等禅师生活在北宋后期至南宋初期，在相当于今天的河南、安徽、江苏、湖南、四川等地传法，将临济宗杨岐派推向各地，并发展为临济宗的主流。他们在禅法上主张佛性本有，见性成佛，提倡修行不离生活日用，传法方式生动活泼。其中圆悟克勤（或作圜悟克勤，1063—1135）最有名，在云门宗雪窦重显所编禅宗公案《百则颂古》的基础上，加上垂示、著语、评唱，编成《碧岩录》十卷，风行全宗。南宋后期，临济宗几乎全属杨岐派，其中最有影响的是属于圆悟克勤弟子大慧宗杲和虎丘绍隆的两大法系，而在禅法上以宗杲的看话禅最有影响。

大慧宗杲（1089—1163）著有《大慧书》及由弟子编录的《大慧语录》（包括说法语录、法语、普说、书信、偈赞）及《正法眼藏》《宗门武库》等，曾十分流行。宗杲提倡“看话禅”，要人在参究前人公案语录中的一句话、某个字（所谓话头）时达到有无双遣、取舍并亡的“无念”境地。这种看话禅不仅为他的弟子直接继承，而且成为禅宗中占主流地位的禅法，一直流传到明清时代，在流传中也有人将它与净土念佛法门相结合。

虎丘绍隆（1077—1136）的法系在宋元时期与日本临济宗关系最为密切。绍隆传应庵昙华，昙华之后是密庵成杰，下面有弟子松源崇岳、破庵祖先、曹源道生。松源有弟子无明慧性、运庵普岩、掩室善开。兰溪道隆嗣法于无明，赴日传法，在镰仓建长寺等地严行宋代禅林制度。日本禅僧南浦绍明入宋从运庵弟子虚堂智愚受法。赴日传法僧大休正念和日僧无象静照是掩室弟子石溪心月的弟子。破庵弟子无准师范（1177—1249），号佛鉴，对日本临济宗影响很大。日本禅僧辨圆从他受法，回国后在京都以东福寺为中心传法，弟子中很多人成为日本临济宗骨干人才。继道隆之后，无准的弟子兀庵普宁、无学祖元也赴日传法，受到幕府的尊崇。元初，作为使者赴日的一山一宁，是曹源道生的三传弟子。①

早在镰仓时代以前，中国禅宗虽曾传入日本，然而并未在日本社会扎根并传播开来。奈良时期应邀到日本传授律学的唐僧道璇原是北宗普寂的弟子，曾向大安寺

①上述内容广泛涉及唐宋禅宗，有兴趣者参考杨曾文著《唐五代禅宗史》《宋元禅宗史》相关章节，中国社会科学出版社分别于1999年、2006年出版；涉及的日本禅僧，详见本书后面章节。

行表传授北宗禅。日本天台宗创始人最澄在入唐求法之前，曾从行表受北宗禅法。最澄在延历二十三年（804）入唐求法，从天台山的道邃、行满受传天台宗，又从翛然受牛头宗的禅法，还从越州顺晓受传密教，从道邃受菩萨戒。这就是最澄在《内证佛法相承血脉谱》中详细说的日本天台宗的四宗——禅、天台、戒、密教的相承，然而实际上牛头禅并未在日本流行。此后，圆仁、圆珍入唐求法，皆带回禅宗著作，中有《六祖坛经》等禅宗著名的著述，但也未能流行。

据《元亨释书》卷六《义空传》等资料记载，在日本仁明天皇承和初年（834）①，慧萼奉橘太后之命携金币入唐，在巡礼五台山之后，到杭州附近的盐官县灵池寺礼请马祖的弟子齐安禅师东渡日本弘传禅宗。齐安派他的弟子义空随慧萼赴日。橘太后为义空建造檀林寺作为居住传法之所，常前往问道，朝中官员也有前来听法者。慧萼在齐衡初（854）再次入唐，曾请苏州开元寺僧契元撰刻石碑《日本国首传禅宗记》附船送回日本，立于京都罗城门外。平安后期，有位天台宗僧人觉阿（1143—1182）听闻中国禅宗兴盛，于承安元年入宋，从临济宗杨岐派圆悟克勤的弟子佛海慧远（瞎堂慧远）受法而归，但他回国以后没有弘传禅法（《元亨释书》卷六）。总之，日本在镰仓时代之前虽有人对中国禅宗有所了解，然而未能在社会上广泛传播。

进入镰仓时代以后，来往中日两国之间的商船增多，陆续有日本僧人乘坐商船到中国求法学习禅宗，也有不少宋元禅僧前往日本传法。在镰仓初期，有位爱好禅宗的日本僧人大日能忍在摄津（今大阪、兵库一带）建三宝寺传授禅法，然而因为没有师承得不到世人信任。于是，他在文治五年（1189）派弟子练中、胜辨入宋到阿育王寺参谒临济宗杨岐派大慧宗杲的弟子拙庵德光，把描述自己悟境的偈颂呈上请求印证。拙庵当即表示印可，并且请练中、胜辨转付能忍法号、道号，又赠以题写赞词的达摩像，还在练中、胜辨请人绘制的自己的画像上题写："这僧（按：指自己）无面目，拨翻地轴。忍师（按：指能忍）脱体见得亲，外道天魔俱窜伏。"（《本朝高僧传》卷十九《能忍传》）从此，能忍名声渐著，有弟子觉晏继其后。能忍的禅系长期被世人称做"达摩宗"。

觉晏在奈良多武峰传法，门下著名弟子有怀奘、怀鉴。怀奘依师觉晏临终嘱

①慧萼两次入唐，据《本朝高僧传》卷六十七《慧萼传》，慧萼在承和初（834）入唐礼请义空东渡，齐衡初（854）再次入唐，从五台山请得观音菩萨像，后留置于故昌县海滨（今浙江普陀山）建寺供养。

咐，携觉晏《心要提示》及觉晏所赠遗物投到日本曹洞宗创始人道元的门下。怀鉴的弟子义介后来也投到道元门下。《本朝高僧传》作者师蛮表示，在日本禅宗史上能忍有“资始”之功，是有道理的。

然而真正将中国禅宗传入日本，并且致力于传播、产生较大影响者是荣西，然后是辨圆、心地觉心等人。虽然因为他们受时代、环境的制约在弘传禅宗的同时还兼传天台、真言密教，然而他们在提倡禅宗心地法门、培养禅僧、争取统治阶层和民众的理解支持等方面，为以后禅宗在日本的兴盛奠定了基础。

在日本禅宗史上，荣西、辨圆、觉心等人所弘传的禅法被称为“兼修禅”，此后来自宋元的禅僧兰溪道隆、兀庵普宁、大休正念、无学祖元、一山一宁等禅师所传临济禅法被称为“纯禅”、“纯粹禅”。他们原原本本地将中国带有鲜明现实主义风格的临济宗的禅法向日本人传授，并且将中国禅宗的上堂说法和修学制度、丛林清规移植到日本。在中日两国禅僧向日本输入禅宗的过程中，还将包括程朱理学在内的宋元文化介绍到日本。

二、日本“禅门之大祖”荣西及其《兴禅护国论》

据日本学者玉村竹二著、日本京都思文阁 1979 年出版《日本禅宗史论集》所载《典籍篇·临济宗的宗派图各说》之十六“本朝禅宗二十四流之图”说：“本来传法者，东渡十七师（按：指中国东渡禅僧），南询三十一师（按：指日本入宋元求法归国禅僧），合计四十八师，其中有法孙继后者有二十四流。”在这二十四派中，属于曹洞宗的只有道元、东明、东陵三派，其他皆属于临济宗。在临济宗二十一派中，唯有奉荣西为祖的千光派传黄龙派禅法，其他皆传杨岐派禅法。日本在进入近代之后，临济宗分为十四派，其中奉荣西为祖的是临济宗建仁寺派。

1. 荣西两次入宋求法和归国后的传法活动

关于荣西的传记和入宋求法经历，在 14 世纪虎关师炼《元亨释书》卷二、17 世纪师蛮《延宝传灯录》卷一、《本朝高僧传》卷三的《荣西传》及荣西《兴禅护国论》，有详略不同的记载。

荣西（1141—1215），号明庵，又号叶上房，后世尊称为千光祖师。俗姓贺阳，备中国（在今冈山县）吉备津宫人，出身神官家庭。八岁时随父读《俱舍颂》，十一岁师事本郡安养寺静心，十四岁正式出家，到比睿山戒坛受戒。静心死后，改师千命，从受密教经典《虚空藏求闻持法》。十九岁到京都，投到比睿山学僧有辨门下学天台宗。此后，从伯耆大山的基好学习真言密教，并先后从千命、比睿山显意受密教灌顶。后来萌发入宋求法的愿望，于六条天皇仁安二年（1167）离别父母，到筑前国（今九州福冈）做出航准备。当时日本的朝政已被平氏控制。从荣西以上经历可知，他在入宋求法之前是日本天台宗学僧，对天台、密教（台密）已有相当的造诣。

仁安三年（南宋孝宗乾道四年，1168），荣西二十八岁。四月十八日，荣西搭乘商船出航，七日后到达南宋明州（治今浙江宁波）。他在宋半年，先巡礼五台山，在参谒万年寺渡石桥时似乎看到两条青龙，自认为“前身梵僧”[①] 曾在此寺，后到明州阿育王寺瞻礼佛舍利，于当年九月携带求得的天台宗新章疏三十余部六十卷归国，呈献给天台宗座主明云。据荣西《兴禅护国论》卷中的记载，荣西在到达明州后，曾通过笔谈请一位在广慧寺担任知客的禅僧“开示法旨”。这位知客告诉他，“佛法总是一心”，“一心才悟，唯是一门。《金刚经》所谓：应无所住而生其心也”，并且说“欲知源流，请垂访友”。然而荣西这次赴宋，并没有将学习和引进禅宗作为目标，便与在宋求法的日本僧重源相约一同回国。

荣西在此后约二十年之中在比睿山精心研究天台宗和密教教义，造诣卓著，建立了自己的密教学说，被尊称为“叶上流”。荣西从以往最澄、圆仁、圆珍等人的著作中，特别是最澄《内证佛法相承血脉谱》中，得知比睿山曾传承禅宗，决定再次入宋求法，并且计划从宋地到印度巡礼佛教圣地。

后鸟羽天皇文治三年（南宋孝宗淳熙十四年，1187），正值源赖朝消灭平氏集团实际控制朝政的第三年，荣西四十七岁。三月，荣西随身携带《诸宗血脉》《西域方志》（也许是唐玄奘《大唐西域记》）乘船再次入宋。他到南宋京城临安（今杭州）向朝廷安抚侍郎申请西游印度的“执照”（交通凭证）。然而此时北方正在金朝、西夏及西辽占领之下，并且经常受到正在兴起的蒙古的武装侵扰，安抚侍郎以“关塞不通”为由不予允准。

在这种情况下，荣西便在南宋访师学禅。他再次登天台山入万年寺，礼临济宗黄龙下八世虚庵怀敞禅师为师。虚庵听说日本盛行密教，让荣西概述一下密教的宗旨。荣西答：“初发心时，即成正觉。不动生死，而至涅槃。”（《元亨释书》卷二

---

①据载于荣西《兴禅护国论》卷首作者不详的序（谓出自荣西七世孙南叟朔“所记之册”）。梵僧，原指来自印度或西域之僧，此当指严格持戒修行之僧。

《荣西传》）虚庵听了表示说，这与禅宗是一致的。自此，荣西在虚庵身边参禅问道近三年时间。淳熙十六年（1189），虚庵应请赴奉国军（治今浙江宁波）任天童寺住持。荣西也随同前往，在虚庵身边随侍近两年，除学临济宗禅法外，还学《四分律》《菩萨戒》等。虚庵曾对他讲："菩萨戒，禅门一大事也。"荣西对此印象深刻。

南宋绍熙二年（日本建久二年，1191）七月，荣西辞别怀敞，准备回国。虚庵亲书付法，其中说：

> 昔释迦老子将圆寂，以正法眼藏、涅槃妙心，付嘱摩诃迦叶，二十八传而至达摩，六传而至曹溪，又六传而至临济（按：义玄），八传而至黄龙，又八传而至予。今以付汝，汝当护持，佩此祖印，归国布化，开示众生，继正法命。（《元亨释书》卷二《荣西传》）①

怀敞是按照唐宋以来禅宗传法模式向荣西讲授禅宗传法世系的。意为禅宗自迦叶上承释迦牟尼佛以后，代代以心传心，经西土（印度）二十八祖，至东土（中国）达摩—慧可—僧璨—道信—弘忍—曹溪慧能的六祖，经慧能—南岳怀让—马祖道一—百丈怀海—黄檗希运—临济义玄的六代，再经八传至黄龙慧南，再经八传至怀敞自己，然后传给荣西。怀敞希望荣西回国后，能承此禅旨，广为弘传，"开示众生，继正法命"。同时，又授予荣西僧伽梨（袈裟），告诉他在中国自六祖慧能以后已经终止以传袈裟为"法信"（受法的凭证）的做法，然而因为他是外国人，所以才向他传袈裟以为"法信"。怀敞还为他授菩萨戒，并且赠送拄杖、应器（钵）、宝瓶等及《临济宗传法世系图》。② 荣西离开天童寺到奉国军节度使所在地（今宁波），搭乘宋人杨三纲的船越海至平户岛苇浦（今长崎）登岸回国。

荣西在天台山万年寺期间，曾出资三百万修复三门及两庑，并重修观音院、大悲院和智者塔院。怀敞禅师出任天童寺住持，想重建原由宏智正觉（1091—1157）建的千佛阁，荣西表示归国后将致良材助建。荣西回国后的第二年，果然派人运来

---

①原文中的"佩此祖印"中的"印"误作"师"，现据《兴禅护国论》卷中的文字改正。

②主要据《元亨释书·荣西传》，并参考《兴禅护国论》卷中、《延宝传灯录》卷一《荣西传》等。

巨木助成此事。①

荣西回国之后没有即刻回京都，先在九州一带传法。他在信众支持下陆续建寺居住和传法，先后在筑前国（今福冈市）建造建久报恩寺、圣福寺。荣西在传法过程中，将宋地某些传法仪式引入，例如每隔半月举行一次的菩萨戒布萨（说戒及忏悔）仪式等。他的名声渐著，也引起当地天台宗僧众的猜忌。在筑前国莒崎的天台宗僧良辩上书比睿山天台宗当局，建议奏请朝廷禁止禅宗。建久九年（1194）朝廷通过太政官宣旨禁止“达摩宗”，主要是针对能忍的禅派，然而也为荣西传法带来困难。据《元亨释书·荣西传》记载，就在次年，朝廷命“主当令”（大舍人头）高阶仲资、尚书左丞藤原宗赖召荣西审问传布禅宗的事。荣西表示，他这样做并未违背天台宗宗旨，他说当年传教大师最澄在《内证佛法相承血脉》中已经记述天台宗传授“达摩西来禅法”之事，辩驳说：“禅宗若非，传教（按：最澄）亦非；传教若非，台教不立；台教不立，台徒岂拒我乎！”从此，荣西传禅得到以比睿山为中心的天台宗的谅解。

荣西在行动上以复兴日本天台宗久绝的禅宗为标榜，确实没有提出另立禅宗的主张。为了取得世人的理解，减少麻烦，他撰写了《兴禅护国论》以及《出家大纲》《日本佛法中兴愿文》，积极向人们介绍和传授禅宗。

当时源赖朝以“征夷大将军”头衔执掌全国军政权力的镰仓幕府已经成立。正治元年（1199）源赖朝去世，其妻北条政子控制幕府，幕府大权逐渐转到北条氏家族手中，源赖朝之子源赖家、源实朝兄弟虽先后继将军之位，然而已经没有实权。此后，北条氏以“执权”名义控制幕府。从1205年开始至1256年为止，先后担任执权的有北条时政（政子之父）、北条义时、北条泰时、北条时赖等人。

荣西为取得幕府的支持，便到镰仓传法。果然，他得到幕府的优遇和支持。据日本史书《吾妻镜》卷十五、十八的记载，荣西受幕府委托以“律师”、“导师”身份为幕府主持佛事，进行祈祷，并且受到将军源赖家、北条政子的皈依。政子在源义朝的邸地上建立寿福寺献给荣西。此后，荣西以寿福寺为中心，在镰仓武士阶层中传布禅宗，扩大影响。

①详见《元亨释书》卷二及《本朝高僧传》卷三的《荣西传》。另，南宋楼钥《攻媿集》卷五十七载《天童寺千佛阁记》、日本《续群书类从》第九辑所载南宋宝庆元年（1225）临安虞樗《日本国千光法师祠堂记》及明永乐二年（1404）钱塘释加兰《洛城东山建仁禅寺开山始祖明庵西公禅师塔铭》。

在幕府支持之下，荣西到京都传法。建仁二年（1202），将军源赖家把京都东南部一块土地施舍给荣西，荣西在此兴建建仁寺。荣西以此寺作为天台宗别院，内置真言、止观（指天台）二院，弘传天台、密（台密）、禅三宗。这固然与比睿山天台宗僧团控制京都佛教界的形势有关，但也与荣西当时对禅宗的理解有直接关系。据其《兴禅护国论》，荣西认为禅宗是综合性佛教，与天台、密教一致，是可以兼修的。荣西逐渐出名，得到天皇和朝廷的支持，建仁寺被升格为官寺。建永元年（1206）奈良东大寺的大劝进重源去世，朝廷任命荣西继任。荣西运用他在天台山万年寺修建堂庑的经验，四年期间完成东大寺佛殿及七重东塔的修建。

荣西曾到镰仓传法，应请为幕府主持各种佛事法会。荣西利用这个机会，向在幕府任职的上层武士宣传中国禅宗和在日本兴禅的道理，以争取他们的支持。他还将在宋地见闻的饮茶风习以及关于种茶、茶叶的功能、饮用方法向人们介绍，撰写《吃茶养生记》二卷上献将军源实朝。荣西回国时曾从宋地带回一些茶种，赠人在北九州及京都拇尾山、宇治种植。在荣西之前，日本已种茶和饮茶，然而由于荣西的提倡和撰写《吃茶养生记》，对此后日本种茶、饮茶起到极大推动作用。

荣西在建保三年（1215）七月五日于京都建仁寺去世，年七十五。[①] 师炼《元亨释书·荣西传》后附之“赞”说：“初志虽补传教之遗意，后世皆推禅门之大祖。”谓荣西原来只想继承传教大师最澄的遗志致力复兴久废之禅，但被后世禅宗奉为始祖。

2.《兴禅护国论》及其思想

在荣西的著作中以《兴禅护国论》最为重要，此书不仅表达了他对禅宗的理解和主张，而且对后人了解当时中国佛教情况也有重要参考价值。

《兴禅护国论》三卷，著于建久九年（1198），是荣西为了阐述自己兴禅的意向和答释世人的疑惑而写的。他在序文中说有人对禅宗不理解，对禅宗持怀疑乃至反对态度，“有谤此之者，谓为暗证禅；有疑此之者，谓为恶取空；亦谓非末世法（按：佛教界认为已进入末法时代）；亦谓非我国要；或贱我之斗筲，以为末征文；或轻我之机根，以为难兴废”。荣西便撰写此书阐述禅宗宗旨，解答世人疑惑，申明兴禅能够“护国”的道理。

全书三卷，分为十门，包括：

---

①此据《元亨释书·荣西传》。《吾妻镜》记载，荣西建保三年六月五日于镰仓寿福寺去世。

（1）令法久住门，讲述修持禅、律，令佛法久住。

（2）镇护国家门，说般若即是禅宗，兴禅可以护国利民。

（3）世人决疑门，是诸门中篇幅最长者，将世人对禅宗的各种疑难概括为二十一个问题，然后一一回答，阐述对禅宗和兴禅的看法。

（4）古德证诚门，引日本圣德太子及中日两国名僧传禅兴禅的语句事例，作为自己兴禅的证明。

（5）宗派血脉门，列述禅宗传承世系，从过去七佛及摩诃迦叶下西土二十八祖、菩提达摩下东土六祖，然后是怀让、马祖道一……义玄……黄龙慧南……直至五十一世怀敞、五十三世荣西，“密传心印无绝也”。最后讲述自己两次入宋求法经过。

（6）典据增信门，引《般若》《华严》等大乘经典，证明禅宗“不立文字，教外别传”，“直指心源以成佛”是有根据的。

（7）大纲劝参门，说将佛法分为教、禅只是方便的说法，实则禅宗“离文字相、离心缘相”，“无法可说”；提示禅宗纲要，劝人参禅悟道。

（8）禅宗支目门，据宋地流行的《禅苑清规》介绍中国禅院制度、修行仪轨。

（9）大国说话门，说印度、中国佛法仍盛行，介绍两国僧衣法式和中国佛教界奇闻，日本流布佛法，应重兴禅。

（10）回向发愿门，表示愿世世“值遇般若”，修如来禅法，“与诸众生同共修习大悲方便”。①

《兴禅护国论》虽涉及内容相当广泛，然而最重要的是论述以下三个问题。

第一，禅宗既是佛法的总汇，又是“教外别传”的“如来禅”。

荣西第二次入宋已是既精通天台宗又通晓密教（台密）的学僧，尽管在宋地参学长达四年，然而他对禅宗的理解仍然受到原有信仰和知识结构的影响，在回国后的传法过程中又一再地感受到天台宗对禅宗的猜忌和压制，这些内外因素必然对他弘传禅宗有所制约。

从荣西在《兴禅护国论》中对禅宗的解释可以看到，他一方面把禅宗看作是一切佛法的总汇，所谓“佛法总府”，借以说明禅宗与其他教派，如天台宗、三论宗、密教等并不矛盾，可以彼此融通。同时，他又按照他在宋地听闻到的禅宗自我标榜

---

①《兴禅护国论》，载《大正藏》卷八十，第1页至17页。

的那样，说禅宗是“教外别传”，是“不滞教文，只传心印”，主张“即心是佛”。

荣西为什么这样说呢？这与他对“心”的理解和解释有关。他在《兴禅护国论·序》中对“心”作了描述，说心是天地、日月乃至“大千沙界”、“元气”及万物的本源，本来是超言绝相的，不得已给它起个名字，称为“最上乘”、“第一义”、“般若实相”、“一真法界”、“无上菩提”、“楞严三昧”、“正法眼藏”、“涅槃妙心”等。从“心”为天地万物本源和本体来说，它自然也是一切佛法——所谓“三轮八藏之文，四树五乘之旨”[①]的总汇。既然心含万有，传承“心法”的禅宗也应包容一切佛法。然而从所谓“大雄氏释迦文以是心法，传之金色头陀（按：指，禅宗所奉初祖摩诃迦叶），号教外别传”来说，只有“以心传心”的禅宗，才在传承佛的言教的诸种教派之外。

对此，他在《兴禅护国论》有明确的论述。

（1）关于禅宗是一切佛法的总汇。荣西针对有人将“禅宗”只看作是佛教各宗派同修的“禅”，没有必要单立为“宗”的说法，指出：既然佛教通用的“律”可以立为律宗，“一实谛”可以分别立为三论宗、天台宗，同为真言“秘密乘”可立为“东寺”（东寺密教——东密）和“天台”（天台密教——台密）两派，那么，禅宗是“诸教极理，佛法总府”，为什么不能单独成为一宗呢？然后还引最澄《内证佛法相承血脉谱》中的《达摩大师付法相承师师血脉》作为证明（卷上）[②]。日本天台宗创始人最澄当年入唐求法，曾得受天台、密、禅、戒四宗传承而归，所著《内证佛法相承血脉谱》就是记述这四种传承的前后世系的。

此外，荣西针对有人站在天台宗立场批评禅宗“不立文字”是属于“恶取空”（把“空”看作虚无的空）和“暗证禅”（脱离教法，盲目修禅求悟）的说法，解释说：禅宗实际上是反对“恶取空”、“暗证禅”的，“但依圆位修圆顿（按：天台宗的圆顿止观），而外律仪（按：遵守戒律）防非，内慈悲利他，谓之禅宗，谓之佛法也”（卷中）[③]。意思是说，禅宗与天台宗是基本一致的。应当指出，荣西这种

①概指佛教大小乘的一切佛法。“三轮”是指根本法轮（《华严经》）、枝末法轮（大小乘经）、摄末归本法轮（《法华经》）；“八藏”是大乘和小乘各自所含经、律、论、杂四藏的统称；“四树”，也许是“四机”之误，指人天机、二乘机、菩萨机、佛机；“五乘”指与“四机”相应的人天乘、声闻乘、缘觉乘、菩萨乘、佛乘。

②详见《大正藏》卷八十，第5页中下。

③详见《大正藏》卷八十，第7页中下。

解释与唐宋禅宗的自我解释和实际情况是有距离的。

据上述可见，荣西把禅宗看作是一种综合性佛法，既与诸宗融通、一致，又与诸宗并行不悖，这正是他推行兼传禅与天台、密三宗的“兼修禅”的理论依据。

（2）关于禅宗是超越于诸宗之外的佛法——“如来禅”、“不立文字宗”。荣西在宋地丛林参学四年并直接受到虚庵怀敞禅师的教诲，因而对中国禅宗的历史、禅法特色、上堂说法仪规等是十分了解的。他虽然不得不兼传天台、密教，然而他在《兴禅护国论》中也按照唐宋丛林对禅宗的描述来介绍禅宗。请看以下几段引文：

> 问：彼禅宗为是何宗？答：其宗非八宗摄也。问：其宗教相如何？答：禅宗《金刚般若经》《维摩诘经》为所依，即心是佛为宗，心无所著为业，诸法空为义，始自佛世衣钵授受，师资相承，更无异途，具出传记者也。（卷上《第三世人决疑门》）
>
> 今之禅宗者，清净如来禅也，无三学（按：戒、定、慧）名字。（卷中《第三门之余》）
>
> 问曰：此禅宗于戒、定、慧中何耶？答曰：此是如来禅也，不立文字宗也。与而言之，通诸大乘；夺而言之，离心意识，离言说相矣。
>
> 第七大纲劝参门者，有三：一约教分、二约禅分、三约总相。初约教分者，谓诸教也。钝根人先伺诸教诸宗之妙义，学禅之旨归，为修入之方便也。《宗镜录》引六十部经论，蕴三宗妙义，注三百余家语句，以释宗旨是也。次约禅分者，谓佛禅也，不拘文字，不系心思，是故离心意识参，出凡圣路学，是约最上利根人也。三约总相者，谓云教云禅，但有名字；云参云学，亦是假名。我人众生，乃至菩提涅槃，皆亦名字，实无所有。佛所说法，亦是名字，实无所说。是故禅宗，离文字相，离心缘相，不可思议，毕竟不可得。所谓佛法者，无法可说，是名佛法。今谓禅者，即其相也。以前三义悉是假名，若人言佛禅有文字言语者，实是谤佛、谤法、谤僧。是故祖师不立文字，直指人心，见性成佛，所谓禅门也。取名字者即迷法，取相貌者亦是颠倒，本来不动，无物可得，是谓佛法。佛法只在行住坐卧处，添一丝毫也不得，减一丝毫也不得。便恁么会去，更不费些儿气力。才作奇特玄妙商量，已无交涉。所以动则起生死之本，静则醉昏沉之乡。动静双忘，颟顸佛性。总不恁么，毕竟如何？（《兴禅护国论》卷中）①

①以上分别引自《大正藏》卷八十，第5页下、第8页中、第11页中。

以上引文大意有三：

（1）禅宗不属于“八宗”——三论宗、成实宗、法相宗、俱舍宗、华严宗、律宗及天台宗、真言宗，超越于八宗之上，源自佛祖以来代代衣钵相传，主要依据《金刚般若经》《维摩诘经》等经，主张“即心是佛”，要求心无执著，体认一切皆空。

（2）禅宗历代相传者是自佛祖以来的“清净如来禅”，讲超越于戒、定、慧三学之上，虽与大乘佛法相通，然而又绝非语言文字可以完全表达。

（3）劝修参禅可从教、禅、总相三个层次来讲：①根底差者可以先学诸教，不外如宋代延寿《宗镜录》所列举的三宗——唯识法相宗、般若破相宗和华严法性宗，通过把握佛法总体，进而“学禅之旨归”，为修禅做准备；②根性犀利者可以修禅，“不拘文字，不系心思”，在禅观中摆脱“心意识”的束缚，断除是凡是圣的差别观念；③从教与禅的“总相”、从终极的角度或第一义谛来看，所谓教与禅、参与学，乃至人、众生、菩提、涅槃，乃至佛法，只是些假名而已，皆“实无所有”，空寂无相的。这正是禅宗所主张的。更进一步说，以上三点也属于虚幻的“假名”，因为从根本上说佛法绝不是语言文字可以表达的，因此禅宗自达摩祖师以来以“不立文字，直指人心，见性成佛”为宗旨，要求在生活日用中体悟佛法，达到觉悟。

总的来看，荣西对禅宗特色的概括与中国慧能以来历代禅师的说法是基本一致的，甚至很多用语也一样。正是在这一点上，他在弘传天台、密教之外，能将宋代临济宗禅法传授弟子，扩大禅宗影响，推进禅宗在日本传播。

第二，参禅必须严格持戒——“禅宗以戒为先”。

中国唐宋禅宗僧众除遵守佛教的传统戒律之外，还必须遵守源自百丈怀海（750—814）制定的《禅门规式》（《古清规》）的清规，著名的有宗赜《禅苑清规》、宗寿《日用小清规》、惟勉《丛林校定清规总要》，以规范丛林日常法事运营的程序，维持僧尼生活和修行的戒规风纪。日本在进入平安后期以来，佛教界普遍存在持戒松懈的现象，激发有志学僧出来振兴戒律，如法相宗的贞庆、真言宗的睿尊和天台宗的俊芿等人分别在奈良、京都研究和提倡戒律。

荣西在南宋禅寺生活四年，看到各地丛林住持上堂说法、僧众参禅、四时法事皆井然有序，僧众严于持戒，行为威仪严整，对照当时的日本佛教界感触很深。他在怀敞身边除参禅学法外，还学习僧尼必须遵守的《四分律》及菩萨戒（当是大乘戒《梵网经》)，回国前夕又从怀敞受菩萨戒，自然对大小乘戒规是相当了解的。

荣西在回国后传禅过程中，提倡严格遵守戒律。他对宋地流行的《禅苑清规》也很熟悉，在《兴禅护国论》卷下的《禅宗支目门》引证此书介绍宋地的丛林制度和日常行事程序：寺院、受戒、护戒、学问、行仪、衣服、徒众、利养、夏冬安居①。原来在《禅苑清规》的《受戒》章中有“参禅问道，戒律为先。既非离过防非，何以成佛作祖”；在《护戒》章中有“受戒之后，常应守护，宁为法死，不无法生”的语句，然后介绍小乘《四分律》有二百五十戒、大乘《梵网经》规定有十重戒、四十八轻戒。荣西十分重视这一部分，作了介绍和发挥。他说：

> 今此禅宗以戒律为宗，故立令法久住义耳。天台宗《止观》云：凡夫耽缅，贤圣所呵，破恶由净慧，净慧由净禅，净禅由净戒。此宗以戒为初，以禅为究。若破戒者，悔心止恶，则号禅人也。(《兴禅护国论》卷上)
>
> 禅宗衲子，决择身心，守护戒律，心水澄净，欻然见心，念念相应诸波罗蜜(按：指六度)，虽钝根小智而持戒清净，业云消除，心月朗然。……(同上卷下)②

荣西说，禅宗应以遵守戒律为宗旨，如此才能使佛法长驻世间，如天台教典《摩诃止观》所说，圣贤对于沉溺安乐而持戒松弛的现象是持批评态度的，倡导以净慧来断除邪恶，以修禅来增长智慧，以持戒来修禅。禅宗将持戒置于首位，通过修禅来参究心性，对违背戒律者必须让他进行忏悔。他还说，禅僧如果严格持戒，必然消除宿业罪恶，得到各种智慧，使心性清净。荣西在镰仓初期，在弘传禅宗的同时又提倡严格遵守戒律，对推动日本佛教适应社会向前发展是有积极意义的。

第三，兴禅是为了“护国”。

日本自佛教传入，中经圣德太子“新政”、“大化革新”，以国家的力量兴隆佛法，实际已将佛教置于施政施教的指导地位。因此，在日本僧俗的心目中，将兴佛与护国密切联系在一起是很自然的。平安时代，日本天台宗的创始人最澄、真言宗的创始人空海，皆以“镇护国家”名义建立宗派，弘传佛法。荣西出身天台宗，在弘传禅宗过程中也以“护国”为标榜，并以“兴禅护国”为题写书，阐述自己兴禅的根据和理由。

①除二、三项外，不是照搬《禅苑清规》原书名目，当是按照所引用的内容拟定的。

②《大正藏》卷八十，第7页上、第13页上。

从日本佛教史考察，以往在奈良、平安时期虽曾传入禅宗，然而并未真正弘传。荣西为了减少来自天台宗方面对弘传禅宗的阻力，特别强调自己是恢复以往传教大师最澄曾经传过的禅宗。因为最澄在唐求法时也曾受传禅宗牛头宗的法，回国所写《内证佛法相承血脉谱》记述了禅宗所奉西土东土历代的传法世系。荣西说自己弘传禅宗不过是为了“欲兴废继绝”、“兴陵迟之禅”、“兴其废亡”等，是要把久已失传的禅宗复兴起来。

那么，荣西为什么称自己兴禅是为了“镇护国家”呢？唐代不空译《仁王护国般若经》记述，佛对波斯匿王表示，在自己灭后将把般若“付嘱国王”，并且说“受持是般若波罗蜜大作佛事，一切国土安立，万姓快乐”，消除一切灾难。[1] 荣西在《兴禅护国论》卷上《镇护国家门》中，据此语句并参照《胜天王般若经》《四十二章经》《楞严经》等的经文加以发挥，说：

> 仁王经云：佛以般若付嘱现在未来世诸小国王等，以为护国秘宝。其般若者，禅宗也。谓境内若有持戒人，则诸天守护其国。（按：此非原文，是取经意）
>
> 禅院恒修，此是白伞盖（按：密教所说佛的慈悲净德覆盖一切）法也，镇护国家之仪明矣。[2]

按照荣西的说法，般若既为“护国秘宝”，而般若即为禅宗，那么，兴禅自然可以护国；禅宗重视持戒，“境内看有持戒人，则诸天守护其国”；禅宗又主张“无念、无住、无修、无证”，念诵般怛罗（曼荼罗）“神咒”，便可使菩萨善神保护国家，“诸恶灾祥永不能入”；禅寺僧众每天修行是佛慈悲的体现，可以镇护国家。荣西还引当年天台宗智证大师圆珍奏表中所说慈觉大师圆仁在唐发愿回国建立禅院，“其意专为护国家、利众生”，而自己之所以弘传禅宗，正是仿效他的做法。

荣西论证兴禅可以护国的根据，主要取自佛经和天台宗祖师的言行，以此取信于对他兴禅怀疑的人，并缓解天台宗对他的猜忌和排斥。

荣西的弟子有荣朝、行勇、明全等人。

荣朝（1165—1247），离开荣西后在上野（今群马县）世良田建长乐寺传法，兼传禅、密二宗，弟子中以圆尔辨圆、无本觉心、神子荣尊最为有名。荣朝的流派

---

①《大正藏》卷八，第832页中。

②此处引文及下面解释所引，皆见《大正藏》卷八十，第3页上中。

为“长乐寺流”，有弟子藏叟朗誉继后。荣朝的三传弟子龙山德见，在室町初期受到将军足利氏的尊崇，曾主持寿福、建仁及南禅、天龙诸禅寺。圆尔辨圆、无本觉心分别为日本临济宗圣一派、法灯派之祖。

行勇（1163—1241），原是源赖朝夫人中条政子（出家称“二品如实尼”）的剃度之师。在荣西到镰仓传法时，他投到荣西的门下学禅。荣西死后，行勇住持寿福寺，又到高野山建兼传密、禅二宗的金刚三昧院，受到幕府执权北条泰时、政子的尊信，经常往来于高野山、镰仓之间。弟子大歇了心曾入宋学禅，回国后在镰仓寿福寺、京都建仁寺传法。

明全（1184—1225），原为天台宗僧，后入建仁寺礼荣西为师，改奉禅宗，以持戒著称。荣西死后，明全于贞应二年（1223）携弟子道元、廓然等人入宋，历参名师，后入天童禅寺礼拜先师荣西祠堂，在荣西忌日举办斋会，南宋宝庆元年（1225）在该寺了然斋去世。弟子道元是日本曹洞宗的创始人。

三、圆尔辨圆和临济宗在京都的传播

圆尔辨圆（1202—1280），圆尔是字，俗姓平，骏河（今静冈县）人。自幼奉佛，学天台宗，十八岁在天台宗寺门派的传法中心园城寺（也称“三井寺”）出家，到奈良东大寺受戒，后又学密教。在荣西的弟子荣朝创建上野长乐寺之后，辨圆曾投到他的门下参学临济禅法，后又到荣西另一弟子镰仓寿福寺行勇门下学禅。从这一情况来看，辨圆应是荣西的再传弟子。然而辨圆此后入宋求法，成为临济宗杨岐派无准师范的嗣法弟子。

无准师范（1177—1249），无准是号，嗣法于临济宗杨岐派虎丘下三世破庵祖先（1136—1211）。大约在南宋理宗绍定元年（1228），无准奉诏住持相当于皇家寺院的径山（今杭州余杭市）兴圣万寿禅寺，在此传法长达二十年，闻名遐迩，四方前来参禅问道者很多。他在离寺四十里处建造百屋做接待之处，理宗赐额“万年正续院”。绍定六年（1233）七月，无准应诏入宫说法，劝理宗皇帝以如同明镜一般的“圣心”治理天下，崇兴佛法，推行仁孝之教。嘉熙三年（1239）理宗赐以“佛鉴禅师”之号。无准于理宗淳祐九年（1249）三月去世，生前说法语录和撰述载于弟子宗会、智折等人编的《佛鉴禅师语录》之中。

师范主要嗣法弟子有袁州（治今江西宜春市）仰山的雪岩祖钦禅师，经高峰原妙传中峰明本，再传千岩元长，经八代是明代幻有正传，其法系一直传到清代以

后。弟子兀庵普宁（1197—1276）、无学祖元（1226—1286）在南宋末应邀东渡日本传法，分别被奉为后世日本临济宗二十四派中的宗觉派、佛光派之祖。[①]

辨圆在四条天皇嘉祯元年（宋理宗端平二年，1235）乘船入宋，时年三十四岁。他从明州（治今浙江宁波）登岸，先参谒天童寺（在今浙江省宁波鄞州区）痴绝道冲，接着到临安（今杭州）天竺寺从柏庭善月受天台教法，又先后到净慈寺笑翁妙堪、灵隐寺石田法熏的门下参禅。当时无准师范的弟子退耕德宁担任灵隐寺知客，告诉辨圆说："辇下诸名宿，子已参遍。然天下第一等宗师只无准范耳，子何不顾眄乎？"（《元亨释书》卷七《辨圆传》）于是，辨圆前往径山寺师事无准师范禅师，奉侍左右六年，从受禅法。当时在径山寺参学的禅师可谓人才济济，著名的如即庵慈觉、西岩了慧、东岩净日、断桥妙伦、别山祖智、环溪唯一、雪庵祖钦、绝岸可湘、敬叟居简、兀庵普宁、希叟绍昙、灵叟源、方庵坼等人，多为无准的弟子，也有的是属于大慧法系的禅师。辨圆与他们朝夕友好相处，切磋禅法，其间对中国的文化风尚也有不少了解。

无准对辨圆寄予厚望，曾对他说："他日归本国，必于先涓滴处横起波澜，竖无胜幢，发挥吾道，须踵从上乃祖遗芳，永利未来际。"（《元亨释书·辨圆传》）殷切希望他回国后继承祖师宗旨将禅宗广泛弘传日本，以利未来众生。南宋淳祐元年（1241）四月，辨圆辞师归国。临行，无准赠以临济宗杨岐派虎丘下二世密庵咸杰祖师的法衣、亲书自赞的顶相（肖像）、禅宗宗派图等，并书"敕赐万年崇福禅寺"，以备他将来之用。道友将他一直送到山下。

辨圆归航遭遇暴风，同行三船中有两船漂没，他乘坐的船漂经高丽沿岸辗转从九州博多（今福冈）登陆，时为日本仁治二年（1241）秋。太宰府（在今福冈）僧湛慧尊辨圆为师，在横岳山建造崇福寺，请辨圆来寺开堂说法。宋朝移民谢国明为辨圆在博多之东创建承天寺，也请辨圆住持。辨圆在九州弘传禅宗，遭到当地天台宗僧人的反对，甚至谋划将承天寺毁坏。地方官连忙报请朝廷，朝廷不仅明令制止，而且破格升承天、崇福二寺为官寺。这两所寺院的匾额皆是无准亲笔书赠。在肥前（今长崎、佐贺一带）的僧人荣尊曾与辨圆同时入宋，然而提前回国，得知辨圆回国，也将自己的寺院改为禅寺，并请他为开山住持。这样一来，辨圆逐渐出名。

---

①详见杨曾文著《宋元禅宗史》第五章第三节。

如同中国一样，佛教传入日本后的传播发展也是与朝廷权贵、地方官员的支持分不开的。辨圆正是得到日本朝廷权贵和幕府执权的支持才使临济宗在京都、关东等地得到更迅速的传播和产生更大影响的。

日本进入镰仓时期以后，虽然全国军政大权被主持幕府的武士领袖（将军或执权）把持，然而以天皇为首的朝廷仍保留名义上最高政权地位。藤原道家（1193—1252），即九条道家，曾三度出任摄政，也得到幕府信任，可谓权势倾朝，信奉佛教天台、真言诸宗。其子藤原良实担任左大臣（书称“藤相”），也尊崇佛教。湛慧因事到京都，藤原良实请湛慧说法，受到赞誉，介绍他见其父“大相国”藤原道家。湛慧向他们说自己得到辨圆的教示，并对辨圆作了介绍：“入宋得径山佛鉴禅师佛心宗正印，见今住崇福、承天两刹，唱直指之道（按：指禅宗）。”（《元亨释书·辨圆传》）于是，藤原道家、良实父子立即派人迎辨圆入京，请他到自己别墅说法，并从他受“禅门大戒兼秘密灌顶”（既受菩萨戒，又受密教灌顶）。

辨圆从此在京都受到藤原道家及其儿子良实、实经（任右大臣）的崇信和优遇。道家之妻纶子（准后）、女婿兼经、西园寺实氏，皆对他执弟子礼。近卫家良以下的文武官人也礼敬辨圆。①藤原道家在京都东山月轮的别庄模仿南宋的径山寺，建立规模等同于奈良东大寺、兴福寺二寺的东福寺，请辨圆任开山之祖。东福寺按中国禅寺格式，建有包括山门（三门）、佛殿、法堂、僧堂、库院、西净（东司及厕所）、浴室在内的所谓“七堂伽蓝”（实际还有方丈、众寮、经藏等），奉祀禅宗祖师，设置东西两班（也称“两序”，禅寺僧职分东西两班，东西各有六位执事僧职）负责管理寺院日常的教务和生活事务，实行禅寺的说法修行制度。然而寺中还设有真言宗八祖像、天台六祖像及密教传法灌顶的道场。辨圆既仿照宋地丛林制度上堂说法，主持参禅，宣讲主张教禅一致的宋代延寿的《宗镜录》，还宣讲密教经典《大日经》。可见，东福寺既是禅宗寺院，又兼传天台、真言二宗。

辨圆的声望日高，在京都一带居住传法的旧有宗派的学僧也常登门求教，有的特来请教禅宗旨要。延历寺座主、藤原道家之子慈源常向辨圆问“显、密奥秘”。比睿山学僧静明向辨圆问天台宗义，“兼探别传之旨”。辨圆在作了明晰的回答之后，以带有讥讽的语气回答：“子未精教观，况我佛祖单传之正宗，岂义学之所跂

①参见圆心编《圣一国师年谱》及古田绍钦《日本禅宗史·临济宗》，载西谷启治编《讲座禅》第四卷《禅的历史——日本》，筑摩书房1974年版。

及哉!”静明表示信服。法相宗学僧良遍在请教辨圆后，写出《真心要诀》，请他作跋。三论宗学僧回心也前来问真俗二谛之义（以上见《元亨释书·辨圆传》）。辨圆通过与这些佛教界高僧的交往和对话，迅速扩大了临济宗在日本佛教界和社会的影响。

辨圆出名后，经常往来于镰仓、京都两地传法。在后深草天皇建长五年(1253)，辨圆初到镰仓传法，被安置住在当年幕府为荣西所建的寿福寺，受到执权北条时赖的欢迎，迎请他到自己府上授“禅门菩萨戒”。北条时赖虔信佛教，对包括禅宗在内的诸宗义理也有所了解，然而常为各宗的不同说法感到困惑，便乘机询问辨圆：“今诸方说法各别：或曰妄心缘起而有生灭，真心不动，不生不灭；或曰大疑下有大悟；或曰学者须看念起，谓之回光返照。未审那个亲，那个疏?”对此涉及佛教中的真心、妄心及修行入悟的复杂问题，辨圆采取机智的回避态度，按照禅宗“无念、无著”，对事物不作分辨判断的宗旨，引南岳怀让的“说似一物则不中”的话作了回答（《元亨释书·辨圆传》）。正嘉元年（1257），辨圆应北条时赖（时已在最明寺出家）之请正式出任镰仓寿福寺住持，在此寺推行宋地禅院制度。北条时赖还推荐他任京都建仁寺住持。建仁寺刚遭火灾不久，在辨圆主持下迅速修复了佛殿和云堂（僧堂）等。藤原道家模仿唐代宗赐径山法钦禅师“国一”之号，亲书“圣一和尚”四字赠给辨圆。辨圆还奉敕任东大寺大劝进，又任尊胜寺、天王寺、法成寺的干事等职，负责寺殿修复工作。

辨圆也受到皇室的尊崇。嵯峨上皇、后深草上皇、龟山上皇也都先后召请辨圆授“禅门菩萨戒”，听他讲禅法。这样一来，辨圆更加出名，为他传法提供了十分有利的条件。

辨圆回国之后，一直没有忘记径山无准师范禅师的“法乳”之恩，经常有书信往来。辨圆在九州崇福寺开堂说法后，曾写信告诉无准，并附上自己的“上堂语要”。无准在回信中说：“尝闻日本教、律甚盛，而禅宗未振。今长老既能竖立此宗，当一一依从上佛祖法式。”（《元亨释书·辨圆传》）无准知悉辨圆住持承天寺后，在致辨圆的信中说：“更宜以此道力行，使吾祖之教，在在处处，炽然而兴。”（《圣一国师语录》）辨圆在住持京都东福寺后，又修书并备礼物送给无准。无准在回信中说：“且知自崇福迁东福，住四名刹，安众行道，殊慰老怀。但恁么操守，力弘此道，使一枝佛法流布日本，真不忝为宗乘中人也。长老禅教兼通，又能践履，不患不殊胜，只贵始终一节，介然不改耳。此老僧所望，余无他祝，多多为大法自爱。”(《圣一国师语录》)① 从这几封信可知，无准为辨圆回国后在弘传禅宗中取得的成绩感到十分欣慰，并且殷切期望辨圆按“佛祖法式”——禅宗的宗旨和仪规传法，使禅宗在日本兴盛起来。

辨圆在传法中虽然没有摆脱“兼修禅”的模式，然而已把重点放到传播临济宗方面，并且在他住持的寺院实施宋地丛林清规。他曾表示说：“以坐禅工夫为本分行履，味法喜禅味，为圣胎长养，透佛祖不传之妙，绍径山先师之宗。”(《东福寺文书》)② 意为以坐禅悟道为本分修行，继承径山无准先师所传之宗。

辨圆弘传禅宗与此前荣西不同，已不再孤单地进行，当时不仅荣西的法系后继有人，而且也有像心地觉心这样的入宋求法归国传禅的人，还有源源不断来日本传法的宋元禅僧，其中著名的如兰溪道隆、兀庵普宁、大休正念、西涧子昙等人，皆在辨圆在世时来到日本，在幕府支持下主要在镰仓传法。

辨圆于弘安三年（1280）十月去世，时年七十九岁。死前遗偈曰：“利生方便，七十九年，欲知端的，佛祖不传。”(《元亨释书·辨圆传》) 花园天皇时赐谥“圣一国师”之号。这是日本有“国师”号之始。辨圆著作和语录有《假名法语》(也称《坐禅论》)、再传弟子虎关师炼校纂的《圣一国师语录》。《假名法语》是辨圆为向藤原道家介绍禅宗而用假名汉语相混合的语体写的，《圣一国师语录》记载辨圆在住持京都东福寺期间上堂说法的语录和部分法语、偈颂，后面附有南宋径山师范和天童了惠二人各两封信。

从辨圆《假名法语》和《圣一国师语录》来看，辨圆向在朝廷、幕府担任要职的权贵阐释何为禅宗，如何修行之外，还在日常上堂说法中将中国临济宗的禅法、参禅仪规等介绍到日本。

辨圆为了争取世人特别是朝廷幕府权贵对禅宗的理解和好感，他继承荣西《兴禅护国论》将禅宗定位为最高佛法的说法，在《假名法语》中说：“夫坐禅宗门者，大解脱之道也。诸法皆由此门流出，万行皆由此道通达，智慧神通妙用从中而生，人天性命由此而开。”又说：“何云禅门为诸法根本？答曰：禅，佛心也；律，外相也；教，言说也；称名（按：指念佛法门，主要指净土宗），方便也。此等三昧皆由佛心出，故以此宗为根本也。”虽含有禅、教一致的思想，但重点是突出禅

①《圣一国师语录》，辨圆的再传弟子师炼校纂，上引两段载《大正藏》卷八十，第 22 页中、下。

②间接译自赤松俊秀监修《日本佛教史》第三章第一节“镰仓禅的勃兴”，法藏馆 1970 年版。

宗的地位，强调禅宗在诸宗中最为优越。

据《元亨释书·辨圆传》、圆心编《圣一国师年谱》① 记载，辨圆临死前，曾告诉弟子无传圣禅，传述“理致、机关、向上三宗旨”。可以认为，这是辨圆对临济宗禅法要点所作的概括。联系中国唐宋禅宗和《圣一国师语录》推断，“理致”是指禅宗的基本宗旨，“机关”则是提示修行参禅方法，“向上”指达到觉悟解脱的境界。辨圆曾表示：在“空劫”以前无佛无众生，当然也就无所谓有悟有迷；“空劫以后，有悟有迷，有问有答，有师有资，皆是接手方便也。佛祖出兴，有理致，有机关，有向上，有向下……”（《圣一国师语录·示禅人》）还说：“佛佛授手不唯他，只是自己恩力处……自著眼去，直超佛祖理致、机关。所谓超佛理致，过得荆棘林；越祖机关，透得银山铁壁，始知有向上本分，得坐披衣，为人解黏去缚。”（《圣一国师语录·示如上座》）② 意为修行者不应被佛的言教所宣示的道理、历代祖师传承的修行方法（乃至公案语录）束缚，应当超越它们而直探心源，领悟自己本来具有与佛一样的本性——“向上本分”，然后才有资格为人师表，教人从执著烦恼中解脱。

辨圆在中国丛林生活和参学六年，对于禅宗旨趣和临济宗的峻烈禅风是熟悉的。他上堂说法和教示门人也贯彻禅宗“无念为宗”的思想，教人不执著名相，不求取舍，断除烦恼和世俗观念，直探心源，识心见性。辨圆曾引证中国唐代德山宣鉴所说“佛也无，祖也无，达摩大师是老臊胡，十地菩萨是担屎汉……”等呵佛骂祖的话，以引导门下和参禅者不要盲信佛祖和各种言教，摆脱各种精神束缚，确立自信，自修自悟。他甚至教弟子对上述说法也不要奉为圭臬，教他们通过坐禅乃至看话头来达到解脱。他对“空明上人”说：

> 祖师直示，无殊方便，放下诸缘，休息万事，昼三夜三（按：白天三时夜间三时），守看鼻端。才涉境界差别之时，只举话头。不作佛法想，不作破除想，不用存心等解，不用情生疑殆，没理路，没滋味，如铁馒头，单刀直入，不涉异想。悠久岁月，自然恰如睡梦醒，如莲华开。（《圣一国师语录·示空明上人》）③

辨圆说，前代祖师教人放下诸种纷杂事务，日夜凝心坐禅；如果在坐禅中精神

①载《大日本佛教全书》第95册。

②以上所引两段文字，载《大正藏》卷八十，第20页中、下。

③《大正藏》卷八十，第19页下~20页上。

不能集中，可以选择公案语录中一个“话头”（如赵州说狗子无佛性的“无”字等）来反复参究，但却不要求思索它的任何含义，久而久之可使精神达到超越于内外、有无等差别观念的觉悟境界，即看到自己“本地风光，本来面目”。

辨圆虽兼传天台、密教，然而仅从他传授禅法来说，是遵照了中国唐宋以来禅宗宗旨和临济宗门风的。

辨圆生前为东福寺等寺制定寺规，规定后世选任的住持必须是有“器量”者。在他的门下出了不少著名弟子，前后出任东福寺住持者有东山湛照、无关普门、白云慧晓、山叟慧云、藏山顺空、无为昭元、月船琛海、痴兀大慧、直翁智侃、南山士云、双峰宗源等人，此外还有奇山圆然、天柱宗昊、无住一圆、无传圣禅等人，皆活跃于佛教界，进一步扩大了临济宗在日本的传播范围和社会影响。

东山湛照（1231—1291），东福寺二世住持，曾受到伏见天皇皈依，语录有《宝觉禅师语录》。弟子虎关师炼（1278—1346），曾任南禅寺住持。在元僧一山一宁赴日后，他投到门下学内外之学，编撰日本第一部纪传体佛教史书《元亨释书》，另撰有《佛语心论》《禅语或问》、文集《济北集》等。

无关普门（1212—1291），或称“无关玄悟”，东福寺三世，先后在荣朝、辨圆门下参学，入宋求法达十二年，嗣法于无准弟子断桥妙伦。普门在正应四年（1291）从龟山上皇得施离宫，后将此宫改建为南禅寺，自为开山祖。普门先后受到龟山上皇及一条家经、西园寺实兼等人权臣的皈依。从此，临济宗与宫廷的关系更加密切。

辨圆弟子无住一圆（1226—1312），兼修天台、真言、法相及律诸宗，长年在尾张（今名古屋）长母寺传法，富有文才，曾三次拒受东福寺住持之聘，著有《沙石集》《杂谈集》《圣财集》、史书《吾妻镜》等用假名撰写的著作。

宋元时期中日两国禅僧对以程朱理学为代表的“宋学”在日本的传播起到重大推动作用。镰仓初期天台宗学僧俊芿（1166—1227）从宋求法归来，除带回佛典外，还带回“儒书二百五十六卷，杂书四百六十三卷”。俊芿还向朝廷的左大臣德大寺公继介绍自己在宋的见闻，所谓“笔精之义，宋朝之谈……五经三史奥粹，本朝未谈之义”。（信瑞《泉涌寺不可弃法师传》）。[①] 可以推测，俊芿已经向日本人介绍了宋学。

①载《大日本佛教全书》第115册。

据现存资料证明，辨圆为宋学在日本的传播作出过贡献。《元亨释书·辨圆传》后之“论”说，辨圆归国时带回“内外”经籍（佛教书与儒道书等）数千卷，后皆收藏在京都东福寺的普门书库，其中有论述佛、儒、道三教一致的《佛法大明录》二十卷。辨圆到镰仓传法期间，曾向执权北条时籁讲过《大明录》。《圣一国师年谱》记载，龟山天皇文永五年（1268），大相国源基向辨圆问“三教大意”，辨圆述《三教要略》呈上；后宇多天皇建治元年（1275），辨圆奉诏入宫谒龟山法皇，说“三教旨趣”；辨圆晚年据自己从宋带回的典籍编写《三教典籍目录》，存于普门书库。此书久佚，现仅存14世纪据东福寺普门书库藏书编的《常乐目录》《明德目录》。据此二录，辨圆带回的宋学书籍中有吕祖谦《诗记》、胡安国《春秋解》、张九成《中庸说》、朱熹《大学章句》《大学或问》《中庸或问》《论语精义》《孟子精义》《孟子集注》以及《论语直解》（当为朱震注）、《五先生语》（周敦颐、程颢、程瞬、张载、朱熹语录）等。①

中国进入宋朝以后，三教一致论成为思想文化界的时代思潮。仅从禅宗界来说，云门宗学僧契嵩（1007—1072）著《辅教篇》推崇儒家孝道，主张佛儒并重。此后，临济宗学僧大慧宗杲（1089—1163）在上堂说法及记载他与士大夫等信众往来书信的《大慧书》中，也提倡儒佛一致论。宋代江浙一带的著名禅僧，如大慧系的北涧居简、虎丘系的痴绝道冲、无准师范等人也具有深厚的儒学修养。日本求法僧投到他们门下参学，很自然地了解到讲究天道性命之学的新儒学——宋学。这些日本求法僧和中国赴日禅僧，在传法过程中也将宋学介绍到日本。应当说，辨圆只是这方面的早期代表，此后宋僧兰溪道隆、兀庵普宁、大休正念、无学祖元及元僧一山一宁等也在不同场合向日本人介绍宋学。宋学的传入促成了以后“五山文学”的形成和发展，对日本儒学适应时代发生变革也有推动作用，同时对以武士阶层占支配地位的政治体制也有一定影响。

在日本禅宗史上，辨圆占有重要地位。他在宋地参学临济宗六年，在回国后传法过程中得到皇室权贵和幕府武士上层的大力支持，从住持九州的崇福寺、承天寺开始，进而以京都东福寺、建仁寺为中心，远及幕府所在地镰仓的寿福寺以及三河（今爱知县）的实相寺，弘传临济禅法，兼传真言、天台二宗。辨圆既通晓汉文，能够顺利地阅读汉语佛典禅籍，又能直接运用日语说法，比在日传禅的中国禅僧兰

①足利衍述《镰仓室町时代之儒教》第一编第四章第一节，日本古典全集刊行会出版。

溪道隆、兀庵普宁等人更便于接近朝野各阶层的信徒，扩大影响。无住一圆《沙石集》卷九说："日本禅门之繁昌，由此而始。"意为日本盛行禅宗是从辨圆开始的。师炼《元亨释书·辨圆传》也说："建久（按：1190—1200）之间，西公（按：荣西）导黄龙之一派，只滥觞而已。建长（按：1249—1255）之中，隆师（按：道隆）谕唱东壤（按：关东镰仓），尚薄于帝乡。慧日（按：东福寺称慧日山，此指辨圆）道协君相，化洽畿疆，御外侮而立正宗，整教纲而提禅纲，盖得祖道之时者乎！"师炼强调辨圆继荣西之后，不仅得到镰仓幕府的支持，而且也得到朝廷君臣的支持，将禅宗传播范围扩展到京都及九州，促成临济宗在日本真正确立，是适应了时代和形势的。

圆尔辨圆因谥"圣一国师"，其门派在古代日本禅宗二十四派中为"圣一派"，以东福寺为传法中心，在各地拥有众多寺院，曾为五山派的主流派。近代日本临济宗十四派中的东福寺派奉辨圆为开山祖。

四、"法灯国师"心地觉心

心地觉心（1207—1298），心地、无本皆为号，名觉心，俗姓常澄，信浓国（今长野县）人。十九岁出家，先在高野山学真言宗，后从荣西的弟子行勇、荣朝及其弟子朗誉参学临济禅法。

后深草天皇建长元年（南宋淳祐九年，1249），觉心到京都东福寺参谒辨圆，听从辨圆的建议并带着辨圆的介绍信乘船入宋到径山，打算礼无准师范为师参学。然而师范已经去世，他便下山到明州（治今宁波）、临安（今杭州）访师问道。当时五祖法演弟子开福道宁之下第四世无门慧开在临安灵洞护国仁王禅寺传法，觉心便投到他的门下受学临济宗杨岐派禅法。

慧开（1183—1260），号佛眼，嗣法于月林师观，著有《无门关》等。据《元亨释书》卷六《觉心传》记载，觉心初参慧开，慧开问他名字，答："觉心。"慧开当即示之以偈曰："心即是佛，佛即是心，心佛如如，亘古亘今。"在几次问答之后，对他的悟境表示印可。南宋宝祐二年（日本建长六年，1254），觉心辞师回国，慧开赠以《对御录》（当即大慧宗杲弟子佛照德光对宋孝宗的语录）、月林师观的传法语录及自己的著作《无门关》和付有自赞的顶相（绘像）等，授以偈曰："心即是佛佛即心，心佛元同亘古今，觉悟古今心是佛，不须向外别追寻。"这不外是教他懂得"即心是佛"、领悟自性是禅宗的基本宗旨。

觉心回国后先在高野山金刚三昧院传法，后住持纪伊（今和歌山县）由良兴国寺、京都胜林寺、妙光寺，曾应请向龟山上皇、后宇多上皇说法。

觉心的禅法仍没有摆脱兼修禅的模式，在传禅的同时还弘传真言密法。然而他认为在佛法中禅宗最为优越，说“今此禅门是佛心宗也，最上乘法也”；“显密二教，为教内之法；禅门之宗，教外之宗”（《由良开山法灯国师法语》）。觉心遵从慧开的教诲，在向门下传法中强调“即心是佛”，众生与佛没有根本差别，引导弟子领悟自心，说：“生、佛源一，迷悟境分。不假他力，自心能知。欲至佛果，须参自心。”（《延宝传灯录》卷二《觉心传》）他常引导弟子参究“狗子无佛性”、“父母未生前的本来面目”等公案。

觉心回国仍与其师慧开保持书信往来。他赠送慧开书信和礼物，慧开回书赠偈，并赠法衣、东山七叶（禅宗七代祖师）图及自著法语《自警关捩子》、月林师观《体道铭》等。

伏见天皇永仁六年（1298），觉心去世，时年九十二岁。龟山上皇赐谥“法灯禅师”，后醍醐又赐“法灯圆明国师”之号。他的著作和语录有绍柱校纂《法灯圆明国师遗芳录》《法灯国师坐禅仪》《由良开山法灯国师法语》，弟子有高山慈照、孤峰觉明等人。觉明曾入元参临济宗著名禅僧中峰明本、古林清茂等，弟子中以著有假名法语《和泥合水》的拔队得胜最有名。

觉心的法系以纪伊兴国寺为中心，在日本古代禅宗二十四派中称“法灯派”。觉心也被江户时代（1603—1867）以吹尺八（也称“虚铎”，竹制，竖吹，箫类乐器）著称的普化宗奉为祖师。

原来觉心在杭州灵洞护国仁王禅寺①期间，一位名张雄的人善吹尺八，声音悠扬悦耳，便跟他学习，归国后将此技艺传授门下寄竹等人。此后尺八这种乐器及吹奏技艺便在日本传开。江户时代，有一个由流浪武士组成的禅宗派别叫普化宗（也称“虚无宗”），奉中国唐代镇州（治今河北正定）禅僧普化和尚、心地觉心为祖师，成员称“虚无僧”，着衣异于常人，身佩木刀、护身剑，经常吹奏尺八云游四方，在各地也有自己的寺院。普化宗受到德川幕府的保护和优待，被称为“勇士浪

①据杭州赵一新、孙以诚先生的多年考察，宋代灵洞护国仁王禅寺的遗址为今杭州黄龙洞景区的浙江省艺术学校教学大楼后面一座古庙。见孙以新《日本尺八与杭州护国仁王禅寺》，载黄大同主编《尺八古琴考》，上海音乐学院出版社2005年版。

人之隐家，武人修行之本宗”，曾禁止非武士参加普化宗，并且禁止外人持有和吹奏尺八。①

第四节　临济宗在日本的兴盛——所谓“纯粹禅”及其代表人物

继日本僧荣西、辨圆等人将中国临济宗传入日本之后，中国宋元禅僧兰溪道隆、兀庵普宁、大休正念、无学祖元以及一山一宁等相继东赴日本，在幕府支持之下以镰仓为中心盛倡临济禅风。他们与荣西、辨圆等人在弘传禅宗的同时也兼传天台、真言诸宗的所谓“兼修禅”的做法不同，不仅基本按照宋元丛林的传法方式传法，培养弟子，而且搬用唐宋以来禅寺的清规管理和运营寺院，从而使临济宗在日本迅速兴盛起来。他们的禅法被称为“纯禅”或“纯粹禅”。从日本历史考察，在相当长的一段时间内所谓“兼修禅”和“纯粹禅”两种禅法是同时流行的，并且是彼此呼应、互相影响的。

从古代中日两国文化交流史来看，宋元禅宗传入日本是继隋唐佛教传入日本之后两国文化交流进入第二次高潮的重要标志。禅宗思想和以禅宗为主导的“五山十刹”、“五山文学”、禅僧对宋学的传播，对日本武士占支配地位的幕府体制的巩固和“武士道”的形成，对协调朝廷“公家”、幕府“武家”和佛教“寺家”三者之间的关系，起到直接和间接的较大影响。

一、兰溪道隆及其在镰仓、京都的传法活动

兰溪道隆（1213—1278），兰溪是号，俗姓冉，宋朝西蜀涪江（当为涪县，在今四川绵阳市涪江东岸）② 人，十三岁时出家于成都大慈寺。后入浙历参名寺访师问道，先后参谒临济宗杨岐派虎丘法系的无准师范、痴绝道冲及大慧法系的北涧居简等禅师，皆无契悟。此后，道隆到阳山投到无明慧性的门下参学，在听慧性举当

①村上专精著，杨曾文译：《日本佛教史纲》，第四期第二十章“普化宗和修验道”，商务印书馆 1981 年版。

②涪江，四川嘉陵江主要支流，在今四川中部，源于松潘县东北的岷山，流经今平武、江油、绵阳、三台、射洪、蓬溪、遂宁、潼南等县市。《元亨释书》卷六、《延宝传灯录》卷三《道隆传》皆说道隆“宋国西蜀涪江人”。这里的“涪江”是泛称，具体地点当为涪县。

年五祖山法演问清远“一人牵一头牛从窗棂中过，两角四蹄俱过了，唯有尾巴过不得”①（此语句）的话时入悟，受到慧性的印可。慧性上承虎丘绍隆—应庵昙华—密庵咸杰—松源崇岳的法系，所传自然是临济宗杨岐派的禅法。

当时两浙丛林与日本的佛教交流十分密切，僧人对日本佛教界的情况也比较了解。道隆在听说日本佛教虽盛然而禅宗尚未盛行之后，出于弘法的热情决心赴日传法。南宋理宗淳祐六年（日本宽元四年，1246），三十三岁的道隆乘商船东渡抵达九州太宰府（在今福冈）。道隆在日本道友智镜的支持下先住当地圆觉寺，翌年入京都住入智镜住持的泉涌寺。

此后，道隆东到幕府所在地镰仓传法，先暂住于荣西再传弟子大歇了心住持的寿福寺。幕府执权北条时赖信奉佛教，特别是净土宗，然而对禅宗颇有兴致，对道隆的到来表示欢迎，先请他入住常乐寺，建长五年（1253）又在巨福山建长兴国禅寺作为祈祷天皇、幕府将军和执权的福寿，为日本祈祷太平的道场，请道隆担任开山之祖。道隆按照宋地仪规举行隆重的开堂说法仪式，在当地引起很大轰动。此后北条时赖经常在政务之暇到寺中参禅，听道隆传授禅法。后深草天皇康元六年（1256），三十岁的北条时赖以道隆为师出家，法名“觉了房道崇”，部下跟随他出家的有很多人，对禅宗在日本的传播影响很大。此后北条时赖称“相州禅室”或“最明寺禅室”。

在龟山天皇正元元年（1259），道隆奉诏到京都住持原由荣西创建的建仁寺，成为建仁寺（当时因避讳称“建宁寺”）第十一世住持。建仁寺此后第十三、十四、十五、十七、十八代住持也属道隆法系。道隆与当年荣西传临济宗黄龙派禅法不同，是传临济宗杨岐派的禅法。道隆在荣西忌辰之际上堂说法，说：“蜀地云高，扶桑水快，前身后身，一彩两赛。昔年今日，死而不亡，今日斯晨，在而不在。诸人还知落处么?”然后以偈颂说：“香风吹萎花，更雨新好者。”（《大觉禅师语录》卷中）② 表示自己与荣西虽生国不同，然而皆弘传临济禅法，相信今后建仁寺景况会更加美好。道隆作为来自宋地的中国禅僧，逐渐得到了建仁寺僧人的“畏爱”（《元亨释书》卷六《道隆传》）。道隆曾应后嵯峨上皇之召入宫说法。道隆借此机会上偈一首，曰：“夙缘深厚到扶桑，忝主精蓝十五霜。大国八宗今鼎盛，建禅门

①原句见《密庵和尚语录》，载《大正藏》卷四十七，第974页中。

②《大正藏》卷八十，第65页上。

废仰贤王。”（《元亨释书·道隆传》）意思是说自己宿缘深厚得以到达日本，担任名寺住持已经十五年，看到贵国八宗鼎盛而禅宗却未流行，表示今后禅门的兴盛还要依仗天皇朝廷的扶持。在道隆于建仁寺传所谓“纯禅”的时候，辨圆在东福寺兼修禅。从现存资料来看，辨圆与道隆二人之间保持友好的关系，彼此常有书信、诗文往来。

三年后，道隆应幕府之召回到镰仓。龟山天皇弘长三年（1263）执权北条时赖去世，执权虽先后由北条长时、北条政村担任，但实权为“家督”（北条氏嫡系长子）北条时宗掌握，文永五年（1268）正式出任执权。北条时宗自幼受到过道隆的熏陶，也信奉禅宗，特为道隆建禅兴寺居住。接着，道隆再迁建长寺。此后，道隆曾因遭人中伤诽谤，先后两次受到迫害被流放甲裴（今山梨县）。道隆利用这个机会向当地没有接触禅宗的官员和普通民众传法。后来由执权北条时宗把道隆迎归镰仓，待之以师礼。道隆先后住持寿福寺、建长寺。弘安元年（1278）七月二十四日遗偈：“用翳睛术，三十余年。打翻筋斗，地转天旋。”（《延宝传灯录》卷三《道隆传》）然后去世，时年六十六岁。经北条时宗奏请，后宇多天皇赐谥“大觉禅师”之号。这是天皇赐禅师号之始。

道隆的传法语录和著作有：《大觉禅师语录》三卷，包括侍者圆显、智光编《常乐寺语录》，侍者觉慧、圆范编《建长寺语录》，侍者了禅、从琛编《建宁寺语录》，侍者德昭编《常乐寺小参》《建长寺小参》《建宁寺小参》以及《法语》《偈颂》《佛祖赞》等；还有《大觉拾遗录》一卷，收有《梵语心经付注心要》《省行文》《建长法语规则》《遗诫》《常乐寺定规》等。

道隆在日本传法前后三十三年，因为受到以执权为代表的幕府上层的信任，进一步扩大了禅宗乃至宋学对日本武士的影响，通过日常说法和实行唐宋丛林清规，推进了中国临济宗在日本的传播。

1. 在向武士上层传法中，发挥禅宗“道在日用”思想和宋学的修身治国之道

中国佛教是在适应以皇帝为首的封建主义中央集权体制的过程中传播和发展的，与此相应也将儒家的忠君、孝亲、护国、亲民、敬师等伦理和礼仪吸收到自己的仪规和传法活动中。这在禅宗那里表现最为突出。在进入宋代以后，禅宗将新任寺院住持在开堂升座仪式上拈香为皇帝祝寿，为地方官祝福并祈祷国泰民安，向师父报恩，然后说法的礼仪纳入禅宗仪规。从现存宋代禅宗资料来看，首山省念的弟子汝州叶县归省、潭州神鼎洪諲的语录对此有最早的记述。此后，这种做法日渐普

及并且成为禅寺的定制①，并伴随禅宗也传入日本。道隆是最早在日本采用这种仪式开堂升座的禅师。

道隆到日本传法的时候，日本处在以武士占支配地位的社会体制，以忠君（主君）、勇武、仁义、正直等为主要规范的武士之道正在形成之中。因此，道隆按照中国禅宗仪规入住幕府所建禅寺，并且在与幕府武士上层的交往和传法之中发挥禅宗“道在日用”及宋学的忠勇伦理的思想，在当时产生了也许他本人没有料到的效果，对正在建设中的武家文化起到了推动作用。

后深草天皇宝治二年（1246），道隆从京都到幕府所在地镰仓，执权北条时赖请他住持常乐寺，从此开始了他在日本的传法生涯。在阴历四月八日浴佛节，道隆为对“檀越”（施主）北条时赖表示感谢，特地上堂说法。他说：

> 今日大力量人（按：北条时赖）广辟僧堂，令学佛者登此门户，个个心地发明，非但令学佛者到至极之地，普使见者闻者同契真宗（按：原指禅宗，此指禅宗要旨）。然后功归有自，福报无穷…… 物逐人兴，道在日用。且如日用中是甚道？人兴者是何物？动静俯仰之间，色声语默之际，非道不亲，惟人自昧。道若不昧，物随人而自兴。岂不闻赵州和尚云：诸人被十二时使，老僧使得十二时。灼然体察得明，达绝疑虑之境，天地辟阖即我辟阖，阴阳惨舒即我惨舒，无一法从他处得来，无一物不是自心默运。天地无物也，我无物也，未尝无物。圣人得这个妙理，能为二仪之首，万物之主。
>
> 兹者本寺大檀那，尽己行仁，忠心辅国。本来身登菩萨地，人间世间现贵官身，持大权，掌大柄，济世之念似海之深，养民之心如山之固。钦崇佛法，永保皇家。天地合宜，蛮夷率服。以至有情无情，莫不从风而靡。不被物之所移，自能转物。便见日用之道，动静无亏。
>
> 昔日唐朝（按：此指宋朝）舒王（按：王安石），问蒋山元（按：赞元）禅师：如何是佛法大意？元不诺。舒王扣之愈久。元不得已而为王曰：公受气刚大，世缘深，以刚大之气遭深世缘，心身任天下之重，怀经济之心。然用、舍不能必，则心未平。以未平心，则安能一念万年哉？若据山僧所见，元禅师一向无慈悲方便，埋没贤人。殊不知理天下大事，非刚大之气不足以当之。要明佛祖一大事因

①详见杨曾文著：《宋元禅宗史》第四章第五节《慧南与临济宗黄龙派》，中国社会科学出版社 2006 年版。

缘，须是刚大之气始可承当。

今尊官兴教化，安社稷，息干戈，清海宇，莫不以此刚大之气定千载之升平。世间之法既能明彻，则出世间之法无二无异分，无别无断故。

山僧宗门晚进，草芥无能。既至仙乡，荷台旆重法之故，亦不轻人。广开寺宇，重建僧堂，令鄙者领众行道。若非曩有莫大因缘，何以如此。鄙怀亦不敢生懒堕之心，种件依唐式行持，但随缘去住而已。

伏愿台座寿山高富士之岳，福海等沧溟之深，千佛光中常安常乐，次冀休征罢战，偃武修文，寰宇太平，清宁孚佑。(《大觉禅师语录》卷上)①

道隆在这里所宣示的有以下几个意思：

第一，道隆按照禅宗基本思想宣示“道在日用”的道理，说解脱之道——作为世界万物本原和本体的佛性就在生活日用之中，重要的是领悟它与“自心”不一不异，经常表现在人们的“动静俯仰之间，色声语默之际”。如果体悟到这点，便达到自由解脱的精神境界，便会感到天地万物皆由自心运转，便超凡入圣，为天地万物的主宰。

第二，称颂北条时赖“尽己行仁，忠心辅国”，虽已达到菩萨境地，然而却显现世间“贵官”之相掌握军政大权，从事“济世”、“养民”之事，扶持佛法，拥戴皇家，致使天地和谐，四海升平，“便见日用之道，动静无亏”。

道隆引证北宋神宗朝宰相王安石参问在蒋山传法的临济宗赞元的故事：赞元说王安石秉先天“刚大”之气（按：原语出自《孟子》“浩然之气”“至大至刚”）而生，与世上的缘分很深，必然承受天下的重任。然而他虽怀有济世治国的志向，但并非自己所要实行的要废止的都能如愿，这样必然使自己的心难以平静；其次在心未平的情况下，就很难实现治理天下之志，如何能将自己的理念化为永久呢?（详见北宋惠洪《禅林僧宝传》卷二十七《赞元传》）道隆对赞元的见解表示不同意，说其实治理天下非具“刚大之气”不可，要明心见性也须“刚大之气”。

然后，道隆话头一转，说北条时赖要“兴教化，安社稷，息干戈，清海宇”，必须要靠这种“刚大之气”。为什么呢？道隆说世与出世是相即不二的，世间法也就是出世间法。

---

①《大正藏》卷八十，第47页下至48页上。

第三，他感谢北条时赖的知遇之恩，称颂他建寺兴禅的功德，表示自己勤恳遵照“唐式行持”来传法修行，为北条时赖祝福，为国家太平祈祷。

不难看出，道隆所讲的“道在日用”及源自《孟子》的“刚大之气”，称赞幕府执权尽忠、行仁，“理天下”，“兴教化，安社稷”等等带有中国新儒学——理学意味的说法，正是日本武士感兴趣的思想，后来成为构建武士文化的重要成分。

建长寺建成后道隆被聘为首任住持。他在一次“小参”说法中，引宋儒周敦颐《通书·志学章》的“圣希天，贤希圣，士希贤”[1] 的话进行发挥，说：

> 盖载发育，无出于天地，所以圣人以天地为本，故曰圣希天；行三纲五常，辅国弘化，贤者以圣德为心，故曰贤希圣；正心诚意，去佞绝奸，英士蹈贤人之踪，故曰士希贤。乾坤之内，宇宙之间，兴教化，济黎民，实在于人耳。人虽尊贵，而未为尊贵，所尊贵者，吾佛之教也……（《大觉禅师语录》卷中）[2]

周敦颐（1017—1073）是宋代理学的创始人，所著《通书》是理学要典之一，以天地真实“无妄”之性为“诚”，认为是人类道德之源，“圣人之本”。道隆仅引用《通书·志学章》的部分语句，按圣希（效法）天、贤希圣、士希贤的层次，提倡效法天地，以“圣德”为心，正心修身，行纲常名教，强调“兴教化，济黎民”的关键在人，然而最后的结论是佛教比人世间更为尊贵，劝人奉佛修道。尽管如此，道隆毕竟认为在治国平天下的范围内，人的道德修养和人格更为重要。道隆在禅寺上堂说法中宣传这种思想，在客观上起到扩大宋学修身治国思想的影响。

建长寺建成后，执权北条时赖请道隆为开山住持。落成典礼由道隆任导师，先供养新写五部大乘经，“上祈皇帝万岁，将军家及重臣千秋、天下太平”（载《吾妻镜》卷四十）。执权北条时赖为“佛殿梁牌铭”题词：“上祈今上皇帝千佛扶持，诸天至心拥护，长保南山寿，久为北阙尊，同胡越于一家，通车书于万国。”道隆为立此牌铭而题写：“伏愿三品亲王征夷大将军，干戈偃息，海晏河清，五谷丰登，万民康乐，法轮常转，佛日增辉。”（载《镰仓五山记》）时赖和道隆题词中的“皇帝”是天皇；“今上皇帝”是后深草天皇；“将军”是所谓“征夷大将军”，当时将

---

①《通书·志学章》原文：“圣希天，贤希圣，士希贤。伊尹、颜渊，大贤也。伊尹耻其君不为尧、舜，一夫不得其所，若挞于市。颜渊‘不迁怒，不贰过’，‘三月不违仁’。志伊尹之所志，学颜子之所学。过则圣，及则贤，不及则亦不失于令名。”

②《大正藏》卷八十，第70页下。

军是藤原赖嗣，只是名义上的幕府首脑；“重臣”是指控制日本军政大权的幕府执权北条时赖。由此可见，建长寺是为天皇、幕府将军和“重臣”执权祈祷福寿，为国家祈祷太平的道场。

六年后，在龟山天皇正元元年（1259），道隆奉诏入京都住持建宁寺（原建仁寺）。他在开堂升座仪式上套用宋地丛林的格式，首先拈香为天皇、朝廷以太政官为首的文武群臣和幕府仍掌实权的前执权时赖（出家称“最明寺禅门”，当时执权是北条长时）拈香。

> 师升座祝香：此一瓣香，高敷有顶，宏结无垠，透过须弥卢，充彻金刚界，爇向炉中，恭为祝延今上皇帝有道明君，恭愿金轮永固，玉叶长芳，绵万载而拥休，合四时而蒙福。
>
> 次拈香：此一瓣香，奉为辅国大丞相并合朝文武官僚，伏愿寿等松椿傲雪，没凋零之色，心同葵藿向阳，无移易之诚。
>
> 此一瓣香，奉为东州信心檀越最明寺禅门，伏愿为国输忠，赞明君之盛德，了心达道，竖末世之宝幢，永为皇祚之股肱，长作法门之梁栋。
>
> 此香昔在阳山那畔收拾得来，觑着则有恨情生，点着则无明火发，爇向炉中，奉为前住平江府尊相禅寺无明大和尚，用酬法乳之恩。

在说法中赞颂说：

> 于此洞彻心源，了无异相，便见慈风共尧风广扇，四海升平。佛日与舜日齐明，万民乐业。文臣武将咸归有道之君，樵夫渔夫共乐无为之化。如是则尽大地是个解脱门，全身在里许。（以上载《大觉禅师语录》卷中）①

道隆在升座的祝词中，祝天皇福祚长久，祝以太政官（摄政）为首的朝廷重臣长寿和对天皇忠诚，又祝掌握全国军政大权的幕府前执权北条时赖（最明寺禅门）为国尽忠，“永为皇祚之股肱”，并且做护持佛法的栋梁。这既是对以天皇为首的朝廷拥有虚位、幕府掌握实权的现实政治局面的反映，也是对这种现状的承认。他在赞词中称颂所谓“慈风共尧风广扇”、“佛日与舜日齐明”的话，是他希望看到的国泰民安、佛法与王法和谐的一种社会美景。当时日本以武士占据支配地位的幕府

①《大正藏》卷八十，第63页下至64页上。

体制已很稳固，然而天下绝没有实现真正的太平。道隆搬用宋地禅宗开堂拈香祝词的做法，应当说对巩固这种体制是有利的，他提到的忠、诚等道德规范在幕府和朝廷双方皆可作出自己的解释，因而他受到幕府武士和朝廷的欢迎是可以理解的。

北条时宗是镰仓时代几个有作为的执权之一，自幼受到道隆的教育。道隆曾为时宗撰写愿文，其中有："信心弟子时宗，身无它技，道自心明，寿山如泰华之高，福海等沧溟之广，子孙荣显，门业昌隆，长为佛法之栋梁，永作皇家之砥柱，左右侍从，奸狡消除"；又祈求护法善神"专祈弟子时宗，永扶帝祚，久护宗乘"。[①] 词语间蕴涵对幕府执权虚拥皇室、实掌国政现实的赞许和美化。

继道隆之后，兀庵普宁、大休正念、无学祖元、一山一宁等宋元禅僧以及赴宋求法归国的日本禅僧南浦绍明等人，在应请住持禅寺的升座仪式上也都采取为天皇和幕府将军、执权等拈香祝延寿福的做法，在有的禅寺甚至还祀奉祈祷天皇万岁的牌位。虽然在禅僧拈香祝词乃至上堂说法中有对幕府支配体制下政治现状表示赞许的意思，然而同时也蕴涵儒家的忠君护国思想。

我们从道隆以上的表现，大体可以看到禅宗传入日本后在公（朝廷）、武（幕府）两家之间所扮演的协调两者关系的微妙角色。

2. 将看话禅传入日本

中国禅宗和密宗（真言宗）在教理方面虽然都强调佛与众生没有根本差别，主张佛在人间，然而两者存在明显差别：禅宗主张"即心是佛"，而密宗主张"即身成佛"，而且修持方法也有很大不同。禅宗更强调人的自心觉悟，如禅宗南宗创始人六祖慧能所说"识心见性，自成佛道"（敦煌本《六祖坛经》）。唐末五代南宗成为禅宗主流，虽也相继形成五宗，提出不同的禅法主张，然而在这一点上可以说是没有根本差别的。

宋代临济宗杨岐派的大慧宗杲（1089—1163）继承慧能以来的禅法，特别是临济宗的心性思想和修行主张，认为修行解脱不离世间，成佛必须通过自心觉悟。他向信众表示：造成人生痛苦和轮回生死的根本原因是"心意识"引起的种种"妄念"和贪嗔痴等情欲，必须将这些情欲烦恼制伏断除才能达到觉悟解脱，为此提出所谓"看话禅"的修持方法。看话禅也叫"看话头"、"参话头"，简单地说，就是

---

①原书存京都建长寺、故田中光显处。此为据过善之助《日本佛教史》中世篇第二卷第七章第十节"临济宗"所引全文的摘录。

聚精会神地参究一段语句，乃至语录中一个字，在参究中又必须超越语句或字的任何含义，将参究的语句或字仅仅当作克服“妄念”和“杂念”情欲，通向“无念”或“无心”的觉悟解脱境界的一种手段或桥梁。①

荣西、辨圆等日本禅僧虽对看话禅有所了解，然而因为所传为“兼修禅”，并没有提倡这种看话禅，看话禅最初是由道隆传入日本并加以提倡的。

道隆在镰仓、京都诸寺的传法过程中，自然对禅宗依据的基本理论和主张，诸如涅槃佛性论、般若空论和中道不二法门的思想以及“即心是佛”、人人可以成佛等通俗说法，经常在不同场合弟子和信众宣说或作提示，要求在体悟自性、自心上下工夫。

道隆对中国禅宗重视自信、自修、自悟的思想也特别加以提倡。他在镰仓建长寺十月一日开炉节上堂说法中告诉弟子：

> 须是自信、自修、自悟始得。信者，信佛祖有无传而传之妙；修者，修自家欲达未达之场；悟者，悟现今迷头认影（按：不识本心）之所。此犹是大概之辞。若据实而说，做工夫时，各各陡顿精神，莫随境转，虚灵（按：心性）自照，动静返穷，穷至无穷，终有倒断（按：断除颠倒邪见）时节。（《大觉禅师语录》卷上）②

就是说，对于一个修行者来说，最重要的莫过于坚持自信、自修、自悟这一根本宗旨。那么，何为自信、自修、自悟呢？他解释说，自信是相信历代祖师传承的超越于言表之外的“佛心”；自修是通过修行而达到尚未达到的觉悟境界；自悟是领悟迄今未能认识的与佛无别的清净本性。他进而教示弟子，如果修行者能够专心不移地在体悟自性上下工夫，久而久之，便可断除各种有违正法的断见、邪见等而达到觉悟解脱。

道隆特别提倡源自大慧宗杲的看话禅。修这种看话禅未必非打坐不可，只要在日常动静中参扣一个话头，即禅宗公案语录中一句话乃至一个字，专心致志地反反复复地参扣下去，便可达到解脱境界。他是这样说的：

①详见杨曾文著：《宋元禅宗史》第五章第二节，中国社会科学出版社 2006 年版。

②《大正藏》卷八十，第 50 页上。

参学如猫捕鼠，先正身直视，然后向他紧要处一咬咬定，令无走作。究道参玄亦复如是。首正其心，诚其意，目不邪视，口不乱谈，看古德道："雪覆千山，因甚孤峰不白?"（按：曹山本寂之语）切不得向句上分别，以心意识度量；又不可言孤峰无高下，亦不黑，非于色，寒暑不到，尘劫难移，黑时法界皆黑，不及白相。如斯见解，总是妄生穿凿，强说道理，大似日本望新罗，犹隔海在。汝但下十分工夫，逗到净裸裸一色纯真，明历历了没点污。（《大觉禅师语录》卷下《示了禅侍者》）

博地（按：即"薄地"，此指未脱离生死的地位）凡夫，岂有一步便登宝所，惟是从浅至深，因渐入顿。但于纷扰之时，看纷扰之念自何而起，仍将纷扰之心究彼纷扰之处，究之至绝究之地。纷扰之境本空，所究之心何在？此乃谓之返究。若妄想极重，当提一个话头。话头者何？四威仪（按：行、住、坐、卧）中，匆匆之际，安静之时，看"生从何来"，但返返复复，如是推穷……参禅如孝子新丧父母一般，念兹在兹，不忘所生。一念若如此，自然道念重、世念轻，久久明白时，入大解脱门也。(同上,《示净业上人》)

莫退初志，以袈裟下一事（按：指超脱生死之事）为念，朝暮匆忘，提个话头，动静自看"如何是道？平常心是道"（按：马祖道一语）一句，反复察量。待自己之道朗明，方名为工夫灵验。……汝但看"平常心是道"一句，永莫放舍，忽然得欢喜时，莫相辜负。(同上,《示慧行大师》)

从今已去，但看："不起一念，还有过也无？须弥山。"（按：云门文偃之语）行住坐卧处，念念莫忘，看此一句。切不得向句下注解，但只以平常心看，力到自然洞明。工夫未分晓时，不要听人移易，才闻赞毁，又生退心，此事终无成就时节。(同上,《示妙阿大师》)①

仅从以上所引语句，可以将道隆提倡的看话禅归纳为以下几点：

（1）在参究人的生死原因，断除妄念烦恼的修行过程中，最好的方法是参扣禅林祖师的语句话头，如"雪覆千山，因甚孤峰不白"、"生从何来"、"如何是道？平常心是道"、"不起一念，还有过也无？须弥山"等等。

（2）修看话禅既可以采取打坐这种传统方式，也可如他所说："四威仪中，匆匆之际，安静之时"；"朝暮匆忘，提个话头，动静自看"；"行住坐卧处，念念莫

①以上所引分别载《大正藏》卷八十，第82页中、84页上、88页上。

忘”，在从事日常搬柴、担水等各种活动中来修，但要做到聚精会神“念兹在兹”，时时不忘话头。此亦即后世禅寺中常说的“注意脚下，照顾话头”。

（3）在参究话头过程中，不要从话头字面所蕴涵的意义上作分辨、理解或推论，例如参究“雪覆千山，因甚孤峰不白”时，切勿从“孤峰”、“不白”等字句的含义上进行考虑，“强说道理”，而是以超越分辨揣度的“平常心”来反复参究下去，直至达到觉悟自性的空净“洞明”的解脱境界。

道隆在日本传法三十多年，晚年也许已学会日语。他平时接触最多的自然是日本僧俗信众，因为日本人对中国禅宗了解不多，所以经常在各种场合向他们介绍。他曾对一位名唯原的居士说，菩提达摩祖师来华之后逐渐将大乘禅法传播开来，各地“子子孙孙灯灯不绝”，以至形成禅门五宗，虽然各自传法方式不同，然而“悟理无殊”。他介绍说：

> 或行棒，或下喝，或竖指，或举拳，或无宾主句。或有人问：如何是佛？对云：麻三斤；或对：干屎橛；或云：庭前柏树子。此皆是方便，要人向自己上推理，自心上揣摩。
>
> 凡有妄念起时，便举一个公案（按：原作“按”字），或举麻三斤；或看干屎橛。但一心专注，向此话上大信大疑，信得及，疑得深。疑情既破，便见古人方便处灼然，是为人亲切，工夫果真实。一法既明，万法无异。向干屎橛上看得透，麻三斤、柏树子，其理一同。（《大觉禅师语录》卷下《示唯原居士》）①

引文前一段讲的是唐代禅师以棒喝或形体动作、答非所问等方式向参禅学人进行启示，引导他们放弃向外追求或执著语句，应在体悟自性上下工夫；后一段列举的是宋代看话禅兴起后丛林参禅者常参扣的话头，表示只要专心参扣话头，“大信大疑，信得及，疑得深”，工夫到了便有可能达到解脱境界。

3. 推行唐宋禅寺清规，奠定日本丛林制度

在中国禅宗传播早期，禅僧与其他诸宗僧众共住。随着禅宗的迅速兴起，至马祖道一的弟子百丈怀海（749—814）之时，开始另立禅寺，建立禅门僧众组织，规定“一日不作，一日不食”，禅僧在修行之外皆需参加生产劳动（“普请”），为此制定出《禅门规式》（《百丈清规》）。宋元以后，对清规屡有增删修订，最有影响

①《大正藏》卷八十，第86页上。

的有北宋宗赜《禅苑清规》、南宋宗寿《日用小清规》、惟勉《丛林校定清规总要》，此后最有名而且应用广泛的是元顺帝元统三年（1335）敕东阳德辉对照以往清规重编的钦定清规，以《敕修百丈清规》名目颁行天下，命一切僧众遵照执行。《敕修百丈清规》对为皇帝、朝廷举行的祝赞仪式，各种佛教节日，祖师纪念日，参禅和修行程序等都有详细规定。此外，在一些大的禅寺也往往参照通行的清规制定自己的清规或规式。

道隆到日本弘传临济宗，先后住持镰仓常乐寺、建长寺、京都建仁寺，最后住持镰仓寿福寺，皆适时地将他熟悉的宋地丛林清规运用到这些寺院，要求僧众严格遵照修行和生活。从道隆上堂说法提到的“种件依唐式行持”；“谢新旧两班，上堂：东拄西撑，无新无旧”；“协赞丛林，助建宗旨”；“藉两班而可以为股肱之辅”；“起临济之坠绪，整大法之网维”；“东边有知事，西边有头首”等，[①] 可以证明道隆确实按照宋地清规设置两班僧职管理寺院。

所谓“两班”或“两序”是寺院负责法务和日常事务的僧职，仿照朝廷官员分文武两班的做法设东西两班（或称“左右两序”），以辅助住持管理寺院。选任学德优秀者组成西序僧职，称为“头首”，有首座、书记、知藏、知客、知浴、知殿等职，负责寺院中的法务教务；选任善于处理行政事务者组成东序僧职，统称为“知事”，有都寺、监寺、副寺、维那、典座、直岁等职，掌管寺院财务及日常运营等事。两班僧职有任期，到时举行新旧两班交接仪式（详见《禅苑清规》《百丈清规》）。道隆正是在寺院东西两班的协助下开展传法活动的，他所说的“协赞丛林，助建宗旨”，“起临济之坠绪，整大法之网维”等就是表达的这个意思。

此外，据《大觉拾遗录》所载道隆《遗诫》和《建长法语规则》两篇，他是参照师祖松源崇岳法系的寺规管理寺院的。主要内容包括：寺僧必须坚持坐禅、持戒；寺僧必须认真“参禅辨道”，探究“生死大事”，即使在休闲之日也禁止“恣情懒慢”；禅僧每日必须在规定时间内坐禅、洗脸等，对违犯者予以处罚，对严重犯者驱逐出院；寺院中即使不同宗派的禅僧也要和睦相处；选任寺主要得当。另外，现存道隆制定的《常乐寺定规》对僧人诵经、坐禅、休息、吃饭也都有规定。

道隆在日本实行中国禅寺清规的做法，对正在兴起的日本禅宗有很大的影响。

---

①参考《大觉禅师语录》卷上与卷中，《大正藏》卷八十，第 48 页上及 46 页下、55 页上、56 页下、65 页上、65 页下。

在道隆死后的第二年，即弘安三年（1280），东福寺辨圆规定“以佛鉴禅师丛林规式”为寺规（《东福寺条条事》①）。佛鉴禅师即无准师范，属于松源下二世。因此，无住一圆《杂谈集》卷八说：“隆老唐僧在建长寺按宋朝作法实行之后，禅院之作法便流布于天下。”可以认为，道隆实际为日本临济宗的丛林清规奠定了基础。

道隆的弟子有约翁德俭（1245—1320）、桃溪德悟（1263—1329）等人。德俭在离开道隆后入宋求法，回国后历任镰仓东胜寺、净妙寺、京都建仁寺、镰仓建长寺、京都南禅寺住持，曾应召入离宫为后宇多上皇说法，受赐“佛灯大光国师”之号。德悟原学密宗，师事道隆后入宋参禅，曾在阿育王寺顽极行弥之下任记室，祥兴二年（日本弘安二年，1279）南宋灭亡，他伴随宋僧无学祖元回到日本。祖元住持镰仓建长寺期间，德悟曾任首座。此后，德悟先后任九州圣福寺、镰仓圆觉寺住持。

在日本古代禅宗二十四派中道隆的法系为大觉派，以建长寺为传法中心。在近代日本，临济宗十四派中建长寺派奉道隆为祖。

二、兀庵普宁与大休正念、西涧子昙

比道隆稍后，在南宋末年东渡日本传法的禅僧有普宁、正念、子昙、祖元等人，元初有以元朝使者身份赴日的一宁。他们皆属于临济宗杨岐派法系，是在日本弘传“纯粹禅”的著名禅师。

1. 在日传法六年便回国的兀庵普宁

兀庵普宁（1197—1276），兀庵是号，南宋西蜀人。幼年出家，习唯识之学，后到建康（今南京）蒋山参谒临济宗杨岐派痴绝道冲，接着到四明（在今宁波）阿育王寺师事无准师范。师范应请住持径山万寿禅寺，普宁随侍前往。普宁与别山祖智、断桥妙伦、西岩了惠四人被称为无准门下“四哲”。日本辨圆在师范门下参学期间，与普宁也有密切交往。

普宁离开径山后，先后担任过杭州灵隐寺、明州天童寺的首座，住持过象山灵岩寺和常州无锡南禅福圣禅寺，声名渐闻丛林之间。

1234年，蒙元灭金，此后一再派兵南下攻略江南。南宋社会处于动乱之中，不少禅僧应请东渡日本。南宋理宗景定二年（日本文应元年，1261），已六十四岁的

①《东福寺文书》卷一。

普宁搭乘商船东渡日本，先寄寓九州博多圣福寺，后应请到辨圆住持的京都东福寺传法，受到僧俗信众的礼敬。幕府前执权、已剃度出家的北条时赖闻其名，迎请普宁到镰仓建长寺，不久让他住持建长寺。建长寺前住持道隆曾在蒋山与普宁为同学，然而年龄比普宁小十多岁，对普宁十分友好。（以上主要据《元亨释书》卷六及《延宝传灯录》卷二的《普宁传》）

普宁在建长寺期间，北条时赖在政务之暇常到寺院参禅问道。普宁曾告诉北条时赖“见性”的道理，说：“天下无二道，圣人无两心。若识得圣人之心，即是自己本源自性。”（《最明寺殿契悟因缘》）意为自己的本性与圣人——佛、菩萨没有根本差别。普宁还对他说：“青青翠竹，尽是真如；郁郁黄花，无非般若。”意为真如佛性为世界本原，万物是其显现。据载，北条时赖当下入悟，向普宁礼拜。普宁授以自己的法衣和“付法偈”表示印可。“付法偈”称：“我无佛法一字说，子亦无心无所得，无说无得无心中，释迦亲见燃灯佛。”意为他已经超越语言文字体悟自性，达到解脱。后来又作五首《助道颂》赠送北条时赖，其中第二首曰：“悟了还同未悟时，著衣吃饭顺时宜，起居动静曾无别，始信拈花第二机。”[①] 第四首曰：“治国治民俱外事，存心存念自工夫，心思路绝略观看，佛也无兮法也无。”普宁发挥“道在日用”、真俗相即的思想，向北条时赖表示：他日常处理军政大事，“治国治民”，并没有妨碍修学佛法，体悟自性，然而如果从诸法性空、“心思路绝”的最高意境来看，即使佛与一切事物（法）也是虚幻无实的，不应当加以执著。普宁为了对北条时赖护持佛法给以鼓励，甚至在《长书上最明寺殿》中称他是前无古人的“再来之佛”，说：“日本兴创宗门，唯我最明寺殿再来之佛，留心佛法，道念坚固，超越上古圣人一头地矣。”（《兀庵普宁禅师语录》卷中）

在北条时赖死后的第三年，即文永二年（南宋度宗咸淳元年，1265），普宁因寺中有人诽谤反对他，便集众宣布退院，不顾幕府执权和众僧的挽留，毅然决然地到九州搭乘船只回国。普宁回国后，先后在婺州（今浙江金华）宝林寺、温州龙翔寺住持，在元世祖至元十三年（1276）年十一月二十四日去世，享年八十岁，赐谥“宗觉禅师”，有说法语录三卷行世。在日本的弟子有东岩慧安，在京都创建正

---

①宋代禅宗所传释迦佛在灵山以“拈花示众”的方式传心，弟子迦叶以“破颜微笑”表示已受心法。按照普宁偈颂的意思，心法本来是属于超言绝相的第一机（真谛），而释迦佛拈花及后世文字描述，皆为第二机（俗谛）。尽管如此，只有通过第二机才能了解第一机——心法、心性。普宁偈中“始信拈花第二机”是示意北条时赖，他已经体悟从释迦—迦叶以来代代相传的心法了。

传寺。

普宁的法系在日本古代二十四派中称“宗觉派”，影响较小。

2. 大休正念

大休正念（1215—1289），大休是号，宋永嘉（今浙江温州）人。嗣法于径山寺的石溪心月（？—1254），上承临济宗杨岐派虎丘……密庵咸杰—松源法系的禅法。

南宋度宗咸淳五年（日本文永六年，1269）夏，正念搭乘商船赴日。正念到镰仓之后，受到建长寺道隆的隆重接待，随后受到幕府执权北条时宗、贞时父子的皈依和优遇，历任禅兴寺、建长寺、寿福寺住持。正念在日本传法二十年，于正应二年（1289）十一月三十日去世，享年七十五岁，赐谥“佛源禅师”。正念的传法语录有《念大休禅师语录》二卷行世。弟子中著名的有铁庵道生、大川道通、秋涧道泉等人。正念的法系称“佛源派”或“大休派”。

正念博通佛法及儒、道之学，知识渊博，文笔谐美。他在镰仓传法期间，得到执权时宗、贞时的大力支持。他在上堂说法中常以中国儒家的伦理规范对他们进行赞颂。这在当时历史背景下对巩固武士支配体制，建立武家风范起到了积极作用。

正念到镰仓不久，应北条时宗之请住持禅兴寺。他在入院拈香法语中先祝“今上皇帝（按：天皇）圣躬万岁万岁万万岁”，接着祝时宗（称“太守”、“大檀那相模太守”）“资陪禄算，伏愿惟忠惟孝，曰寿曰康，永昌英烈之勋，外护别传之教”。还特地祝已故“最明寺殿”（前执权北条时赖）安居佛国净土（《住禅兴寺录》）。

正念在日本居住和传法期间，元朝不仅早已统治高丽，而且准备攻占日本。日本文永十一年（1274）元朝派“征东军”渡海试图从九州登陆攻略日本，结果遭到失败（史称“文永之役”）。1279 年元灭南宋，接着在日本弘安四年（1281）再派兵进攻日本，又遭到失败（史称“弘安之役”）。在这期间，幕府执权北条时宗、贞时统率全国军政力量加强沿海防卫，防备和抵御元朝远征军的进攻，同时命各地寺院、神社举行法会，诵护国经典，祈祷佛菩萨和神保佑“降伏”外敌。在镰仓传法的正念、祖元等禅僧也加入其中，经常利用接近执权的机会以法语形式增强他们护国胜敌的信心和勇气。

正念应请住持建长寺，在入院仪式上拈香祝词，除了祝天皇福寿之外，还特别加上祝愿“股肱忠亮，致四海之升平”，祝执权北条时宗“克勤克忠，尔昌尔炽，秉忠上扶于皇化，施仁下抚于生灵”（《住建长寺录》）。在此后常向北条时宗说法，曾对他说：一切众生皆有佛性，然而受到“情见”烦恼的掩蔽，如要摆脱情见烦恼而“明悟自性”，可以参究话头，例如取公案“僧问赵州：狗子还有佛性也无？赵州云：无”中的“无”字作参究的话头，一直参究下去，便可超脱分别的意识，体悟空的境界，从而使精神得到绝对自由，“方可出生入死，如同游戏之场；纵夺卷舒，常自泰然安静。胸中不挂寸丝，然立处既真，用处得力。凡总领百万貔貅之士，如驱一夫，攘巨敌，安社稷，立万世不拔之基，是皆妙悟佛性之灵验也”。他称颂北条时宗：“内为藩屏，外护佛乘，诚佛菩萨地位中人也。”这不外是鼓励北条时宗：如果树立见性成佛的自信，摒除一切利害得失和爱憎忧喜之心，便可临危不惧，指挥若定，克敌制胜，建功立业，所谓“攘巨敌，安社稷，立万世不拔之基”。（《相模太守殿》）

北条时宗与其父北条时赖一样，在军政之暇经常参禅问道，受到正念、祖元等禅师的教示和鼓励。他在弘安七年（1284）继其父之后，礼请祖元为师剃发出家，法名道杲。正念对他称赞说：“承檀那守殿（按：此指时赖）清白传家，兴隆三宝，具超宗异目，犹有大过人者，所谓青出蓝青于蓝也。”（《大休语录·偈颂杂题》）正念在北条时宗死后百日举行的升座法语中，说时宗“乘悲智力，现宰官身”，“恢拓封疆，上扶皇祚，建立法幢，高悬慧日”；“幼慕西来直指之宗，早悟即心即佛之旨”。（《住寿福寺录》）是把北条时宗说成是佛菩萨出世，以军政长官的身份辅佐朝廷，护持佛教。正念赠给北条贞时（称“左马头殿”，十四岁任执权）的偈颂中说：

> 从古将相本无种，男儿志气当自持。亲迎门师习学问，勿同年少相追随。孝悌忠信为根本，君臣父子分尊卑。武纬射御善韬略，文经礼乐勤书诗。炊尔一期功业就，焕然轩翥显于时。传家英武多谋策，为国扶颠而持危。当思积世崇佛氏，贤子贤孙植福基。侯门代代声烜赫，秉贰权衡征边夷。

正念在传法中有意树立带有儒家色彩的武家领袖的风范：修身明德，既精通武家的射御韬略，又掌握文士的礼乐书诗，以辅佐朝廷，治国安邦，建功立业，并且自信“即心即佛”，兴禅护法。

正念的法系在日本古代禅宗二十四派中为大休派，以镰仓净智寺为传法中心。

3. 西涧子昙

西涧子昙（1249—1306），宋台州仙居（今浙江东南为县）人，俗姓黄，是天童山石帆惟衍的嗣法弟子，属临济宗松源法系。子昙在日本文永八年（1271）东渡日本，受到京都东福寺圆尔辨圆、镰仓建隆寺兰溪道隆的接待，然而八年后回到国内，翌年南宋灭亡。子昙投到天童山环溪唯一门下，曾任藏主。他在不同场合介绍日本佛教及幕府兴禅的情况。元大德三年（日本正安元年，1299），在一山一宁作为元朝使者赴日的时候，子昙伴随同往。子昙此后受到幕府执权北条贞时的厚遇，前后任镰仓圆觉寺、建长寺的住持。子昙在德治元年（1306）去世，享年五十八岁。

子昙在日本的弟子嵩山居中（1277—1346），曾入元求法。在日本古代禅宗二十四派中，子昙的法系称“西涧派”。

三、无学祖元及其“老婆禅”

1．祖元生平

祖元（1226—1286），字子元，号无学，俗姓许，宋庆元府鄞县（今浙江宁波市鄞州区）人。十三岁时，随兄到杭州南屏山净慈寺，礼临济宗大慧宗杲的再传弟子北涧居简为师出家受戒，翌年到余杭径山寺师事无准师范禅师。祖元从十七岁开始，遵从师范的教导修看话禅，连续五六年夜以继日地参究赵州“狗子无佛性”公案中的“无”字，然而无有所悟。此后，他丢开“无”字坐禅，一日从禅定中醒来，忽然感到自己身心与日月宇宙相通，“我眼我心，即是法身”，便将悟境写成颂偈呈给师范看，师范予以印可，又引证古公案对他开示。

师范去世后，祖元游历各地参禅，先后参谒属于临济宗大慧、虎丘两大法系的名僧石溪心月、偃溪广闻、虚堂智愚、物初大观、退耕德宁等著名禅师，曾在诸寺担任过书记、藏主、净头等僧职，应请住持鄞县白云寺、台州真如寺。当时正值元兵加紧攻略江南，南宋灭亡的前夕，社会极度混乱。南宋恭帝德祐元年（1275），祖元为逃兵乱躲进雁荡山住入能仁寺。翌年元军临境，寺众逃散，然而祖元在堂内安坐。元军涌入，有兵将剑架在他的颈上恐吓，他“神色不少变”，并诵偈曰：“乾坤无地卓孤筇，喜得人空法亦空，珍重大元三尺剑，电光影里斩春风”，“复为说法”。元兵不仅没有杀他，而且“作礼而去”。翌年，元军攻灭南宋。祖元回到天童寺，在师兄环溪唯一的门下担任首座。①

道隆死（1263）后，日本幕府一直没有找到满意的禅师住持建长寺。执权北条时宗在弘安元年（1278）五月特派道隆的弟子无及德诠、杰翁宗英二僧携带自己的请帖入宋招聘“俊杰”禅师赴日任建长寺住持。翌年，无及德诠、杰翁宗英二僧到天童山，祖元接受招聘，决定赴日。临行前，祖元接受师兄唯一授予他无准师范的法衣，升座辞众，拈香报师范之恩。

当年六月，祖元携唯一的弟子镜堂觉圆、道隆的日本弟子桃溪德悟东渡至九州，八月到镰仓。执权北条时宗对祖元“执弟子礼”，表示崇敬并给予优遇，先让他住持建长寺，后又特建圆觉寺请他为开山祖。

当时日本幕府为防御元军入侵进行战备，命各地僧众读经修法，日夜祈祷佛、菩萨和善神的佑助以降伏外敌。当时祖元站在日本抗元卫国的立场，利用经常接近北条时宗的机会以宣说佛法的形式对他鼓励，增强他克敌制胜的信心。他在入建长寺的升座拈香法语中，祝执权北条时宗“长为佛法金汤，永作皇家柱石”。弘安四年（1281）春，正值元军第二次攻打九州的前夕，北条时宗入寺见祖元。祖元为表示安慰，特书三个字“莫烦恼”相赠（《元亨释书·祖元传》）。在“弘安之役”紧张进行之时，北条时宗“血书诸经，保扶国土”，请祖元升座说法。祖元在法语中说，“佛力与天力共运，圣力与凡力齐新”，必定降伏外敌，并以偈颂表示：

> 我此日本国，主帅平朝臣（按：指执权北条时宗），深心学《般若》，为保亿兆民。外魔四来侵，举国生怖畏。朝臣发勇猛，出血书大经：《金刚》与《圆觉》，及于诸《般若》。精诚所感处，滴血化沧海。沧海渺无际，皆是佛功德。重重香水海，照见浮幢刹。诸佛坐宝莲，常说如是经。一句与一偈，一字与一画，悉化为神兵。犹如天帝释，与彼修罗战，念此般若力，皆获于胜捷。今此日本国，亦愿佛加被，诸圣神武威，彼魔悉降伏；生灵皆得安，皆佛神力故。（《佛光国师语录》卷三）②

这是说北条时宗真心学习大乘佛法，与臣僚用血书写《金刚》《圆觉》《般若》等经，必将感动诸佛给以佑助，使日本能借助“神力”战胜外敌，词语间蕴涵对日

①以上据《佛光国师语录》卷九所载如芝《无学禅师行状》、静照《佛光禅师行状》，并参考《元亨释书》卷八《祖元传》。

②《大正藏》卷八十，第151页下至152页上。

本举国上下万众一心抗敌的赞扬之情。在元军遭受惨败之后，祖元在八月上堂说法中诵以“石人笑不彻，木人喜不彻”，“大地山河似掌平，十方世界一团铁”的歌词表示庆贺。

祖元在弘安九年（1286）九月三日去世。死前索笔写偈曰：“来亦不前，去亦不后，百亿毛头师子现，百亿毛头师子吼。”享年六十一岁，谥“佛光禅师”。

祖元生前说法的语录，由弟子一真、德温、真慧等整理为十卷，其中包括祖元在南宋台州真如寺和日本镰仓建长寺、圆觉寺的语录，其中包括普说、法语、偈赞，后面还附有祖元行状、年表。

2. 祖元禅法

祖元到日本的时候已经五十四岁，因为拥有丰富的生活阅历和深厚的佛学、儒学造诣，并且在参禅特别在参究看话禅的方面有丰富的经验，所以在向日本僧俗信众传法过程中，能够结合自己的切身体验讲授如何参禅、如何达到解脱等等，使人感到亲切，受到日本禅林的喜爱，戏谑地称他的禅法是“老婆禅”。这里的“老婆”意为像老年妇女关怀儿孙那样慈爱、热切。祖元生前也曾用“老婆禅”比喻自己的禅法。

他针对日本禅宗界的情况，在传授禅法过程中主要强调以下两方面。

（1）引导弟子在日常生活和修行中觉悟“本心”

禅宗以通俗的语言发挥大乘佛教的佛性思想，向人们宣示，一切众生，一切人，无论男女、贫贱，皆生来具有与佛一样的本性，或称为“自心”、“自性”、“心”，乃至称为父母生来的“本来面目”、“本来风光”，若能体悟就达到觉悟解脱。祖元在向日本僧俗信众传法中也贯穿着这种思想。

从现存《佛光国师语录》中可以看到祖元大量论述人人生来秉有清净圆满的自性，劝人在参悟自性上下工夫的语录，例如他说：“无上妙觉体（按：佛性），明于百千日，人人皆具足，人人皆不知。无圣亦无凡，无终亦无始，头头自合辙，更不用安排。诸佛无所增，众生亦无减。……悟此即道本，更无第二法。”（同上，《示藤长宗右金吾》）他还说：“佛性觉体，妙明圆满，不问女人，不问男人，受用具足，不用安排，不用造作，性相平等。……学道须是参取自己妙明圆满之性，此性不离汝日用之间。”（《佛光国师语录》卷七，《示小师尼慧莲》）①

①《大正藏》卷八十，第 197 页下、204 页中。

祖元怕听他说法的军政官员误解他的意思，特别强调修行和达到解脱未必非要脱离日常生活不可，一再表示：“坐禅无事业可作。若有事业可作，即是外道之法。我宗门中只要悟自本心，契自本性。契心达本，名曰沙门”；“坐禅无用心处，众人日用具足圆满，与如来一般。”“应酬公家，若婚男嫁女，若治生产业。如来云：皆与实相不相违背。”（《佛光国师语录》卷七，《示太宰少贰》）① 这里面贯穿的所谓“杂念”正是“法性应用”，不必断除；如果产生诸如“私心曲念，害人利己”的杂念，应运用般若“空”观加以对治，“听它自生自灭”。祖元实际是说，一个人若要修行，领悟自性，不必非采取出家和坐禅的形式不可，即使每天忙于思虑和处理军政事务，也不属于障碍解脱的“杂念”；即使真的有损人利己的“杂念”产生，也不难通过体认一切皆空的思想来加以断除。由此可见，祖元说法受到包括武士在内的僧俗信众的欢迎，是可以理解的。

（2）提倡“参取自己”，不迷执公案

随着禅宗传入日本并日渐盛行，宋代临济宗盛行的看话禅也传入日本。从现存资料看，道隆、普宁在日本传禅过程中已经提倡看话禅，教导弟子看公案。

这样一来，导致一些禅僧过于重视甚至迷执公案语录，到处搜集抄写语录，而放松了对心性的探究和体悟。据祖元的观察，不少禅僧“只管誊写语录，大册小册，表背了大担，随身担走”；“又有一等兄弟，自己本领未入手，只管向册子上记，把来应酬”。祖元结合自己的参禅经历，对这种现象提出善意的批评，说“如此参禅不如念佛”，无异于“第一等地狱吞铁丸人”。（《佛光国师语录》卷五、卷九）②

《佛光国师语录》卷九《拾遗杂录》记载，祖元曾向门下弟子讲述自己当年参究赵州和尚“参狗子无佛性话”的经历，读来亲切感人。现引证要点如下：

> 我来日本，教诸公久看公案者放下公案。意在于何？只缘曾经做工夫，有省力而见功多者，有着力多而见功少者。我要请人立地成就自己大事因缘，令佛祖之道不绝，所以再三相劝，未看者须看，看久者放下。
>
> 老僧十四上径山，十七岁发心，参狗子无佛性话（按：实际参扣其中一个“无”字）。自期一年要了当，竟无所解。又做一年，亦无所解。更做三年，亦无

①《大正藏》卷八十，第196页下。

②《大正藏》卷八十，第181页下、229页下。

所入。到第五六年，虽然无所入，这一个无字，看熟了，梦里也看遍天遍地只是一个无字。

中间有一个老僧教我：你如今撇掉了这无字。我便依他话，放下坐地。我虽然撇掉了这无字，这无字常常随着我。得年来所，这无字不见，坐时亦不见己身，只见空荡荡地。如此坐得半年，心意识如鸟出笼，或西或东，或南或北。或坐两日，或坐一日一夜，亦不见辛苦。……自此之后，只管贪坐，夜间亦少得眠，合眼去时，但见空荡荡地，有这一片田地。这一片田地，行得熟了，只管在此游泳，开眼时却不见。一夜坐到三更，开眼惺在床上，忽然听得首座寮前三下版响，本来面目一槌打得见前。合眼时境界与开眼时境界一般，即忙跳下床来，月下走出，舍晖亭上望空。大笑云：大哉法身，元来如此广大。自此之后，欢喜不彻。僧堂都坐不得，无事只管绕山，东行西行。或在舍晖亭上看月出，看日出。……我又思我眼之光，到彼日边，又快如他（按：意为眼光比日光还快）。我眼我心即是法身。到这里，历劫关锁，爆然破碎。……今日十方佛土，在我一毛孔中。我自谓，更不大悟也快活了。那时二十二岁。①

祖元说他出家后自十七岁开始参究一个“无”，前后五六年不仅未能开悟，自己的“心意识”反而被“无”字束缚，后来撇开“无”字，在心意识自由的状态下坐禅，逐渐摆脱了“无”字的束缚，领悟到与“法身”相契“空荡荡”的境界，然后感到身心与日月宇宙融通，“我眼我心，即是法身”，“历劫关锁，爆然破碎”，达到解脱。

祖元教导日僧不要迷执公案语录，“未看者须看，看久者放下”，在“参取自己”上下工夫，说：

须打并胸中净洁，去却情识中所重，单单只将自己参取……盖缘你被知见解会日夜差排，日夜缠缚，不能得解脱，不能得出头。此是第一种牢狱。你若去得许多知见解会，空荡荡处参，虚豁豁处行，不是大彻大悟，也是一个无依倚衲子。只者（按：只这）无依倚处，是诸佛放身舍命处。（《佛光国师语录》卷五）②

可见，所谓“参取自己”是让弟子专心致志地在断除掩蔽和束缚自己本性的

---

①《大正藏》卷八十，第227页下至228页上。

②《大正藏》卷八十，第181页上中。

“情识”、“知见解会”（情欲、见解和知识）上下工夫，领悟一切空寂无相的思想，从而使自己的精神达到自由的境界。他说，虽然不能称达到这种境界就是大彻大悟，然而这正是诸佛置身之处。实际是引导门下以此境界为修行的目标。

在宋元赴日禅僧中，祖元的法系是日本镰仓末期和室町时期最有影响的禅派。祖元的弟子中以高峰显日、一翁院豪、规庵祖圆等人最有名。高峰显日（1241—1316），后嵯峨天皇之子，十六岁时在京都东福寺辨圆门下出家，先后从普宁、祖元参禅。祖元对他寄予厚望，将先师无准的法衣传授给他，希望他“接续正宗”（《佛光语录》卷九《示显日长老》）。显日在下野（今枥木县）那须云岩寺、相模（今神奈川县）净妙寺、万寿寺及镰仓建长寺传法。嗣法弟子二十多人，著名的有室町时期在五山禅林中担当领袖角色的梦窗疏石。一翁院豪（1210—1281），曾入宋在径山无准师范门下参禅，回国后住持上野长乐寺。在祖元来日时，他虽年已七十，然而仍前往参问，从受禅法。院豪见到祖元时曾表示：“我不习语言，拙于提倡”，请祖元“证其是非”（《佛光语录》卷九《长乐一翁长老书》）。反映当时禅僧上堂说法要使用汉语。规庵祖圆（1261—1313），曾在祖元门下任书状侍者，祖元死后到京都东福寺参辨圆的弟子无关普门。祖圆继普门之后任京都南禅寺住持，传纯临济禅法。另有日僧无象静照（1234—1306），在宋参学十多年，精通汉语，回国后先后协助宋僧道隆、正念、祖元传法，曾撰《兴禅记》上奏朝廷，驳斥比睿山僧众诬陷迫害禅宗。

祖元的法系在日本禅宗二十四派中称佛光派。近代以后，日本临济宗十四派中圆觉寺派奉祖元为开山祖师。

四、以元朝正使身份赴日的一山一宁禅师

元世祖在至元十一年（1274）、十八年（1281）两次派船载兵东征日本，皆遭惨败，然而从未放弃征服日本之心。他得知日本信奉佛教，便在至元二十年（1283）派提举王君治和普陀山观音寺住持愚溪如智禅师为使奉诏赴日劝降，但途中遭遇暴风返回。翌年（1284），又派参政王积翁、如智为使东渡，然而乘船到达对马岛时王积翁被不愿去的船员杀死，如智不得不一人返回。[1] 元成宗即位后，如

---

①据日本瑞溪周凤《善邻国宝记》卷上弘安九年引南海观音宝陀禅寺住持如智《海印接待庵记》并参考《元史》卷二百〇八《日本传》。

智已老，改派一山一宁为使赴日。

一山一宁（1247—1317），“一山”是号，[①] 俗姓胡，台州临海县（在今浙江）人。出家后，曾在无等慧融门下学临济宗大慧派禅法，又学天台教理、律学，然后辗转参学于天童寺简翁居敬、环溪唯一，育王山寺藏叟善珍、东叟元恺、寂窗有照、横川如珙等禅僧的门下，最后在鄮县阿育王寺嗣法于顽极行弥禅师。顽极是临济宗虎丘下四世痴绝道冲的弟子，属曹源法系。

元世祖至元二十一年（1284），一宁应请住持四明（治今宁波）祖印寺，十年后经普陀寺（或作“宝陀寺”）原住持愚溪如智推荐改任普陀寺住持。元成宗在大德二年（1298）决定再派禅僧赴日劝降，经如智举荐改派一宁为使节。朝廷命官和地方军政官员奉命向一宁下达宣示朝廷诏命，赐一宁金襕袈裟及“妙慈弘济大师”之号，并授“江浙释教总统”之位，命他奉诏出使日本。据《元史·日本传》记载，成帝的诏书称：“爰自朕临御以来，绥怀诸国，薄海内外，靡有遐遗，日本之好，宜复通问。今如智已老，补陀僧一山道行素高，可令往谕，附商舶以行，庶可必达。朕特从其请，盖欲成先帝遗意耳。至于敦好息民之事，王其审图之。”翌年，即大德三年（日本正安元年，1299）夏，一宁作为元朝的正式使节乘日本人的商船到达日本九州博多。随同一宁到日本的还有弟子石梁仁恭（一宁的外甥）和曾在日本生活八年之久的西涧子昙。

当时虽距元兵第二次东征日本（“弘安之役”，1281 年）已十八年，然而日本政府对元朝仍抱有戒备之心。当时担任幕府执权的是北条贞时。他听说一宁以元朝使者身份来日本劝降，大怒，命将一宁软禁在伊豆（在今日本静冈县）的修禅寺。北条贞时与其父北条时宗一样信奉禅宗，后听说一宁在宋元是著名禅僧，便在当年派人把他送到镰仓，十二月七日请他住持建长寺，受到日本僧俗信众的热烈欢迎。此后，一宁得到北条贞时的信任，先兼住持建长、圆觉二寺，又住持净智寺，投奔到他门下参学的人日多。正和二年（1313），后宇多上皇招请一宁入京都，继规庵祖圆之后，任天龙寺第三代住持。一宁声望很高，后宇多上皇常亲自到寺问道，朝廷官员、僧俗信众也纷纷前来参禅问学。当时一宁虽已患严重“昏眩”病，行动多有不便，然而仍不能离职休息。

花园天皇文保元年（1317）十月二十四日，一宁遗书于后宇多上皇告别，又书

---

①以上主要据《一山国师语录》卷下附《一山行记》等附录及《元亨释书》卷八《一宁传》。

偈："横行一世，佛祖饮气。箭既离弦，虚空落地。"然后去世，享年七十一岁。后宇多上皇闻讯，亲来致悼，称颂一宁是"无心道人、大法主盟者"，书赐"国师"之号，说是"欲报老师直示之的旨，旌鹫岭付嘱之金言"。因一宁原有元成宗赐"妙慈弘济大师"之号，此后在此号之前加"一山国师"，全称"一山国师妙慈弘济大师"。后宇多上皇又命在其父亀山上皇的庙侧为一宁建塔一座，书额"法雨"赐之。在一宁去世三周年之际，后宇多上皇在一宁像前书赞曰："宋地万人杰，本朝一国师。"① 一宁的传法语录二卷是经他亲自审定的，后题《一山国师语录》行世。

从《一山国师语录》来看，一宁在镰仓和京都诸寺弘传临济禅法，说法内容和形式丰富多彩，特别注重启发参学者自悟本性。他在给日本皇室、权贵说法时，启示他们相信"大人具大见，大智得大用"，告诉他们修行无须离开自己的日常生活和事务，如能确立"正信"和决心，可参究个话头，如"即心是佛"之类，便有可能入悟，所谓"如云开日朗，尘尽镜明"。应当说，一宁对临济宗在日本皇室和贵族中的普及起了很大促进作用。

一宁具有渊博的学问，又擅长诗文、颜体书法。虎关师炼曾在一宁门下学习十多年，所写《一山行记》对一宁的为人和学问作了介绍，说一宁性情慈和，平易近人，在教导日本学人过程中，因为言语不通，常借助笔墨书翰的形式解答学人的问题，内容涵盖"教乘诸部、儒、道、百家、稗官、小说、乡谈、俚语"等方面，即涉及佛、儒、道三教及诸子百家之学、野史、小说、民间杂闻轶事等，因其博学受到学人的称赞。

一宁的弟子有雪村友梅、无著良缘、无相良真、无惑良钦等人，其中以雪村友梅最有名。在室町时期（1336—1573）五山文学史上占有重要地位的虎关师炼、梦窗疏石等人也曾在一山门下参学，深受一宁的影响。

雪村友梅（1290—1346）在师事一宁之后，曾入元求法，先后参学于元叟行端、虚谷希陵、晦机元熙及金陵保宁寺的古林清茂等禅师门下。因元朝攻日失败，中日两国关系恶化，友梅曾被捕入狱，遭到流放。友梅在元长达二十二年，曾从赵孟𫖯学习书法，在狱中研读经史诸子之学，直到天历二年（日本元德二年，1329）才与元僧明极楚俊、竺仙梵仙等东渡回到日本，先后在丰后（今大分县）、播磨

①参考《一山国师语录》卷上《上亀山法皇》《示相州太守》等。

（今兵库县）、信浓（今长野县）传法，晚年应室町幕府将军足利尊氏、足利直义之请住持京都建仁寺、南禅寺等。友梅是五山文学发展史上的代表人物之一，著作有《宝觉真空禅师语录》《岷峨集》等，诗歌师李白，并效法苏轼、黄庭坚，主张儒佛二教一致的思想。友梅的门徒雪溪支山、太清宗渭等人，也是五山禅林中的活跃人物。

虎关师炼（1278—1346），嗣法于圆尔辨圆法系东山湛照，然而他在一宁门下参学十多年。据师蛮《本朝高僧传》卷二十七《师炼传》的记载，师炼在一次与一宁的谈话中，因为对一宁所问日本"高僧事迹"知道得甚少，感到羞耻，便发奋搜集日本国史和各类杂记中记载佛教史迹的资料，编撰出日本第一部系统记述日本佛教历史的史书《元亨释书》三十卷。

《元亨释书》分传、表、志三部分：（一）前十九卷是"传"，按传智、慧解、净禅、感进、忍行、明戒、檀兴、方应、力游、愿杂十科，为各类僧人四百余人立传记，有的还附加赞、论，对他们评论；（二）卷二十至卷二十六是"资治表"，记述从钦明天皇元年（538）到仲恭天皇承久三年（1221）之间的国家大事及佛教史实；（三）卷二十七至卷三十是"志"，按学修、度受、诸宗、会仪、封职、寺像、音艺、拾异、黜争、序说十项记事。此书的史料价值很高，是了解和研究日本佛教史的必备文献。师炼有文集《济北集》，收录他写的古体诗、律诗、偈赞、序跋和文章等。

一宁的法系在古代禅宗二十四派中称一山派，然而在进入室町后期此派已衰微。

五、一宁以后赴日的临济宗禅僧

在一山一宁之后，元代还有临济宗禅僧相继东渡日本，其中有名的有灵山道隐、清拙正澄、明极楚俊、竺仙梵仙等禅师，还有入元从中峰明本嗣法而归传临济宗幻住派禅法的日僧古先印原等人。

灵山道隐（1255—1325），杭州人，嗣法于无准门下的雪岩祖钦。在元仁宗延祐六年（日本元应元年，1319）到达日本，幕府执权北条高时请他住持建长寺，梦窗疏石曾投到门下参学，死后谥"佛慧禅师"。（《延宝传灯录》卷四《道隐传》）道隐的法系在日本古代禅宗二十四派中为佛慧派，传法中心在镰仓建长寺。

清拙正澄（1274—1339），福州连江人，嗣法于杭州净慈寺愚极至慧，曾任松江（今苏州一带）真净寺住持。元泰定三年（日本嘉历元年，1326），正澄应邀赴日传法，同行者有弟子永錤及嗣法于中峰明本的日僧古先印原、无隐元晦、明叟齐哲等人。幕府执权北条高时请他住持镰仓建长寺，此后还住持过净智寺、圆觉寺。元弘三年（1333），正澄奉后醍醐天皇之召到京都，先后住持建仁寺、南禅寺。信浓（今长野县）守小笠原贞宗礼请正澄为他授戒，创建开善寺，请正澄为开山之祖。（《延宝传灯录》卷四《正澄传》）

正澄在日本按照宋元禅林清规管理诸寺，如《延宝传灯录·正澄传》所说："专行《百丈清规》，丛林礼乐于斯为盛。"正澄参照北宋宗赜《禅苑清规》、南宋惟勉《丛林校定清规总要》、元代泽山一咸《禅林备用清规》等清规，并结合日本禅林实际情况，编撰出《大鉴清规》在禅寺实行。正澄弟子中以天境灵致、古镜明千二人比较有名。正澄与日僧虎关师炼、雪村友梅等人有密切交往，死后敕谥"大鉴禅师"。传世有《语录》二卷、《禅居集》二卷。正澄的禅系在日本禅宗二十四中称大鉴派，传法中心在京都南禅寺。

随同正澄回到日本的古先印原（1291—1370），也作印元，号古先，日本相模（今神奈川县）人，出身贵族藤原氏，在元仁宗延祐五年（1318）入元，先参五台山华顶峰的无见禅师，后到天目山参谒明本（1263—1323），在明本身边任侍者，受印可后，又遍参江浙名刹，先后参谒雪岩弟子虚谷希陵、松源下三世古林清茂、大慧下五世笑隐大䜣、月江印、东屿海、了庵欲等禅师。回日本后，应幕府及地方将军之请住持镰仓建长寺、长寿寺、圆觉寺等八寺，弘传明本幻住派禅法①，其法系在日本禅宗二十四派中称古先派，传法中心在镰仓建长寺。

与印原一起回日本的无隐元晦、明叟齐哲二人也是明本的嗣法弟子。另外，从明本嗣法归日本传法的日僧还有远溪祖雄、复庵宗己、业海本净、关西义南等人。②

明极楚俊（1262—1336），明州（治今浙江宁波）人，是临济宗杨岐派松源下三世虎岩静伏的弟子，曾住持金陵奉圣寺、瑞岩寺、普慈寺和婺州（治今浙江金华市）双林寺。在元明宗至顺元年（日本元德二年，1330），楚俊应邀与竺仙梵仙一起赴日传法，同行者有入元求法而归的日僧雪村友梅、月林道皎、天岸慧广、物外可什等人。翌年，后醍醐天皇礼请楚俊入宫问法，赐以"佛日焰慧禅师"之号。在

①据《五灯全书》卷五十八《印原传》，并参考日本师蛮《本朝高僧传》卷三十二《印元传》。

②详见日本师蛮《本朝高僧传》"净禅"类传记，载卷二六、二八、三十、三十二。

镰仓应幕府之请住持建长寺，后奉诏入京住持南禅寺、建仁寺（《延宝传灯录》卷四《楚俊传》）。楚俊的法系称明极派，传法中心在京都南禅寺。

竺仙梵仙（1293—1349），字竺仙，自号来来禅子，俗姓徐，明州象山县人。嗣法于金陵保宁寺的古林清茂（1262—1329）。前述月林道皎、石室善玖、天岸慧岸、物外可什等日僧也是清茂的嗣法弟子。梵仙与楚俊一起东渡日本，先在建长寺楚俊门下担任首座，后应幕府前执权北条高时之请住持净妙寺。后受到室町幕府将军足利尊氏、足利直义的优遇，先后住持京都南禅寺、建长寺及镰仓净智寺。梵仙还曾受到花园上皇及大友贞宗、大友氏泰父子的崇敬（《延宝传灯录》卷五《梵仙传》）。梵仙学识渊博，善偈颂，现存《语录》四卷、《补遗》一卷及《来来禅子集》《来来禅子东渡集》《来来禅子东渡语》《来来禅子尚时集》各一卷。弟子有椿庭梅寿、大年法延等人。梵仙与其他清茂的弟子，在五山文学史上占有重要地位。竺仙梵仙的法系称竺仙派。①

宋元临济宗禅僧相继东渡，众多日本禅僧入宋元参学于江浙临济宗禅僧门下，然后归国传法，构成了13世纪、14世纪中日两国文化交流史上最为壮观的现象。在这一过程中，中日禅僧不仅将中国当时最流行的临济宗传入日本，而且也将包括新儒学（理学）在内的丰富多彩的宋元文化介绍到日本，对日本历史文化产生了极为深远的影响。在日本文化史上光彩夺目的“五山文学”，可以说是这一交流的直接结果。

第五节　日本临济宗主流派的奠基人——应、灯、关

中国宋元时代有众多学德卓著的临济宗禅僧东渡日本，也有很多在中国禅林受法而归的日本禅僧归国弘传临济禅法。他们在幕府、朝廷或地方武士建造的寺院传法、培养弟子，扩大临济宗在社会的流通范围。这一过程，经历了从早期由日本禅僧弘传所谓“兼修禅”到以宋元禅僧为主弘传“纯粹禅”，促使了日本朝野、城乡乃至普通民众对临济宗的了解，推进了临济宗适应日本社会环境，实现与日本传统文化和民间习俗的结合。

---

①参考玉村竹二《临济宗史》相关章节，东京春秋堂1991年版。

日本室町时期（1336—1573），继承镰仓末期对官属禅寺制定等级的做法，选定五所禅寺为“五山”置于诸寺之首，后又增“十刹”（十寺，实际不止十寺），以加强对禅寺的直接控制和利用。日本学术界把直接受到室町幕府保护和统制的五山及其他禅寺统称为“五山派”，而将在地方上致力传法而不热衷于争夺官寺名位利益的诸禅派统称为“林下派”。在五山派中以属于辨圆法系的圣一派和祖元法系的佛光派最有势力，而林下派则以属于“应、灯、关”法系的大德寺派、妙心寺派及道元创立的曹洞宗为代表。

所谓“应、灯、关”是大应国师南浦绍明、大灯国师宗峰妙超和关山慧玄三位日本临济宗禅僧的略称。他们的法系被统称为“大应派”、“应灯关派”、“关山派”，以京都大德寺、妙心寺为中心向各地传法，在实现临济宗日本化的进程中发挥了重要作用，成为近代以后日本临济宗的主流派。①

一、大应国师南浦绍明

中国临济宗在进入南宋以后，最兴盛的是属于杨岐下三世圆悟克勤的两位弟子的法系：一支是大慧宗杲的法系，一支是虎丘绍隆的法系。虎丘下二世密庵咸杰有三位弟子的法系对日本临济宗最有影响。一是破庵祖先。他的弟子无准师范的门下有日僧圆尔辨圆，是日本“兼修禅”的代表人物之一；另有兀庵普宁、无学祖元先后到日本传法。二是曹源道生。他的三传弟子一山一宁作为元朝使者东渡日本。三是松源崇岳。他的再传弟子兰溪道隆、三传弟子大休正念、四传弟子明极楚俊、竺仙梵仙皆东渡日本传法；另有三传弟子无象静照、四传弟子月林道皎、石室善玖皆是日僧。至于大应国师南浦绍明，则属于松源下二世虚堂智愚的嗣法弟子。

南浦绍明（1235—1309），南浦是字，俗姓藤，日本骏河国（今静冈县）人。自幼入本地建穗寺跟净辩学习佛法，十五岁时出家并受具足戒，后入镰仓参学于建长寺兰溪道隆的门下。

龟山天皇正元元年（南宋理宗开庆元年，1259），绍明西渡入宋，在江浙一带遍参名师。当时临济宗杨岐派松源下二世虚堂智愚（1185—1269）住持杭州净慈寺，声闻丛林。绍明前去参谒，智愚收留他在门下参学，后来安排他任寺院知客。

---

①参见玉村竹二《临济宗史》第九话、第十话、第十一话对大应派和大德寺、妙心寺的介绍，春秋社1991年版。

南宋度宗咸淳元年（1265）八月，智愚迁任径山万寿禅寺住持。绍明随同智愚前往，继续参学，一夕在禅定中得悟，作偈描述自己的悟境呈给智愚看，曰："忽然心境共忘时，大地山河透脱机。法王法身（按：佛的法身，此指佛性、自性）全体现，时人相对不相知。"意为自己已心境双忘，参透大地山河而认识空寂实相，领悟清净本性，然而周围的人尚不知道。对此，智愚表示印可。咸淳三年（日本文永四年，1267）秋天，绍明辞师回国。临别，年高八十三岁的智愚赠偈曰："敲磕门庭细揣摩，路头尽处再经过，明明说与虚堂叟，东海儿孙日转多。"① 赞许绍明入宋后历参丛林，反复参究，曾告诉智愚，日本禅宗日盛，松源法系的儿孙不少。绍明在宋地前后九年，已成为能够熟练运用汉语说法和撰述的临济禅师。

绍明回国后，先到镰仓建长寺道隆门下任主管寺院经藏的藏主，受到道隆的信任，可上堂秉拂说法。他曾在示众中说："十载中华历遍归，未将佛法挂唇皮，无端今夜始开口，铁树生花正是时。"文永七年（1270）到九州筑前（在今福冈市）住持兴德寺，将自己的"嗣法书"及入院法语抄录托西涧子昙带给智愚。智愚读后，十分高兴，说："我道东矣！"两年之后，绍明到太宰府（在今九州福冈）任崇福寺住持，在此传法长达三十三年，逐渐闻名遐迩，投到他门下的弟子和参学者日多，其间经历了日本抵御元军进攻的"文永之役"（1274）和"弘安之役"（1281）两次战役。后二条天皇嘉元二年（1304），绍明奉诏入京进宫为龟山上皇（出家称"法皇"）说法，受到赞许，受任万寿禅寺住持，一时间"贵游问道者，车马日骈集"。接着，后宇多上皇在东山为绍明建嘉元禅寺，请他为开山祖。德治二年（1307），绍明应幕府前执权北条贞时（法名"崇演"）之请到镰仓，请他住持建长寺。一年之后，即花园天皇延庆元年十二月二十九日（已进入 1309），绍明书写遗偈："诃风骂雨，佛祖不知。一机瞥转，闪电犹迟。"然后去世，享年七十四岁，有《圆通大应国师语录》二卷行世。花园天皇赐谥"圆通大应国师"之号，并敕在京西建造龙翔寺，置"普光塔"奉安其遗骨舍利，在镰仓建长寺、九州崇福寺也置塔奉藏其舍利。

据《圆通大应国师语录》（简称《大应语录》），绍明在向门下弟子和参学者的说法中有以下两个鲜明特色：

---

①以上主要据《圆通大应国师语录》卷下所载杭州中天竺寺延俊撰《圆通大应国师塔铭》，载《大正藏》卷八十，第 127 页；并参考《延宝传灯录》卷三《绍明传》。

1. 在上堂说法中贯穿着强烈的民族意识

绍明自宋回国后，先到镰仓建长寺协助道隆传法，后到九州传法三十多年。他将宋地禅林实行的入院、升座及日常上堂说法等做法应用到自己的传法中。然而他作为一位日本禅僧，结合日本的国情说法，是怀有强烈的民族自信和感情的。文永十一年（1274）四月，正值九州加强海防以防备元军进攻的前夕，绍明在崇福寺举行“结夏（按：夏安居土开始）小参”时，以充满自信和豪气的语句向众僧说法，说：“南瞻部洲大日本国筑州太宰府里横岳山中，有一座清净伽蓝，大包刹海，细入邻虚（按：极小微尘），若圣若凡，有情无情，尽在里许结制安居。”（《大应语录》卷上《崇福寺语录》）①

绍明奉诏入京之时，离最后一次抗元战争已二十多年。然而他在翌年七月入住京都万寿寺的开堂仪式的拈香法语中称颂说：“恭为祝延今上皇帝圣躬万岁万岁万万岁”，“金轮统御，天基永茂，四海归仁，万邦入贡”；又为“太上天皇”（此指龟山上皇）祝福，“恭愿亿万年天清地泰，永祚皇图；三千世时和岁丰，咸歌睿德”。他自称“臣僧绍明”，说“臣僧绍明，今日开堂，……四海而今清似镜，三边谁敢犯封疆！臣僧绍明，恭奉圣旨今日开堂，举扬正法眼藏，祝延圣寿无疆。人天大会，草木丛林，情与无情，同蒙光辉，共沾圣恩。臣僧绍明下情不胜感激屏营之至”。（《大应语录》卷下《万寿寺语录》）②

绍明到镰仓之后，在入住建长寺的开堂拈香法语中先为天皇祝寿，然后为幕府的将军（当时是久明亲王）拈香祝福，谓“威镇三边，德被四海，永佐上圣，普泽下民”；又为执掌幕府实权的前执权、已以出家身份活动的北条贞时祝寿，祝他“寿等南山，福深北溟，柱石皇家，金汤佛法”。（《大应语录》卷下《建长寺语录》）③

绍明与道隆等宋元禅僧不同，他是土生土长的日僧。当他把宋地禅僧在开堂仪式上为皇帝、朝廷命官祝寿祝福的模式和词语搬到日本时，已具有特殊的意义。其一，将蕴涵儒家名教伦理色彩的仪规通过传法仪规传给下一代，然后代代相传直到后世；其二，为日本迅速兴起的武士阶层吸收儒家伦理，充实和发展武家“道

①《大正藏》卷八十，第100页上。

②《大正藏》卷八十，第116页下至117页上。

③《大正藏》卷八十，第118页下。

理”——武士道提供极大方便。绍明在京都受到龟山法皇、后宇多上皇的崇信和皈依，然后应邀到镰仓，在那里度过他一生中的最后一年。他在日本人当中传法没有语言隔阂，且又善汉语，容易受到重视汉地禅法传授的日本禅僧的支持，因而他的影响很大。

2. 强调修行“不离日用应缘之中”，“时节”一到自然领悟自性

唐代百丈怀海曾引证佛经上所说“欲识佛性义，当观时节因缘”① 来教导弟子灵祐，告诉他：“时节既至，如迷忽悟，如忘忽忆。方省己物，不从他得。”② 借此说明人人自有佛性，但觉悟有早有晚，如果时节已到，便可自然而然地达到觉悟。

绍明在说法中经常引用这段公案，并且作了很多发挥。他在九州兴德寺说：“古德云：要识佛性义，当观时节因缘。时节既至，其理自彰。”（《大应语录》卷上《兴德寺录》）此后他在京都万寿寺的法语中又说：

> 凡衲僧家，知时知节，名为灵利之汉。所以道：欲识佛性义，当观时节因缘。一年三百六十日，一日十二时辰，无虚弃底（按：的）时节。释迦老子、达摩大师，皆是应此时节出来转大法轮，显大妙用。乃至自余诸大老、情与无情，尽是随时受用。故曰：时节既至，其理自彰。若论佛性义，人人虽具天眼也难看，个个虽备天耳也难听。虽然如是，时节既至，其理自彰，以眼可见，以耳可听，见闻所及，一一皆是本来消息、本地风光。今日人天普会，若知此时节因缘，转凡成圣，同在大光明藏三昧之中游戏。（《大应语录》卷下《万寿寺语录》）③

意为佛与达摩祖师随时随地在向众生说法，每个人乃至一切众生、无情之物，都能随时“受用”佛法，一旦时节到来便可领悟人人生来具有的“佛性”（自性、自心）之理，体认佛性显现于一切之处，自心是融通于万物的，所见所闻无非是自家“本来消息、本地风光”。

绍明一再地教导门下弟子和参学者，说“道在目前”，“法无定相，遇缘即宗，立处皆真，随方作主”（《大应语录》卷下《建长寺录》）。他还说：

---

①原出自南本《大涅槃经》卷二十六，原句是：“欲见佛性，应当观察时节形色。”载《大正藏》卷十二，第 777 页上。

②《景德传灯录》卷九《灵祐传》，载《大正藏》卷五十一，第 264 页中。

③分别载《大正藏》卷八十，第 95 页上、117 页中。

佛祖一大事因缘，不离日用应缘之中，不隔此土他方之间，亘古亘今，辉天鉴地。所以道：尘劫来事，只在而今。只贵当人具大丈夫气概，向朕兆未分之时，文彩未彰之前（按：此即禅宗所谓“空劫以前”，指在世界万物和人类、文字形成之前），猛著精彩，看来看去，工夫纯熟，一念相应，生死心破，忽然见本来面目、本地风光，一一分明，则与从上佛祖同见同闻，同知同用。（载《大应语录》卷下《示空证禅人》）①

绍明向僧俗弟子表示：修行悟道不必脱离日常生活，应当充满自信，以“大丈夫气概”，透过周围和日常生活中形形色色事物表象，体认它们本具的超言绝相的空寂实相，所谓“明见本来面目、本地风光”，进而体悟周围的一切事物无非是自心所现，“一一自家本来消息，更无一点外物”。这便达到觉悟，超脱生死。②

绍明从南宋回国到去世，传法四十多年，有僧俗弟子上千余人。参考《圆通大应国师塔铭》和《延宝传灯录》卷三十，绍明的著名嗣法弟子有京都大德寺的宗峰妙超、南禅寺的通翁镜圆和绝崖宗卓、建仁寺的可翁宗然、万寿寺的即庵宗心、九州圣福寺的月堂宗规、镰仓建长寺的物外可什、九州崇福寺的峰翁祖一、京都妙兴寺的灭宗宗兴等人，其中宗峰妙超是京都大德寺的开创者。

二、大德寺的开山祖师宗峰妙超

关于宗峰妙超的生平事迹，在《大灯国师语录》卷中所载《大灯国师行状》（下简称《大灯行状》）和师蛮《延宝传灯录》卷二十《妙超传》、《本朝高僧传》卷二十五《妙超传》中有较详细的记载。

宗峰妙超（1282—1337），号宗峰，俗姓纪，播摩（今兵库县）人。十一岁时，在本地书写山师事戒信律师，学习佛教及儒学、诸子之书，后来随着知识面的扩展，对正在兴起的以“不立文字，直指单传”为标榜的禅宗十分感兴趣，在还没有剃度的情况下便到镰仓和京都诸寺参访禅师。

妙超先到镰仓参访建长寺，无有所得。接着到万寿寺参谒祖元的嗣法弟子高峰显日，凭他对禅宗的一知半解，向显日提出种种问题请教并进行对话，此后又连续两天前来参学，开始有所契悟，对显日产生钦敬之心，便礼他为师，正式剃发

①分别载《大正藏》卷八十，第119页上、122页中。

②参见《大应语录》卷下《示县翁居士》，载《大正藏》卷八十，第122页下至123页上。

出家。

妙超一天晚上在僧堂坐禅，听到隔壁有人读唐代百丈怀海禅师的语句："灵光独耀，迥绝根尘，体露真常，不拘文字"①，突然省悟，立即把自己的悟境用偈颂写出呈给显日。显日给予印可，称赞是"真正见解"，示意他可以"建法幢，立宗旨"，独立传法了。

在南浦绍明应诏住持京都韬光庵、万寿寺之时，妙超慕名从镰仓前来投到他的门下参学，因答问投机，绍明允许他可昼参暮请，后让他做身边侍者。绍明叫他参当年云门文偃答翠岩令参之问时回答的"关"字②。据载，后来妙超随绍明到镰仓建长寺期间，继续日夜参究这一"关"字，偶然看见桌上放的锁而得悟，书偈二首表达悟境，上呈绍明。曰：

> 一回透过云关了，南北东西活路通。夕处朝游没宾主，脚头脚底起清风。
>
> 透过云关无旧路，青天白日是家山。机轮通变难人到，金色头陀拱手还。

到底蕴藏何种禅机，笔者难以猜测清楚，从字面看，大概是说过"关"（禅关、解脱关）之后便获得自由，路路相通，无往不达；然而如果以心机思辨（"机轮通变"）企图过关，是难以通过的，难免被禅宗一祖迦叶拱手送回。绍明读后，予以印可，并特地给他书写证明，预言"吾宗到你大立"（《大灯语录》卷中《大灯国师行状》）。

绍明死后，妙超隐居京都东山云居庵将近二十年，身边有禅僧六七人，"刻苦自励，至忘寒饥"。师兄通翁镜圆（1257—1324）在后醍醐天皇即位后任京都南禅寺住持。元亨四年（1324）正月，后醍醐天皇诏通翁镜圆入宫与来自延历寺、园城寺、东寺和奈良的学僧辩论"宗要"。镜圆请妙超担任侍者，据载经过七天辩论获胜。妙超从此出名，在京都北部的紫野建立法堂传法，投到他门下参学者日多，在信徒的支援下建成龙宝山大德寺。

①百丈怀海语见《古尊宿语录》卷一《怀海章》，意为佛性（自性）光洁清净，超脱于身体内外，本具真常不变之性，绝非文字可以表述。

②《碧岩录》第八则："翠岩夏末示众云：一夏以来，为兄弟说话，看翠岩眉毛在么？保福云：作贼人心虚。长庆云：生也。云门云：关。"翠岩令参及保福从展、长庆慧棱、云门文偃皆是雪峰义存弟子。后三人对翠岩所问在夏安居期间讲话是否有过（称有过则落眉毛）的问话，各以自己独特的方式回答。云门的"关"字给人较大遐想空间，被认为最为玄妙。

此后，妙超受到花园上皇（1297—1348）及武将赤松则村等人的皈依，大德寺地位逐渐提高。一日，花园上皇召妙超入宫谈禅法，对妙超说："佛法不思议，与王法对坐。"妙超巧妙回答："王法不思议，与佛法对坐。"意为佛法地位优越，王法竟能与佛法对话。此后，花园上皇问："不与万法为侣者是什么人?"（原是唐代庞居士问马祖道一的话）在禅法中，"不与万法为侣者"应指万有的本体真如佛性。然而妙超却手摇扇子回答说："皇风永扇。"当时正值镰仓末期，朝廷与幕府矛盾日渐激化。妙超这种微妙的回答蕴涵皇权至上的意思。花园上皇听后感动，对他另眼看待，赐以"兴禅大灯国师"之号，并当即决定以大德寺为"朝廷第一祈祷处"，意为皇家寺院。①

后醍醐天皇（1288—1339）是后宇多天皇之子，在花园天皇在位期间为太子，文保二年（1318）继花园天皇之后即位。他热衷学宋学（朱子学），重君臣大义名分，反对幕府体制。他登用人才，密谋推翻镰仓幕府，实现天皇亲政，是策动倒幕、"建武中兴"和"新政"，失败后建立吉野南朝等政治事件中的核心人物。

后醍醐天皇在京都期间也与妙超及其弟子关山慧玄有密切往来。妙超曾向他进"法语"，他回以偈颂，还请妙超入宫为百官讲禅法。一日，妙超在清凉殿说法结束，问后醍醐天皇："臣僧适来许多鄙俚言说，功归何处?"天皇用手指前边的百丈像说："百丈禅师为证明。"妙超又问："此外更无有人作证明吗?"天皇便竖起拳头。妙超便说："与么则南山朝北阙，夜夜见明星。"禅语中蕴涵尊皇一统之意。后醍醐天皇"瞬目而秖揖"，妙超鞠躬而退。后醍醐天皇高兴，赐妙超以"高照正灯国师"之号，又赐给大德寺多处庄田。后世将花园上皇与后醍醐天皇赐给妙超的号合称为"兴禅大灯高照正灯国师"。

元弘三年（1333）幕府北条氏被攻灭，后醍醐天皇着手推行"新政"，企图恢复天皇亲政的政治体制。后醍醐天皇因与妙超关系密切，对大德寺特别予以关照，在建武元年（1334）诏列大德寺为最高官寺"五山"之一。妙超推辞不受。后醍醐天皇又下诏：大德寺的地位与五山之一的南禅寺并列，是天皇的"祝圣道场"。花园上皇、后醍醐天皇都曾亲笔下诏"一流相承，不许他门住"，意为后世住持大

①《大灯语录》卷中《大灯行状》，《延宝传灯录·妙超传》。

德寺者必须是妙超法系的人。①

此后，妙超曾应筑州太宰府（在今福冈）都督司马少卿藤赖尚之请到崇福寺任住持百日，然后又回到大德寺。妙超于延元二年（北朝建武四年，1337）去世，享年五十六岁。妙超生前说法的语录，有弟子性智、宗贞等编的《大灯国师语录》三卷。妙超的嗣法弟子中著名的有京都大德寺的二世彻翁义亨、妙心寺的开山祖关山慧玄等人。

彻翁义亨（1295—1369），俗姓源，出云（今岛根县）人，曾在京都南禅寺通翁镜圆，后投入宗峰妙超门下参学，因参究《临济录》中“不与物拘，透脱自在”的语句得悟，并以回答妙超提出的宋代五祖法演的“牛过窗棂”② 的禅语而得到妙超的印可。大德寺建成后，在妙超身边请益并可“分座说法”。妙超去世后，继任住持，有经营才干，制定《大德寺法度》，对寺院教团组织、僧职及寺院日常运营、管理等，都作出规定。义亨与室町幕府将军和朝廷保持密切关系，在寺前另建一座德禅寺，承旨由他的法系世代住持大德寺和德禅寺。义亨在应安二年（1369）去世，享年七十五岁，谥“大祖正眼禅师”及“天应大现国师”之号，有《彻翁和尚语录》二卷行世（《彻翁行状》，载《彻翁和尚语录》卷下，并参考《延宝传灯录》卷二十一《义亨传》）。

大德寺在义亨之后曾因得不到室町幕府的支持而一度败落，直到 15 世纪才恢复发展。

三、关山慧玄和妙心寺

关山慧玄（1277—1360），关山是其师妙超所赠之号，俗姓源，信浓国（今长野县）人。在镰仓建长寺广严庵出家后，曾在建长寺西来庵参禅。

慧玄后来听说宗峰妙超在京都大德寺传法，禅法“机用”活泼，便立即直奔京都到大德寺参谒妙超。妙超允许他留寺“参堂”，并示意他参扣云门的“关”字。慧玄某日“豁然大悟”，立即将悟境写成偈颂呈给妙超看，得到印可。妙超对他说；“今因关字而悟彻，宜号关山。”并赠偈颂以作证明（《延宝传灯录》卷二十一《慧

---

①《大灯国师语录》：“获原法皇（按：花园上皇出家称法皇）、后醍醐天皇亲宸翰有：一流相承，不许他门住，泾渭殊流。贻言于龙华御制，临之刊之，见悬于塔额左右。”载《大正藏》卷八十一，第 224 页上。

②据《密庵语录》所引，原语是：“正如一人牵一头牛从窗棂中过，两角四蹄俱过了，唯有尾巴过不得?”载《大正藏》卷四十七，第 974 页中。

玄传》)。

一日，后醍醐天皇诏妙超入宫说法，妙超因病派慧玄代他入宫。天皇问：“不与万法为侣者是什么人?”慧玄站起来鞠躬未作回答，反而反问：“不与万法为侣者是什么人?”后醍醐天皇挥动手中的圭画了一画说：“这个呢!”[①]《延宝传灯录·慧玄传》载：“师珍重而退，帝大悦。”后醍醐天皇不甘于大权旁落受幕府摆布，密谋推翻幕府，也许当时赋予禅宗语录“不与万法为侣者是什么人”以自己的意蕴。慧玄既按参禅惯例不正面点破，又表现出似乎理解天皇的心意，以自己的动作表现尊皇之意，因而受到天皇赏识。他回寺将此情况告诉妙超，受到赞许。此后，慧玄到美浓（今岐阜）的伊深山结庵隐居修行。

延元二年（1337），在妙超病重之时，花园上皇派近臣藤原藤房前去慰问，并问妙超：“和尚嗣法诸师中，谁是最得大机大用者？愿承指教，百年后犹要扣玄奥。”意为谁可继其后传法。妙超推举慧玄，说他“实得吾道髓，然天生风颠汉，居无定所”(《正法山六祖传·慧玄传》)[②]。不久，花园上皇告诉妙超，他想将自己的花园离宫改为寺院，请慧玄住持，请他起名。妙超为寺起名：“正法山妙心寺。”妙超死后，妙心寺建成。花园上皇派人将慧玄从山中请回，命他为妙心寺开山祖。花园上皇又特在妙心寺的方丈后面建玉凤院居住，以便晨昏入方丈室向慧玄问道参禅。

慧玄一生从未住持过官寺，为人行事“不拘威仪礼典”(《本朝高僧传》卷二十九《慧玄传》)。据《正法山妙心禅寺记》记载，慧玄每天不按禅寺常规上堂，“终日端居一室，以本分接来学而已。登其门者多是丛林精炼衲子，或江湖饱参俊流”，妙心寺常住僧众虽不到百人，然而被天下丛林称为“法窟之冠”。

关山慧玄远承中国临济宗禅法，具有崇尚自然，寄禅修于日常生活之中的现实主义的风格，同时具有强烈的鲜明的个性。主要有以下几个方面。

1. 枯淡、峻烈是关山慧玄禅风的突出特色。慧玄既不经常说法，也很少举行法事活动。虽然远近慕名到妙心寺来参禅者很多，然而很少有人得到他的印可。慧玄为启发学人自信自修自悟，在接引学人过程中动辄施之以棒，或加以怒骂。原在其师宗峰妙超门下的禅僧有十五人在妙超死后投到他的门下，慧玄对他们也常加以

---

①原句为“者个聻”，意思相同。

②获须纯道著：《正法山六祖传训注》，思文客出版社 1977 年版。

棒喝，甚至有人被他打出寺院二十五次。

2. 巧用前人语录，引导门下透过语录字面意思体悟自性。例如丛林禅师常用来启示参学者的公案中有这样两则：（1）唐代百丈怀海曾说过“心性无染，本自圆成，但离妄缘，即如如佛”，意为人人皆有圆满清净的本性，只要超脱虚妄的情念和外境，就能成佛；（2）有人问赵州从谂和尚“如何是祖师西来意”，赵州和尚曾用“庭前柏树子”来回答。慧玄将第一则语录简化为“本有圆成”，常用来提示学人，还常对弟子说：“柏树子话有贼之机。”对此，他不作任何解释，让门下弟子自己参究其中蕴涵的禅机。然而门下无人晓悟。

3. 慧玄有时行为近乎怪异，甚至让人出乎意料，然而如果仔细加以揣摩，其中也含有禅机。例如有客人前来，慧玄吩咐寺僧为客人备水洗浴，在他得知寺内缺烧水之薪后，竟让人拆房上檐板当柴；看见众僧在雨中摘茶，他叫人砍倒茶树，放到库内采摘（《正法山六祖传·慧玄传》）。在这些表现中，既反映慧玄天真率直的性格，也似乎是在借此启示门人体悟禅宗“无念为宗”、“莫行心谄曲”的宗旨。敦煌本《六祖坛经》说：“一行三昧者，于一切时中行住坐卧，常行直心是。”马祖道一教导弟子说：“平常心无造作，无是非，无取舍。”（《景德传灯录》卷二八）

慧玄在延文五年十二月十二日（已进入 1361 年）去世，享年八十四岁。死前留下遗诫，史称“无相大师遗诫”。全文曰：

> 宿昔吾大应老祖，正元之间①，超风波大难地，蚤入宋域，遇着虚堂老禅于净慈，真参实证，末后径山尽其蕴奥。是故，得路头再过之称，受儿孙日多之记②。单传杨岐正脉于吾朝者，老祖之功也。
>
> 次先师大灯老人，参得老祖于西京，侍者京辇巨峰。其随从之际，胁不到席者多年，颇有古尊宿风。卒受老祖渊粹命，长养者二十年，果彰大应远大之高德，起佛祖已坠之纲宗，残真风不地之遗诫鞭策后昆者，先师之功也。
>
> 老僧爰受花园仙帝敕请，创开此山，先师嚼饭养婴儿。后昆直饶有忘却老僧之日，忘却应、灯二祖深恩，不老僧儿孙。汝等请务其本。

①南浦绍明于龟山天皇正元元年（南宋理宗开庆元年，1259）西渡入宋。

②南浦绍明辞虚堂直愚，虚堂直愚赠偈曰：“敲磕门庭细揣摩，路头尽处再经过，明明说与虚堂叟，东海儿孙日转多。”

白云感百丈之大功，虎丘叹白云遗训。先规如兹，误而莫摘叶寻枝好。①

慧玄在遗诫中明确地宣示自己传承从虚堂直愚—南浦绍明—宗峰妙超的法系，还上溯到临济宗祖义玄之师百丈怀海（750—814）、临济宗杨岐派的白云守端（1025—1072）及虎丘绍隆（1077—1136），特别告诫后继弟子不要忘记大应国师、大灯国师二位祖师的深恩。

慧玄仅有嗣法弟子授翁宗弼一人。历代天皇赐给慧玄谥号有佛心觉照国师、大定圣应国师、光德胜妙国师、自性天真国师、放无量光国师等；进入近代，明治天皇赐以无相大师的谥号。

授翁宗弼（1296—1380），授翁是号，俗姓藤原（万里小路），名藤房，京都人，父是在后醍醐天皇朝当过权大纳言的藤原宣房。宗弼在后醍醐天皇在位期间官至中纳言兼左兵卫督，信奉佛教，曾参妙超。建武元年（1334），宗弼因对朝廷的一些施政举措提出谏议而未被采纳，便毅然去职，到城北岩仓削发为僧。妙心寺建成后，宗弼前来从慧玄受法，并成为慧玄唯一的嗣法弟子（《延宝传灯录》卷二十八《宗弼传》）。宗弼的嗣法弟子中以妙心寺的无因宗因和先后师事妙超、慧玄的云山宗峨比较有名。

妙心寺曾长期附属于大德寺，甚至一度被废止，直到15世纪中叶才开始取得较大发展，进入江户时代以后成为全国临济宗流派中最有势力的传法中心，关山慧玄的法系妙心寺派成为日本临济宗的主流派。②

第六节　道元和日本曹洞宗

在12世纪、13世纪的日本著名禅僧中，道元是继荣西之后第二位入宋求法回国弘传禅宗的人。不过，荣西所传是临济宗，道元则将中国曹洞宗传入日本。前者被日本临济宗奉为“禅门之大祖”，后者是日本曹洞宗的创始人、“高祖”。

①竹贯元胜著：《妙心寺散步》第一章之一，妙心寺灵云院2004年版。

②参考玉村竹二：《临济宗史》第十一话、第二十三话，春秋社1991年版。

一、宋代曹洞宗概况

曹洞宗由唐代洞山良价（807—869）和他的弟子曹山本寂（840—901）相继创立。唐末在江浙两湖一带曾相当盛行，进入五代以后逐渐衰微。北宋时期，在禅宗中最早兴盛的是云门宗，其次是临济宗，最后才是曹洞宗。

据《景德传灯录》卷十七记载，洞山良价有嗣法弟子二十六人，主要分布在现在的江西、湖南、浙江一带，影响较大的有抚州曹山本寂、洪州云居山道膺、洞山二世道全、湖南龙牙山居遁、京兆华严寺休静、洞山三世师虔、抚州疏山光仁、澧州钦山文邃等。曹山本寂长期以江西临川（即抚州）荷玉山曹山寺（在今江西宜黄县北）为中心传法，因为受到江西藩镇钟传（？—906）的支持，一度影响很大，有嗣法弟子十四人，著名的有抚州荷玉匡慧、衡州育王山弘通、抚州曹山慧霞等。然而对后来曹洞宗传播和发展影响较大者是云居山道膺的法系。

道膺（？—902）长期在江西云居山（在今江西靖安县）传法，因为受到藩镇钟传和荆州藩镇成汭的尊奉和支持，门下弟子很多。据《禅林僧宝传》卷六《云居道膺传》记载，道膺在云居寺“住持三十年，道遍天下，众至千五百人”。《景德传灯录》卷二十载，道膺有嗣法弟子二十八人，著名的有杭州佛日、苏州永光院真禅师、洪州同安道丕禅师、庐山归宗寺淡权、云居道简等。曹洞宗在本寂、道膺之时相当盛行，然而本寂法系在传承三四代之后便衰微不传，而将曹洞宗传至后世的是属于云居道膺—同安道丕—同安观志—梁山缘观的法系。

五代至宋初，在鼎州（治今湖南常德）梁山寺传法的缘观，有弟子大阳警玄（后避讳改名警延，943—1027）长期在郢州（治今湖北钟祥）大阳寺传法，是宋代著名禅僧之一，然而生前一直没有找到得力嗣法弟子，不得已托付临济宗的浮山法远（991—1067）代为寻找。警延死后，法远选择投子义青（1032—1083）为警延的嗣法弟子，传授曹洞宗旨，并将警玄生前所托转授的顶相（画像）、皮履、直裰、偈颂等交给他，作为付法的证明。从实际情况看，宋代曹洞宗的振兴正是从义青开始的。义青在传法中经常发挥华严宗的法界缘起重重无尽、理事圆融的思想；也经常引述曹洞宗的门庭施设“偏正五位”、“君臣五位”等，然而并非从字面含义进行诠释，只是根据场合加以发挥。在投子义青的弟子中，以芙蓉道楷、大洪报恩二人最有名。道楷奉诏入京（今河南开封）传法，报恩则应诏住持随州大洪山，从而使曹洞宗迅速得到振兴。

芙蓉道楷（1013—1118）离开义青后，应各地政府要员士大夫之请相继住持沂州仙洞寺、洛阳龙门招提寺、郢州大阳山寺、随州大洪山寺，逐渐声名远扬，门下弟子日多，极大地推进了曹洞宗在更广泛地区的传播。宋徽宗崇宁三年（1104），道楷奉诏进东京住持十方净因禅寺，开始将曹洞宗引进京城，标志着曹洞宗进入兴盛时期。四年后，宋徽宗大观元年（1107），诏命道楷住持东京天宁万寿寺。道楷在说法中贯彻般若空观，提倡“直须旨外明宗，莫向言中取则”，并且提倡“自休”、“自歇”，从而开启后世“默照禅”之源。

随州（治今湖北随州市）西南的大洪山是宋代曹洞宗重要传法中心。此山有原建于唐的灵峰寺，宋哲宗元祐二年（1087）诏将按传统戒律管理的灵峰寺改为尊奉禅宗清规运营的禅寺，宋徽宗时又改寺名为崇宁保寿禅院。宋哲宗绍圣元年（1094），义青弟子报恩（1058—1111）奉诏住持此寺。此后，道楷及其弟子子淳，子淳的弟子庆预，报恩的弟子守遂，守遂的弟子庆显，皆曾在大洪山住持传法，从而使大洪山成为曹洞宗振兴的重要基地。

在道楷弟子中，以丹霞子淳（1054—1117）最有名。道楷、子淳二代相继提倡的“休歇”禅法，是以后曹洞宗默照禅的重要源头。子淳的弟子宏智正觉、真歇清了在南宋以提倡默照禅著名。

宏智正觉（1091—1157），宏智是南宋高宗所赐谥号，俗姓李，隰州隰川（今山西隰县）人。从丹霞子淳受法后，曾住持舒州太平兴国禅院、庐山圆通崇胜禅院、真州长芦住持崇福禅院等寺，后住持明州天童寺（在今浙江宁波鄞州区）近三十年，以提倡默照禅著称。据《宏智禅师广录》记载，正觉的默照禅是以心性为本，以“天地同根，万物一体”的宇宙论为重要理论依据，主要内容包括：①认为人人皆具“本来之性”，可通过“明心”自己成佛；②通过坐禅“休歇身心”，抑制和停止对内外的追求和思维分辨活动，以体悟先天本有的清净空寂之性；③所谓“休歇”是休歇身心，通过精神高度集中的禅定状态，进入观察、审虑的“默照”过程，体认清净空寂的真如佛性或自己“本来之性”所具有的世界万物本原本体的地位和作用；④修持默照禅的过程，也是一个确立诸法性空的理念，弃舍一切由“无明”（痴）、贪引起的“妄念”烦恼和区别彼此是非善恶等观念，进行心理调适和清理的过程。

真歇清了（1090—1151），真歇是号，俗姓雍，左绵安昌（在今四川绵阳市）人。离开丹霞子淳后，曾先后住持长芦崇福寺、四明阿育王山广利寺（在今浙江宁波鄞州区）、临安径山能仁禅院等寺，在禅法上以提倡“大休大歇”、“达本忘情”的所谓“劫外禅”① 著称。据其《劫外录》，清了主张在日常“行住坐卧”中深入参究自己，直至参究到超越于身心之外的本来面目时，以领悟“劫前”的自我与真如佛性相契合的无思无欲、无是非、好恶、取舍等动机观念的精神境界。清了虽没有用“默照”这个词语，然而他的禅法与其师弟正觉鲜明地提倡的“默照禅”在内容上是一致的。②

长翁如净（1163—1228），属真歇清了下三世，自称“净长”，越州（治今浙江绍兴）人，出家后曾学南山律学和天台宗教义，后从清了的再传弟子足庵智鉴（1105—1192）学曹洞禅法，也曾参学于临济宗虎丘派的松源崇岳，大慧派的无用净全、拙庵德光、遁庵宗演等人，先后应请住持建康清凉寺、台州瑞岩寺、临安净慈寺、明州瑞岩寺、明州天童寺等。③ 如净上承正觉和清了的禅法，提倡默照禅，有《如净和尚语录》二卷及《如净禅师续语录》一卷传世。

曹洞宗的“默照禅”与临济宗的“看话禅”是宋元以后丛林间并行的两大禅法。从实质上看，两者虽修持方法有别，然而皆以引导修行者达到“明心见性”为目的。

中国曹洞宗在宋元时期传入日本。日本僧道元在南宋嘉定十六年（1223）入宋求法，在天童寺从长翁如净受曹洞默照禅法，回国创立日本曹洞宗。进入元代，宏智正觉下五世东明慧日、六世东陵永屿二人先后应请赴日传法，然而他们二人的法系未能传至后世。

二、道元和日本曹洞宗

1. 道元入宋前的简历

道元（1200—1253），原名希玄，号佛法房，俗姓源，京都人。父亲是曾任内大臣的久我通亲，母亲是摄政藤原基房之女。道元三岁丧父，八岁丧母，后为舅藤

①“劫外”或“劫前”，与“空劫以前”大体同义，是用来描述想象中的天地万物没有形成之前的空旷无际、寂寥混沌的状态，也用来表述无思无欲，没有是非、好恶、取舍等动机观念的自然无为的精神境界。

②以上关于唐宋曹洞宗的介绍，详见杨曾文著《唐五代禅宗史》第八章第三节，中国社会科学出版社1999年版；《宋元禅宗史》第六章第一节第二节，中国社会科学出版社2006年版。

③参考日本镜岛元隆据《如净和尚语录》和中日禅史资料所著《天童如净禅师之研究》，春秋社1983年版；石井修道《道元禅的成立史研究》第五章，大藏出版社1991年版。

原师家的养子。道元如其他贵族子弟一样，自幼受汉学教育，四岁读唐李峤的《百咏》，七岁开始读《毛诗》《左传》等儒家经书。道元在阅读一些佛教经典后，逐渐对佛教有所了解，并萌发出家念头。

建历二年（1212），道元年仅十三岁，离家到比睿山找到外舅良观，自称秉承母亲遗愿执意出家。良观将道元留下，第二年请天台座主公圆僧正为他剃度授菩萨戒。道元从此正式为僧，“习天台之宗风，兼南天之秘教，大小义理、显密之奥旨，无不习学”（《永平寺三祖行业记·道元传》）。道元在日本天台宗的中心道场比睿山，对天台宗、密教（台密）及其他大小乘经典进行系统的学习。

随着道元对佛教经典和各种宗派学说的深入学习和思考，逐渐对一些问题产生疑问。据永平寺第十三代住持建撕和尚编撰的《道元禅师行状建撕记》[①]（下简称《建撕记》）的记载，道元十五岁时，当反复看到显教（指天台宗）、密教（指真言宗）皆主张“本来本法性，天然自性身”以及与此相关的说法，便提出疑问：“三世诸佛依甚更发心求菩提耶?”意思是说，如果众生本具法性（佛性），本来与佛无别，那么三世诸佛为什么还要发菩提心（立誓达到觉悟之心），要去修行追求觉悟呢？道元在这里接触到了在平安末期及镰仓初期困扰不少日本学僧的所谓“本觉”思想的问题。如果承认大乘佛教所说众生本具佛性、与佛无本质差别，那么是否还需要修行？如果需要，那么应当如何修行？修行什么？如何解脱？……这是促使镰仓新佛教宗派产生的深刻思想原因之一。

道元在产生这个疑惑之后，曾向周围学僧询问，然而无人能够作出回答。他不得已到三井寺向以修止观著称的公胤僧正请教。公胤告诉他仅靠天台教义难以圆满解释，劝他渡海入宋找禅宗学僧解答此疑，说：“传闻大宋有传佛心印之正宗，宜入宋求觅。”（《永平寺三祖行业记·道元传》）

此后，道元便到京都进入荣西住持的建仁寺。据《建撕记》记载，道元曾入方丈当面向荣西提出自己的疑问，荣西没有正面回答，却引证唐代马祖弟子南泉普愿的话说：“三世诸佛不知有，狸奴白牯却知有。”[②]意为三世诸佛不讲什么“本法性”、“自性身”的有无问题，那些山猫（狸奴）、白牯牛（母牛）反而知道这些。

①载日本《大日本佛教全书》第115册。

②《景德传灯录》卷十所载南泉弟子景岑语录中有引证，载《大正藏》卷五十一，第275页上。此语在宋代禅师语录中多有引用。《祖堂集》卷十六《南泉和尚传》则谓：“祖佛不知有，狸奴白牯却知有。”

道元听后有省。① 就在翌年，即建保三年（1215），荣西去世。道元便礼荣西的弟子明全为师，参学九年之久。

2. 入宋求法，从天童如净受传曹洞宗

后崛河天皇贞应二年（南宋宁宗嘉定十六年，1223）三月，道元二十四岁，随师明全渡海入宋求法，四月到达明州庆元府（在今宁波）。

当时大慧宗杲法系的无际了派住持天童寺，浙翁如琰住持径山寺。道元与师明全先到天童寺了派的门下参学。道元在此参学两年，虽几度受到无际印可，然而他皆不满意。此后，道元参访其他名山，先后参谒径山寺的浙翁如琰、台州小翠岩的盘山思卓、万年寺的元鼒等禅师。南宋宝庆元年（1225）五月，道元在归天童山的途中得知了派去世，曾打算回国，然而当听说声望很高的曹洞宗洞山下第十三世长翁如净禅师已奉敕住持天童寺时，便打消回国念头，急忙回到天童寺礼如净为师。明全因病于同月去世，道元妥善料理丧事。

如净对来自日本的道元表示欢迎，教导他说："佛佛祖祖面授之法门现成。"当道元提出希望允许他随时可到方丈问法时，如净表示同意，亲切地告诉他："不拘昼夜时候，著衣衩衣（按：短便衣），而来方丈问题无妨，老僧一如亲父恕子无礼也。"（《建撕记》）。道元在如净门下参学两年，在一次参堂时因听如净一句喊话忽然得悟。道元为《如净禅师续语录》写的跋语中记述：

> 师因入堂，惩衲子坐睡云：夫参禅者身心脱落，只管打睡作么！予闻此语，豁然大悟，径上方丈烧香礼拜。师云：礼拜事作么生？予云：身心脱落来。师云：身心脱落，脱落身心！予云：这个是暂时伎俩，和尚莫乱印。师云：我不乱印你。予云：如何是不乱印底事？师云：脱落，脱落！予乃休。②

如净传承默照禅法，重视坐禅，认为通过"打坐"休歇身心，便可摆脱由肉体（身）、精神（心、识、意）所带来的一切烦恼和束缚，使本具的清净本性显现，

---

①关于道元有没有见到荣西，道元《宝庆记》及《建撕记》皆有道元见荣西的记载。日本学术界有肯定与否定两种看法，大久保道舟1953年《道元禅师传的研究》认为可靠，而镜岛元隆1972年《荣西、道元的相见问题——就古写本〈建撕记〉的发现》等持否定意见。关于这个问题，何燕生著《道元和中国禅思想》第一部第一章第一节有介绍，可以参考，法藏馆2000年版。

②《大正藏》卷四十八，第136页下。

称之为“身心脱落”①。他在巡堂时看到一位禅僧在坐禅中入睡，便大声斥责道：“参禅者身心脱落，只管打睡作么！”想不到道元听到此话大悟，把“身心脱落”当做禅法要旨提出来请如净印证。当如净表示印可时，道元一时还不敢相信。当如净郑重表示是真的印可，并且用“脱落，脱落”肯定道元的悟解时，他才相信，然后向如净礼拜。

在这里，如净实际是同意将曹洞宗默照禅的最高悟境用“身心脱落”来加以概括。此后，道元用“只管打坐，身心脱落”这八个字作为曹洞宗的禅法要旨加以继承和传授。道元在天童寺期间还从如净受菩萨戒，道元称之为“佛祖正传之大戒”。

南宋宝庆三年（1227）秋，道元辞别如净回国。因为道元是外国人，临行前如净特地赠以芙蓉道楷传下的法衣及洞山良价《宝镜三昧》《五位显诀》，外加他自加偈赞的顶相（肖像），以作为向他授法的证明，并告诫说：“汝以异域人，授之表信。归国布化，广利人天。莫住城邑聚落，莫近国王大臣，只居深山幽谷，接得一个半个，勿令吾宗致断。”（《建撕记》）从道元归国后的行履可以看出，如净的嘱咐对他影响很大。

道元奉持先师明全的遗骨回国，安葬于京都建仁寺荣西的庙侧。

3. 创立永平寺——日本曹洞宗传法中心

道元归国后，先回到建仁寺，在那里居住三年时间。在后崛河天皇宽喜二年（1230），道元移居京南深草极乐寺旁的安养院，后又仿照中国禅宗伽蓝结构修建兴圣宝林寺。在四条天皇嘉祯二年（1236），兴圣宝林寺举行开堂仪式。《永平广录》卷一记载，道元上堂向弟子和参学者说：

> 山僧历丛林不多，只是等闲见天童先师。当下认得眼横鼻直，不被人瞒，便乃空手还乡。所以一毫无佛法，任运且延时。朝朝日东出，夜夜月西沉。云收山骨露，雨过四山低。毕竟如何？良久曰：三年逢一闰，鸡向五更啼。

道元表示自己在宋地时参访的寺院不多，然而在参谒天童如净禅师之后，才认识自己的“本来面目”——“眼横鼻直”，从此再也不会被人欺瞒。大概是向弟子和参学者示意，真正的佛法——心法、禅法，是“以心传心”的，不是语言文字可

①“身心脱落”，也许是“心尘脱落”（意为断除束缚于心的情欲烦恼）。现存《如净语录》中有“心尘脱落”之语。在日语中，二者发音相同。然而道元回国后的传承是“身心脱落”，用以表达的意思基本相同。

以表述的，因此尽管自己受法而归，却是一无所得，是“空手还乡”的。道元借描述“朝朝日东出，夜夜月西沉”等自然现象，示意参禅者应任运自然，放弃任何执著。

道元回国后将从宋地特别是从如净禅师那里受传的禅法加以笔录、整理，以便向弟子和信众传授。他在居住建仁寺的三年期间，撰写了《普劝坐禅仪》一卷，把从如净受传的默照禅的要旨作了概要介绍。此后，他在住京都深草安养院期间，撰写《办道话》一卷，论述坐禅是佛法“正门”、“正法”，对所谓“修证一等”及参禅的功德和意义等进行说明。

道元在深草居住传法十三年，逐渐远近闻名，投到门下的弟子日多。如怀奘、僧海、诠慧、义介、义尹、义演、义准等，都是在此时成为他的弟子的，成为以后他的得力助手。其中怀奘、义介、义演、义准等人，原属大日能忍的达摩宗法系，在道元归国后改投到他的门下。

在后嵯峨天皇宽元元年（1243），道元将所著《护国正法义》上奏朝廷，表明禅门“正法”可以护国。然而道元遭到比睿山天台宗僧众的强烈反对，宣称道元“不依佛教”，所传属于小乘佛教中的“缘觉”见解，甚至煽动僧徒破坏兴圣寺，驱逐道元。[1]

正在此时，道元得到出云国（今岛取县）守、武士波多野一重的支持，得到他献的一块在越前国（今福井县）吉田郡的领地，便率弟子怀奘等人来到此地，暂住吉峰寺（古寺）传法。后来，道元对此寺进行扩充和改建，按照宋地禅寺样式建立佛殿、法堂、僧堂等，先称“伞松山大佛寺”，又改称“吉祥山大佛寺”，最后改为“吉祥山永平寺”，成为日本曹洞宗的传法中心。在宽元四年（1246）六月，寺院扩建结束，举行隆重的上堂说法仪式。道元对僧众说：

> 天有道以高清，地有道以厚宁，人有道以安稳。所以世尊降生，一手指天，一手指地，周行七步曰：天上天下，唯我独尊。世尊有道，虽是恁么，永平有道，大家证明。良久云：天上天下，当处永平。（《永平广录》卷二）

可以看出，道元对建立以永平寺为中心的曹洞宗教团是充满信心的。

道元在管理寺院和传法上严格按照中国唐宋禅寺如《百丈清规》《禅苑清规》

①据日本天台宗光宗《溪岚拾叶集》卷九相关记载。

等清规，并遵照佛教戒律行事。他任命僧职管理寺院，制定约束寺僧修行和日常生活的仪规。他在兴圣寺时制定《典座教训》（典座负责管理寺院伙食）；在越前大佛寺时制定《办道法》，规定坐禅程序和仪规；在永平寺制定《知事清规》，对寺中僧职监寺（也称监院）、维那、典座、直岁等“知事”（执掌寺中行政和日常庶务）的职责、规范皆作出规定。此外，他制定《赴粥饭法》《对大已法》《众寮清规》等，对寺众进餐、各种礼仪、日常秩序等也作出规定。在日本禅僧中，道元是最早将宋地禅寺清规比较完整地运用到日本的。

镰仓幕府执权北条时赖对禅宗抱有好感，热心支持禅宗传播。在后深草天皇宝治元年（1247），道元应北条时赖的邀请到镰仓传法。他在镰仓时，曾为北条时赖和其他武士说佛法中关于善恶因果报应的道理，并为他们授菩萨戒。[①]

道元回到越前永平寺以后，直到病危，再也没有到外地传法。据《建撕记》记载，幕府执权北条时赖曾向永平寺施舍领地，道元表示不受，然而玄明首座竟接受领地的施舍文书。道元知此，将玄明断然驱逐出寺，把施舍文书撕毁。在建长二年（1250）道元五十一岁时，后嵯峨上皇为嘉奖道元的德誉，特派使者到永平寺赐给道元紫袈裟。道元再三推辞不受，后来虽不得已收下，但终生未曾穿过。[②] 可以认为，这是道元遵师如净临别的教诲“莫近国王大臣”，隐居深山修行的表现。由此可知，曹洞宗在创立初期注重在偏远的农村发展，在对待幕府、朝廷的态度和关系上与临济宗是存在明显差别的，保持了所谓“林下派”的特色。

建长五年（1253），道元病重，让弟子怀奘负责管理永平寺，然后到京都治病。八月二十八日写下遗偈：“五十四年，照第一天，打个勃跳（按：意为蹦跳），触破大千。咦，浑身无觅，活陷黄泉。”然后去世，享年五十四岁。（《建撕记》）道元的遗偈与其师如净的遗偈十分相似，如净的遗偈曰：“六十六年，罪犯弥天，打个勃跳，活陷黄泉。咦，从来生死不相干。”（《如净语录》卷下）这也许是道元出于对师父如净的崇敬之心，或出于对师父的怀念才模仿写出自己的遗偈的。

4. 道元的著作和语录

---

①对此《永平广录》卷三及《建撕记》有记载，然而后者称北条时赖为“最明寺殿法名道崇”，是不正确的。北条时赖是在此九年之后，即康元元年（1256）才出家被称为“最明寺殿”的。

②对《建撕记》这段记载，日本有的学者认为可疑。竹内道雄《道元》（古川弘文馆 1962 年版）认为可能是据《正法眼藏》卷三十末《行持》中所载，天童寺如净，“嘉定皇帝虽赐紫衣师号，终不受，修表辞谢。十方云衲皆崇重之”而编造的。

道元一生的著述和语录是很多的，可谓卷帙浩繁，主要包括《普劝坐禅仪》《学道用心集》各一卷，《永平清规》二卷，《正法眼藏》九十五卷，《宝庆记》一卷，和歌集《伞松道咏集》一卷。其中的《正法眼藏》收录了道元从宽喜三年（1231）所撰《办道话》，到记述建长五年（1253）最后说法的《八大人觉》，共二十三年的说法记录和撰述。此书在道元生前编录为七十五卷①，后世几经改编和增补，集成九十五卷。

道元还有编录中国禅宗三百则公案的《正法眼藏》（汉文）三卷，称《真字正法眼藏》或《正法眼藏三百则》。此外，还有弟子诠慧、怀奘、义演等人集录的《永平广录》十卷，宋僧无外义远据此而节选的《永平元禅师语录》（简称《永平略录》）一卷，怀奘据笔录道元的教示、说法而编的《正法眼藏随闻记》六卷。②

5. 道元以“只管打坐”、“修证一如”为主要标榜的禅法

道元从中国南宋天童寺长翁如净受传曹洞宗禅法，回国后毕生以弘传这一禅法自任。然而从道元的著作和语录来看，他所传的禅法并非完全照搬宏智正觉及长翁如净的默照禅，而是具有明显的独特内容。

道元回国后在不同场合一再充满自信地表示，自己从如净受传的曹洞禅法是“佛佛祖祖面授”的“正法”，最早自释迦牟尼佛传授大迦叶，经二十八代传授菩提达摩，再传慧可，然后经五代传至慧能，经十七代传于称之为“天童古佛”的长翁如净；大宋宝庆元年（1225）五月，如净在天童寺传授道元，历代相传的是“佛佛祖祖面授现成”的“正法眼藏”，是佛祖的“单传妙法”，而自己则是传授这种“正法”的“正师”。③ 他反对中国佛教界通行的“禅宗”乃至包括临济、沩仰、曹洞、法眼、云门在内的“五宗”等称法。④

从道元的传教生涯来看，他虽弘传源自中国的曹洞禅法，然而又不愿把自己的禅派等同于中国禅宗的某一流派，也不愿把自己的僧团附属于日本已经流行的佛教宗派。

那么，道元的曹洞禅法最突出的特色是什么呢？概括地说，就是“只管打坐”、

---

①长期在日本从事教学和研究曹洞宗的学者何燕生将道元的七十二卷本及另发现的十二卷本《正法眼藏》翻译成中文，2003 年由宗教文化出版社出版，可以参考。

②关于道元的著作，日本学者大久保道舟编《道元禅师全集》可以参考，春秋社 1930 年编集。

③参见道元《正法眼藏》卷五十七《面授》《学道用心集》。

④《正法眼藏》卷四十九《佛道》。

“修证一如”。

（1）“端坐参禅”或“只管打坐”

禅定是佛教戒、定、慧“三学”之一，是大小乘最基本的修行方法之一。中国禅宗虽然以禅为宗，然而在发展中对禅（禅定、禅观）提出种种新的说法。禅宗所奉初祖菩提达摩据说曾在嵩山少林寺面壁修禅达九年之久，唐初创立“东山法门”的道信、弘忍及继承其后的“北宗”的历代禅师也重视禅定。然而以慧能为创始人的“南宗”对禅作出了新的解释，提出“定慧等”、“定慧体不一不二”的说法，主张禅定不一定固守特定的仪规和程序，领悟义理之时“慧”即为禅定；正当修禅定之时，禅即是慧。慧能曾说：“外于一切境界上，念不起为坐，见本性不乱为禅。何名为禅定？外离相曰禅，内不乱曰定。”（敦煌本《六祖坛经》）认为禅无定相，寄禅于日常生活之中，不论在家出家，只要保持无所取舍的“无念”、“直心”的心态，运水搬柴是禅，行住坐卧皆可谓禅，也皆为道之所在。进入宋代以后，禅宗兴盛，风行文字禅，相继产生种种灯史、语录和拈古颂古之书。丛林中或倡读公案、参话头；或提倡静坐默照；还有被称为“狂禅”者，废经弃禅，故弄玄虚，动辄棒喝交驰。

道元在宋地前后五年，参访过天童等名寺，对中国禅宗情况已相当了解。他在当时流行的看话禅和默照禅的两大禅法流派中，选择了默照禅，回国后以此为正法，提倡“端坐参禅”、“只管打坐”。

道元曾告诉弟子：

> 诸佛如来皆单传妙法，证阿耨菩提，有最上无为之妙术，唯佛佛相授无邪，此即自受用三昧，其标准也。为游化此三昧，以端坐参禅为正门。（《正法眼藏》卷一《办道话》）

所谓“阿耨菩提”即“阿耨多罗三藐三菩提”，意为达到无上觉悟，达到佛的境地。道元是说，修持以“端坐参禅”为标志的正法，可以达到最高觉悟而成佛。

道元经常以“只管打坐”来强化对“端坐参禅”的重视，甚至成为他的“默照禅”的代称。道元在长年上堂说法过程中对此有很多论述。如：

> 此单传正真佛法，为最上中之最上。由参见知识为始，不用烧香、礼拜、念佛、修忏、看经。只管打坐，身心脱落。即使一时打坐，三业也标佛印。端坐三昧之时，遍法界皆是佛印，尽虚空皆为菩提，诸佛如来增本地法乐，现觉道庄严，

使十方法界、三途六道群生皆证会正觉，万物皆使用佛身……此坐禅人确尔身心脱落，截断从来杂秽之知见知量，证会天真之佛法，向遍微尘际诸佛如来之道场，助发佛事，广奋向佛之机，善激扬向佛之法。此时十方法界之土地草木、墙壁、瓦砾，皆做佛事……（《正法眼藏》卷一《办道话》）

先师天童（按：指天童如净）曰：跏趺坐，乃古佛法也。参禅者，身心脱落也。不要烧香、礼拜、念佛、修忏、看经，只管打坐始得。（《永平广录》卷六）

先师天童曰：参禅者，身心脱落也。既得身心脱落，必无邪见、著味、骄慢。（同上）

初祖西来，不务诸行，不讲经论，在少林九年，但面壁坐禅而已。打坐则正法眼藏、涅槃妙心也。嫡嫡面授，亲承密印。师资骨髓，证契见传。（《永平广录》卷四）

上堂：佛佛祖祖正传正法，唯打坐而已。（同上）

问：佛法有多门，因何劝坐禅？示曰：此为佛法正门也。……大师释尊确以得道妙术正传；又三世如来皆由坐禅得道，故以此为正门相传也。非唯如此，西天东地诸祖皆由坐禅得道，故今示人天以正门。（《正法眼藏》卷一《办道话》）

可见道元对"坐禅"或"跏趺坐"、"只管打坐"的重视。

①"打坐"或"坐禅"在道元禅法体系中占据至高地位，是他一再强调的佛祖历代相传的"正法"。所谓"只管打坐"就是不做其他的修行、功德事业，例如烧香、礼拜、念佛、修忏法、读经等，只是全神贯注地一直坐禅下去。

②道元表示，坚持坐禅，或只管打坐，可以使人彻底摆脱一切源自身心的情欲烦恼，达到"身心脱落"（实际为"心尘脱落"），"证会天真之佛法"，达到佛的至高境界。他说，释迦牟尼佛、三世诸佛乃至西天、东地历代祖师，皆通过坐禅而得道，达到最高觉悟境界。坐禅不仅有利于自己，而且也是"利他"之盛举，可以促使一切众生达到觉悟，使修行者所在之处变为佛国净土。道元甚至把禅宗常讲的"正法眼藏、涅槃妙心"也解释为"打坐"、坐禅，是由佛佛祖祖"嫡嫡面授"的。

道元虽称"只管打坐"是天童如净所传，然而在现存《如净和尚语录》及《如净禅师续语录》中却没有这个提法；再向前追溯，在《宏智禅师广录》中也没有这个提法。可以认为，道元所说的"只管打坐"是从如净巡视禅堂斥责入睡的禅僧时所喊的"夫参禅者身心脱落，只管打睡作么"中的"只管打睡"转换来的。宏智正觉是曹洞宗默照禅的集大成和提倡者，他要求通过坐禅"休歇身心"，抑制和停止对内外的追求和思维分辨活动，进入静默观察、审虑的“默照”的过程，以体悟先天本有的清净空寂之性。他尽管没有“只管打坐”的提法，但从他提倡的“岁朝坐禅，万事自然，心心绝待，佛佛现前”（《宏智广录》卷四）；“休去歇去，绝言绝虑，廓无所依，妙无所住，转历历之机，运绵绵之步，神游方外灵台（按：用《庄子·庚桑楚篇》语，指心），道契环中（按：用《庄子·齐物论篇》语，谓超脱是非之境）虚处”（《宏智广录》卷四）；“默默自住，如如离缘，豁明无尘，直下透脱”（《宏智广录》卷六）以及其《默照铭》所谓“默默忘言，昭昭现前。鉴时廓尔，体处灵然”，“默唯至言，照唯普应”（载《宏智广录》卷八）[①]，可以看出是蕴涵“只管打坐”的要求的。

可见，道元回国后大力提倡的“只管打坐”虽然从根本上没有背离正觉乃至其师如净的默照禅法，然而将曹洞禅法概括为“只管打坐”并称之为佛祖相传的唯一“正法”应当说是道元禅法的重要特色。

（2）“修证一如”

对于“修”与“证”的关系，即“修行”（指打坐或坐禅）与修行的目标或最后结果——“证悟”（达到觉悟）的关系，道元提出了其独特的“修证一如”或“修证一等”见解。按照他的这种见解，打坐（坐禅）既是修行，又是证悟的表现，称之为“悟来之仪”（入悟的表现）、“佛行”。道元反对把修、证截然分开的说法，明确地说二者是相即不二的。他说：

> 佛法中修证一等。修既然为证上之修，则初心之办道，即为本证之全体。如此虽授修行之用心，然勿于修外而待证，直指本证故也。已修之证，证则无际；已证之修，修则无始。以此，释迦如来、迦叶尊者皆受用证上之修；达摩大师、大鉴高祖同引转证上之修。住持佛法者皆如是。已有不离证之修，我等所幸单传一分妙修之初心办道，即于无为之地得一分之本证。应知：为令不离修之证不染污，佛祖常不怠修行。（《正法眼藏》卷一《办道话》）
>
> 上堂，佛佛祖祖正传正法，唯打坐而已。……坐禅是悟来之仪也。悟者，只管坐禅而已。（《永平广录》卷四）
>
> 正法眼藏……就中有行，有教，有证。彼行者，功夫坐禅也。此行到佛尚不退者，例也，所以被佛行也。教、证准而可检欤。此坐禅也，佛佛相传，祖祖直

①分别见《大正藏》卷四十八，第50页下、第53页上、第75页中、第100页上中。

指，独嫡嗣者也。余者（按：指禅宗外诸宗）虽闻其名，不同佛祖坐禅也。所以者何？诸宗坐禅，待悟为则，譬如假船筏而度大海，将谓度海而可抛船矣。吾佛祖坐禅不然，是乃佛行也。所谓佛家为体者，宗、说、行一等也，一如也。宗者，证也；说者，教也；行者，修也。向来共存学习也。应知行者行于宗、说也；说者说于宗、行也；宗者证于说、行也。行若不行说，不行证，何云行佛法？说若不说行，不说证，难称说佛法。证若不证行，不证说，争（按：怎）名证佛法？当知佛法者，初、中、后，一也；初、中、后，善也；初中、后、无也；初、中、后，空也。这一段事未是人之强为，本自法之云为也。（《永平广录》卷八）

道元表示，坐禅修行与证悟成佛看似是两回事，实际上是密不可分、互不相离的，此即所谓“修证一如”或“修证一等”。因为坐禅是佛祖代代相传的“正法”，是建立在证悟基础上并且是与证悟连接一体的修行，所以称之为“证上之修”、“悟来之仪”、“佛行”。这样便产生一个问题：既然修证一如，修即是证，证即是修，那么是否还有必要勤修坐禅呢？道元表示：虽然已经达到觉悟，然而为使此觉悟（之心）保持清净不染污，仍应坚持坐禅修行。道元说，佛法在整体上有行（修，指坐禅），有教（说、教说），有证（宗、证悟、达到觉悟），三者合为一体，所谓“一等也，一如也”，彼此分离则不成佛法。他反对曹洞宗之外的宗派把坐禅看作是“待悟”之禅，将坐禅当作达到觉悟的手段，明确表示坐禅是“佛行”，是佛的修行、佛的行仪。可以认为，这种修证一如、修证一等的理论，是道元禅法理论最突出的一个特色。

道元的坐禅观还集中反映在《普劝坐禅仪》和《坐禅箴》之中。道元《普劝坐禅仪》是他从宋归国后不久写的。现存两个本子：一个是道元亲书本，现藏永平寺；一个是通行本。[①] 二者内容基本相同，但后者是经过道元修改补充过的。《普劝坐禅仪》虽部分吸收了宋朝宗赜《禅苑清规・坐禅仪》的内容，然而主要内容是集中论述道元重视坐禅和修证一如的思想。现据日本学者镜岛元隆校译本《道元禅师语录》中的《普劝坐禅仪》略述其内容：

①人人本具圆满之道，本不须修行证悟，然而因有世俗分别认识活动，已使本性污染，要达到彻悟出世，就必须借助坐禅，使心性复明。释迦、达摩如此，今人

①参考镜岛元隆《道元禅师语录》校译本（讲谈社 1990 年版）之“解题”。《大正藏》卷八十二载通行本，并附有据道元亲书的刊本。

岂有异议。“所以须休寻言逐语之解行，须学回光返照之退步，身心自然脱落，本来面目现前”。

②坐禅应选择清静场所，做到饮食节量，放下一切，“不思善恶，莫管是非，停心意识之运转，止念想观之测量，莫图作佛，岂拘坐卧乎”。在坐定凝心之后，“思量个不思量底，不思量底如何思量？非思量”。[①] 道元说这种坐禅是修证一体的“安乐之法门”，是体现觉悟的修行与证果。在坐禅当中，“正法自现前，昏散先扑落”。

③“超凡越圣”，全靠坐禅。佛法与祖意不能通过普通的思维而领悟，只有坐禅才能使自己的智慧与佛齐等，继承佛祖正法。“不论上智下愚，莫简利人钝者，专一功夫，正是办道，修证自不染污，趣向更是平常者也。凡夫自界他方，西天东地，等持佛印，一擅宗风，唯务打坐，被碍兀地。虽谓万别千差，只管参禅办道”。

《坐禅箴》极短，全文曰：

> 佛佛要机，祖祖机要，不思量而现，不回互而成。不思量而现，其现自亲；不回互而成，其成自证。其现自亲，曾无染污；其成自证，曾无正偏。曾无染污之亲，其亲无委而脱落；曾无正偏之证，其证无图而功夫。水清澈地兮，鱼行似鱼。空阔透天兮，鸟飞如鸟。[②]

大意是说，佛佛祖祖的禅机正法，只有通过坐禅直观才能得到。虽坐禅而无分别比较之心，所谓“不思量”、“不回互”（不考虑事物互碍相融的关系），径自达到与正法契合之觉悟，使自心摆脱世俗观念的染污，使认识没有悟本（正、理、体）悟末（偏、事、用）的差别，这样可使烦恼自然净尽，证果自然而得。偈颂隐含一个“自然”，做到则如流水清澈见底，鱼得以按自性闲游；天空辽阔无际，鸟得以按自性飞翔。

道元虽提倡打坐参禅，然而反对看公案、参话头的做法。他批评说：“看公案话头虽似聊有知觉，但与佛祖之道相差相远。以无所得无所悟而端坐，移时即为祖道。古人虽劝看语只管坐禅（按：此指坐禅看话头），犹劝专坐。虽有依话头而开悟者，然亦依坐之功为其开悟之因缘也。确实功由坐也。”（《正法眼藏随闻记》卷

---

①此源自唐代药山惟俨的语录，参考《景德传灯录》卷十四《药山惟俨章》。

②此据《道元禅师语录》，另在《永平广录》卷八有载。

五）这样，道元便把自己所传的曹洞禅与提倡看话禅的临济宗划清界限。此外，道元对宋地丛林以“不立文字，教外别传”及“直指人心，见性成佛”为口实而将禅、教对立起来，在说法中排斥佛经、言教的做法表示反对；对中国佛教界久已盛行的儒释道三教一致之说也持批评态度。

日本自平安后期以来兴起净土念佛信仰。在道元生活的年代，净土宗已经盛行，真宗正在兴起。道元在《学道用心集》中说：“或教人求心外之正觉，或教人愿他土之往生。惑乱起于此，邪念职于此”；“今人云：可行易行之行，此言尤非也，太不合佛道”。可见，道元对标榜“易行道”的净土念佛法门是持反对态度的。

三、莹山绍瑾和曹洞宗的发展

道元入宋求法，回国后创立以越前（今福井县）永平寺为中心的曹洞宗教团，提出系统的禅法理论，培养出众多弟子。然而长期以来曹洞宗传播范围限于本州西北的偏远地区，在日本社会的影响不大。道元有弟子孤云怀奘、诠慧、寒岩义尹、彻通义介等人。怀奘（1198—1280）、义介（1219—1309）二人在道元去世后曾任永平寺第二代、第三代住持，为曹洞宗的发展作出过较大贡献。然而直到进入13世纪末的镰仓后期，经义介的弟子莹山绍瑾的努力，日本曹洞宗才取得显著发展。

近世日本曹洞宗奉道元为高祖，奉莹山绍瑾为太祖，认为如果没有莹山绍瑾也就没有后世的曹洞宗教团，可见莹山绍瑾在日本曹洞宗发展史上所占的重要地位。

莹山绍瑾（1268—1325），莹山是号，名绍瑾，越前国（今福井县）人，俗姓藤原。自幼从义介出家，十三岁从怀奘受戒，怀奘死后师事彻通义介。宋僧寂圆（1207—1299）在越前宝庆寺传法时，绍瑾曾投到他的门下参学。

绍瑾后来游学京都，先后参谒临济宗圆尔辨圆的弟子东山湛照、白云慧晓。绍瑾也曾到比睿山参访天台宗寺院，到由良兴国寺参谒临济宗无本觉心禅师。在这期间，他对兼修天台、真言二宗的兼修禅有所了解，对他以后将真言、天台二宗的仪礼引入曹洞宗有很大影响。

在伏见天皇正应元年（1288），绍瑾回到越前，翌年随师彻通义介移住加贺（今石川县）大乘寺。一日听义介举马祖弟子南泉普愿答赵州从谂和尚问“平常心是道”的公案[①]，“豁然契悟”（《延宝传灯录》卷七《绍瑾传》）。义介对他十分器重，授以相传源自唐代洞山良价的《宝镜三昧》《三种渗漏》《五位显诀》等文书，他皆加以参究。永仁二年（1294），绍瑾从义介受付法传衣（道元的袈裟），在义介死后继为加贺大乘寺的二代住持。此后，绍瑾以大乘寺为基地，加大力度向普通民众传教，开辟新寺院，扩大曹洞宗的传播范围和影响。

绍瑾生前开辟的重要寺院有三所：加贺国（在今石川县）净住寺、能登国（也在今石川县）永光寺和总持寺。花园天皇应长元年（1311），绍瑾把加贺大乘寺让与弟子明峰素哲住持，自己移住净住寺。能登永光寺是信徒滋野信直之妻施舍的，绍瑾将此寺作为安置自己遗骨的塔头所，并收藏先师义介的嗣书、自己的嗣书以及怀奘的血经、道元的遗骨、如净的语录等。绍瑾以“五祖”自许，称此寺为“五老峰”。绍瑾规定嗣法弟子轮流住持永光寺。总持寺在进入近代以后成为与永平寺并列的两大本山之一，在能登国凤至郡。原为律院，住持定贤律师将此寺献给绍瑾，从此改为禅寺，称为“诸岳山总持寺”。后醍醐天皇曾降敕绍瑾，请他回答“十种疑问”，其中有“祖意教意是同是别”，达摩为何可“乘一茎芦”过江，禅宗为何讲“不立文字，教外别传”……因绍瑾奏答的内容深密详明，特下诏升总持寺为“赐紫出世道场”。[②]

绍瑾十分重视信众（檀越、施主）外护对曹洞宗教团的支持，要求弟子们必须敬重信众，说“敬檀越可如佛，戒定慧解皆依檀那（按：施主）力而成就”（《永光寺置文》）。从绍瑾开始，日本曹洞宗结束从道元以来的枯淡闭锁的宗风，适应日本国情迅速传播，突破以越前永平寺为中心的狭小范围，开始向本州北部及东北诸地迅速扩展。

绍瑾的著述有：(1)《传光录》二卷，是绍瑾在大乘寺说法的记录；(2)《信心铭拈提》一卷，是用汉文写的对传为中国禅宗三祖僧璨所著《信心铭》的解释；(3)《坐禅用心记》一卷，发挥道元《普劝坐禅仪》的思想，讲述坐禅的意义和方法；(4)《莹山和尚清规》二卷，在道元所编《永平清规》的基础上，参考中国丛林制度及怀奘、义介的做法，为大乘寺和永光寺制定的法事程序、仪规以及寺僧修

---

①《景德传灯录》卷十《赵州从谂禅师章》：“异日问南泉：如何是道？南泉曰：平常心是道。”

②以上参见《传光录》卷首载《莹山绍瑾禅师传略考》及《本国高僧传》卷二十四、《延宝传灯录》卷七《绍瑾传》。绍瑾奏对后醍醐天皇十问的文录今存，载《大正藏》卷八十二，第422页上至423页下。

行的规矩，从中可以看到绍瑾把曾被道元否定的烧香、礼拜、念诵等仪礼吸收到寺院法事清规之中；还规定在许多法事仪式中要讽经，念秘密经咒，称念佛菩萨名号等，甚至为便于民众接受也吸收了日本神道以及中国道教的神鬼信仰。此外绍瑾还著有记述永光寺、总持寺缘起的《洞谷记》《总持寺中兴缘起》各一卷。

绍瑾在后醍醐天皇正中二年（1325）八月十五日去世，享年五十八岁，谥“佛慈国师”。弟子中以明峰素哲和峨山韶硕最有名。素哲继为加贺大乘寺三世，韶硕继为能登总持寺二世。他们二人与其后世弟子在室町时期把曹洞宗传播到本州的北部、中部及东北地方、九州的广大地区。其中素哲的法系以大乘寺为中心，韶硕的法系以总持寺为中心，另外义演和寂圆的法系以永平寺为中心。在这三派中以峨山韶硕的法系势力最大。

四、赴日传曹洞宗的中国禅僧——东明慧日、东陵永屿

宋元时期赴日的中国禅僧中，既有传临济宗的，也有传曹洞宗者。天童寺如净的弟子寂圆（1207—1299），在道元归国后不久赴日，随道元先后在京都兴圣寺、越前永平寺传法。在道元去世后，曾受法于怀奘，后在越前开创宝庆寺、妙法寺，绍瑾曾投到他的门下参学（《延宝传灯录》卷七《寂圆传》）。寂圆的嗣法弟子义云（1253—1333）继为永平寺第五代住持，此后直至第三十七代住持石牛天梁（1638—1714）为止，担任永平寺住持的皆出自寂云的法系。这一法系称“寂圆派”，继续将中国曹洞宗向日本介绍，对日本曹洞宗的发展也有很大影响。①

另有赴日传曹洞宗的东明慧日、东陵永屿二人，虽其法系后来中断，然而在镰仓末、室町初期的日本佛教界也有一定影响。

东明慧日（1272—1340），俗姓沈，南宋明州定海县（今浙江镇海县）人，嗣法于曹洞宗宏智正觉下四世直翁德举，先后参学于明州天童寺、杭州灵隐寺、苏州万寿寺、建康蒋山寺。慧日曾在苏州承天寺担任知藏，此后应请住持明州（治今浙江宁波）白云山宝庆寺。

元武宗至大元年（日本延庆元年，1308），慧日受日本镰仓幕府前执权北条贞时的邀请赴日，翌年到达镰仓，先后应请住持禅兴、圆觉（五度住持）、建长、万寿、东胜、寿福诸寺。慧日所传的禅法与道元所传有所不同，慧日直接传承中国曹

①据辻善之助《日本佛教史》第三卷《中世篇》之二第七章第十二节。

洞宗的禅法，例如在传法中也以蕴涵理事关系的“君臣五位”等“门庭施设”启示弟子。慧日于后醍醐天皇历应三年（1340）去世，享年六十九岁。弟子中著名的有别源圆旨、月逢圆见、少林如春，在室町幕府时期皆曾在京都住持“五山”① 之一的建仁寺。

慧日的法系在日本古代禅宗二十四派中称东明派，传法中心在镰仓建长寺，然而无教团继后（梵仙《东明和尚塔铭》，载《竺仙和尚语录》卷下之下、《延宝传灯录》卷四《慧日传》）。

东陵永屿（1285—1365），南宋四明（今浙江宁波）人，嗣法于曹洞宗直翁德举的弟子云外云岫，后住持本州天宁寺，元顺帝至正十一年（日本观应二年，1351）应室町幕府著名武将足利直义的邀请东渡日本。永屿先到京都天龙寺参谒“五山”领袖、临济宗僧梦窗疏石（1275—1351），得到他的器重。此后，永屿经梦窗疏石的推举，继天极志玄之后担任京都天龙寺住持，并先后住持京都南禅寺及镰仓圆觉寺、建长寺，与慧日一样传授中国曹洞宗禅法。永屿在贞治四年（1365）去世，享年八十一岁（《本朝高僧传》卷三十《永屿传》）。他的法系在日本古代禅宗二十四派称东陵派，以京都南禅寺为传法中心。

在临济宗主导禅门“五山”的室町时期，东明慧日、东陵永屿及他们的法系活跃于日本京都、镰仓的“五山”诸寺，传播与道元所传有异的曹洞宗，对发展日本禅宗文化也作出重要贡献。②

第七节　日莲和日莲宗

在日本镰仓时期新成立的佛教宗派中，净土宗、真宗和日莲宗，皆是从未到过中国的日本学僧依据并发挥汉译佛教经典和中国人的佛教著述创立的。在这当中，

①日本五山制度取法于中国南宋，始建于镰仓末期，发达于室町时期。“五山”未必限于五所禅寺，寺名及次序也并非固定不变。后小松天皇至德三年（1386）室町幕府发布，“五山之上”是南禅寺，“五山”包括在京都和镰仓的十所禅寺：第一是天龙寺、建长寺，第二是相国寺、圆觉寺，第三是建仁寺、寿福寺，第四是东福寺、净智寺，第五是万寿寺、净妙寺。

②以上参考日本石井修道：《曹洞宗的东传和演变》，载杨曾文、源了圆主编《中日文化交流史大系 4 · 宗教卷》第三章之（五），浙江人民出版社 1996 年版。

真宗和日莲宗无论在教义还是在修行方式等方面，相对于中国汉语系佛教都有较大突破，是最富有日本民族特色的宗派。应当说，这是中国佛教在东传日本过程中必然出现的一种现象或特殊形式：汉译佛典、重要佛教著述源自中国，而诠释却是日本学僧适应日本社会环境的大胆创新。

中国后秦鸠摩罗什所译《妙法莲华经》（简称《法华经》）是北传佛教中影响很大的大乘佛典之一，是隋唐时期盛行的天台宗所依据的主要经典。日本平安时代最澄入唐求法，回国后将天台宗传入日本，在京都东北的比睿山创立日本天台宗教团，逐渐发展成为日本最有势力的佛教宗派。镰仓时代新宗派创始人多出自天台宗，日莲宗创立者日莲也出自天台宗。

日莲虽也将《法华经》确立为日莲宗的主要经典，然而他在建立日莲宗教义过程中不仅没有原原本本地继承天台宗的传统教义，而且进行了重大的变革：一是排除日本天台宗中原来掺杂的真言密教（台密）成分；二是虽套用天台宗很多命题和概念，却断然舍弃其繁杂的“止观”、“实相”论证和与之相应的禅观修行，明确地宣称《法华经》的“肝心”（精髓、精华）只是“妙法莲华经”五字经题，是一切佛法中至高无上的“妙法”，任何人唱念这五字经题皆可达到解脱。

一、日莲生平和艰辛创教经历

日莲（1222—1282），原名莲长，日本安房国（今千叶县）长峡郡东条乡人。据日莲在《佐渡御勘气钞》《善无畏三藏钞》等文章中自称“东夷东条安房国海边旃陀罗（按：原指印度的贱民种姓）之子”、“贱民之子”等，说明他出生在一个普通的渔民家庭。然而在日莲死后，随着日莲宗的迅速传播和盛行，日莲的家族在一些日莲史传中逐渐被贵族化了，然而这是不足为信的。①

日莲十二岁时到本乡属于天台宗的清澄寺礼道善为师，四年后受戒出家，学习佛教经论和天台宗及密教（台密）。后辞别道善到外地游学，先到幕府所在地镰仓参访诸寺，学习净土宗和禅宗，还学习过律宗。日莲二十一岁时曾回乡探亲，在清澄寺撰写第一篇仅四百字左右的文章《戒体即身成佛义》，基本依据天台宗的思想

①相关的书有日朝《元祖化导记》（成书于 1478 年），承慧《元祖莲公萨埵略传》（成书于 1566 年），日潮《本化别头佛祖统记》（成书于 1730 年）及日谛、日耆共辑《本化高祖年谱考异会本》（成书于 1779 年）等。

论述大小乘戒体（受戒者的持戒信念和意志），认为《法华经》主张众生皆可成佛，众生与佛同体，戒体即佛性，实践“五戒”即可成佛。此后日莲曾到比睿山深入研究天台教义。日谛、日耆共辑《本化高祖年谱考异会本》记载，日莲在比睿山“阅览三藏要文，深达台宗玄秘，广涉诸宗，梵字悉昙等无不研究”。日莲还到在比睿山下的天台宗寺门派的传法中心园城寺学习圆珍法系的天台学，游历奈良、京都诸寺学法相、华严、真言宗等。

这样，日莲在离开家乡十多年的时间里，经过到各地学习和实地考察，对印度、中国和日本的佛教典籍、宗派和佛教历史有了比较详细的了解。参考日莲《妙法比丘尼御返事》（著于1278年）等著作可知，日莲在这个过程中曾对哪种佛法最为优越，能使一切人“植佛种，成就离生死之身”的问题进行了反复比较和思索。他最后得出的结论是：小乘佛教不行，即使作为“权大乘”的三论、法相、华严三宗也不行，对禅宗、净土宗也不满意。他对天台宗与真言密教的见解也开始摆脱圆仁的“显（按：此指天台宗）劣密胜”的理论，认为唯有《法华经》的教说才是大乘佛法中最优胜的，可以引导一切众生解脱成佛。

日莲从各地游学后回到比睿山，在这里大体完成了他独特的专弘《法华经》，唱念经题“妙法莲华经”或“南无妙法莲华经”的教义构想。

1. 在清澄山唱念经题开宗

建长五年（1253），日莲回故乡探望师父道善和父母。四月二十八日晨，日莲登上清澄山顶，面对徐徐升起的朝阳，高声唱“南无妙法莲华经”十遍。此后又在道善所在的持佛堂南面，向道善及寺中的净圆等僧众宣讲自己新开创的法门，大意是说在一切佛法中唯有《法华经》才是最圆满优胜的佛法，宣述释迦佛真实“本怀”的妙法，可使一切众生成佛，“妙法莲华经”五字经题具足一切佛法功德妙用，唱念此经题可以成佛，并攻击禅宗、净土宗等是“僻见”、“邪义”。

伪书《本门宗要钞》记载日莲在此已提出攻击别的宗派的“四个格言”，即所谓“念佛无间，禅天魔，真言亡国，律国贼”，意为念佛宗（净土宗）使人下无间地狱，禅宗是天魔之所为，真言宗必招致亡国，律宗是国贼妄说。还说日本天台宗已成“过时古历”。从当时情形判断，日莲可能攻击了净土宗、禅宗，似乎尚不可能攻击真言宗、律宗。至于说攻击天台宗已过时，是不可能的。因为日莲在早年仍自称是“天台沙门日莲”、“根本大师（按：最澄）门人日莲”。他到晚年虽自称“释子”、“本朝沙门”，有意脱离天台宗，对圆仁、圆珍的“显劣密胜”理论及从他们之后天台宗与真言宗混合的做法进行批判，但对天台宗本身并没有攻击。

有关日莲史书对日莲在建长五年回乡开宗的记载虽详略不同，但有两点是相同的：(1) 宣传《法华经》为佛法中最高经典，提倡唱念“南无妙法莲华经”经题；(2) 对净土宗等进行批判。限于史料，日莲开宗的具体情节虽不明确，但上述两点是可信的。这可从日莲晚年的著作中得到证实。日莲在《清澄寺大众中》（著于1276年）的开头批评了“真言宗失《法华经》宗也”；又说“禅宗、净土宗简直是僻见者也”，接着回顾道：“建长五年四月二十八日，于安房国东条乡清澄寺道善房之持佛堂南面，向净圆房等不多之众宣述此义，其后二十余年间未曾退转，或被驱逐，或处流罪等。”在《圣人御难事》（著于1279年）中追述自己在此日午时于持佛堂南面“说此法门也”（指弘传《法华经》）。在《谏晓八幡钞》（著于1280年）中说：“日莲从建长五年四月二十八日至今弘安三年十二月为止的二十八年间无他事，唯想令日本国一切众生念诵‘妙法莲华经’七字五字。”

以上被日莲宗看作是日莲的立教开宗。据载，日莲于清澄寺说法之后，其师道善与僧众十分惊讶，表示难以接受。地头东条景信是信奉净土宗的，听日莲所说之后大怒，将他驱逐。道善也不得已宣布与日莲断绝师徒关系，但因担心东条景信加害于日莲，特派弟子净显、义净护送日莲逃到西条乡华房的莲华寺。但此处的地头也信奉净土宗，听日莲批评净土信仰，要加害于日莲，于是他又逃走。日莲曾回家探视父母，向他们传法。此后日莲把原来的名字“莲长”改为“日莲”。

日莲决心把自己创立的教说弘传全国，便离开家乡乘船从海路到达幕府所在地镰仓。他在名越的松叶谷建庵室居住和传法。他每日在此诵读《法华经》，入名越的山中高声唱诵“南无妙法莲华经”，吉祥麻吕就是所谓“唱题”。日子一久，知道他的人越来越多。天台宗僧成辨前来投奔，成为日莲的第一个弟子，受名日昭，是日莲以后传教的得力助手。此后日莲选择了一个接近幕府前通道的小广场，每天到这里向过往行人传法。当时传统宗派势力很大，新兴的净土宗也很盛行。日莲用自己的见解解释《法华经》，弘传唱题，并批评别的宗派，引起旧有僧俗信徒的反对，或对他讽刺讥笑，或加以辱骂，也有的向他扔石块，或用木杖痛打。日莲在以后的著作中常常提到自己在传教中受到的种种凌辱和迫害。他常引《法华经·法师品》的“如来现在（按：在世）犹多怨嫉，况灭度后”，作自我安慰（见《开目钞》卷上等）。建长六年（1254）十月，下总国（在今千叶县）平贺有国之子吉祥麻吕来投日莲，成为他的侍童，吉祥麻吕就是后来著名的日朗。日莲曾离开镰仓到下总去传教，饰鹿郡若宫的城主富木常忍对日莲的教说发生兴趣，成为日莲以后在关东传教的重要支持者，晚年在日莲门下出家名日常。

日莲在传教过程中不断思考深化自己的教说体系，同时密切注视社会政治和宗教界的形势。他对净土宗的盛行和禅宗的迅速兴起感到忧虑和愤懑，寻找机会向幕府进谏，希望通过幕府的行政权力来提倡他的法华教说，制止净土宗和禅宗的流行。

2. 日莲第一次进谏幕府——进呈《立正安国论》和流放伊豆

日本从正嘉元年（1257）以后连续发生罕见的天象和自然灾害，有月食、日食、旱灾等，特别在正嘉元年八月镰仓发生大地震，山崩地裂，房屋倒塌，很多寺院神社遭到焚毁。正嘉二年（1258）秋天又有暴风洪水，庄稼受害严重。正元元年（1259）饥馑，流行疫病，死者很多。文应元年（1260）发生风雨灾害，有饥馑。在当时情况下，幕府和朝廷十分恐慌，命各地寺院的僧人诵经修法，向佛菩萨以及神灵祈祷。

日莲认为这一切是由于“邪法”流行而造成的。正嘉二年（1258），他到骏河国（在今静冈县）富士郡的岩本实相寺查阅《大藏经》，有意寻找记述招致天变地妖原因的经文，以便撰文向幕府进谏。正元元年（1259），日莲写出《守护国家论》，批驳源空的《选择本愿念佛集》，称净土宗为“邪法”、“恶法”、“谤法”（谤正法），予以批判，引证《金光明经》《仁王般若经》《大集经》《大涅槃经》等，说由于“恶法”（指净土宗）流行，才发生了正嘉元年的地震和风雨灾害，对治的方法是当政者——王者大臣应禁止“恶法”流布，“护持正法”，即在全国弘通《法华经》。翌年又广引经文写了《灾害对治钞》，宣称正是“恶法”流行才使四天王等“守护国土诸大善神”及“圣人”离国而去，招致发生大地震及非时的大风、大饥馑、大疫病、大兵乱等灾害。这两部书实际是日莲为写《立正安国论》向幕府进谏而做的准备。从书内思想来看，日莲尚未摆脱传统的日本天台宗理论的影响，称《法华经》《涅槃经》二经及真言宗的《大日经》为“了义经”，为“正法”，批判的主要矛头指向净土宗。

日莲接着在文应元年（1260）撰写《立正安国论》，通过幕府前执权北条时赖的近臣宿谷光则上呈北条时赖。这是日莲第一次向幕府进谏。

《立正安国论》用汉文写成，采取“旅客”与“主人”二者问答的形式。文章开头云：

旅客来叹曰：自近年至近日，天变地妖，饥馑疫疠，遍满天下，广迸地上。牛马毙巷，骸骨充路。招死之辈，既超大半；不悲之族，敢无一人。然间或专“利剑即是”之文①，唱西土教主之名；或持“众病悉除”之愿②，诵东方如来之经；或仰病即消灭，不老不死之词③，崇法华真实之妙文；或信七难即灭，七福即生之句④，调百座百讲之仪。有因秘密真言之教，洒五瓶之水⑤。有全坐禅入定之仪，澄空观之月。若书七鬼神之号⑥而押千门，若图五大力之形⑦而悬万户，若拜天神地祇而企四角四堺之祭祀，若哀万民百姓而行国主国宰之德政。虽然，唯摧肝胆，弥逼饥疫，乞客溢目，死人满眼，卧尸为观，并尸作桥。观夫二离（按：指日月）合璧，五纬连珠，三宝在世，百王未穷，此世早衰，其法何废？是依何祸，是由何误矣？⑧

这是说，当时日本佛教界在灾害频繁发生的情况下，或依净土教义，唱念阿弥陀佛名号（《般舟赞》喻念佛为“利剑”）；或诵《药师本愿功德经》，祈祷药师如来息病消灾；或倡弘通《法华经》，说奉读此经可消病长寿；或举办法会讲《仁王般若经》，祈求佛神祛灾赐福；或据《却温神咒经》书七鬼神之名贴于门上；或据《仁王般若经》画护法的五位大力菩萨之像悬在门上。此外，也有人祭拜天神地祇，当政者表示要行“德政”。但这一切不仅没有奏效，反而招致灾难更加严重，悲惨之状难以言说。那么，是什么原因使世早衰，使佛法将灭？招致灾害的社会祸害是什么呢？

日莲借主客二者的问答，讲述了以下三个内容：

（1）引证经文指责世人违背大乘正法，皈依“恶法”，致使护国善神弃国而

---

①此指净土宗。“利剑即是”，出自唐善导《般舟赞》之文。

②“众病悉除”，出自《药师本愿功德经》的第七愿之文。

③“病即消灭，不老不死”，出自《法华经·药王菩萨本事品》。

④“七难即灭，七福即生”，出自鸠摩罗什译《仁王般若经》卷下《受持品》。

⑤日本真言宗举办祛灾祈福的秘密修法和灌顶仪式时，在修法坛置装水的五色瓶，用此水向受法者灌顶。此据《大日经》及一行《大日经疏》。

⑥《却温神咒经》说，写七种鬼神之名挂在门上，可祛治疫病。

⑦《仁王般若经》卷下《受持品》说，国主若护三宝，佛会派五位大力菩萨前去护国。

⑧此文载《大正藏》卷八十四，第203页至208页。本书所引日莲著作主要据高佐贯长编，兴道文库1987年的改订第四版《日莲圣人御遗文》，并参考《昭和新纂国译大藏经·日莲宗圣典》（东方书院1928年版）中所收者，一般不再注明页数。

去，各种灾害相继发生。日莲引的经典有《金光明经》《大集经》《仁王般若经》《药师本愿功德经》等，宣称当政者和国民“背正”、“归恶”，使护国善神、圣人离国而去，魔鬼前来，灾难兴起。如《金光明经》说：“我等四王（按：四天王）并诸眷属及药叉等见如斯事，舍其国土无拥护心，非但我等舍弃是王，必有无量守护国土诸大善神皆悉舍去。既舍离已，其国当有种种灾祸，丧失国位……”《仁王经》曰：“国土乱时先鬼神乱，鬼神乱故万民乱。贼来劫国，百姓亡丧，臣、君、太子、王子、百官，共生是非，天地怪异……”日莲还说《大集经》所说的谷贵、兵革、疾疫“三灾”中，日本已出现二灾，仅差兵革一灾未到；在《药师经》所说“七难”中，即人众疾疫难、他国侵逼难、自界叛逆难、星宿变怪难、日月薄蚀难、非时风雨难、过时不雨难之中，只有“他国侵逼难”、“自界叛逆难”二难还未出现；《金光明经》所列诸难已起，仅有“他方怨贼侵掠国内”之灾未出现；《仁王经》所说七难中只有“四方贼来侵国”一难未至。日莲警告说：“帝王者，基国家而治天下；人臣者，领田园而保世上。而他方贼来而侵逼其国，自界叛逆而掠领其地，岂不惊哉！岂不骚哉！失国灭家，何所遁世?”为此，他劝当政者和世人舍弃“妄宗邪义”、“邪教”，皈依“法华”正法。

（2）日莲将迅速兴起的净土宗看作第一大敌，称净土宗创立者法然源空为“诸佛诸经之怨敌，圣僧众人之仇敌”，攻击他的《选择本愿念佛集》“破一代之圣教，遍迷十方之众生”，使日本全国只知净土三部经而不知其他佛经，只知西方阿弥陀佛而不知其他佛，“是以住持圣僧行而不归，守护善神去而无来”。日莲要求幕府用强力禁止净土宗，说：“禁谤法之人，重正道之侣，国中安稳，天下太平。”

（3）日莲将所谓“法华”信仰称为“正法”。他有时是指传统的天台宗，称之为“圆教”。他在《立正安国论》前署名为“天台沙门日莲”，因而所谓的“正法”不可能超离天台宗之外。他说当时日本上下“皆出正法之门而深入邪法之狱”，“各悬恶教之纲而镇缠谤教之网”。他呼吁说：“汝早改信仰之寸心，速归实乘（按：指《法华经》之教）之一善，然则三界皆佛国也。佛国其衰哉？十方悉宝土也。宝土何坏哉？国无衰微，土无破坏，身是安全，心是禅定。”这也就是全文题目“立正安国”的含义：日本全国立于正法，可得长治久安。文内有曰：“国依法而昌，法因人而贵。国亡人灭，佛谁可崇，法谁可信哉！先祈国家，须立佛法。”日莲希望当政者接受“法华正法”，再由当政者推行到全国。

日莲当时还没有批评真言宗，因为日本天台宗内含有真言密教成分——“台密”。他虽也反对禅宗，然而因为幕府前执权北条时赖崇奉禅宗，建立建长寺师事宋临济宗僧兰溪道隆，所以在《立正安国论》中没有抨击禅宗。日莲集中攻击净土宗。可是净土宗在幕府也有势力，执权北条长时及其父北条重时（称“极乐寺殿”）都信奉净土宗。

北条时赖对日莲的上书未予理睬。然而在镰仓的净土宗僧俗信徒，听说日莲上书幕府攻击净土宗，感到气愤之极，在八月的一天夜里袭击并焚烧了日莲在松叶谷的庵室。日莲受伤，逃到下总的信徒富木良忍（胤继）处居住，并在此传法。富木特为他建一堂，即后来的中山法华寺。在这期间，有不少武士及贵族后裔前来皈依，成为日莲早期的信徒。

日莲在弘长元年（1261）又回到镰仓，对净土宗等的批判和攻击更加激烈。净土宗信徒上告幕府。五月，执权北条长时按照《贞永式目》第十二条：“恶口咎事。斗杀之基，起自恶口，其重者被处流罪……”判处日莲流放伊豆（在今静冈县）。日莲被用官船送到伊豆东部的筱海浦，受到渔民上原弥三郎的照顾。此后到达伊东乡和田，因治愈地头伊东朝高的病而受到他的优遇，并成为日莲的信徒。

日莲在流放伊豆期间，一边传教，一边写作，进一步整理他的教理体系，撰写出《四恩钞》《教机时国钞》。北条重时因病去世后，其子执权北条长时在弘长三年（1263）二月下令赦免日莲流罪。

日莲被赦后曾回到镰仓。在文永元年（1264）八月，日莲为祭扫父墓和探视老母回到阔别十年之久的故乡。日莲曾与正笃信净土宗的师父道善见面，劝他信奉法华，告诉他念佛者死后会降地狱。但道善不为所动。

十一月日莲应天津（在安房西南）城主工藤吉隆之请前往传教，在途经东条乡小松原大道之时，遭到地头东条景信率领数百人袭击。日莲受伤，弟子一人被打死，二人受伤。工藤吉隆闻讯率众前来营救而被杀死。在经历了这件事后，更加激发他弘传法华信仰的热情。日莲在《南条兵卫七郎殿御书》信中说：“对《法华经》之信心弥增。第四卷云：‘而此经者，如来现在，犹多怨嫉，况灭度后?’第五卷云：‘一切世间多怨难信’……日本持经者无人体验此经文也。唯日莲一人亲身体验，‘我不爱身命，但惜无上道’是也。日莲为日本第一《法华经》行者也。”他怀着这种炽热感情到各地传教，并关注社会形势，伺机再次上书幕府。

日莲从遇赦到文永五年（1268）回到镰仓之前，巡游安房、上总（皆在今千叶县）、常陆（今茨城县）、下野（今栃木县）等地传法，有不少武士皈依成为弟子，还为他建寺。上总奥津的佐久间重贞皈依日莲后，二子皆从日莲出家，改名日保、日家。另有上总藻原的邑主齐藤兼纲、墨田的高桥时光、下野宇都宫的宇教宫景纲之姊妙正等人也皈依日莲。从日莲出家的还有日持、日正、日顶（富木良忍的养子）、日胤等。可以说这为日莲宗以后在关东的发展奠定了基础。

日莲在这期间写的著作，论证唱念“南无妙法莲华经”的功德，批评净土宗、禅宗，虽仍称“根本大师（按：最澄）门人”，但已对与日本天台宗结合密切的真言密教提出批评。

3．二次进谏幕府和流放佐渡

日莲在《立正安国论》中曾向幕府警告，如不改信“正法”，“他国侵逼难”、“自界叛逆难”也会“并起竞来”。蒙古（忽必烈于公元1271年定国号为元）派使者赴日劝日本臣服和嗣后出兵日本，使日莲认为预言应验，更加激发了弘传法华信仰的热情。

蒙元至元三年（日本文永三年，1266），元世祖派兵部侍郎黑的、礼部侍郎殷弘为正副使持国书出使日本，中经高丽，日本文永五年（1268）正月到达九州太宰府，国书送镰仓幕府，幕府又把国书上奏嵯峨上皇。元的国书称：“冀自今以往，通问结好，以相亲睦。且圣人以四海为家，不相通好，岂一家之理哉。以至用兵，夫孰所好，王其图之。”（《元史·日本传》）实际是威胁日本称臣进贡。日本不复国书，且遣返使者。文永六年（1269），黑的等人到达对马岛，催促日本复书。日本拒纳，他们掳岛民二人而归。此后元世祖一再派使者赴日以求“通好”，皆得不到答复。元经过备战，在日本文永十一年（1274）和弘安四年（1281）两次出兵九州海域，欲登陆占领日本，皆因遇飓风和日军的抵抗而遭惨败。

日莲密切注视这一形势。文永五年（1268）四月，他通过法鉴向幕府上呈《安国论御勘由来》，讲自己过去写《立正安国论》的由来，说在呈幕府《立正安国论》后的第九年正月见“大蒙古国书”，正与《立正安国论》所预言的“他国将破此国”相符，感慨日本全国知道对治此难者除睿山外仅日莲一人。他借此文再一次向幕府提出警告：如不奉法华正法，禁“邪法”，日本将灭亡。

此年十月，日莲分别向幕府执权北条时宗、宿屋左卫门光则等武士首领及建长寺道隆、极乐寺良观等高僧致书，皆说蒙古牒状到来证明他的《立正安国论》预言正确。在给执权时宗的信中，要求停止对建长寺、寿福寺等的皈依，应调伏蒙古人，称“调伏彼事，非日莲不可”，谓日本为“神国”，天神七代、地神七代及其他善神皆为拥护法华一乘之神明，如不奉法华一乘，善神成怒，七难必起，日本将被蒙古所灭。日莲在给镰仓各大寺的信中，则对净土宗、禅宗、真言宗、律宗进行攻击。日莲在《与建长寺道隆书》中正式提出“念佛为无间地狱之业，禅宗乃天魔之所为，真言是亡国恶法，律宗为国贼妄说”的所谓“四个格言”；在《与寿福寺书》中甚至要他们放弃自奉的“邪法、邪教”，皈依“实法、实教”（指法华一实之法），“皈依日莲”。日莲认为自己所言尽理，并充满自信地称：“日莲为日本第一《法华经》之行者，退治蒙古国之大将。”（《与极乐寺良观书》）

各大寺的高僧在看了日莲的信后虽很气愤，但皆未作正面答复。当时幕府请真言宗僧祈祷护国降敌，日莲却撰文批判真言宗。文永八年（1271）春夏大旱，幕府命极乐寺著名律僧良观（1217—1303）求雨。良观在举行求雨仪式之时，日莲公开置疑，并派人前去嘲讽、攻击。[①]净光明寺的净土宗僧人行敏与良观等商量之后，向幕府递状提出诉讼，说日莲“偏执法华一部”，攻击其他大乘经典皆“妄语”，并攻击念佛、禅及戒律；把阿弥陀佛像、观音像投入水火；称守护法华，“贮兵杖于家内，集凶徒于室中”；称天灾国难由禅、律、念佛而产生，扬言应“烧尽建长寺、极乐寺、多宝寺、大佛殿、长乐寺、净光明寺及其下诸伽蓝及斩禅僧、念佛僧等诸僧之头……”（《元祖化导记》卷上[②]）此后又将此说法向幕府官员及他们的妻室散布，甚至蛊惑说日莲要杀道隆、良观等人。这样便引起幕府和以执权为首的各个家族的人对日莲的怀疑、憎恶。因为上述大寺皆是由幕府主持建造的，道隆、良观等人受到执权及他们妻室的皈依。

文永八年（1271）九月十日至十二日，幕府侍所的所司（统辖军政要务）平赖纲传讯日莲。日莲在申辩中重申自己的主张，攻击其他宗派，自称：“日莲是日本国的桥梁，失去予即是推倒日本之柱，必将发生自界叛逆之难，内部互相攻杀；发生他国侵逼之难……”（《撰时钞》卷下）幕府判决日莲“托事佛法，屡乱国家”，处以流罪（《本化高祖年谱考异》），而内定于路上将他杀死。

日莲被发配的地方是位于本州北部海中的佐渡岛（在今新潟县）。日莲被发配佐渡的途中，先被送往相模国（今神奈川县）的依智。按照幕府内部的判决，日莲路经龙口时要将他处死，但突然传来幕府的命令停止处死。这样日莲平安到达依

①参见《赖基陈状》及《本化高祖年谱考异》。

②可参考日莲《行敏诉状御会通》。

智，然后到越后寺泊（在今新潟县）。日莲在此给富木胤继（良忍）写了一封信（《寺泊御书》），以《法华经·常不轻菩萨品》中常不轻菩萨①自况，说自己为传法华正法而屡遭“恶口骂詈”、“及加刀杖”，两次遭流罪，深深体验了《法华经·劝持品》中所说持《法华经》者所受之迫害。

十月底，日莲乘船从寺泊越海到达佐渡的东南岸松崎，接着到达新穗本间重连的邸宅，然后被安置在冢原的原放置死尸的小屋内。在这里他经常饥寒交迫。当地的净土宗、真言宗和律宗的僧俗信徒，听说日莲到来，把他看作怨敌，要加害于他。在地头本间重连的干预下，他们联合从越后、越中、出羽、奥州、信浓等地来的诸宗学僧，在冢原与日莲辩论，据说以失败告终（《种种御振舞御书》）。

在日莲的创教生涯中，以流放佐渡为界分为前后两个阶段。在流放佐渡后，日莲有意脱离日本天台宗，在对《法华经》的解释中注重对所谓“本门”的论证，强调唱题，并对日本天台宗历史上提倡真言密教的圆仁、圆珍及他们的“显劣密胜”、“理同事胜”的理论进行批判。文永九年（1272）二月，日莲写了《开目钞》二卷，被后世日莲宗称为“人本尊开显”之书。论述《法华经》讲二乘（小乘的声闻、缘觉）、一阐提、女人可以成佛和一念三千、“久远实成”的法身佛，优于其他一切佛经；法相、真言诸宗皆盗取天台宗一念三千理论，它们和净土宗、禅宗皆属与《法华经》为敌的邪教；日莲自称继天台（智𫖮）、传教（最澄）之后首次揭示隐藏于《法华经》本门《寿量品》“文底”的“一念三千法门”，从而招致种种迫害；宣称：“我为日本之柱，我是日本眼目，我是日本之大船”，以“末法”时代日本众生的导师、教主自任。

就在日莲将著完《开目钞》之际，幕府发生内讧。执权北条时宗之兄时辅任京都六波罗守护南殿，与在镰仓任评定众的北条教时等人密谋反叛时宗。事发，时宗派人杀教时等，并攻杀在京都的时辅。日莲得知此事后，认为自己的预言“自界叛逆难”又中。幕府的一些人也开始另眼看待日莲。此后日莲所受的待遇有所改善，从冢原移入一位百姓家住。从此，前来皈依日莲的人有所增加，外地也有信徒携带钱物前来探望。

文永十年（1273）四月，日莲著《如来灭后五五百岁始观心本尊钞》，简称

①《法华经·常不轻菩萨品》载，有一菩萨比丘名常不轻，见一切僧俗人皆礼拜，说“我不敢轻于汝等，汝等皆当作佛”。他常遭人“骂詈”，“众人或以杖木瓦石而打掷之”，但他不嗔恚。

《观心本尊钞》，后世日莲宗称之为“法本尊开显”之书。论述《法华经》的迹门、本门；认为在末法时代唯应向众生传授“妙法莲华经”五字经题；说此五字经题是《法华经》的“本门肝心”，具足“久远实成”的法身释迦佛的“因行、果德二法”；以往天台宗智𫖮等仅说“迹门”“理具”的一念三千，而未说作为“事行”、“事具”的一念三千；此“事具”的一念三千作为释迦佛的“因行、果德”包含在经题五字之中；本门之本尊即为“妙法莲华经”五字。日莲自许为末法时代的“上行菩萨”，谓“但以‘妙法莲华经’五字，令服幼稚，因谤堕恶，必由得益是也”。日莲此时既然认为自己的“本门”妙法直继法身释迦佛，而与以往天台宗仅讲“迹门”一念三千不同，在思想上已脱离了传统的天台宗，从此他只称“本朝沙门”，而不再称“天台沙门”。

镰仓幕府执权北条时宗在文永十一年（1274）二月十四日决定赦免日莲的流罪。日莲的弟子日朗持赦免书到佐渡通知，日莲于三月二十六日回到镰仓。

4. 三谏幕府遭拒，以身延山为中心建立日莲宗教团

日莲回到镰仓后，四月八日被召入幕府的评定所，平赖纲受北条时宗之命郑重地询问日莲蒙古何时来袭。日莲回答说：“经文上看不出何时，天正盛怒，大概不过今年。”又进谏幕府，攻击净土、禅、真言诸宗带来祸害，劝幕府不要请真言宗僧人为“调伏大蒙古”而祈祷，否则将导致日本国灭（《撰时钞》卷下）。但幕府没有采纳他的谏言。日莲想到《礼记》“三谏而不听，则逃之”的古训，决定退隐山林（《下山御消息》）。

文永十一年（1274）五月，日莲到甲斐国（今山梨县）南巨摩郡波木井乡的身延山。此处的地头叫波木井南部实长，是日莲的信徒。日莲在他的支持下建造十余间宽敞的堂宇作为居住和传法之地，称身延山久远寺，建立了早期日莲宗教团。

当年五月二十四日，日莲著《法华取要钞》，说在末法时代，龙树、天亲、天台（智𫖮）、传教（最澄）所遗留没有显示的“秘法”是“本门之本尊、戒坛和题目之五字”，此时只可弘布“妙法莲华经”五字。

此年十月，元军进攻日本九州北部的对马、壹岐，并一度登上筑前博多，因遇飓风而败归。日莲看到自己的预言皆应验，自信自己是受释迦佛付嘱于末法时代传《法华经》的“上行菩萨”，便于十二月用笔图显以“南无妙法莲华经”七字为中心的大曼荼罗，称之为“大本尊”。在“南无妙法莲华经”两侧及下方有诸佛、菩萨、天神地祇、诸天鬼神等名，还有天台、传教之名，既表示以《法华经》题目为

最高崇奉对象——本尊，又表示佛与众生融通无间的“十界互具”① 之理。

建治元年（1275），日莲著《撰时钞》二卷。说据《大集经》等，当时已进入佛灭后第五个五百岁的“斗争言讼，白法（按：意为善法、正法）隐没”的末法时代，“正为《法华经》肝心‘南无妙法莲华经’大白法广宣流布之时”，世界及日本上下民众皆应唱念“南无妙法莲华经”。日莲对净土宗、真言宗、禅宗及天台宗的圆仁、安然等人的“理同事胜”的理论也进行批判。建治二年（1276），日莲的师父道善于故乡清澄寺去世。日莲为报师恩而著《报恩钞》二卷，派人送给清澄寺的净显、义净，请他们于师墓之前读之。《报恩钞》论述了以经题为主体的本门本尊、戒坛和题目的“三大秘法”。

日莲在身延山期间，身边有弟子四十人到六十人，后增加到百人左右。在日莲三十多年的传教生涯中，皈依他的门弟和信徒不断增加。在他居留身延山时，他的一些弟子仍在各地传教。很多门弟和信徒到身延山看望日莲，听日莲教诲。他们为日莲及身边弟子送去钱、米、盐、油、菜、水果及笔墨纸等。日莲常向各地弟子和信徒写信，现存日莲著作中有大量这种书信。日莲著名的弟子有日昭、日朗、日兴、日向、日顶、日持等。

弘安元年（1278），日莲生病。弘安四年（1281），元军再次进攻九州北部，日莲写信告诫门弟和信徒不要议论此事②。弘安五年（1282）九月，日莲到常陆（今茨城县）温泉治病，路上病情恶化，转程到达武藏池上乡（在今东京大田区池上本町）的信徒池上宗仲的邸宅，在向选出的六位弟子托付后事之后，于十月十三日去世，享年六十一岁。

5. 日莲的著作

日莲的著作包括论文、书信及经注等，现存四百九十三篇，另外有断简三百五十七件、图录六十五篇、书写本二十三件、要文一百四十件、曼荼罗本尊一百二十三幅。③ 日莲的代表著作有《立正安国论》《开目钞》《观心本尊钞》，此为日莲宗所称的“三大部”。加上《撰时钞》《报恩钞》，为“五大部”。日莲的全集，现有

---

①天台宗教理。智顗《摩诃止观》卷五：“夫一心具十法界，一法界又具十法界，百法界。”一法界各具十法界，称“十界互具”。

②《小蒙古御书》：“对小蒙古人逼来日本之事，我门弟及檀那等皆不可向他人及自己言语之。若违此旨，应离门弟等，今告知也。以此旨示之各位。”

③此据渡边宝阳、庵谷行亨《日莲宗》（大法轮阁1984年版）第三章。

高佐贯长编、行道文库于1932年初版的《日莲圣人御遗文》，还有浅井要麟编《昭和新修日莲圣人遗文集》（平乐寺书店版）、立正大学日莲教学研究所编《昭和定本日莲圣人遗文》（身延山久远寺版）、崛日亨编《日莲大圣人御书全集》（创价学会版）等。

二、日莲宗的教义

日莲在自己的著作中称所创的教派为“妙法莲华宗”，简称“法华宗”，后世用他的名字通称“日莲宗”。日莲宗主要依据的经典是《法华经》（《妙法莲华经》）和日莲的重要著作《立正安国论》《开目钞》《观心本尊钞》及《撰时钞》、《报恩钞》等。日莲在继承天台宗的基本概念和命题的基础上，结合所处时代的特点和自己的思考，对《法华经》作了独特的解释论证，建立了以“妙法莲华经”五字经题为无上佛法的教义体系，可概括为以下两点。

1．将《法华经》置于佛法的至高无上地位

正如中国佛教宗派都有自己的判教理论一样，日莲在创立日莲宗过程中也提出自己的判教理论。据此判教理论，可以看出他是如何评价《法华经》的。这里仅利用他在《教机时国钞》中提出的“教、机、时、国、教法流布先后”的所谓“五纲”判教论，参照其他重要著作，着重揭示他的《法华经》至高无上的观点。

（1）教，指教法。日莲继承中国天台宗创始人智𫖮的“五时”（华严、阿含、方等、般若、法华），“化法四教”（藏、通、别、圆）的判教理论，认为在大小乘一切佛经中，只有《法华经》最为优越，是“第一经王”。他在《开目钞》中说，在释迦佛成道之后五十年传法的生涯中，前四十年所说的经典皆“未显真实”，皆属应机随缘说法的“权经”，只有最后八年所说的《法华经》“皆是真实”，是展示佛的“本怀”，宣说觉悟的真实内容。① 日莲论证，《法华经》比其他佛经优越之处有三点：一是讲一切人可以成佛，包括声闻、缘觉二乘和恶人以及被佛教一向歧视的女人；二是讲“一念三千之法门”，日莲着重从“十界互具”进行解释；三是讲释迦为“久远实成”的法身佛。② 日莲接受天台智𫖮在《法华文句》中把《法华经》前十四品作为“迹门”，后十四品称为“本门”的说法，进而认为在“本门”

①另参考《药王品得意钞》。

②《开目钞》卷上、卷下。

中只有《从地涌出品》后半部分、《寿量品》和《分别功德品》前半部分最为重要。又说："彼一品二半，此但题目五字也。"这五字题目即"妙法莲华经"（加上"南无"是七字），隐藏于《寿量品》的"文底"。此经题是《法华经》的"肝心"，与诸法实相"一念三千"是等同无二的。[①] 这样，在日莲的判教理论中，佛法的优胜层次是：大小乘诸经—《法华经》—《寿量品》与另两个半品—"妙法莲华经"。

（2）机，原指素质、根机，也直接用来指接受佛法的人。日莲发挥佛教所说在佛灭千年之内是"正法时"，进入佛灭两千年是"像法时"，此后进入末法时（佛法将灭的末世）的说法，认为相应于此三时有三机，流行不同的佛法。适应于"正法机"先流行小乘经，后流行权大乘经；适应于"像法机"则流行《法华经》的迹门教法，以中国智顗和日本最澄为代表；适应于"末法机"的教法则是《法华经》的本门教法，实即"南无妙法莲华经"。[②] 时间越往后，众生根机越低下，越应授予最上等佛法，所以在末法时代应传授一切众生以《法华经》本门的精华——"妙法莲华经"。《撰时钞》卷下说："持妙法莲华经五字，作为谤法一阐提（按：极恶者）白癞病之辈良药。"

（3）时，指佛法流行的时代。日莲利用《大集经》所说在佛灭后有五个五百年的说法，说在正、像、末三时流行不同的大小乘佛法，到了像法后半期出现法华迹门正法，而认为他正处在佛灭后两千两百年，属于末法初期，正应弘布法华本门正法——"南无妙法莲华经"。

（4）国，是流行佛法的国度。有流行小乘、大乘之国，或大小乘兼行之国，但日本是"一向大乘国，大乘中《法华经》之国"，故应弘布法华本门妙法。

（5）教法流布先后，或简称"序"，是指教法适应时机不同而流行的先后次序。正、像、末三时先后流行不同的佛法，既然进入末法时，就应流行适宜此时的法华本门妙法。

可见，日莲通过自己的"五纲"判教理论把《法华经》置于佛法中的最高地位，而最后的结论是：法华经题才是适宜末法时代日本乃至世界（阎浮提）的最高

---

①限于篇幅不能详论，此为综合《开目钞》《观心本尊钞》《撰时钞》及《十法界事》等的有关部分的概述。

②《观心本尊钞》《撰时钞》等。

最圆满的佛法。

2. 以“妙法莲华经”经题为中心的“三大秘法”

日莲提出“五纲”判教论的同时，又以法华本门的“肝心”——“妙法莲华经”五字经题为中心提出所谓三大秘法。从经题五字（或前加“南无”为七字）被奉为信仰对象来说，称为“本门本尊”；从被作为修行唱念的内容来说，称为“本门题目”；从尊奉和唱念此经题有防非止恶的功能来说，称之为“本门戒坛”。

日莲在《报恩钞》卷下称此为“佛为末法所留，为迦叶、阿难等，马鸣、龙树等，天台、传教等，所未弘通之正法”。他在《法华取要钞》中说这是如来灭后两千余年，龙树、天亲、天台、传教留给后人的“秘法”。对于用此简单的经题为三大秘法的原因，他特地进行解释：

> 玄奘三藏舍略好广，将四十卷《大品经》成六百卷。罗什三藏舍广好略，将千卷《大论》（按：《大智度论》）成百卷。日莲舍广略而好肝要，所谓上行菩萨所传妙法莲华经五字也。

日莲自称“上行菩萨”，三大秘法是他的独创，说自己既非采取唐代玄奘“舍略好广”的做法，也不采取后秦鸠摩罗什“舍广好略”的做法，仅择取《法华经》教法的“肝要”（精要）——“妙法莲华经”经题五字创立三大秘法的。

那么，这三大秘法具有什么意义呢？

（1）本门的本尊

日莲在《报恩钞》卷下特指《法华经·寿量品》中所说“成佛以来甚大久远”的释迦佛为本尊，说此佛集法、报、应三身于一身。日莲在流放伊豆之前作的《唱法华题目钞》（著于1260年）中曾说：“书写《法华经》八卷、一卷、一品或题目，可定为本尊。”

然而在日莲流放佐渡之后写的《观心本尊钞》中仅规定以“妙法莲华经”五字为本尊，说：

> 其本尊为体，本师（之）娑婆上，宝塔居空。塔中“妙法莲华经”，左右释迦牟尼佛、多宝佛、释尊胁士上行等四菩萨，文殊、弥勒等四菩萨眷属居末座，迹化他方大小诸菩萨万民处大地，如见云阁月卿。

这里明确地确定以经题五字“妙法莲华经”为中心，周围是本门释迦佛、多宝佛及诸菩萨等。若用笔在纸或帛上把“南无妙法莲华经”七字写于中央，周围写上上述诸佛菩萨及诸天世间护法神（包括日本的天照大神、八幡大菩萨）之名，四角写上四大天王之名，则称之为“本尊曼荼罗”或“大曼荼罗”。因为所写佛菩萨及神鬼众生之名在横的方面遍于十方，在竖的方面涉及三世，用以表示十界互具，故也称此为“十界圆具曼荼罗”。日莲《日女御前御返事》对此有描述，现存几种据传是日莲自制的大曼荼罗也可作为实证。

为什么要以经题为本尊？日莲在《本尊问答钞》中有这样一段话：

> 问云：然汝云何不以释迦为本尊，而以《法华经》题目为本尊耶？
>
> 答：……此非私意。释尊、天台定《法华经》为本尊，末代日莲如佛与天台亦以《法华经》为本尊也。其故，《法华经》为释尊父母、诸佛之眼目也。释迦、大日总十方诸佛皆从《法华经》出生，故今以能生为本尊也。……佛为所生，《法华经》为能生。

可见，日莲所说“妙法莲华经”有时即为《法华经》之代表，也即为佛教所说的“真如”、“法性”、“实相”、“法”等等，为一切佛的本体、本原。认为《法华经》位于一切佛之上。但实际上，日莲和后世的日莲宗，都把“妙法莲华经”或“南无妙法莲华经”看作与法华本门释迦佛是同一的。

（2）本门的题目

此即《法华经》的完整经题“妙法莲华经”，如加上表示皈依、礼敬的“南无”二字，即为“南无妙法莲华经”。中国天台智𫖮虽在《法华玄义》中就此经题大加解释和发挥，但并没有提倡唱念经题。他从释名、辨体、明宗、论用、判教五个方面对经题和全经“玄义”进行诠释，称“五重玄义”。其卷一之上有曰：“释名，通论事理；显体，专论理；宗、用，但论事；教相，分别事理。”从日莲《唱法华题目钞》中介绍智𫖮《法华玄义》对“妙法莲华经”五字的解释来看，他自然是受了智𫖮的影响的，认为经题包含一切妙法。日莲在《观心本尊钞》中称，到“末法初”，本门释迦佛“召地涌千界大菩萨以《寿量品》肝心‘妙法莲华经’五字令授与阎浮众生也”。撇开其中的神话因素，是说在所谓“末法初”是应提倡唱念法华经题的。又说治愈末法众生谤法、破法之“病”的“良药”就是：“《寿量品》肝要——妙（按：即‘名’）、体、宗、用、教‘南无妙法莲华经’是也。”然而日莲没有从“五重”方面作具体论证。

日莲于《撰时钞》卷下正式把经题作为三大秘法之一提了出来，说："日本乃至汉土、月支、一阎浮提之人人，不管有智无智，一同舍弃他事，唱南无妙法莲华经。"他主张唱经题做法应超出日本，广传到中印乃至世界各地。

经题有什么含义，为什么要唱经题？日莲认为"妙法莲华经"中包含天台宗的一念三千、百界千如、三千世间及心、佛、众生三无差别的一切法门（《唱法华题目钞》）。他认为，对于天台宗的"理具"一念三千等法门，普通的人理解不了，自然也不能通过坐禅观心领悟实相而解脱，但通过唱念五字经题会在不知不觉中接受实相妙法，达到解脱。日莲说："不识一念三千者，佛起大慈悲，五字内裹此珠，令悬末代幼稚颈，四大菩萨守护此人。"（《观心本尊钞》）因此也称此五字经题为"事行南无妙法莲华经五字"，即"事具一念三千"。日莲还说："释尊因行、果德二法，妙法莲华经五字具足。我等受持此五字，自然让与彼因果功德。"（《观心本尊钞》）是说通过唱题可得到佛的"因果功德"，即自然成佛。

日莲强调主观信仰和信心，说"唯唱南无妙法莲华经而成佛之事"，"佛法根本以信为源"（《日女御前御返事》）。如果一边唱法华经题，一边念弥陀名号，则如同饭中加粪、加沙石一般。（《筒御器钞》）

（3）本门的戒坛

日莲虽在三大秘法中提出了本门戒坛，但并没有作详细解释。日本学者及日莲宗系各派有种种不同解释。这里仅取其中一种比较流行的看法。日莲《教行证御书》说："此《法华经》本门肝心'妙法莲华经'，集三世诸佛万行万善之功德为五字，此五字内岂不纳万戒功德乎？但此具足妙戒一度持之，后行者虽欲破而不破，是名金刚宝器戒。"这是把法华五字经题看作具有防非止恶的戒的功能，只要唱此经题就意味着受、持"金刚宝器戒"。此"金刚宝器戒"即为《梵网经》卷下所说的"光明金刚宝戒"，亦可称"佛性戒"，是大乘戒。此经称此为"一切佛本源，一切菩萨本源，佛性种子"。这与日莲所赋予五字经题的含义是一致的，因为五字经题具有佛的"因行果德"、"万行万善"。从而，面对本尊曼荼罗，唱念"南无妙法莲华经"题目，即为受圆顿大乘戒，持圆顿大乘戒，所在地方即为"本门的戒坛"。日莲宗称此为理的戒坛。

日莲明确地讲过"事的戒坛"。《三大秘法禀承事》说：

> 戒坛者，王法冥佛法，佛法合王法，王臣一同持三秘密之法。有德王、觉德

比丘①移其乃往于末法浊世未来时，下敕宣并御教书，寻似灵山净土之最胜地，可建立戒坛者欤？可待时耳。此为事之戒法是也。非仅为三国并一阎浮提人忏悔灭罪之戒法，亦为大梵天王、帝释等来临之戒坛也。

说到王法佛法互相融会或结合之时，通过朝廷下敕书、教书，寻找一处似印度灵鹫山的地方建立戒坛，成为向全世界一切人、天授戒的“本门戒坛”。这里实际包含由国王规定日莲教法为国家的“正法”，实现政教合一的思想。

后世日莲宗对于三大秘法作了各种解释：或从佛法“三学”方面解释，称本尊为定，题目为慧，戒坛为戒；或以本尊为佛宝，题目为法宝，戒坛为僧宝，这样“妙法莲华经”五字便具足三宝。

日莲对佛国净土也提出了自己的看法。佛教其他宗派一般主张佛国净土在脱离现世的“彼岸”，因此认为人死后才可往生净土。日莲从所谓法华本门的立场，批评“号十方为净土，此土为秽土”的说法，他主张“此土为本土，十方净土为垂迹之秽土”（《开目钞》卷下）；“末法今时，《法华经》所坐之处，行者所住之处，道俗男女、贵贱上下所住之处，并皆是寂光②也。所居既是净土，能居之人岂非佛耶！”（《法华宗内证佛法血脉》）就是说，人们修行所追求的佛国净土不在彼岸，也不是死后才可往生，只要称念“南无妙法莲华经”，现世人间处处皆是佛国净土。

在镰仓新宗派中，日莲宗的教义体系的特色十分鲜明，在传播过程中逐渐被日本各个阶层更多的人理解和接受，得到比较迅速的发展。

三、日莲弟子和日莲宗早期门派

日莲弟子中以所谓“六老僧”最著名，他们是日昭、日朗、日兴、日向、日顶、日持六人。日莲死后，他们遵循日莲的遗言处理他的后事和经营教团，从事传教活动。安葬日莲遗骨的庙堂建在身延山，由这六名弟子轮流住持守护。这六人在各地传教过程中不断扩大信徒，增建寺院，推动日莲宗向各地传播。由于他们与其弟子在教义上产生不同见解以及出于利害关系，日莲宗逐渐形成若干流派。

日莲生前流转各地，有不少武士、农民皈依他成为施主（檀越）。武士中包括

①事见《大涅槃经》卷三《金刚身品三》。有德王为保护护法的觉德比丘而身亡，生到阿閦佛国，为其弟子。据称他们原生在“欢喜增益如来”的正法将灭的末世。日莲引此是为提倡他们的护法精神。

②全称“常寂光土”，也称“寂光土”，天台宗所说的“四土”之一，为佛所居之净土。

少量地头。据日本学者调查，从文献中可查出姓名的日莲的施主有一百六十二人，其中女性四十七人，分布的地域包括骏河、伊豆（皆在今静冈县）、相模（今神奈川）、甲斐（今山梨县）、下总、上总、安房（皆在今千叶县）、佐渡（在今新潟县）、武藏（在今崎玉县和东京），在关东的人最多。其中著名的有下总的武士富木良忍、曾谷二郎入道、骏河的高桥六郎入道、南条兵卫七郎、南条时光、武藏的池上宗仲、镰仓的北条氏支族江马氏的左卫门尉四条赖基、身延山的波木井实长等。[①] 他们大体属于当时的中下级武士。其中的富木良忍（1216—1299），一般常作富木胤继，为下总国葛饰郡若宫的领主，建长六年（1254）皈依日莲，文应元年（1260）在中山为日莲建法华堂（后为法华寺）。此后又把真间山弘法寺施给日莲，由日顶任住持。富木在日莲死后剃发出家，改名常忍日常，与日顶及日高在下总一带传教。

在日莲宗诸流派中，对后世日莲宗发展影响较大的有日昭的滨门流、日朗的朗门流、日兴的富士门流、日向的身延门流、日常（富木常忍）的中山门流，后来的日莲宗各派就是从这些门派分出来的。

①高禾丰《日莲》（载 1956 年《日本佛教思想的展开》）。此据赤松俊秀《日本佛教史》Ⅱ《中世篇》第四章第二节所引。

第六章

明清时代中日佛教文化交流和日本黄檗宗的创立

中国佛教从6世纪通过朝鲜半岛的百济传入日本，中经隋唐、宋元佛教诸宗的相继直接传入，至明末清初临济宗高僧隐元东渡建立黄檗宗，可以看作是中国佛教东传日本总过程的结束。

本章拟先扼要介绍明末清初中日两国的社会和佛教的总体背景，然后对隐元生平及赴日传法、建立黄檗宗的情况进行考察和论述。

第一节　明至清初中日两国的社会和佛教文化交流

1368年，从元末农民起义军壮大起来的朱元璋，以南京为都建立明朝，派兵北上推翻元朝统治，逐渐削平各地割据势力实现全国的统一。朱元璋采取得力的措施恢复和发展社会生产，加强中央集权，清理政治腐败，惩治贪官污吏和抑制豪强。明成祖永乐十九年（1421）迁都北京，以南京为留都。明朝是继唐宋之后又一个强大的王朝，在经过二百七十五年之后1644年被攻入北京的以李自成为首的农民起义军推翻。

17 世纪初在中国东北兴起的女真族的首领努尔哈赤建立后金政权，1636 年改国号清，1644 年清世祖入关，建都北京，逐步消灭各地农民起义军和明朝残余势力，镇压各族人民此起彼伏的反抗，建立了继明朝之后又一个强大的封建王朝，直到 1911 年辛亥革命被推翻，统治中国将近三百年。

中国明朝至清初大体相当于日本的室町时代（1336—1573）的中后期至德川氏执政的江户时代（1603—1867）的初期。在这期间，日本经历了战乱不断的南北朝（1336—1392）、战国（1467—1568）时期和织田信长、丰臣秀吉先后执政的所谓“安土桃山”时期（1568—1598）。

在这一漫长时期，中国佛教各宗互相融合，特别是禅宗与净土宗的融合，禅宗与天台、华严二宗的融合更为突出，虽分禅、教、律，然而从整体上说，已发展成为以禅宗为主体的融合型的佛教。在日本方面，源自中国的佛教已基本完成日本化的过程，不仅新兴的净土宗、真宗、日莲宗以及受到武士阶层欢迎的禅宗得到较大发展，就是旧有的天台宗、真言宗也有新的变化，然而从总的情况来看，日本佛教诸宗已经进入相对稳定的局面。从中日佛教文化交流来看，在经历了唐宋时期两国佛教文化交流繁盛之后，这个时期已经进入十分沉寂乃至停滞的状态。这一方面与当时两国的政治和佛教文化形势有关，也与长期在中国从北到南的沿海乃至深入内地猖獗危害民众和社会安定的倭寇有重大关系。

一、倭寇问题和明初与日本的交往

所谓倭寇，是指元末明初以来在中国沿海地区从事烧杀劫掠活动的由日本武士、浪人和不法商人组成的武装团伙，从中国北部沿海扩展到南部江浙闽粤一带，甚至有时深入中国内地，长期骚扰危害中国社会的安定和民众的正常生活。倭寇不仅得到日本西南封建诸侯的支持，后来也得到中国闽浙地区的某些大姓豪富和奸商、歹徒或明或暗的内应援助。明朝政府在整饬军备、加强海防、打击进犯的倭寇的同时，也积极采取外交途径争取得到日本政府的配合。然而因为对日本国情不了解，在明初曾将占据九州的奉吉野南朝为正统的征西大将军怀良亲王（在《明史》中称之为“日本王良怀”）的政权当作日本国的政府，派人渡海与之交涉，希望他们协助制止倭寇侵扰中国。据《明史·日本传》记载，明太祖建元后曾一再派使者到九州与征相西府怀良亲王联系，劝他称臣入贡，协同制止倭寇侵扰中国。此后怀良亲王及日本西南其他诸侯也曾遣使入明上表入贡，然而未能按照明朝的要求建立起对明朝顺从协作的邦交关系。倭寇对中国沿海的侵扰不仅没有停止，反而进一步扩展，侵扰范围从中国北部扩张到东南沿海一带地方。

在这个过程中，日本在九州的征西府和明朝都曾启用僧人担任使节往来两国之间。《明史·日本传》记载，九州征西府怀良亲王在接待明使者赵秩之后，于明太祖洪武四年（1371）派僧祖来入明“奉表称臣”，贡马及礼品，并送还倭寇从明州台州掳掠的七十余人。明太祖知日本盛行佛教，于洪武六年（1373）五月特派嘉兴府天宁禅寺的住持仲猷祖阐、金陵瓦官教寺住持无逸克勤二僧为使者出使日本并送祖来等人回国。他们在九州博多登岸，绕过征西府到达日本朝廷和幕府所在地京都，得以直接与足利义满（《明史》称之为“源道义”）为首的幕府交往。他们在京都停留两个月，应请向日本人传法，与五山禅僧也有往来，受到他们的敬信。然而在他们归国经过九州时，被征西府怀良亲王拘留达两年之后才得以回到金陵。祖阐、克勤这次出使日本，为明朝以后与日本室町幕府直接交往提供了经验。日本临济宗僧廷用日圭是入宋求法僧无象静照下二世，为京都转法轮藏寺住持，在天授二年（明洪武九年，1376）和弘和二年（明洪武十五年，1382）两次奉命出使明朝，曾利用在京城金陵的机会，请翰林学士宋濂（1310—1381）为他的寺写碑记。（日本师蛮《本朝高僧传》卷六十五《文圭传》）

明朝正式与室町幕府直接交往是在明成祖即位之后。明朝同意日本以“进贡”的名义与明朝进行所谓“勘合贸易”，同时要求日本制止倭寇对中国的骚扰和侵犯。此后，中日两国外交主要是围绕这种勘合贸易进行的。

二、中日勘合贸易与两国佛教文化交流

明惠帝建文三年（日本应永八年，1401），日本筑紫（在今九州福冈一带）商人肥富从明朝回国，向虽已从将军之位退下但仍控制幕府军政大权的足利义满建议与明朝进行贸易，以从中获利扩大财源。义满表示同意，便委派肥富为正使，僧祖阿为副使，以上书“通聘”、“通好”和入贡的名义出使明朝。翌年在他们回国时，明惠帝派禅僧道彝天伦和教僧一庵一如二人奉国书和锦绮等礼物，送他们回国并出使日本。他们一行在日本本国的兵库登岸，受到了室町幕府足利义满及下属官员的隆重欢迎。明惠帝在给足利义满的国书中称他为“日本国王源道义”，俨然以对属国首脑的口吻说他“心存王室，怀爱君之诚”，并且“班示大统历，俾奉正朔”，并以“毋容逋逃，毋纵奸宄”的语句示意义满制止倭寇侵扰中国。足利义满对此没

有提出异议。天伦、一如二人受到款待，逗留京都达六个月，与日本五山禅僧也有交往。明永乐元年（1403）三月他们回国之际，足利义满派天龙寺的坚中圭密为遣明使，辅之以梵支、明空二僧，携带国书及贡物随同他们出使明朝。当时明成祖取代明惠帝即位为帝，建都北京。日本使者将足利义满致明成祖的国书呈上，义满自称“日本国王臣源”，进献贡物中有马、硫黄、玛瑙等物品。

明成祖永乐二年（日本应永十一年，1404），明使赵居仁率随从七八十人分乘五船随日使出使到达日本，从兵库登岸，受到以幕府足利义满为首的官员的隆重欢迎。据日本瑞溪周凤《善邻国宝记》记载，明使赵居仁上呈明成祖致足利义满的国书中有“咨尔日本国王源道义，知天之道，达理之义”的字句，并且赐义满以金印（“日本王之印”）。明使代表明朝正式同意日本与明朝开展勘合贸易：“日本十年一贡，人止二百，船止二艘，不得携军器，违者以寇论。乃赐以二舟，为入贡用。”（《明史·日本传》）

所谓勘合贸易，是一种通过勘对明朝送给日本的相当“信符”的凭证（勘合符、勘合底本），然后才予以贸易的做法，既用来防止倭寇假借“日本使”的名义与明朝往来，又用来限制日本以“入贡”形式的贸易过于频繁，因为每次明朝付给日本贡物的赏赐物品、钱财的价值一般要超过日本贡物的所值。然而在以后日本对明朝的勘合贸易中，实际没有严格遵守这个限制，正如《明史·日本传》所说：“后悉不如制。宣德（按：明宣宗年号，1426—1435）初，申定要约：人毋过三百，舟毋过三艘。而倭人贪利，贡物外所携私物增十倍，例当给直（按：值）。”明朝同意开展与日本的勘合贸易，其中一个重要原因是想借助日本政府的帮助制约倭寇的侵袭。

从此，日本与明朝的外交往来主要是通过勘合贸易这种形式进行的。日本的幕府乃至寺院、神社、商人通过这种贸易形式，既可以从明朝得到大量急需的钱币、高档奢侈物品、金银陶瓷器具等，又可以从中国引进包括佛教经典在内的大量图书、文物。[①]

日本与明朝的勘合贸易过程大抵可分为前后两期：第一期是从日本应永十一年

①以上除个别地方注明出处者外，主要参考著作有：日本瑞溪周凤：《善邻国宝记》，国书刊行会1975年影印；汪向荣、夏应年编：《中日关系史资料汇编》之十三所载《明史·日本传》及相关参考资料，中华书局1984年版；汪向荣编：《〈明史·日本传〉笺证》，巴蜀书社1987年版；日本木宫泰彦著，胡锡年译：《日中文化交流史》之五明、清篇各章，商务印书馆1980年版。

（明永乐二年，1404）明朝同意两国的勘合贸易，到室町幕府将军足利义持于应永二十六年（明永乐十七年，1419）下令禁止与明交往为止，共十五年；其间日本勘合贸易船入明六次，共三十七艘，明使赴日七次。这一时期入明勘合贸易船主要是幕府直接经营的。第二期是从室町幕府将军足利义教于永享四年（明宣德七年，1432）派使节入明恢复勘合贸易，到足利义晴在天文十六年（明嘉靖二十六年，1547）派出最后一次遣明使为止，共一百一十五年，其间日本派勘合贸易船入明十一次，船只五十艘，明使赴日仅有一次。这一时期日本的勘合贸易船只中属于幕府直接经营的很少，主要是由掌握强大军政实权的细川氏、大内氏①等守护大名、寺社和商人控制与经营的。②

在这前后两期勘合贸易中，日本派往明朝的使节几乎全是禅僧，特别是属于京都禅门五山——相国寺、南禅寺、东福寺、建仁寺和天龙寺的禅僧。

现参考日本木宫泰彦著，胡锡年译《日中文化交流史》之五第一章的相关记载，用表格将日本历次遣明使列出，然后参照相关资料稍加介绍。③

---

①细川氏，原是足利氏的一个支族，因随足利尊氏起兵建立室町幕府有功，得到赞岐、摄津、丹波、和泉等地为自己的“领国”，后世以细川胜元（1430—1473）、细川政元（1466—1507）父子为代表，长期以“管领”身份掌握幕府的实权，在16世纪战国末期没落。大内氏，以大内义弘（1356—1399）为代表，是室町时期有力的守护大名之一，以长门、石见、丰前、周防及以后夺取的和泉、纪伊为“领国”，长期控制九州通往中国、朝鲜的海口，应永六年（1399）发起反叛以足利义满为将军的室町幕府的“应永之乱”。大内氏与细川氏在日本与明朝第二期勘合贸易中为取得“勘合”符而占据有利地位经常互相争夺排斥。前者控制了从兵库出发经濑户内海至九州博多港（在今福冈），再经五岛至宁波的海路；后者为避开前者袭击而开辟了从堺港（在今大阪）出发，经过四国岛南部，再经萨摩的津坊，然后通过东海至宁波的南海路。

②木宫泰彦著，胡锡年译：《日中文化交流史》之五第一章，商务印书馆1980年版。

③参考师蛮《本朝高僧传》《延宝传灯录》中少量记载，另参考日本《望月佛教大辞典》及驹泽大学编《禅学大辞典》中的词条等。

第一期中日勘合贸易期间日本遣明使表

（1404—1419）

次序	遣明使	入明、归国时间	备注
一	明室梵亮	永乐二年（日本应永十一年1404）七月—五月	建仁寺僧，归国带回翰林学士宋濂撰写的梦窗疏石国师塔铭。此塔铭原是明初入明日本禅僧绝海中津请翰林学士宋濂所写，然而因故未能带回，直至此时才由梵亮带回。从僧适芳得天童寺布颜撰《智觉普明（春屋妙葩）语录跋》
二	?	永乐三年（日本应永十二年1405）八月—翌年五月	
三	坚中圭密、中立	永乐四年（日本应永十三年1406）八月—翌年八月	天龙寺僧，永乐元年（1403）三月中日尚未开始勘合贸易前曾以使节身份入明，在杭州期间到上天竺寺请前住持如兰为日本临济宗僧荣西撰写塔铭带回
四	?	永乐六年（日本应永十五年1408）二月—?	
五	坚中圭密	永乐六年（日本应永十五年1408）十一月—翌年七月	回国后为南禅寺第七十五世祖
六	?	永乐八年（日本应永十七年1410）四月—?	

第二期中日勘合贸易期间日本遣明使表

（1432—1547）

次序	遣明正使、副使、纲司、居座、土官、从僧	入明、归国时间	备注
一	正使：龙室道渊；书记：瑞	宣德七年（日本永享四年，1432）八月—翌年六月	龙室道渊原为明宁波人，三十岁赴日，先后住持长门安国寺、博多圣福寺，以遣明使身份入明，明宣宗授以僧录司右觉仪之职，返日本后住持天龙寺
二	正使：恕中中誓、永项	宣德九年（日本永享六年，1434）八月—正统元年（日本永享八年，1436）七月	恕中中誓是天龙寺僧，回国先后住持相国寺、天龙寺
三	正使：东洋允澎；纲司：如三芳贞、贞羌；居座：清海、妙增；从僧：九渊龙䝉、志林伸、兰隐馨等十一人	景泰四年（日本享德二年，1453）四月—翌年二月	东洋允澎（？—1454）嗣法于临济宗梦窗派绝海中津，是天龙寺僧。从僧兰隐馨携东福寺翱之惠风诗集《竹居清事》入明，在明期间曾游历天台山等佛教名寺，求得前监察御史张式之为写跋带归

续表

次序	遣明正使、副使、纲司、居座、土官、从僧	入明、归国时间	备注
四	正使：天与清启； 居座：妙增等六人； 土官：金杲、桂庵玄树等四人； 从僧：雪舟等扬	成化四年（日本应仁二年，1468）正月—翌年	天与清启，号海樵老人，从京都建仁寺伯元清禅嗣法，后住持信浓法金寺，曾作为副使随东洋允澎出使明朝，此次担任正使出使明朝回国时带回大量铜钱和文集，其中有参与撰修《元史》的中都国子监贝琼（1314—1379）的文集——《清江贝先生文集》，赠给相国寺鹿苑院僧录（僧官）瑞溪周凤（1391—1473），著有《万里集》。 担任土官的桂庵玄树（1427—1508），从临济宗圣一法系的南禅寺景蒲玄忻嗣法，是长门永福寺僧，入明后留住六年，周游苏杭，研修朱子学，归国后先后住持东福寺、建仁寺、南禅寺，后到萨摩办学讲授宋学，刊行《大学章句》，是日本宋学萨南学派的创始人。 从僧雪舟等扬（1420—1506）属临济宗梦窗派，在京都相国寺出家，师事春林周藤，从周文学过水墨画，后任相国寺知客，在山口建画室灵谷庵，渐以“画僧”出名。入明期间游历南北山水名刹，揣摩名家山水画法，在宁波天童寺受“禅班第一座”（首座）之称，在京城曾师事画家李在、长有声学“设色之旨，兼破墨之法”，深得宋代李唐、夏圭及元代高克恭的山水画技和风格，回国后创作《秋冬山水图》《四季山水画长卷》及释迦出山图，观音、达摩像等，为日本著名画家，开创雪舟画派
五	正使：竺芳妙茂； 副使：玉英庆瑜； 从僧：肃元寿严	成化十二年（日本文明八年，1476）四月—成化十四年（日本文明十年，1478）十月	竺芳妙茂回国后住持天龙寺

续表

六	正使：子璞周玮； 居座：肃元寿严等五人； 从僧：圭圃周璋、希宗友派等五人	成化十九年（日本文明十五年，1483）四月—成化二十一年（日本文明十七年，1485）七月	子璞周玮是相国寺鹿苑院僧，成化二十一年（1485）死于宁波。 从僧希宗友派求得明人为其师瑞溪周凤的塔铭、语录及外集序撰写序跋
七	正使：尧夫寿蓂； 从僧：吉川勤等三人	弘治六年（日本明应二年，1493）三月—弘治九年（日本明应五年，1496）	尧夫寿蓂是相国寺鹿苑院僧
八	正使：了庵桂悟； 副使：光尧； 居座：光悦等五人； 土官：宋棟等三人； 从僧：友竹贞等三人	正德六年（日本永正八年，1511）春—正德八年（日本永正十年，1513）六月	了庵桂悟（1419—1514）是京都东福寺僧，嗣法于大疑宝信，属临济宗圣一法系，住持过京都真如寺、东福寺，任遣明使时已八十三岁，明武宗敕命他住持明州阿育王寺，并赐以金襕袈裟，曾与王阳明友好交往，王阳明曾著文赠他，归国后住持南禅寺、慧日寺，逝世赐谥“佛日禅师”。有语录二卷传世
九	正使：宗设谦道； 副使：月渚永乘	嘉靖二年（日本大永三年，1523）四月，当年回国	宗设谦道受大内氏委派，在宁波与细川氏派的鸾冈瑞佐发生争执，杀明吏并掠夺财物而归
	鸾冈瑞佐；宋素卿（原为明籍宁波人）	与上同年	鸾冈瑞佐受细川氏委派以使者身份入明，在与宗设谦道等人的争执中被杀，宋素卿被捕，死于宁波狱中

续表

次序	遣明正使、副使、纲司、居座、土官、从僧	入明、归国时间	备注
十	正使：湖心硕鼎；副使：策彦周良	嘉靖十八年（日本天文八年，1539）四月—嘉靖二十年（日本天文十年，1541）六月	湖心硕鼎是博多圣福寺禅僧
十一	正使：策彦周良；副使：钓云	嘉靖二十六年（日本天文十六年，1547）—嘉靖二十八年（日本天文十八年，1549）	策彦周良（1501—1579），先后在相国寺鹿苑院、天龙寺为僧，在作副使与湖心硕鼎入明后，再度以正使身份入明，归国后曾受到织田信长的崇信，向他询问明朝人物及山川景物，著作有《南游集》及《策彦和尚入明记初渡集》《策彦和尚入明记再渡集》

参考上表并参考相关资料，可以归纳出以下几点：

1. 日本室町时期，在禅宗中以临济宗最为兴盛，而且与统摄幕府的足利氏将军和各地武士关系密切。曹洞宗长期在本州北部、东北部一带的农村地区传播，属于所谓“林下派”。日本与明朝在所谓勘合贸易框架内开展的外交活动中，属于临济宗的禅僧担当了十分重要的角色，不仅担当遣明使的正使、副使的几乎全是临济禅僧，而且担当居座、土官的也多是临济禅僧，经常还有数量很多的从僧搭船同行。在这些禅僧中，负责重要职务的多是天龙寺、相国寺、东福寺等属于京都五山的禅僧，说明五山禅僧在室町幕府时期在政治、文化领域占有重要地位。他们不仅受到幕府将军足利氏的崇信，也受到控制中央及地方军政实权的细川氏、大内氏等武士集团的信任。

2. 遣明使、副使等入明之后，一般是经过一年或两年回国，随员中也有的滞留中国达三年以上。他们从宁波登岸再搭船由运河、内河向北京进发，沿途参访江浙及江北著名寺院，拜访名师，进行交流，寻求儒佛图书，有的还拜师学习宋学、绘画。有的禅僧入明以前就有所准备，顺便求请中国名儒、高僧为其师或友撰写语录及文集的序、跋乃至顶相赞、塔铭、行状等。现存日本著名禅僧的语录或文集中有不少序跋及塔铭就是遣明使或作为随员入明的禅僧请中国人写的。著名的有翰林学士宋濂为天龙寺梦窗疏石国师写的碑铭、金陵天界寺季潭宗泐为京都建长寺大应国师南浦绍明的语录写的序、杭州上天竺寺僧如兰为京都建仁寺开山明庵荣西写的塔铭、明太子少师兼提调僧录司事姚广孝（原为僧，名道衍）为天龙寺绝海中津国师的语录写的序等等。①

3. 遣明使入明，有时在表奏附件所开列希望得到的物品中，除急需的铜钱外，还有图书，此外遣明使及随员个人也致力寻求购置图书。在第二期勘合贸易期间，第四次、第五次遣明使向明朝提出希望得到的书目中有佛教的《法苑珠林》（一百二十卷，唐代道世编）、《佛祖统纪》（五十四卷，南宋志磐编）、《三宝感应录》（三卷，辽代非浊集）、《教乘法数》（四十卷，明代圆净编），还有其他文史著作，如《北堂书钞》（一百六十卷，唐代虞世南编）、《宾退录》（十卷，宋代赵与时撰）、《史韵》（即《回溪史韵》，四十九卷，宋代钱讽辑）、《挥麈录》（二十卷，宋代王明清撰）等等。

从当时中日两国佛教和现存资料来看，虽然中日佛教交流在明代前、中期（日本室町时期）在勘合贸易的框架内得以继续进行，然而由于中国佛教已经进入诸宗融合的阶段，而日本佛教诸宗传播的格局已经相当稳定，所以在这一个时期中国佛教对日本佛教的影响可以说是极其微小的。

三、清初中日关系和日本佛教

日本在室町后期经历了战乱不断的战国时期以后，曾有过织田信长（1534—1582）、丰臣秀吉（1536—1598）先后相继统一日本的时期，史称“安土·桃山时代”（织田曾建安土城为执政之地，丰臣晚年住京都伏见城桃山）或“织田、丰臣时代”。然而由于统一政权的基础不稳固，在丰臣秀吉死后不久，统治集团发生内讧，原为丰臣部将的德川家康（1542—1616）乘机推翻丰臣氏的政权，1603 年任“征夷大将军”，在江户（今东京）设立幕府，建立了日本封建社会最后一个武士政权，直到 1867 年日本“明治维新”废除幕府，建立近代天皇制为止。日本江户时代大体相当于中国的明朝后期至清朝晚期。

在中日两国官方之间持续一百三十多年的勘合贸易结束后，再也没有得到恢

①详见木宫泰彦《日中文化交流史》之五第三章之四“入明僧带回的物品”，并可参考《大正藏》卷八十相关的语录。

复。尽管由于倭寇愈益猖獗，明朝实施严格的海禁管制，然而中日两国之间仍断断续续保持着民间私商的贸易往来，特别是明商与九州萨摩等地的贸易曾相当频繁。在丰臣秀吉1592年发动侵朝战争之后，由于明朝派军直接加入抗击日军战争，两国民间通过海路的贸易也曾一度中止。在江户幕府建立之后，将军德川家康曾致力于恢复日中两国官方的贸易，然而最终没有成功。此后由于明朝海禁的弛缓，两国民间的贸易也逐渐活跃起来。日本的进出港口主要有九州西北沿海的平户和长崎。

15世纪中期，随着信奉基督教旧教（天主教）的西班牙、葡萄牙两国在亚洲各国扩展贸易，进行扩张活动，属于旧教的修会耶稣会和圣方济各会、多明我会等相继派传教士进入日本传教，曾得到热衷与西方贸易的日本地方大名诸侯以至织田信长的支持，发展极为迅速。后来丰臣秀吉感到基督教迅速传播会危害日本的安全，曾下达对基督教的驱逐令，然而却未能认真执行。江户幕府成立后，德川家康开始为了发展同西方的贸易曾对基督教仍持宽容态度，然而当看到基督教急剧发展的情况后，为了维护统治和国家传统秩序，听信掌管全国宗教并参与外交事务的禅僧崇传和儒者林罗山的建议，转而对基督教采取取缔和镇压的政策，在庆长十七年（1612）、十八年（1613）连续下令在全国取缔基督教，驱逐传教士。此后，在幕府将军德川秀忠、德川家光相继执政期间，对基督教的镇压越来越严厉。宽永十六年（1639）下令驱逐葡萄牙人，禁止葡萄牙商船入境，推行锁国政策。从此以后，日本只保留长崎作为接待来自中国和荷兰商船的港口。

幕府在取缔和镇压基督教的过程中，充分利用在日本社会拥有重大影响的佛教。首先，幕府为加强对佛教的控制和利用，陆续向佛教各宗及大寺下达各种“法度”，制定各宗本山与各地寺院、大寺与末寺的上下统辖制度和寺院僧众必须遵守的条例、规约，并且要求僧众严守戒规，鼓励僧人研究佛学。其次，在全国实施强制性的“改宗”、“寺请”措施，不仅强迫原来信奉基督教的民众必须改信佛教，而且规定一切民众必须在某一宗派的寺院注册成为该宗的信徒（檀那、檀主，即施主），所有民众出外必须持有由寺院开具的证明非基督教徒身份的凭证。在这种情况下，在佛教各宗形成了严格的本末寺院的等级制度、寺院与信众之间的“寺檀”制度。此后，民众在日常生活中与寺院的关系密切，僧众更多地参与民众的日常生活，寺僧承办各家的丧葬仪式和追荐祭祀活动，民众以施主的身份承担寺僧生活及活动所需费用。从此佛教僧众衣食充足，钱财富裕，虽然为佛教各宗发展文教事业提供物质保障，然而也容易诱使一些僧人滋长腐败之风。

江户时期幕府为佛教各宗和寺院、僧众先后制定了各种法规，将佛教纳入幕府的政治体制之中，给予寺僧以部分相当近代警察的职能，为了维护社会秩序和稳定，禁止僧人出外化缘劝募，禁止建立新的学说和教派，严格取缔异端和邪教，同时借制定僧职晋升的条款鼓励和支持佛教各宗发展教育和佛学研究。这样一来，促成日本佛教从整体上保持比较稳定的局面，然而从发展的角度来看已经失去生气，陷入停滞。旧有的法相宗、华严宗、天台宗、真言宗和镰仓时期新成立的净土宗、真宗、日莲宗及从中国传入的禅宗临济宗、曹洞宗，都取得新的程度不同的发展，特别在寺院制度建设，阐释本宗教义，整理本宗文献、开展教理研究和出版佛书，兴办学校发展教育等方面，都取得很大进展。①

四、中日佛教文化交流和心越兴俦

虽然在江户时期中日佛教文化交流处于停滞状态，然而每年有不少中国商船东渡日本长崎进行贸易，在这个过程中有不少中国商人及其亲人短期或长期滞留、居住长崎或其他地方。因为中国民众信奉佛教，有借助佛教信仰和法事活动来加强彼此间的感情联结，祈祷吉祥平安，追荐祖先亡灵的传统，于是在中国人聚居的地区便陆续集资建立起寺院，请来自故乡的僧人担任住持，在逢年过节或其他日期举行法事活动。

据木宫泰彦著、胡锡年译《日中文化交流史》之五明、清篇第六章介绍，在17世纪20年代，正值江户幕府将军德川家光执政时期，在长崎的原籍南京、福建漳州和福州的商船主们，分别经过协商和向当地政府申请，在长崎建立兴福寺（俗称“南京寺”）、福济寺（俗称“漳州寺”）和崇福寺（俗称“福州寺”），统称“长崎唐三寺”。他们分别礼请明僧真圆（1579—1648）、觉海（？—1637）、超然（1567—1644）任三寺开山祖。

继他们之后，正值中国进入明末清初之际，一些僧人为了躲避战乱，或怀抱对清朝实施的严酷的民族高压统治的激愤心情，也愿意应请东渡日本弘法。著名的有道者超元、逸然性融、隐元隆琦、心越兴俦等人。他们来到日本以后，不仅受到

①以上参见木宫泰彦著，胡锡年译：《日中文化交流史》之五明、清篇第四、五章；坂本太郎著，汪向荣、武寅、韩铁英译：《日本史概说》第四、五章；杨曾文著：《日本佛教史》第四、五章，商务印书馆1992年版。

“长崎唐三寺”及当地僧俗的欢迎，也受到日本佛教界的重视，有不少日本禅僧闻名前来投到他们门下参禅问道。道者超元是中国明朝临济宗僧，上承密云圆悟—费隐通容的法系，是后来到日本的隐元的法侄，在庆安四年（1654）应请来到长崎住持崇福寺，并在平户普门寺、金泽天德寺说法，日本临济宗妙心寺派的盘圭永琢、贤岩禅悦，曹洞宗的悦岩不禅、惟慧道定、云山愚白、独庵玄光等人前来参禅受法。超元在隐元来日后第四年回国。①

在江户时期赴日的中国僧人中，对日本佛教影响较大的是临济宗禅僧隐元隆琦和曹洞宗禅僧心越兴俦二人。

心越兴俦（1639—1695），心越是字，法名兴俦，号东皋，婺郡浦阳（今浙江浦江）人，八岁于苏州报恩寺出家为僧，后出外游方，到江西南城奉昌寺参谒曹洞宗著名禅师觉浪道盛（1592—1659，因曾住持南京天界寺，简称“天界盛”），遵师命到浙江皋亭山师事道盛的弟子阔堂大文②并从嗣法。心越曾参与江浙一带地方的抗清活动，后隐居于杭州西湖畔的永福寺。清康熙十六年（1677）初，心越应日本长崎兴福寺僧澄一的邀请东渡，住入长崎兴福寺传法。

日本天和元年（1681），心越被水户藩主德川光圀（1631—1700）迎请到水户（在今东京）居住传法。德川光圀尊崇儒学，致力文教，主持编纂彰显朱子学提倡的大义名分思想的《大日本史》。他尊崇禅宗，特地修复岱宗山天德禅寺礼请心越入住传法。心越所传曹洞宗与当时日本所传曹洞宗没有直接关系，法系上属于元代万松行秀—雪庭福裕以来的“北传曹洞宗”。他秉承曹洞宗法脉，虽也提倡净土念佛法门，然而强调“本性弥陀”、“唯心净土”，说“念佛念心，念心念佛……戒心是律，净律净心，心即是佛，除此心佛，更无别佛”（《不二法门念佛宣指篇》）。他认为佛教与儒、道二教的根本宗旨是一致的，无非皆是“忠恕”之道，“修治身心皆一理”（《三教辨》）。③ 心越于元禄八年（1695）九月三十日去世，享年五十七岁。

心越具有深厚的文学修养，善诗文、书法、绘画，并且精通篆刻、琴道，在传法之余还向日本人传授书画技艺，或进行交流，影响很大，被誉为日本篆刻新时期

①参考日本竹贯元胜《日本禅宗史》六《近世禅宗的展开》之“隐元来日与黄檗宗的开宗”，大藏出版社 1989 年版。

②阔堂大文，心越《五宗源流图》称为“上塔文”，《印心文》称为“翠微文”。

③分别引自陈智超：《旅日高僧东皋心越诗文集》第 238 页、244 页，中国社会科学出版社 1994 年版。

的开创者。水户天德寺后改为寿昌山祇园寺，尊心越为开山祖，奉为日本曹洞宗寿昌派的祖师。

心越生前撰有《宗脉论略》《五宗源流图》《印心记》《宗谱引》《长崎医王山延命寺法华三昧塔铭》《日本来由两宗明辨》《东渡编年略》《法门及宗亲图》《不二法门念佛宣指篇》《三教辨》《寿昌清规》等及弟子所编《天德禅寺入院开堂语录》，另外有大量诗偈、书信等。

长期以来心越兴俦的事迹鲜为人知，在中国也罕有知闻者。1911 年日本水户寿昌山祇园寺住持浅野斧山首次将心越诗文编辑出版，引起更多日本学者的注意。1944 年在重庆的荷兰驻华使馆任职的荷兰汉学家高罗佩（R. H. VanGulik）将他多年搜集的心越遗文加以整理，并撰写《东皋心越禅师传》，统编为《明末义僧东皋禅师集刊》出版，从此中国人知道心越的人渐多。然而无论从诗文数量还是从校勘来看，皆存在不足。中国在进入改革开放的新时期以后，中国社会科学院历史研究所的陈智超教授在中国和日本各地潜心考察心越事迹、搜集资料，1994 年由中国社会科学出版社出版了他的考察和研究成果《旅日高僧东皋心越诗文集》，收载心越诗偈五百余首、文四十余篇、书信一百二十通，皆加以精校和注释，大体按著作年代编排，从而为中外了解和研究心越事迹和思想提供了极大方便。

第二节　隐元东渡和黄檗宗

在隐元东渡之前，日本流传的禅宗有临济宗和曹洞宗，皆是在中国南宋时传入的。临济宗先后受到镰仓幕府、室町幕府时期以将军为首的武士阶层以至皇室、贵族的支持，特别是其中以五山十刹为中心的主流派——五山派，不仅在社会政治、文化上有很大影响，甚至外交方面也发挥过重要作用。临济宗中以大德寺、妙心寺为中心的所谓应灯关（大应国师南浦绍明、大德寺初祖大灯国师宗峰妙超和妙心寺初祖关山慧玄）派，是属于五山十刹以外的林下派，曾长期受到当政幕府的冷落，并且两寺皆遭受过战火的焚毁，进入 15 世纪以后在拥有实力的武士集团的支持下才得以复兴和发展。曹洞宗也曾属于林下派，长期在本州北部山村一带传播，在进入 14 世纪以后逐渐扩展到本州东北部、中部乃至九州的广大地区。

隐元属于中国临济宗杨岐派的法系，上承唐临济义玄……宋汾阳善昭……慈明楚圆……杨岐方会……圆悟克勤—虎丘绍隆……无准师范—元雪岩祖钦—高峰原妙—中峰明本……明幻有正传—密云圆悟—费隐通容的法系。据隐元弟子独往性幽为独耀性日所编《黄檗隐元禅师年谱》写的《年谱乞言小引》所说，隐元“系曹溪正脉三十六世、临济正传三十二世”。然而隐元所传的临济宗在禅法上已经融会净土念佛法门，与日本所传的临济宗有显著差别，并且读经重汉音，又得到江户幕府的支持在京都宇治单独建传法中心——“黄檗山万福寺”，从隐元开始连续十四代住持皆是来自中国的汉僧，故被称为黄檗派、黄檗门派，在日本进入近代以后正式称为黄檗宗。这样，日本在原有禅宗临济宗、曹洞宗之外，又新增加了黄檗宗。

一、隐元的语录和著作

现在日本收载隐元资料最全而且最便于查阅的著作是平久保章编、日本开明书院 1979 年出版的十六册《隐元全集》。其中所载隐元的各类资料有：

1.《黄檗隐元禅师语录》，十六卷，嗣法门人海宁、海珠、明光、如沛、性乐、性杲等人编。记载隐元 1654 年出发到日本长崎之前在福建福清县黄檗山的说法语录及著作（颂古、法语、书信、诗偈、碑记等）。其中卷十有载录隐元在清顺治八年（辛卯，1651）十一月三十日自述生平的《行实》。

2.《隐元禅师续录》，二卷。门人兴燄、侍者性尊编，是隐元赴日前的语录及著述。

3.《黄檗和尚扶桑语录》，十六卷，门人兴燄、如一等编，到达日本后，先后在长崎兴福寺、崇福寺，摄津普门寺的语录及法语、拈古、代古、书问、答问题赞、杂著等。

4.《黄檗和尚太和集》，门人性瑫、如一编，宽文元年至宽文四年（1661—1664）住持日本黄檗山万福寺的语录、法语、书问、小佛事、颂古、题赞及杂著。原一卷，后增加为四卷。前有宽文三年（癸卯，1663 年）“素庵会道人”写的序，称颂隐元东来日本，“举地皈依，为东国开天之祖，真与折苇西来之意津津然有合也”，“以无相、无念、无住接人，直把四大部洲入一毛孔，殆亦达摩后身也”，“人向宗门者，当以临济为宗也已，抑又向临济者，又当以大师为宗也已”。

5.《佛祖像赞》，一卷，刊印于日本宽文二年（1662），前有隐元的序，载录自释迦佛至西天二十八祖、东土六祖及此后一世南岳怀让至三十五世费隐通容禅师的祖师像（从二十五世万峰时蔚至三十三世幻有正传禅师无像）、略传及赞。

6.《黄檗隐元和尚云涛集》，一卷，门人性愿记录，载录隐元东渡日本前作的诗偈、题赞等，除一首外，已分别载录于《黄檗隐元禅师语录》、《隐元禅师续录》之中。

7.《黄檗隐元和尚云涛二集》，八卷，侍者性莹、性派编录，在日本长崎兴福寺、崇福寺及摄津普门寺等地的诗偈。

8.《黄檗隐元和尚云涛三集》，四卷，侍者性派、性激编录，在日本京都黄檗山万福寺晋山前后的诗偈、歌赞等。

9.《黄檗和尚松隐集》，三卷，侍者道澄编录，隐元在宽文四年（1664）退隐松隐堂，此集中载录他在翌年著的七言五言诗偈、歌及题赞等。此后，隐元于宽文六年、七年所作诗偈等，分别由侍者道澄、性派等人编录为《黄檗和尚松隐二集》《黄檗和尚松隐三集》。此外，隐元还有《拟寒山诗》《又拟寒山诗》各百首。

10.《普照国师广录》，三十卷，门人南源性派等据隐元在中国、日本的说法语录、法语、诗偈等摘录编纂而成，其中的中国传法部分比较忠于原录，日本部分有省略及改动的地方。有以往语录中没有的内容，重要的有：隐元像一、《上黄檗开山大光普照佛慈广鉴国师全录表》《黄檗老和尚奏对机缘》、后水尾法皇、光格上皇的赐号加号书翰四、《隐元禅师语录序》等。

在平久保章编《新纂校订隐元全集》附录册中，载有隐元门人南源性派在高泉性激协助下编录的《普照国师年谱》二卷，前一部分逐年附录原由侍者独耀性日编录、在隐元到日本后于承应三年（1654）刻印的记述隐元从出生至六十四岁事迹的《黄檗隐元禅师年谱》。上卷记载隐元从出生至清顺治十年（1653）六十二岁、下卷记载隐元从顺治十一年（日本承应三年）六十三岁赴日至宽文十三年（1673）四月八十二岁在日本去世前的年谱。

日本《大正新修大藏经》（《大正藏》）第八十二卷，载有《普照国师语录》三卷，取自《黄檗和尚扶桑语录》《黄檗和尚太和集》中隐元到日本以后在长崎兴福寺、普门福元寺和黄檗山万福寺的部分传法语录；《普照国师法语》二卷，当取自隐元在中日两国向弟子或参禅者所作开示的书信或笔录。此外，尚有《隐元和尚黄檗清规》，是隐元为日本黄檗寺制定的清规。

二、隐元在中国的经历

隐元隆琦（1592—1673），隐元是号，名隆琦，明万历二十年（1592）十一月初四生于福州福清县灵得里（现为福建省福州市福清市上径镇）东林村。俗姓林，名曾昺，兄弟三人，排行第三，二哥出家为僧。父林德龙，农耕为业，在隐元六岁时离家入楚（泛指今河南、湖南、湖北一带）远游，一直没有音讯。

家业素淡，隐元九岁就学，然而因贫翌年废学，与长兄从事农樵以扶养老母，维持生计。隐元十六岁时，在观察星月流转等自然现象之际，常思考天地万象“谁系谁主”等玄奥问题，感到“此理非仙佛难明”，逐渐萌发慕佛出家的念头。① 二十岁时，以父游未归为由拒绝母与长兄为己聘妻。第二年在得到母亲谅解后，携此聘金为路费踏上外出寻父的路途，先后到过豫章（今江西南昌）、金陵（今江苏南京）等地，后辗转至宁波、舟山，皆未找到。其间，虽母舅、族叔劝他早日回家，他皆不听。隐元二十三岁时，到南海普陀山（在舟山岛东的小岛）观音道场进香，祈愿找到父亲，在看到佛刹胜景之后，更坚定出家之念，于是投到潮音洞主的门下以“道人”身份担任为香客烧茶的“茶头执事”。此后回家看望母亲，在家奉养老母近五年。隐元二十八岁时，母亲去世，请当地黄檗山寺法师为母举行礼忏超度法会过程中，认识了寺中兴寿鉴源法师，听从他的劝告，舍弃到外地出家的念头。明泰昌元年（1620），隐元二十九岁时，在黄檗寺礼兴寿法师为师正式出家为僧。

黄檗寺或黄檗山，全名是黄檗山万福禅寺，因山寺多有黄檗（即黄柏）树，故以黄檗为名。原建于唐贞元年间（785—804），马祖再传弟子黄檗希运禅师（？—855，谥“断际禅师”）曾在此出家。此后历经五代、宋，长期颓废不振，至明朝经中天正圆、觉田法钦、兴寿鉴源、兴慈镜源，再经密云圆悟、费隐通容、隐元隆琦几代法师的努力，才使黄檗寺得以振兴，成为东南名刹。

明代黄檗寺初祖中天正圆（？—1610），致力重建和振兴黄檗寺，为提高寺的声望，在明神宗万历二十九年（1601）赴京请“龙藏”（当为明北藏），然而苦等八年没有得到而在京去世。徒孙兴寿鉴源、兴慈镜源入京继之。又经过六年（当为万历四十二年，1626），在首辅大学士（宰相）叶向高②的支持斡旋下，才得到皇帝所赐藏经一部六百七十八函及金、敕书、寺额、紫衣等，在寺建藏经阁收藏藏经

①隐元的生平事迹，凡不注明出处者，皆据《行实》和《普照年谱》。

②叶向高（1559—1627），字进卿，明福建福清人，万历进士，出仕后曾上书反对由宦官把持的掠夺工商业者的矿监、税监等弊政，万历三十五年（1607）任礼部尚书兼东阁大学士（首辅、宰相），四十二年（1614）辞职，天启元年（1621）再出任首辅，后被魏忠贤等排挤去官。死后，崇祯皇帝赐谥“文忠”。著有《苍霞集》《说类》等。《明史》卷二百四十有传。

作镇山之宝。[①] 从此，黄檗寺声振东南丛林。隐元出家之师就是兴寿鉴源（？—1626），他被后世奉为黄檗寺“护藏赐紫”禅师。

密云圆悟（1566—1642），号密云，俗姓蒋，宜兴人。二十九岁时到荆溪（在今宜兴）龙池山禹门禅院从幻有正传（1549—1614）剃度出家，从受临济宗杨岐派禅法。明神宗万历四十五年（1617）继师住持龙池禅院，此后应请住持天台山通玄寺、嘉兴金粟山广慧寺、福清黄檗山万福寺、宁波阿育王山广利寺、天童山景德寺、金陵大报恩寺等名刹，名闻南北丛林。密云在明思宗崇祯三年（1630）三月至八月住持黄檗寺，时间不到半年。他的嗣法弟子很多，著名的有长沙府沩山五峰如学、苏州府邓尉山汉月法藏、西蜀夔州双桂破山海明、杭州府径山费隐通容、嘉兴府金粟石车通乘、赣州府宝华朝宗通忍、常州府龙池万如通微、宁波府天童山翁道忞等。有《密云禅师语录》行世。[②]

费隐通容（1593—1661），号费隐，俗姓何，福建福州人。十四岁出家，先后参学于曹洞宗无明慧经（号寿昌）、湛然圆澄（号云门）以及无异元来（号博山）的门下，皆未契悟，明熹宗天启二年（1622）在绍兴吼山护生庵参谒密云圆悟，从受临济禅法。天启七年（1627）密云住持嘉兴金粟山广慧寺住持时，他受命任西堂首座。崇祯三年（1630）圆悟迁住福清黄檗山万福寺，他跟随身边。崇祯六年（1633）应请住持黄檗山万福寺，三年后辞职。此后先后住持过温州法通寺、嘉兴金粟山广慧寺、宁波天童寺、松江超果寺、崇德福严寺、杭州径山万寿寺等。嗣法弟子有隐元隆琦等。著有《五灯严统》（1653 年）、《五灯严统解惑编》（1654 年）、《祖庭钳锤录》《丛林两序须知》等。[③] 其中《五灯严统》因为将原属青原行思—石头希迁法系的云门宗、法眼宗皆列入南岳怀让—马祖道一的法系，并且称当时曹洞宗高僧无明慧经、湛然圆澄及其嗣法弟子“未详法嗣”或“未承付嘱”，予以贬斥

①参《隐元语录》卷十六《中天祖福善堂香灯碑记》、1922 年重刻本《黄檗山寺志》。

②参考《密云禅师语录》卷十二《行状》及后附《天童密云年谱》等。

③隐元等编《费隐禅师语录》后附行观等编《福严费隐禅师纪年录》及《五灯严统》卷二十四载《费隐通容传》等。

而不载录，受到曹洞宗的激烈批驳和抨击，甚至遭到毁板。①

隐元出家后，为兴修黄檗寺决定到京城化缘，因京城戒严不得已暂住绍兴，曾到云门寺参谒曹洞宗湛然圆澄禅师，听他讲《大涅槃经》，碰到从京城回来的时仁法师，向他问“依经解义，三世佛冤；离经一字，如同魔说”，应当如何解释。然而时仁却回避正面回答，说：“三十年后向汝道。”他认为受到戏弄，感到气愤。然而此事对他影响很大，使他经常思考禅宗讲的佛法既不“依经解义”，又不随意离经妄说的道理，激励他遍参诸方名师。天启六年（1626）在嘉兴金粟山广慧寺参谒密云圆悟和尚，问：“学人初入禅门，未知向甚么做工夫?”密云答：“我这里无工夫可做，要行便行，要住便住，要卧便卧。”又问：“蚊子多卧不得时如何?”密云打他一巴掌。他经过七昼夜考虑似有省悟，日夜坐禅参究。在密云门下参学五年，在同参道友中以应对敏捷、善作偈颂知名。崇祯三年（1630）三月密云和尚应请住持黄檗寺，招他随从同往，不久受命南下化缘，八月回归时密云已到宁波。此后，隐元应请住持福清县狮子岩寺，携弟子“刀耕火种”，“种薯蔬为食”，在岩的绝顶修行。崇祯六年（1633）费隐通容应请住持黄檗寺，请隐元为西堂（曾在他寺任住持而今客居本寺者）辅佐他传法。隐元不久仍回狮子岩寺，当地居士儒者夏春元、龚士龙前来问道，论“儒释一贯之旨”。

崇祯十年（1637）应黄檗寺僧众和护法居士之请，继通容之后住持黄檗寺。翌年，开阅五千余卷的《龙藏》（当为明北藏），“用酬祖德，以报皇恩”，以连续千日为期。他在寺中为进京求经的中天正圆造塔，并建“梅福庵”供养。福清知县凌镜汭入寺参谒，问：“毕竟如何是不与万法为侣?”他答：“百花丛里过，一叶不沾身。”意为“不与万法为侣”真如佛性虽显现为万物，又超越于万物。此后，派寺僧四处化缘，致力重兴寺院殿堂，六年后竣工，寺院焕然一新。崇祯十七年（1644）隐元请同学亘信为黄檗寺住持后，前往嘉兴金粟寺探望费隐禅师，被任为前堂首座，不久应请赴崇德县（在今浙江桐乡县）住持福岩寺。

①石头希迁的法系，后世从药山惟俨—云岩昙晟的一支形成曹洞宗，从天皇道悟——龙潭崇信—德山宣鉴的一支形成云门宗和法眼宗。宋代临济宗的觉范慧洪（1071—1128）在其《林间录》卷上，据所谓唐丘玄素为“天王道悟”所撰碑文（《佛祖历代通载》卷十五载此碑文），提出当初在荆州另有天王寺道悟，嗣法于马祖，龙潭崇信是他的法嗣，因此云门、法眼二宗自应属于南岳怀让—马祖的法系。费隐通容所撰《五灯严统》，内容虽袭《五灯会元》，但却把青原行思—石头法系的云门、法眼二宗置于南岳的法系，又贬斥当时的曹洞宗僧，引起禅宗内部的激烈争论。详见陈垣《清初僧诤记》卷一。

此时中国政治形势发生急剧变化。明崇祯十七年（1644）李自成率农民起义军攻入北京，推翻明朝。接着，清军入关，攻入北京，清世祖即皇帝位，建元顺治。李自成率兵撤出北京西至山、陕，翌年兵败被杀。清朝派兵南下陆续占领江南大部地区，清顺治三年（1646）攻占福宁、福州、泉州、漳州等福建很多地方，清兵所到之处对汉人屠杀、掠夺，焚毁房屋。自明朝被推翻至顺治十六年（1659）为止，先后有在南京即位的福王弘光帝、在浙江的"监国"鲁王、在福州即位的唐王隆武帝、在广东肇庆即位的桂王永历帝等明朝的残余势力，组织武装抗清斗争，皆以失败告终。郑成功（1624—1662），父郑芝龙，曾拥戴在福州即位的隆武帝政权，隆武二年（1646）在其父降清后起兵反清，后拥戴永历帝政权，长期以厦门（先后称"中左"、"思明"）、金门等地为据点开展抗清复明的武装斗争，从1653年至1657年利用清廷提出"和议"的时机联合南明残部攻复浙江、江苏和福建沿海很多失地，甚至有兴师北伐之举。1661年郑成功率兵从荷兰殖民者占领下收复台湾，翌年在台湾病逝。康熙二年（1663）清兵最后平定福建。① 隐元东渡及刚到日本时与家乡的联系就是在这样一种社会背景下进行的。

在明福王弘光元年（1645）二月清兵迅速南下之际，隐元南归，经过福州时应请到诸寺说法，又应当地士绅之请住持长乐县龙泉寺，远近前来问道或请他说法者络绎不绝。当时清兵已逼近福州福清一带，黄檗寺僧人及护法居士紧急会商，决定请隐元立即回来住持寺院。隐元在顺治三年（1646）正月底回寺。此年九月清兵在汀州（今福建长汀）将唐王隆武帝及近臣等杀害。清兵攻破福州，残杀城中居民十之八九，翌年三月攻陷福清海口、镇东二城，杀居民数千人。隐元率众前往海口、龙江两地修水陆法会超度亡灵，并作偈五首哀挽，其中有"故国英贤何处去，唯余孤月照空城"；"两城人物今何在，一阵悲风起骷髅"；"愧无道力资君福，聊借金风剪业花"等句②，反映了他对明亡和民众惨遭清兵屠杀而自己无力救助的悲愤心情。在战乱日益加剧的年月，他带领弟子"清淡自守"，挑担入市卖柴以维持寺院日用。顺治九年腊月初八（已进入1652年），隐元在开戒仪式宣读疏文至"开戒于

①何龄修编《清初福建军事政治大事记》，载陈志超、韦祖辉、何龄修编《旅日高僧隐元中土来往书信集》的"附录"，中华全国图书文献完全缩微复制中心1995年出版及《清史稿·郑成功传》、清闽海郑亦邹撰《郑成功传》（载《台湾文献丛刊》）等。

②《隐元全集》卷十三载海口、龙江修"水陆普度"两则法语，卷十五载有"龙江修水陆普度夜怀"五首。

洪武十年，善述于成祖昭世，列圣恩深，今皇德生”时，不禁“伤感涕泣，不能仰众”，可见他对明朝的眷恋深情。他还为拥戴南明政权参加抗清活动的殉节死难的士大夫林化熙、黄道周、钱肃乐等人写挽诗或祭文，经办葬礼，表示自己对他们的钦敬和赞叹之情。[①] 当时一些不甘心做清朝顺民的儒者士大夫有的出家为僧。隐元赴日前剃度三山儒者欧全甫出家，授法名性幽，字独往，让他修《黄檗山志》八卷；又剃度海宁儒者姚兴出家，授法名性日，字独耀，让他担任身边的记室（书记）。[②]

三、应邀赴日传法

顺治八年（1651），日本长崎崇福寺邀请隐元的弟子、莆田凤山寺也嬾性圭东渡担任崇福寺首座，然而不幸途中遇难丧身大海。消息传来，隐元含悲著偈哀悼。

从清顺治九年（壬辰，1652）四月至第二年（癸巳）十一月，日本长崎兴福寺住持逸然性融和在家信众（檀越）连续托商船主甚至派专使给隐元送信和礼物，请他东渡传法，然而隐元开始以年老等为由一再复信婉拒，直到收到逸然派弟子古石送来的第四次邀请信（《第四请启》），被对方的至诚感动，才复信表示同意东渡传法，偈称：“三请法轮能不退，千秋道振在斯时。”[③] 顺治十一年（1654），隐元六十三岁，前后住持黄檗寺达十七年，五月在将寺院传付弟子慧门如沛住持，辞别前来挽留的僧俗信众后，与弟子多人踏上南下东渡的旅程，途中应请入莆田凤山寺、泉州开元寺暂住说法，六月到达中左（今厦门）。

当时中左是拥戴南明桂王永历帝积极开展抗清斗争的郑成功的重要基地。他对隐元到来表示欢迎，特地送上斋金供养，后拨船护送。隐元在中左时，已为郑成功收编的郑彩与诸将前来参谒。《普照年谱》记载：“六月初三至中左，寓仙岩，藩主送斋金供养。建国郑公暨诸勋镇络绎参谒，师以平等慈接之，各尽欢心而去。……二十一日，藩主备舟护送。”其中的“藩主”即郑成功，因他在顺治三年（1646）从隆武帝受封“忠孝伯”，顺治六年（1649）从永历帝受封“延平公”，后受封“延平郡王”；《黄檗隐元禅师年谱》称之为“国姓公”，是因为他曾从隆武帝

①详见上引《旅日高僧隐元中土来往书信集》所载陈志超之序。

②以上除注明出处外，主要据《普照年谱》和《行实》。

③逸然及信众的“请启”书信及最后同意东渡的复书，见《黄檗和尚扶桑录》卷一（载《隐元全集》第四册）；最初婉拒东渡之请的信见《隐元禅师语录》卷十二（载《隐元全集》第二册）。

受赐朱姓。“建国公”即郑彩，原为郑芝龙部将，郑降清后与其弟郑联在浙、闽沿海抗清，迎明宗室鲁王监国入闽，受封“建国公”，后被郑成功收编。现存郑成功致隐元的一封信提到此事，其中说：

> 得侍法教，顿开悟门，执手未几，忽又言别，只有临风神想耳。但日国之人虽勤勤致请，未知果能十分敬信，使宗风广播乎？……倘能诚心皈依我佛，自当驻驾数时，大阐三昧。不然，不必淹留岁月，以负我中土檀那之愿。况本藩及各乡绅善念甚殷，不欲大师飞锡他方。所以拨船护送者，亦以日国顶礼诚深，不忍辜彼想望之情也。……法驾荣行，本藩不及面辞，至次早闻知，甚然眷念，愈以失礼为歉。（陈智超等编《旅日高僧隐元中土来往书信集·隐元所收中土来信之六》）

可见，在隐元滞留中左的近二十天中，郑成功对隐元十分钦敬，曾当面听隐元宣说禅法，虽拨船护送然而他没有前往告别，希望隐元到日本后看传法情况再决定是否长住，如果情况不理想就早回国。

隐元向前来送行的僧俗弟子告别，在《江头别诸子偈》中表示：“暂离故山峰十二，碧天云净是归期。”表示他只是暂离故土，到“碧天云净”时还要回来。然而何为“碧天云净”？也许意味社会安定政治清明，也许他对复明还抱有希望。

当年七月初五船到达以“多船、多僧、多瑞雪”著称的长崎，逸然率僧俗信众把隐元一行请进兴福寺。长崎两位行政长官（“长崎奉行”）前来参谒。随隐元同到日本的弟子有三十多人，其中有的后来回到国内，留在日本的著名弟子有大眉性善、慧林性机、独言性闻、独湛性莹、独吼性狮、南源性派、唯一道实等人；嗣后来者有木庵性瑫、即非如一等人。

当时是日本后光明天皇承应三年（1654），主持幕府军政的是第四代将军德川家纲。他在德川家光之弟保科正之，大老井伊直孝、酒井忠胜、老中松平信纲等重臣的辅佐下十分重视文教事业。

隐元到长崎的第二天便举行住持东明山兴福禅寺的开堂仪式。中国禅宗传统拈香祝圣做法，是连续拈香三次，向皇帝、州府及自己的师父祝寿祝福和报法乳之恩。然而隐元在这一场合，连续拈香五次，分别祝“今上皇帝（天皇）圣寿无疆，伏愿皇图与佛国巩固，帝道共祖道齐彰”；大将军（幕府将军）“威镇天下，德被苍生”；长崎檀越（此特指行政长官）“仁政如青天白日，德相如古柏苍松”；兴福寺外护居士长者“般若现前，照见本来无一物”；兴福寺僧众“传临济正宗如龙如虎”；为在余杭径山传法的师父费隐通容“酬法乳之恩”。在当年元旦特地上堂祝圣说法，说：

唯祈四海无虞，处处村歌社舞，人人咸乐尧天，是以阴阳和，瑞物生；师资和，学业成；君臣和，天下平；父子和，家门兴。而我格外衲僧，慕忠义之国，乐太和之风，以道教人，无往而不化；以德先人，何莫而不从，一言契会，万里同风。①

隐元在明历元年（1655）三月应请住持长崎圣寿山崇福禅寺，十一月又应请到摄津（在今大阪）住持慈云山普门寺，在上堂仪式拈香祝圣和日常说法也说了类似上述词语，也以忠孝慈悲教化信众。可以认为，隐元对日本的社会情况是有所了解的。他通过拈香祝圣和上堂说法，表明自己对日本虽尊奉天皇为全国最高首领然而实权归幕府将军把持的政治体制，对佛教传播须在地方政府保护和管理之下的制度是认可的，并且在弘传禅宗“即心即佛”、“明心见性成佛”的基本宗旨的同时，还向官民、僧俗宣示彼此协调和谐和忠孝仁慈等伦理思想，可以消除官府对他一行到来的戒心，并能赢得广大民众的好感和支持。隐元在住持摄津普门寺后，尽管“硕德高士闻风而至者”很多，然而仍引起一些人的猜忌，如《普照年谱》所说：“四方道俗，疑信相半。”当时日本佛教界既有天台、真言诸宗，还有禅宗的临济、曹洞二宗，各宗内部又有不同派别，出现这种现象是很自然的。隐元对此泰然处之。确实，这种现象并不反映主流。隐元来到日本传法的消息迅速传向四方，亲自前来或通过书信向他问道求法的人很多，其中也不乏担任地方行政长官的人。

在隐元传法和建立宇治黄檗寺过程中，曾得到日本临济宗妙心寺派中不少禅僧的热心帮助，其中著名的有属于妙心寺灵云派龙安寺的龙溪宗潜（后改性潜）、龙华院的竺印祖门，还有妙心寺仙寿院的秃翁妙周、大雄院的万拙知善、慧照院的大春元贞、大坂大仙寺的湛月绍圆、广岛禅林寺的虚棂了廓等人。龙溪和秃翁出于振兴妙心寺的意愿，不顾妙心寺开山祖师关山慧玄遵照花园法皇旨意制定的“一流”相承的寺规，曾打算让刚到长崎的隐元到妙心寺担任住持，然而由于遭到妙心寺主流派的反对而未能实现，不得已请隐元住持原由龙溪住持的摄津普门寺。②

隐元到日本后与福清黄檗寺和其师费隐通容一直保持密切的联系。他在住持兴

①详见《黄檗和尚扶桑语录》卷一、二（载《隐元全集》第四册）。

②以上除注出出处者外，尚参考木宫泰彦：《日中文化交流史》第六章之二；竹贯元胜：《日本禅宗史》六之四，大藏出版社 1989 年；竹贯元胜著：《妙心寺散步》第五章之八，妙心寺灵云院 2004 年版。

福寺的第二年七月派人回国给费隐送信，解释日本长崎方面原请也嬾性圭，然而因遭遇海难未能实现；他因为他们的“恳请再四”所感动，才同意东渡，似乎是“子债父还”。费隐为“吾道东矣”感到高兴。隐元原无长留日本的打算，出国前曾答应黄檗寺僧俗信众三年后回山，因此在他入住摄津普门寺后的两年间连续收到黄檗寺及其师费隐通容的书信，催促他践行三年回山之约。隐元一再向龙潜表示要回国，然而皆因受到执意挽留而未能成行。(《普照年谱》)

四、黄檗山万福禅寺的创立

龙溪宗潜为了使隐元在日本能展开弘法活动，亲自到江户幕府进行斡旋和沟通。万治元年（1658）九月，按照幕府的安排，隐元在龙溪陪同下到江户传法，住入天泽寺，受到民众热烈欢迎。十一月，德川家纲接见隐元，赐赠袈裟和金。隐元皆用来举办放生法会，为日本国民祈福。在这期间，他受到担任幕府重大职务的大老酒井忠胜（后出家名空印，1587—1662）、老中稻叶正则（1623—1696）① 等人的信敬。酒井忠胜请隐元到长安寺为其父酒井忠利去世三十五周年举行“远忌”法会，并拈香向他问法。稻叶正则新建成养源寺，请隐元前去主持奉安佛像仪式。隐元回到普门后，曾应请到京都等地参观了很多名寺，对日本佛教有了更多了解。隐元在日本的名声日著，向他求法问道者也越来越多。

万治二年（1659）六月，幕府将军德川家纲下令允准隐元在京都择地建寺传法。隐元选择在京都南边的太和山（宇治郡大和田庄）建寺，在幕府的直接过问和支持下，宽文元年（1661）八月寺初步建成。隐元为不忘本，以福清黄檗寺之名命名，寺额为“黄檗山万福禅寺”。从此有“西黄檗”（“古黄檗”）和“东黄檗”（“新黄檗”）之称。隐元在携弟子进山居住之后继续扩建，建成以法堂为中心，左右建有方丈室、开山寿塔、禅堂、钟楼、浴室等建筑的庄严恢弘的寺院。隐元认为日本寺院造像“不甚如法”，特请福建的名匠范道生负责造像，又命担任监院的弟子大眉性善督造韦陀、伽蓝祖师、监斋等像，因而寺院造像精美，并且保持明代造像的风格。宽文三年（1663）正月十五日，龙溪宗潜奉德川家纲之命请隐元在黄檗举行隆重的“祝国开堂”仪式，德川家纲亲自临席。隐元拈香为皇帝（天皇）、大将军、“主国太宰、辅弼功勋”（幕府大老、老中等重臣）、“主京尊官、法护长者”

①二人在《普照年谱》中分别称为酒井空印阁下、稻叶美浓守阁下。

（在京都臣僚）等祝寿祝福，其中祝将军“不令而化”，“不言而彰”，祝幕府重臣“德政明如青天，护民如保赤子”[①] ……这些看似是搬弄套话，然而在当时对维护以德川氏为首的幕府体制，营造上下和谐的社会气氛是有积极意义的。

德川家纲（《普照年谱》称为国主）施赠黄檗寺僧粮四百石，隐元书偈致谢，其中有“灵苗秀发三冬实，一众饱参祝圣人”之句。此后，德川家纲还施赠隐元白金两万两及来自西域的木材为扩建黄檗寺用。后水尾太上法皇曾召龙溪入宫问法，对他表示敬信，特地托他请隐元开示禅门“法要”。隐元答之以“别无言说，惟放下身心，觑破无位真人（按：喻指自性），自彻自悟”等宗旨，得到后水尾法皇的赞赏和敬重，从此与隐元有文字交往并多次给予赏赐。法皇还赐舍利宝塔，隐元特建舍利殿供养。这为隐元和黄檗寺开展传法活动提供了十分优越的条件。隐元在七十六岁应请参观奈良诸寺时，据载“四众追随参礼者日以万计”，说明他在日本佛教界已经有很大的影响。

隐元自宽文四年（1664）九月辞众退居于寺内的松隐堂，命弟子木庵性瑫担任住持。然而他每天仍要接待四方前来参谒问法者，并且书写大量回应问道者的书偈。宽文十三年（1673）三月隐元患病，各界前来慰问者络绎不绝。隐元写好遗书及偈颂，又写信给福清黄檗寺僧众及护法居士，嘱咐他们“护念祖庭”。水尾法皇也派使者慰问，并特赐“大光普照国师”之号，听说隐元病重不起，叹曰：“师者，国之宝也。倘世寿可续，朕愿以身代之。”四月三日，隐元写下遗偈：“西来楖栗（按：当为蒺藜，喻指禅法）起雄风，幻出檗山不宰功，今日身心俱放下，顿超法界一真空。”然后去世，享年八十二岁。[②]

五、隐元的弟子和黄檗宗的发展

黄檗寺的建立，标志着在日本临济宗、曹洞宗之外黄檗宗正式成立。通过隐元及其后继弟子的努力，黄檗宗迅速发展，并且逐渐融入日本佛教界和社会。

隐元门下拥有文才和经营才干的弟子很多，《普照年谱》的最后载有嗣法弟子二十三人：无得海宁、玄生海珠、西岩明光、慧门如沛、也嬾性圭、良冶性乐、中柱性砥、木庵性瑫、虚白性愿、即非如一、心盘真桥、三非广彻、广超弘宣、良照

①详见《黄檗和尚太和集》卷一。

②主要据《普照年谱》。

性杲、常熙兴焰、慧林性机、龙溪性潜、独湛性莹、大眉性善、独昭性圆、南源性派、独吼性狮、独本性源。[①] 其中也嬾性圭已经死于海难，无得海宁、玄生海珠、西岩明光、慧门如沛等人没有到日本，龙溪性潜、独昭性圆、独本性源三人是日本人。实际上，隐元的弟子绝不止二十三人，例如编写《黄檗隐元禅师年谱》（出生至六十四岁）的独耀性日，为此年谱写序的独往性幽以及以善诗文、书法和医道著称的独立性易，编撰《隐元禅师续录》的性尊等人也是他的弟子[②]。

木庵性瑫（1611—1684），木庵是字，性瑫是法名，俗姓吴，中国福建泉州晋江人，十九岁剃度出家，明崇祯八年（1635）在鼓山永觉元贤门下受具足戒，参学曹洞宗。先后参学宁波鄞县天童寺临济宗僧密云圆悟、嘉兴金粟山广慧寺费隐通容禅师，曾长期修持看话禅。清顺治五年（1648）到临清黄檗寺参谒隐元，并从嗣法，后任首座，顺治十一年（1654）应请住持永春县象山慧明寺，翌年应已在长崎崇福寺的隐元招请赴日，先应请住持长崎福济寺，在宇治黄檗寺建成后来到隐元身边。宽文三年（1663）冬，黄檗寺僧众达五百多人，隐元命木庵与即非如一分任两堂首座，辅佐他传法。第二年隐元退位，命木庵继为第二世住持。木庵在幕府支持下继续扩建寺院，建大雄宝殿、韦陀殿和禅悦堂等，宽文十年（1670）受赐紫衣，又应江户端山居士（小仓领主青木重兼）之请住持新建的瑞圣寺。延宝二年（1674），木庵在再住瑞圣寺期间，主持盛大三坛授戒（沙弥戒、比丘戒、菩萨戒）仪式，按中国佛教的融大小乘戒法为一体的戒规授戒，有很多僧俗信众前来受戒。贞享元年（1684）正月，木庵写下“末后句”“一切空寂，万法无相”后逝世，享年七十四岁，弟子铁牛道机继后。木庵前后住持宇治黄檗寺十七年，在幕府和各地大名武士的支持下，在寺内建有万寿院、紫云院两所塔头（在祖师塔所在寺院内建的寺），并应请为丰前（在今大分县）开善寺、摄津方向寺、大坂舍利寺三寺的开山祖师。木庵的嗣法弟子有五十多人，其中有很多日本人，有《传法广录》三十卷、《续录》七卷传世。（道契《续日本高僧传》卷五《木庵性瑫传》）

即非如一（1616—1671），俗姓林，福州福清县人，出家受具足戒后，在福清黄檗寺从隐元受菩萨戒，后从隐元嗣法，曾住持福州雪峰寺。清顺治十四年（日本

---

①原文名字皆三字（前二字是字，后是法名的后一个字），此参阅其他资料补全。

②禅宗南宗自六祖慧能以后虽也标榜“单传直指”，然而嗣法弟子不限一个，弟子皆可称嗣法弟子。在隐元门下，也许将得到隐元授予“源流”（法系源流图）及嗣书或嗣法偈的弟子称“嗣法门人”、“嗣法弟子”，其他虽可称弟子，但不冠以“嗣法”二字。

明历三年，1657）应隐元招请东渡，先住持长崎崇福寺，声名远扬，与当时住持福济寺的木庵唱拍相随，被称为“二甘露门”。宽文三年（1663）如一到宇治黄檗寺看望隐元，隐元请他住持竹林精舍，不久与木庵同时受命分任东西两堂首座，辅佐传法。翌年秋，如一辞行，打算回归福州雪峰寺，然而途经九州丰前时，开善寺长老和法云明洞奉小仓领主之命将他热情留住，特建福聚禅寺请他出任开山住持。如一在此寺传法四年，慕名投到门下受法者很多，宽文八年（1668）请法云明洞继任住持，自己退隐于长崎崇福寺。宽文十一年（1671）如一挥笔写下“生如是，死如是，坐断生死关，触破没把鼻”，泊然逝世，享年五十六岁。有传法语录二十五卷传世，嗣法弟子有柏岩道节、千呆道安等五人，被奉为尾张东轮寺、伊豫千秋寺、摄津雪峰寺的开山祖师。如一擅长书画，受到人们的赞赏。(《续日本高僧传》卷五《即非如一传》)

龙溪性潜（1602—1670），龙溪是字，原名宗潜，皈依隐元后改性潜，俗姓奥村，日本京都人，十六岁时到摄津普门寺剃度出家，此后长达十五年间到日本南部诸寺参学，在阅读记载中国宋代雪窦重显的传法语录后，才感到自己以往所学“皆古人糟粕”，从此竭力参究，六年后始有所悟。庆安四年（1651）住持京都妙心寺，向众僧讲佛教经论和禅宗列祖语录。后住持摄津普门寺，在隐元来到长崎兴福寺之后，听说隐元上堂说过“挑云入市无人买，恼杀杖黎归去来”等禅句，表示赞赏，征询众人意见后，邀请隐元住持普门寺，自为监院（寺主、院主）。他在隐元指导下朝参暮扣，深得禅法旨要。此后，应后水尾太上法皇之召入宫问法，因奏对称旨，受到信敬。龙溪此后为隐元进入江户传法和从幕府得到赐地建新黄檗寺、受到后水尾上皇崇信等，做了大量联络疏通的工作。在宽文三年（1663）宇治黄檗寺举行夏安居的时候，隐元请他为西堂（曾住持他寺，任以辅佐住持传法的长老），经常参加隐元主持的参禅活动。翌年龙溪正式嗣法于隐元，应请住持江户正明寺。他常奉旨入宫为后水尾上皇说法，曾向后水尾上皇授菩萨戒，得赐“大宗正统禅师”之号。宽文十年（1670）八月应请到大坂传法，住于九岛庵，在端心坐禅中遭遇突发的暴雨洪水，然而坚不起坐，写下“三十年前恨未消，几回受屈烂藤条，今晨怒气向人噀，喝一喝，却倒胥江八月潮”的偈颂后，安坐水中溺亡，享年六十九岁。后水尾上皇听说痛悼，特为之在内殿祭祀。龙溪有语录三卷，著有《铁觜录》《辨正录》《宗统录》等。(《续日本高僧传》卷六《龙溪性潜传》)

独照性圆（1617—1694），俗姓富田，江户人，幼年丧父，随叔移居但马出石郡（在今兵库县），十一岁出家修学佛法，在和泉（在今大阪）祥云寺师事临济宗大德寺派僧泽庵宗彭（1573—1645），后参妙心寺派僧一丝文守（1608—1646），曾效法中国元代临济宗僧高峰元妙独居“死关”石室参究的做法，以三年为期参扣一个“无”字，有所悟处。后在京都嵯峨西谷建直指庵居住修行。独照听说隐元在长崎兴福寺传法，特地前往参谒，朝参暮扣深有所得，并得以随侍隐元身边，随至普门寺。万治二年（1659）在隐元到江户谒见德川家纲回到普门寺后，独照邀请并伴随隐元到京都自己的嵯峨直指庵并参访禅宗名刹。隐元赠偈，其中有“云到不辞分半榻，鸟困静处觅同参”之句。隐元就在这次参访京都将结束之际，受幕府令旨留京都选地建寺。宽文十一年（1671）隐元派人送给独照“源流”（禅法世系图）及法衣，表明正式承认独照为嗣法弟子。元禄七年（1694）去世，享年七十八岁。有弟子法灯、月潭等三人。（《续日本高僧传》卷五《独照性圆传》）

独本性源（1617—1674），俗姓法木，安房（在今千叶县）人，十四岁出家。先参曹洞宗“五位”宗旨，后到京都龙安寺参谒临济宗妙心寺派僧龙溪宗潜，学临济宗禅法，正保四年（1647）回到江户，建自肯庵居住修行，听说隐元在长崎兴福寺传法的消息，率弟子前往参谒，受到隐元器重，后住持江户海福寺。万治元年（1658）隐元应召到江户进见德川家纲之后，独本请隐元访问海福寺，并请隐元为海福寺开山祖师。隐元在去世之前，特地为独本写付嘱偈，以确认他为嗣法弟子，偈的最后两句是：“一柄龟毛（按：喻示禅法不可以实有视之）今付子，勿孤黄檗老婆禅。”隐元去世，独本前来奔丧，在奉安隐元遗体的龛前得受此偈。此后，独本在镰仓建净业禅寺。元禄二年（1689）去世，享年七十二岁。独本死前命弟子将著作和语录烧掉，表示汗牛充栋的佛经祖录尚读不完，岂可以修补前人“葛藤”（著述）为事，说“不必留片语以辱于我也”。（《续日本高僧传》卷五《独本性源传》）

隐元弟子中虽以中国人最多，但也有亲自培养的日本弟子，并且拥有大量继承他的法脉的二传或三传弟子，杰出者如铁牛道机、铁眼道光、潮音道海、了翁道觉等人，他们在包括江户、京都等地在内的各地传法，培养门徒，将隐元的禅法介绍到日本佛教界，激发更多禅林有识之士对传统公案禅、看话禅和当时禅风的反思，推动佛法的革新和振兴。当时日本临济宗妙心寺派正在开展的正法复兴运动应当说是受到隐元黄檗宗的影响的。

黄檗寺实际是以幕府将军德川家纲为外护建造和发展起来的，在宽文五年

（1665）幕府下达朱印状（幕府的盖印证书）给予四百石的寺院领地。此后，黄檗寺也得到幕府历代将军的支持，从第五代将军德川纲吉到第十四代将军德川家茂皆为黄檗寺下达朱印状加以保护。

隐元生前为宇治黄檗寺订立住持选任规则：

> 本山第三代住持，仍依吾法嗣中照位次轮流推补；后及法孙亦须有德望者，方合舆情，克振道风。……
>
> 历观古来东渡诸祖嗣法者，三四代后即便断绝，遂使祖席寥寥。前承酒井空印老居士（按：幕府大老酒井忠胜）护法之念，尝言本山他日主法，苟无其人，当去唐山（按：指中国）请补，使法脉绳绳不断。此议甚当，惟在后代贤子孙举而行之，则是法门重光之象也。（《黄檗清规·老人预嘱语》）①

隐元退席前已选嗣法弟子木庵性瑫为第二代住持，这里又明确提出第三代住持也必须由他的嗣法弟子担任，至于此后的住持需从他的法孙有德望者中选任；并且按照幕府大老酒井的建议，以后若在本寺找不到合适人选，应到中国聘任。遵照这一规定，自隐元隆琦开始，在长达九十多年里宇治黄檗寺的十三代住持皆为中国人，继第二代木庵性瑫之后的第三、第四代住持分别是慧林性机、独湛性莹，皆是隐元的嗣法弟子；从第五代至第八代是隐元的法孙高泉性潡、千呆性侒、悦山道宗、悦峰道章；从第九代至第十三代是木庵、即非等人的嗣法弟子或法孙灵源海脉、旭如莲昉、独文方炳、杲堂元昶、竺庵净印。此后至第二十一代的住持中，既有中国僧也有日本僧，中国僧住持有连任第十五代、第十八代的大鹏正鲲，第十九代仙岩元嵩，第二十代伯珣照浩，第二十一代大成照汉。因从中国招聘高僧越来越难，幕府便停止从中国招聘住持，黄檗寺住持皆由日本僧担任。

黄檗寺在发展过程中建成以寺中隐元祖塔为中心的很多塔院，如木庵的万寿院，紫云院，慧林的龙兴院，独湛的狮子林院等。因木庵担任住持近二十年，法裔弟子很多，后世建成包括他的紫云院在内的十三所塔院，有铁牛的长松院、潮音的绿树院等等，在法系上形成在黄檗宗内最有影响的紫云派。②

---

①《大正藏》卷八十二，第780页下至781页上。

②以上除注明出处外，主要参考木宫泰彦：《日中文化交流史》第六章之二；竹贯元胜：《日本禅宗史》六之四，大藏出版社1989年版。

六、隐元的禅法

隐元在法系上属于中国临济宗杨岐派，是“曹溪正脉三十六世、临济正传三十二世”（《黄檗年谱·年谱乞言小引》），上承唐临济义玄……宋汾阳善昭……慈明楚圆……杨岐方会……圆悟克勤—虎丘绍隆……无准师范—元雪岩祖钦—高峰原妙—中峰明本……明幻有正传—密云圆悟—费隐通容的法系。（现主要根据《大正藏》卷八十二所载《普照国师语录》《普照国师法语》及《黄檗清规》，并参考隐元赴日之前的部分语录，对他的禅法思想进行介绍。）

隐元对在日本先后住持长崎兴福寺和崇福寺、摄津普门禅寺、宇治黄檗寺，向日本信众旗帜鲜明地宣告自己传承的临济宗法系，阐扬禅法基本宗旨，宣示人人生来皆有佛性，引导他们自修自悟，提倡源自宋代大慧宗杲以来的看话禅，然而同时要求不废念经，还保持明代禅净双修的做法，既参禅也要念佛，并且在说法中会通儒佛，要求信众遵循儒家的忠孝之道。

1．鲜明阐扬禅宗宗旨，明确传承临济法脉

隐元踏上日本国土，先后住持长崎兴福寺、崇福寺及摄津普门寺，在说法中经常以十分明了的语言向日本信众宣示禅宗的“即心即佛”、“明心见性成佛”的基本宗旨。在江户幕府宽文三年（1663）正月十五日，隐元应幕府将军德川家纲之请在新建成的宇治黄檗寺举行隆重的“祝国开堂”仪式。五月，后水尾太上法皇通过龙溪性潜向隐元问禅宗的“单传之道，不历阶级，直指人心，见性成佛”的宗旨。隐元书面回答说：

> 单传直指之道，别无言说，唯要自己放下身心及一切尘劳，直下返照本来面目，觑破无位真人（按：《临济录》中以“无位真人”比喻自性），则不被外物所蒙，如镜对镜，了了分明，原无一物染污，亦无点尘留碍，圆陀陀、活泼泼、赤洒洒、转辘辘，名不可名，识焉能识，直得自彻自悟自了而后已。既彻悟了然，则生死去来，自由自在，处富贵不为富贵之所牢笼，处人天不为人天之所留碍，可谓万象主而作四生（按：原指卵生、胎生、湿生、化生，泛指一切有情众生）父。以天下为一家，以万类为一子，继往开来，骈臻民福，圣种弥隆于万代，法门砥柱于千秋，大哉！于穆佛心天子（按：赞称法皇为怀有佛心的天子），世出世

间无以加矣。(《普照国师法语》卷下《癸卯夏五月二十五日》)①

所谓“单传”意为唯传超越于语言文字的“佛心”；“直指”为“直指人心”之略，意为直接体悟心性。隐元这段话是说，禅宗宗旨是教人摆脱身心和一切烦恼的束缚，直接省悟自己的本性——“本来面目”或“无位真人”，领悟自己与生俱来的本性（佛性）是本来清净、本来超越于世俗认识，并且是不能用语言文字表达的。这样便达到自彻自悟，达到超脱生死苦恼的自由境界，处于富贵乃至人、天（天界）等任何境地皆精神自由。隐元特别针对后水尾法皇的地位，将佛与天子之位会通，说达到觉悟解脱境界，便是天地万物和一切众生的主人，处于世与出世间的最高地位。据载，后水尾法皇看了后十分高兴。

隐元自称黄檗，对自己应邀东渡日本负有一种使命感，所谓“曹溪正脉，黄檗传东”(《普照国师语录》卷下)②，以传播曹溪慧能的正法自任。龙溪性潜原属日本临济宗妙心寺派的高僧，对隐元在日本传法给予多种帮助，后师从隐元。隐元曾满怀自信对他说：

佛祖命脉拈花已来，至曹溪三十三世，曹溪至龙池又三十三世，龙池传天童师翁，天童付径山本师，皆从正知正见、大机大用中而来。故诸方称正传，王臣重焉，龙天相诸，岂小知偏邪而能紊其毫端！(《普照国师法语》卷上《示龙溪上座》)③

意为自释迦牟尼佛以“拈花示众”方式传心法于大迦叶以后，至曹溪慧能为三十三世，从慧能至荆溪（在今宜兴）龙池禅院的幻有正传又经三十三世，然后经天童圆悟、径山费隐通容传至他本人，皆传承“正知正法，大机大用”的禅法，受到王臣的崇奉，天龙佑护，绝非偏邪禅法能够紊乱。

隐元在确认自己的嗣法弟子时，按照当时中国禅林的传统，要传授称为“法卷”的嗣法文书及传法偈颂。隐元在禅法上属临济宗杨岐法系，他传授的法卷上记述自唐代临济义玄……费隐通容，直到隐元的小传的传法偈，示以在临济宗中的代数。

①《大正藏》卷八十二，第760页中下。

②《大正藏》卷八十二，第752页上。

③《大正藏》卷八十二，第756页上。

隐元对当时中日两国禅林中存在的弊病曾提出尖锐的批评。他在《示无纯居士》的法语中指出：

今时有一种无耻之徒，戴大帽，侈大话，以《维摩诘经》中所说为遮自己面门，纵淫怒痴为解脱大道，斥戒定慧为二乘小果，铃言肆说，昧己谩人。无知之者从而和之，相习成风。如盲引盲堕于火坑，未免识者所鄙。(《普照国师法语》卷下《示无纯居士》)

今时邪昧者众，惑乱无知，如盲引盲入于火坑所不免也。(同上《示众善士·又》)①

隐元所引的《维摩诘经》大概是其中“方便品”的文字，说维摩诘居士“虽处居家，不著三界；示有妻子，常修梵行；现有眷属，常乐远离，……若至博弈戏处，辄以度人；受诸异道，不毁正信；虽明世典，常乐佛法，……一切治生谐偶，虽获俗利，不以喜悦；游诸四衢，饶益众生；入治政法，救护一切；入讲论处，导以大乘；入诸学堂，诱开童蒙；入诸淫舍，示欲之过；入诸酒肆，能立其志”。意为维摩诘居士虽过着世俗生活却能修持佛法，济度群生。隐元批评丛林中有些无耻之徒假借效仿维摩诘居士，自吹自擂，恣意违犯戒律，淫乱妄为，反而污蔑按照佛教传统戒定慧三学修持的人为小乘（声闻、缘觉），迷惑了许多信众。隐元训诫弟子对此应有所警惕，在行动上划清界限。

隐元到日本后，先后住持四所寺院，在每次开堂升座仪式的拈香祝圣中皆拈香申明自己嗣法于“曹溪正脉三十五世费隐容本师大和尚”，以报“法乳之恩”。这样，仅从法系上，隐元的法系与日本旧有的禅法法系明显有别，后被称为“黄檗宗”是有道理的。

2. 说人人皆有佛性，修行者应“返本还源，直证本具之心”

禅宗在向信众传法过程中特别强调人人生来具有与佛一样的本性，引导信众确立自信，通过自修达到觉悟。隐元也坚守这一宗旨，只不过在说法中带有自己的特色而已。现存这方面的语录很多，现选引一部分语录，然后加以说明。

然佛祖圣贤之心，清净圆满具足。从中所发，正和纯真，其气也吉。一见一闻，令人踊跃，生正信心，是成佛之正因，则为善之本也。(《普照国师法语》卷

①分别载《大正藏》卷八十二，第 764 页下、765 页中。

下《示永井日向守》)

真正衲僧，心眼圆明，自知清净具足之心，为成佛之正因，岂更向外驰求！纵有苦修瞎炼，未免魔外生涯，正如蒸沙欲图成饭，无有是处，与夫本分正觉道果爰交涉也？此事本来现成，奚假修持？本来清净，阿谁污染？本来圆明，阿谁塞碍？本来具足，阿谁缺少？(《普照国师法语》卷上《示峨山照上座》)

指诸众生本来清净，本自具足，本自圆明。欲众生返本还源，直证本具之心矣。……迷为众生，觉为佛祖。(《普照国师法语》卷下《示独广方居士》)

然金刚种智，人人本具，个个不无，只缘一念妄动，昧却本来，即成无明种草，或所修所结，尽皆业果，无益于己，与失正因正果，有何干涉？……当人即心是佛，无心是道。一念清净圆明是弥陀，一念无差别智是文殊，一念平等行是普贤，千佛万祖，皆从一心而成，离心而成，则成外道。(《普照国师法语》卷下《示丹羽玉峰居士》)①

意为对修行者最重要的不是到处求佛求法，而是必须了解自己本具佛祖圣贤的清净心性。这种心性既是成佛的内在依据，也是平时为善的根本。修行就是要体认一切皆空寂平等的道理，断除污染心性的妄念、差别观念和各种烦恼，使心性重新明洁，此即所谓“返本还源，直证本具之心”。如果做到“一念清净”、“一念无差别”、“一念平等行”，则自己就是佛，就是阿弥陀佛，就是文殊、普照菩萨。

隐元还用十分形象的语句说众生之所以有迷、悟的差别，有四生、六道的差别，皆是由他们的心、意识决定的。他说：

心佛众生，三无差别，只因迷悟为间，则有四生六道之隔。为人幽险毒害，即地狱道；悭贪嫉妒，即饿鬼道；淫滥无耻，即畜生道；秉心忠义，尊持五戒，即人道；纯修十善，植德如法，即天道；我慢贡高，斗争胜负，即修罗道；执着偏见，顿证空理，即二乘小果；广行六度，精修万行，即大乘菩萨道；顿悟真心，具足圆明，清净无染如大圆镜。(《普照国师语录》卷上)②

“心佛众生，三无差别”来自晋译《华严经》卷十《佛升夜摩天宫自在品》中的一首偈颂，原句为“心佛及众生，是三无差别。诸佛悉了知，一切从心转”③，

①以上分别载《大正藏》卷八十二，第762页上、756页中、761页中下、761页上中。
②《大正藏》卷八十二，第742页下。
③《大正藏》卷九，第465页下至466页上。

意为心与佛、众生皆由心生，在本质上是没有差别的。隐元引用此句的目的是说明人的心境决定着是迷惑于自性的凡夫还是已经体悟自性的佛或菩萨。循环轮回于"四生"（胎生、卵生、湿生、化生，概指一切众生）、"六道"（地狱、饿鬼、畜生、阿修罗、人间、天）中的众生，归根到底是由他们自己的心境造成的，并且表现于现实生活之中。隐元说，为人幽险毒害即相当地狱道，悭贪嫉妒则为饿鬼道，淫滥无耻则为畜生道；心怀忠义，遵守五戒（不杀生、不偷盗、不邪淫、不妄语、不饮酒）则为人道；修持十善（不杀生、不偷盗、不邪淫、不妄语、不两舌、不恶口、不绮语、不贪、不嗔、不痴），积功累德则为天道；傲慢自大，好斗争胜则为阿修罗道。同样，如果执著和满足于体悟空理，则只不过仅得到小乘佛教（声闻、缘觉）的果位；进而修持六度（布施、持戒、忍辱、精进、禅定、智慧），则为大乘菩萨之道。只有遵照禅宗的宗旨，在彻悟真心自性上下工夫，使清净佛性显现，才算进入最高觉悟境界。这种说法看来是直接受到《六祖坛经》中六祖慧能类似说法的影响①。

这种说法实际是在佛教伦理、戒规中融入社会公德的思想，以此向信众进行教化，容易得到社会各界的认同，可以取得普遍劝善的效果。

3. 既提倡看话头和参究身心，又主张修禅不废念经

隐元上承宋元以来临济宗的禅法，提倡参话头，然而尤其提倡参究自心。

参话头的禅法是要求修行者在坐禅乃至日常生活中专心参究前代祖师语录中的某些语句、字，在参究中做到超越语句或字的任何含义，以清除心中的"妄念"和"杂念"，达到所谓"无念"或"无心"的精神境界。例如，他曾对达空禅师说："老僧说的汝用不着，既未能一刀两段，须昼三夜三，无间间忙，且看'虚空如何磕碎'？只此一句看来看去，久久纯熟，不知不觉处，忽然撞破。……切不可起别念余思，恐杂毒入心，不可疗也。"（《普照国师法语》卷上《示达空禅人》）② 他所说的"虚空如何磕碎"就是参究的话头。他要求达空禅师日夜反复参究这个话头，说久而久之便可在不知不觉中体悟自性，达到精神解脱。

然而从现存隐元的语录来看，他更多的是提倡参究自身和自心，要求修行者从

①元代宗宝本《六祖坛经·决疑品》载慧能说："自性迷，即是众生；自性觉，即是佛。慈悲即是观音，喜舍名为势至，能净即释迦，平直即弥陀，人我是须弥，邪心是海水，烦恼是波浪，毒害是恶龙，虚妄是鬼神，尘劳是鱼鳖，贪嗔是地狱，愚疑是畜生。"

②《大正藏》卷八十二，第759页下。

有分别之心的“疑”，到通过修行断除各种分别观念、烦恼，体悟自性的“悟”。现举几段他的语录：

> 祖师西来，直指人心，见性成佛。然则心性不从外得，岂可向外驰求乎，须向己躬下昼三夜三，念念返照，时时追觅心性在甚么处？行住坐卧、迎宾待客时，心性在甚么处？正思正想、无思无虑时是个甚么？追来追去，究来究去，追至无可追，究至无可究，不知有人，不知有我，空荡荡，虚豁豁地，忽然咄地一声，便知落处，则不被流俗阿师所瞒。(《普照国师法语》卷下《示津阳彦信士》)
>
> 须自己日常返照，看毕竟死了烧了，此一段灵明向何处去？即今转动施为、折旋俯仰是谁主宰？无想无梦之际，主人翁在甚么处？孜孜返照，念念追寻，无间闲忙，不分昼夜。忽然不知不觉咄地一声，便知落处，了了分明，更不问人也。般若之智，时时现前；一切境缘，如红炉点雪；灵明湛寂，觌体如如。千魔百怪，不能动摇，如大圆镜，物来便鉴物，去了无朕迹，所谓本来无一物，触处独圆明也，只此是出生死紧要处。(《普照国师法语》卷下《示秀云性英道人》)
>
> 但看贪时，贪从何起？嗔时，嗔从何来？痴时，痴作何状？看之照之，不计岁月，久久纯熟打成一片，忽然咄地一声，便见本来面目，尽是大圆满觉，于中觅一点贪嗔痴相了不可得，便是出生死，证菩提，到彼岸时节也。(《普照国师法语》卷下《示小滨民部居士》)
>
> 专入禅定者谁？提撕话头者谁？或时不入禅定者又是谁？不提撕话头者又是谁？如是参去，忽然看破两重关，纵横于天地之间，自由自在，则佛祖不相谩耳。(《普照国师法语》卷下《示藤资清尚书》)
>
> 善人谁缚汝？谁将生死烦恼与汝？既未知下落，须时时观察，念念返照。忽然眉毛触杀虚空，自有倒断处，更不问人。乃知般若智现前，如亘天烈焰，一切梦幻空花，实时消殒，净尽无余矣。(《普照国师法语》卷下《示道成善士》)①

据此可知，隐元的参究自己身心的禅法特点是：①参究的对象是自己的身心，例如可参究自己的心性在何处；在行住坐卧、迎宾待客时心性在什么地方；在思虑时与不思虑时心性是什么样子；死后火化了，灵魂到何处。也可参究自己的贪嗔之心，追问自己：“贪时，贪从何起；嗔时，嗔从何来?”还可自己参究是谁在坐禅，

①以上分别载《大正藏》卷八十二，第763页上、763页中、762页中、762页下、765页上。

谁在参扣话头。参扣是谁在束缚自己，谁给自己带来生死烦恼。②参究的场合不限于在入定坐禅的时候，在昼三夜三的任何时间和行住坐卧乃至迎宾待客的任何场合皆可参究。③在参究中对参究的问题要达观对待，并且参究不要间断，所谓“追来追去，究来究去，追至无可追”；“孜孜返照，念念追寻，无间闲忙，不分昼夜”；得到般若之智，心如明镜；“看之照之，不计岁月”；“时时观察，念念返照”。④达到的最高精神境界是体悟自性（佛性），认识一切皆空的道理，不再执著于分辨他与我、内与外、身与心等的世俗认识，从而出离生死，精神自由，即所谓“不知有人，不知有我，空荡荡，虚豁豁地”；“看破两重关，纵横于天地之间，自由自在”；“一切梦幻空花，实时消殒，净尽无余”及《普照国师法语》卷下《示仁禅人》所说的“一念万年，万年一念，身心一如，我人一致”[①]。隐元强调，这种精神境界是通过长期参究而达到顿悟得来的，所谓“咄地一声，便见本来面目”。

隐元虽然一再表示，达到顿悟解脱不靠语言文字，不靠思维推理，然而他还是要求门下弟子要经常阅读佛典乃至禅宗祖师的语录。他制定的《黄檗清规·梵行章第五》中明确规定：“凡是黄檗儿孙，须依黄檗规约持戒礼诵，增激参禅。禅暇不妨博览藏典、尊宿语录。”[②]

4. 保持明代禅净双修的做法，参禅还要念佛

自北宋永明延寿（904—975）提倡禅净双修以后，不少禅僧也提倡修持净土念佛法门，如南宋曹洞宗的真歇清了（1090—1151）、元代临济宗的中峰明本（1263—1323）、天如惟则（？—1354）等人，虽也标榜“自性弥陀，唯心净土”，然而也皆提倡念佛。从隐元的著作和语录来看，他虽很少正面提倡念佛，然而在他亲自参与制订的《黄檗清规》中确实有读诵《阿弥陀经》和念阿弥陀佛的记载，例如：

> 晚堂诵《弥陀经》《蒙山施食文》《心经》《往生咒》。
>
> 每月遇十四、三十羯摩夜，诵《弥陀经》已。
>
> 晚间《弥陀经》（或《大悲咒》）、南无阿弥陀如来（三遍）。

这实际是照搬中国汉地寺院的做法，与佛教宗派壁垒森严的日本禅寺是不一样

---

①《大正藏》卷八十二，第759页上。

②《大正藏》卷八十二，第769页中。

的。在他的弟子中，据《续日本高僧传》卷五《性莹传》记载，隐元弟子独湛性莹（1629—1706）特别注重念佛，曾住持远江（在今静冈县）初山寺、上野（在今群马县）国瑞寺，天和二年（1682）奉旨住持黄檗寺，先后十一年，“律身精严，兼修净土，日课《弥陀经》四十八卷（按：经只一卷，此指诵经四十八遍），礼佛三百或五百返，恒持佛号，未尝暂停”，最后在念佛中去世。日本临济宗妙心寺派学僧无著道忠所著《妙心寺志》中说，黄檗宗的“问答说禅”似禅宗，然而“高唱弥陀佛”似净土宗，“手结印契”似真言宗。[①] 这正反映了隐元所传是中国进入明代以后盛行的带有诸宗融合色彩的佛教。

尽管如此，隐元仍是从禅宗“即心是佛”和“自性弥陀，唯心净土”的传统观点来对待净土念佛法门的，如前面所引，他曾对丹羽玉峰居士说：“一念清净圆明是弥陀……千佛万祖，皆从一心而成，离心而成，则成外道。”他在一次上堂说法中引述了一首偈颂，其中有“一言之下了无生（按：体认诸法空寂无生无灭的道理），始信自家是佛陀”之句（《普照国师语录》卷下）；在《普照国师法语》卷下《示陈道人》中也有“念不净，不往极乐；心不染，不来娑婆（按：指现实世界）。娑婆、极乐，只在当人心念净染之间矣”[②]。从这里可见隐元仍坚持中国禅宗的基本宗旨，将修持心地法门和体悟自性当作修行解脱的根本。

此外，黄檗寺僧众在修行、经营佛事等方面长期保持中国明代禅寺的传统，例如读诵佛经用汉音，举办法会时演奏中国佛教的法器等。

5. 会通儒佛，在说法中提倡儒家忠孝之道

隐元在日本传法过程中，除上堂说法、解答僧俗信众的疑问外，还经常举办各种法会，其中有很多是应来自幕府、朝廷重臣或地方政府的官员、士绅信徒的请求而举行的追荐父母、祖先的法会。隐元在这些法会说法中提倡儒佛一致的思想，将儒家的伦理观念与佛法巧妙地糅合在一起，既劝人孝亲忠君，又教人信奉佛法，受到日本朝野的欢迎。

隐元在中国时虽正式上学读书时间很短，然而经过刻苦自学和长期受到儒家思想文化的熏染，对儒家思想是十分熟悉的。这从他的大量语录、著作中可以看出。他认为，一个在社会上有作为的人，应当既懂得佛教又精通儒家学问。他曾说：

---

①此间引自日本竹贯元胜：《日本禅宗史》六之六，大藏出版社 1989 年版。

②分别载《大正藏》卷八十二，第 753 页中、759 页下。

知儒方可入佛，入佛而后通儒。只如真俗不二一句，作么生道？儒佛并担真铁汉，人间天上出头高。(《普照国师语录》卷上)

令知儒而后入佛，则成大家名流。盖佛儒迹虽异，而心莫不皆同。心虽一，其修证不无小大浅深矣。(《普照国师法语》卷下《示石川居士》)①

这些语句不像是向普通信众讲的，对象似乎是对儒学已有相当修养的人。隐元表示，只有了解儒学的人方可信奉佛教，而奉佛之后才能真正通晓儒学，做到儒、佛兼奉，在世间则能立功出名，即使死后到天上也非同凡辈。他还说，佛教与儒家虽然表现形态各异，然而二者的"心"（基本宗旨、趋向）是一致的，但在修证要求和方式方面却存在大小、浅深之别。言外之意自然是佛教属大、深，儒家属小、浅，佛教是优越于儒家的。

隐元在讲述儒家的孝道时也贯彻了这种思想。他在应请为不同信众举办的追荐父母、先祖的法会上说过：

父母乃人生之大本，人主乃天下之大本，天地乃万物之大本。佛祖乃群生之大本。能知大本之恩可报，其唯人中之孝欤。是以知恩方解报恩，识法乃能重法。知恩者知此大本也，以己推人，令普天之下尽行孝道，其恩不亦广且大乎。重法者重世出世间之法，舍身卫护以寿将来，不亦悠久无疆乎。能立广大悠久无疆之功，以成天下大孝，可谓至善至美矣。(《普照国师语录》卷下)

为孝不孝父母，非孝也。为忠不忠其君，非忠也。不忠不孝，人亦不成，况僧乎！况佛祖乎！我等学佛之徒，须体佛心，净佛戒，行佛言，证佛果。不唯一世二亲已荐，乃至无量劫来父母俱已荐矣。(《普照国师语录》卷上)

恩重天伦，禀乾坤之正气；义存昆仲，尽孝悌之真心。正气升，二仪判，三才立，雨旸时，百谷登，万民乐业，天道全矣。真心现，伦理明，敬事修，思慕切，哀乐当，生死去来，各正性命，人道成矣。若夫天人一贯，幽显一致，十界一如，万灵同体，冤亲平等，逆顺合辙，唯证乃知，非浅智之所测也。(《普照国师语录》卷上)②

隐元从不同角度阐释孝道的重要性，主要有以下几点：

---

①分别载《大正藏》卷八十二，第742页中、764页上。

②分别载《大正藏》卷八十二，第753页中、742页中、743页下。

（1）人生之本是父母，天下之本是君主，万物之本是天地，群生之本是佛祖。既然知本，就应当报本报恩，最重要的是奉行孝道。不仅自己孝敬父母，而且要劝导更多的人乃至天下人皆行孝，还应护持佛法。这个过程也是成就自己达到“至善至美”的道德境界的过程。

（2）为人之道最根本的是孝亲忠君，如果做不到这点，不仅丧失人格，而且也没有做僧的资格。出家为僧者如果能够如法持戒修行，达到解脱，可以追荐近世远世父母皆得到超度。

（3）孝悌之道感应于天地阴阳，人道贯通于天道。如果举世修持孝悌，崇尚道德，便能感通天地阴阳，风调雨顺，五谷丰登，国泰民安。

隐元还告诉信众，要行孝道，完善道德，首先要净化自己的心性，说“一心清净，一切处无不清净；一心具足，一切处无不具足”，然后带动全家，风行所致，“一家仁一国兴仁，一家善一国兴善，一家孝一国兴孝。”（《普照国师语录》卷上）①

隐元这样传法，受到朝野民众的欢迎，自然为他在日本传法带来方便。

宇治黄檗山万福寺是按照中国明代寺院的样式和风格建造的，对日本佛教界和民众有很大吸引力。隐元后继弟子中有很多人善诗文、书画、篆刻。他们的作品受到日本各界人士和僧俗信众的欢迎，对江户时代日本文化艺术产生很大影响。在木庵性瑫住持黄檗寺期间，曾设立授三坛大戒的道场，登坛受戒者竟达五千余人。黄檗寺第五代住持高泉性潡（1633—1695）是明僧，爱好文史，曾协助南源性派编撰《普照国师年谱》二卷，在传法之余搜集大量日本佛教史料加以整理，仿照中国佛教史书体例编撰出《扶桑禅林僧宝传》十卷、《东国高僧传》十卷、《东渡诸祖传》二卷及《续扶桑僧宝传》三卷等，至今对了解和研究日本佛教史仍具有重要参考价值。

日僧铁眼道光（1630—1682），先后从隐元、木庵受法，为改变日本没有雕刻大藏经的历史，发誓在有生之年雕刻大藏经，先后用十三年时间从事讲经化募和各种准备，最后以隐元带到日本的明代万历版大藏经（《嘉兴藏》）为底本刻印出日本第一部大藏经，称《黄檗版大藏经》或《铁眼版大藏经》（《续日本高僧传》卷十《道光传》），收佛典一千六百一十八部七千三百三十四卷，至今版木仍存宇治黄檗山万福寺。

黄檗山万福寺住持在第二十二代以后皆为日本僧，此后教势逐渐衰微。

---

①《大正藏》卷八十二，第740页下。

参考文献

（后汉）班固：《汉书》，中华书局 1956 年版。

（晋）陈寿：《三国志》，中华书局 1959 年版。

（梁）沈约：《宋书》，中华书局 1974 年版。

（唐）李延寿：《北史》，中华书局 1974 年版。

（唐）魏征等：《隋书》，中华书局 1973 年版。

（后晋）刘昫等：《旧唐书》，中华书局 1975 年版。

（宋）欧阳修、宋祁：《新唐书》，中华书局 1975 年版。

（明）宋濂等：《元史》，中华书局 1976 年版。

（民国）赵尔巽、缪荃孙、柯劭忞等：《清史稿》，中华书局 1977 年版。

（唐）杜佑编：《通典》，中华书局 1988 年版。

（宋）王溥：《唐会要》，中华书局 1955 年版。

（唐）长孙无忌等：《唐律疏议》，中华书局 1983 年版。

（唐）李林甫等著，陈仲夫点校：《唐六典》，中华书局 1992 年版。

郑显文：《唐代律令制研究》，北京大学出版社 2004 年版。

汪向荣、夏应元编：《中日关系史资料汇编》，中华书局 1984 年版。

汪向荣编：《〈明史·日本传〉笺证》，巴蜀书社 1987 年版。

耿铁华：《好太王碑新考》，吉林人民出版社 1994 年版。

翦伯赞主编：《中国史纲要（修订本）》，人民出版社 1995 年版。

〔日〕舍人亲王等：《日本书纪》，新订增补国史大系本，日本吉川弘文馆 1952 年版。

〔日〕菅野真道等：《续日本纪·前篇》，新订增补国史大系本，日本吉川弘文馆 1952 年版。

〔日〕藤原继绳等：《续日本纪·后篇》，新订增补国史大系本，日本吉川弘文馆 1952 年版。

〔日〕藤原良房等:《续日本后纪》，新订增补国史大系本，日本吉川弘文馆 1952 年版。

〔日〕瑞溪周凤:《善邻国宝记》，国书刊行会 1975 年版。

〔日〕坂本太郎著，汪向荣、武寅、韩铁英译:《日本史概说》，商务印书馆 1992 年版。

赵健民、刘予苇主编:《日本通史》，复旦大学出版社 1989 年版。

〔日〕村上专精著，杨曾文译:《日本佛教史纲》，商务印书馆 1981 年版。

〔日〕辻善之助:《日本佛教史》，岩波书店 1944 年版 1982 年第四次印刷。

〔日〕家永三郎监修:《日本佛教史Ⅰ·古代篇》，法藏馆 1967 年版 1982 年八次印刷。

〔日〕赤松俊秀监修:《日本佛教史Ⅱ·中世篇》，法藏馆 1967 年版 1978 年第六次印刷。

〔日〕圭室谛成监修:《日本佛教史Ⅲ·近世近代篇》，法藏馆 1967 年版 1980 年第六次印刷。

〔日〕家永三郎:《中世佛教思想史研究》，法藏馆 1947 年版 1990 年改订增补第七次印刷。

〔日〕崛一郎:《上代日本佛教文化史》，京都临川书店 1975 年版。

〔日〕大野达之助:《新稿日本佛教史》，吉川弘文馆 1973 年版 1981 年第五次印刷。

〔日〕千叶乘隆等:《佛教史概说·日本篇》，平乐寺书店 1973 年版。

〔日〕中村元、笠原一男、金冈秀友编:《亚洲佛教史·日本编》，佼成出版社 1972 ~ 1976 年版。

〔日〕速水侑:《日本佛教史·古代》，吉川弘文馆 1986 年版。

〔日〕速水侑编:《论集日本佛教史》第二卷，雄山阁出版社 1986 年版。

〔日〕圭室文雄:《日本佛教史·近世》，吉川弘文馆 1987 年版。

〔日〕柏原祐泉:《日本佛教史·近代》，吉川弘文馆 1990 年版。

〔日〕石田瑞麿:《日本佛教史》，岩波书店 1984 年版 1989 年第五次印刷。

〔日〕大隅和雄、速水侑:《日本佛教史》，梓出版社 1981 年版。

〔日〕末木文美士:《日本佛教史——作为思想史的研究》，新潮社 1992 年版。

〔日〕末木文美士：《日本佛教思想史论考》，大藏出版社 1993 年版。
〔日〕末木文美士：《平安佛教思想的形成》，春秋社 1995 年版。
〔日〕末木文美士：《镰仓佛教形成论》，法藏馆 1998 年版。
杨曾文：《日本佛教史》，浙江人民出版社 1995 年版。
杨曾文主编：《日本近现代佛教史》，浙江人民出版社 1996 年版。
杨曾文、源了圆主编：《中日文化交流大系 4 · 宗教卷》，浙江人民出版社 1996 年版。
〔日〕井上光贞：《日本古代的佛教和政治》，岩波书店 1971 年版。
李能和：《朝鲜佛教通史》，韩国汉城（首尔）新文馆 1918 年版宝莲阁 1972 年重刊。
真人元开著，汪向荣校释：《唐大和尚东征传》，中华书局 1979 年版。
汪向荣：《鉴真》，吉林人民出版社 1979 年版。
〔日〕石田瑞麿：《鉴真的思想及其生涯》，大藏出版社 1958 年版。
〔日〕杉山二郎：《鉴真》，三彩社 1977 年版。
睿山学院编：《传教大师全集》，比睿山图书刊行所 1926 年版。
祖风宣扬会编：《弘法大师全集》，吉川弘文馆 1923 年版。
〔日〕三浦章夫编：《弘法大师传记集览》，森江书店 1923 年版。
〔日〕伊藤真彻：《平安净土教信仰史的研究》，平乐寺书店 1974 年版。
〔日〕伊藤唯真：《净土宗的成立和展开》，吉川弘文馆 1981 年版。
〔日〕重松明久：《日本净土教成立过程的研究》，平乐寺书店 1964 年版。
〔日〕井川定庆编：《法然上人传全集》，全集刊行会 1952 年版。
〔日〕井川定庆编：《法然上人绘传的研究》，全集刊行会 1961 年版。
〔日〕高桥弘次：《法然净土教的诸问题》，山喜房佛书林 1994 年版。
〔日〕高桥弘次：《续法然净土教的诸问题》，山喜房佛书林 2005 年版。
〔日〕藤堂恭俊：《法然上人研究》二册，山喜房佛书林 1996 年版。
〔日〕真继伸彦编著：《现代语译亲鸾全集》，法藏馆 1983 年版。
〔日〕笠原一男：《亲鸾》，日本放送出版协会 1973 年版。
〔日〕金子大荣：《叹异钞校注》，岩波书店 1981 年版。
〔日〕笠原一男：《真宗的发展和一向一揆》，法藏馆 1951 年版。
〔日〕大桥俊雄：《时宗的成立和展开》，吉川弘文馆 1973 年版。

〔日〕大桥俊雄：《一遍上人语录校注》，岩波书店 1985 年版。
〔日〕镰田茂雄：《一遍》，集英社 1985 年版。
〔日〕金井清光：《一遍和时宗教团》，角川书店 1975 年版。
〔日〕西谷启治编：《讲座禅》第四卷《禅的历史——日本》，筑摩书房 1974 年版。
〔日〕荻须纯道：《正法山六祖传训注》，思文客出版社 1977 年版。
〔日〕今枝爱真：《中世禅宗史的研究》，东京大学出版社 1978 年版。
〔日〕玉村竹二：《日本禅宗史论集》四卷，思文阁 1976 年 ~ 1979 年版。
〔日〕玉村竹二：《五山禅僧传记集成》，讲谈社 1983 年版。
〔日〕玉村竹二：《五山文学》，至文堂 1985 年版。
〔日〕玉村竹二：《临济宗史》，春秋社 1991 年版。
〔日〕竹贯元胜：《日本禅宗史》，大藏出版社 1989 年版。
〔日〕竹贯元胜：《新日本禅宗史——当时权力者与禅僧》，禅文化研究所 1999 年版。
〔日〕竹贯元胜：《妙心寺散步》，妙心寺灵云院 2004 年版。
黄大同主编：《尺八古琴考》，上海音乐学院出版社 2005 年版。
〔日〕大久保道舟编：《道元禅师全集》，春秋社 1930 年版。
〔日〕大久保道舟编：《道元禅师全集》，春秋社松柏馆 1944 年版。
〔日〕镜岛元隆：《道元语录》，讲谈社 1990 年版。
中日禅史资料所：《天童如净禅师之研究》，春秋社 1983 年版。
〔日〕石井修道：《道元禅成立史的研究》，大藏出版社 1991 年版。
〔日〕石井修道：《宋代禅史的研究》，大东出版社 1987 年版。
何燕生：《道元和中国禅思想》，日本法藏馆 2000 年版。
何燕生校注：《正法眼藏》，宗教文化出版社 2003 年版。
日莲宗全书出版会编：《日莲上人传记集》，日莲宗全书出版会 1910 年版。
〔日〕高佐贯长编：《日莲圣人御遗文》，行道文库 1987 年改订第四版。
立正大学日莲教学研究所编：《昭和定本日莲圣人遗文》，身延山久远寺 1988 年改订增补版。
〔日〕崛日亨编：《日莲大圣人御书全集》，创价学会 1952 年版。
〔日〕渡边宝阳、小松邦彰编：《日莲圣人全集》，春秋社 1992 年版。

〔日〕田村芳朗：《日莲》，日本放送出版协会 1975 年版。
〔日〕大野达之助：《日莲》，吉川弘文馆 1974 年版。
〔日〕渡边宝阳、庵谷行亨：《日莲宗》，大法轮阁 1984 年版。
〔日〕平久保章编：《隐元全集》，日本开明书院 1979 年版。
陈志超、韦祖辉、何龄修编：《旅日高僧隐元中土来往书信集》，中华全国图书馆文献缩微复制中心 1995 年版。
〔日〕久保田收：《中世禅道史之研究》，神道史学会 1959 年版。
〔日〕村山修一：《本地垂迹》，吉川弘文馆 1974 年版。
〔日〕逵日出典：《神佛习合》，六兴出版社 1986 年版。
〔日〕园田稔：《神道》，弘文堂 1988 年版。
〔日〕足利衍述：《镰仓室町时代之儒教》，日本古典全集刊行会 1932 年版。
〔日〕和岛芳朗：《中世的儒学》，吉川弘文馆 1965 年版。
（唐）道宣：《续高僧传》，日本《大正新修大藏经》（《大正藏》）第 50 册。
（宋）赞宁：《宋高僧传》，《大正藏》第 50 册。
（宋）道原：《景德传灯录》，《大正藏》第 51 册。
（宋）赞宁：《大宋僧史略》，《大正藏》第 54 册。
（宋）志磐：《佛祖统纪》，《大正藏》第 49 册。
凝然：《三国佛法传通缘起》，载《大日本佛教全书》第 101 册。
〔日〕宗性编：《日本高僧传要文抄》，载《大日本佛教全书》第 101 册。
〔日〕师炼：《元亨释书》，载《大日本佛教全书》第 101 册。
〔日〕师蛮编：《本朝高僧传》，载《大日本佛教全书》第 102 册。
〔日〕道契：《续日本高僧传》，载《大日本佛教全书》第 104 册。
〔日〕师蛮：《延宝传灯录》，载《大日本佛教全书》第 108 ~ 109 册。
〔日〕望月信亨：《佛教大辞典》，世界圣典刊行会 1933 年 ~ 1957 年版。
〔日〕大野达之助：《日本佛教史辞典》，东京堂出版社 1979 年版。
〔日〕白井永二、土岐昌训：《神社辞典》，东京堂出版社 1990 年版。
〔日〕《大正新修大藏经》。
〔日〕《大日本佛教全书》。
〔日〕《续群书类从》。
蓝吉富主编：《禅宗全书》，文殊文化有限公司 1990 年版。

《中华佛教史》后记

◎汤一介

1999年冬，山西教育出版社约请季羡林先生主编一套多卷本《中华佛教史》。其时，季先生年近九十，因身体的原因，季先生向出版社提出由他与我共同主编。我虽对中国佛教史稍有涉猎，但并无深入研究，为了帮助季先生实现编著《中华佛教史》的意愿，我答应了。自2000年起，我们开始组织编写队伍，又花了一年多的时间经多次与作者共同讨论，就《中华佛教史》的框架和编写体例达成了共识。我们认为，现有的中国佛教史著作多为汉地佛教，而且往往只写佛教思想，这次我们是否可以编写出一套有特色的佛教史，把我国多个受佛教影响的民族的佛教历史也包含在内，这样也许更有意义。为了与过去的中国佛教史有所区别，我们把这部佛教史定名为《中华佛教史》，此点季先生在本书的总序中已有说明。

原来我们讨论编写的《中华佛教史》共分十三卷：一、汉魏两晋南北朝佛教史卷；二、隋唐五代佛教史卷；三、宋元明清佛教史卷；四、近代佛教史卷；五、佛教文学卷；六、佛教美术卷；七、西藏佛教史卷；八、西夏佛教史卷；九、云南上部座佛教史卷；十、西域佛教史卷；十一、敦煌佛教史卷；十二、中韩佛教交流史卷；十三、中国佛教东传日本史卷。后季先生自2003年起因身体原因长期住在医院，我又担任了教育部哲学社会科学重大攻关研究项目“儒藏编纂与研究”的首席专家，加之各卷作者的教学与其他研究任务繁忙，因此《中华佛教史》的进度较慢。自2004年，开始有作者交稿，至2012年已交十卷，敦煌卷、西域卷、西夏卷因各种原因而无法继续写作。现在完成的是以下十卷，即汉魏两晋南北朝佛教史卷、隋唐五代佛教史卷、宋元明清佛教史卷、近代佛教史卷、佛教文学卷、佛教美术卷、云南上部座佛教史卷、西藏佛教史卷、中韩佛教交流史卷、中国佛教东传日本史卷。为了稍稍弥补此套《中华佛教史》之不足，我征得季先生同意，从季先生的著作中把他所写的中国佛教论文编成一本《佛教史论集》，把它作为本书的最后一卷，一方面希望读者能了解季先生对“中华佛教史”总体上的把握，另一方面季先生的这本《论集》中包含着他对敦煌、吐鲁番以及西域地区佛教的若干看法，这或许对敦煌佛教、西域佛教的研究有所帮助。还需要说明一事，季先生曾为西域卷写了三万余字的书稿，但现在不知手稿在何处，故未及编入《论集》，希望以后能找到，供研究西域佛教的学者利用。把季先生的《佛教史论集》作为《中华佛教史》最后一卷，其他十卷顺序排列，这或者也可以说仍是一套稍具规模而与其他中国佛教史著述有所不同的研究著作。

由于我不是专门研究佛教史的专家，加之我晚年特别关注中国儒家哲学及其现代发展的可能性问题，因此没有可能把大力花在《中华佛教史》上，这是一件遗憾的事。学术研究是没有止境的，我相信一定会有更好的包含中华各民族佛教信仰的佛教史研究著作出现。这对凝聚中华民族为一体也有一定的意义。

《中华佛教史》

总主编

季羡林

汤一介

◈《汉魏两晋南北朝佛教史卷》 张雪松

◈《隋唐五代佛教史卷》 洪修平

◈《宋元明清佛教史卷》 魏道儒

◈《近代佛教史卷》 麻天祥

◈《佛教文学卷》 孙昌武

◈《佛教美术卷》 金维诺

◈《西藏佛教史卷》 王尧

◈《云南上部座佛教史卷》 张公瑾 杨民康 戴红亮

◈《中韩佛教交流史卷》 魏常海

◈《中国佛教东传日本史卷》 杨曾文

◈《佛教史论集》 季羡林